LAW & BUSINESS

法商圖書

施工企业全过程风险管理实务

杨有艳　汪　艺　主编

SHIGONG QIYE

QUANGUOCHENG

FENGXIAN GUANLI SHIWU

法律出版社 LAW PRESS · CHINA

北京

图书在版编目(CIP)数据

施工企业全过程风险管理实务 / 杨有艳,汪艺主编
. -- 北京 : 法律出版社, 2022
ISBN 978 -7 -5197 -7039 -6

Ⅰ. ①施… Ⅱ. ①杨… ②汪… Ⅲ. ①施工企业－企业管理－风险管理－建筑法 Ⅳ. ①D912.297

中国版本图书馆 CIP 数据核字(2022)第 158659 号

施工企业全过程风险管理实务
SHIGONG QIYE QUANGUOCHENG FENGXIAN GUANLI SHIWU

杨有艳 汪 艺 主编

策划编辑 刘秀丽
责任编辑 刘秀丽
装帧设计 汪奇峰

出版发行 法律出版社
编辑统筹 法商出版分社
责任校对 李慧艳
责任印制 胡晓雅
经 销 新华书店

开本 710 毫米×1000 毫米 1/16
印张 22 字数 338 千
版本 2022 年 11 月第 1 版
印次 2022 年 11 月第 1 次印刷
印刷 永清县金鑫印刷有限公司

地址:北京市丰台区莲花池西里 7 号(100073)
网址:www.lawpress.com.cn
投稿邮箱:info@lawpress.com.cn
举报盗版邮箱:jbwq@lawpress.com.cn

销售电话:010－83938349
客服电话:010－83938350
咨询电话:010－63939796

书号:ISBN 978－7－5197－7039－6
定价:88.00 元
凡购买本社图书,如有印装错误,我社负责退换。电话:010－83938349

本书编写组

主　编　杨有艳　汪　艺

成　员　（按姓氏笔画排序）

王庆森　王　芳　王秋云　王　亮
王　越　刘致鸿　孙启立　李可可
杨红杰　吴　霄　余　涵　汪楷程
张孙伟　张晓华　张檬予　陈　礼
洪欣秀　姚志成　姚晓萌　谈　蓉
蒋文凯　曾润轩　潘　磊

序　言

栉风沐雨，春华秋实。

中国建筑第八工程局有限公司（以下简称中建八局）作为世界500强企业——中国建筑集团有限公司的核心成员之一，是国家首批“三特三甲”资质企业，公司以投资、建造、运营为核心业务，秉持“诚信、创新、超越、共赢”的发展理念，始终活跃在中国经济建设的前沿。中建八局总承包公司隶属于中建八局，其各项经济技术指标在中国建筑同类企业中名列前茅，连续多年位列中国建筑直营公司十强。作为大型国有建筑施工总承包龙头骨干，中建八局总承包公司建造了一大批“高、大、精、深”的项目，先后多次获评“中国建设工程鲁班奖”“国家优质工程奖”“中国土木工程詹天佑奖”等国家级奖项，并获得“全国五一劳动奖状”“全国文明单位”“全国工人先锋号”等多项荣誉。

知人者智，自知者明。越是关键时期，越是要慎终如始。我们深知过去取得的成就，很大程度上是顺应国家经济发展大势的结果，目前建筑业行业变革加速，结构调整持续优化，对标世界一流企业，我们在制度建设、基础管理、技术创新、品牌影响力等方面仍有很长的路要走。

初心如磐，笃行致远。

光明前景与风险挑战并存。党的十九大将防范化解重大风险作为“三大攻坚战”之首，要求全面提高防范化解各个领域重大风险的能力水平。对施工企业而言,面对变幻无常的市场环境,我们更要坚守合规底线,筑牢风险防线,才能保障企业长远的生存与发展。

中建八局总承包公司自1990年成立以来,始终坚持风险管理与企业经营的高度融合,不断完善标准化管理制度,建立全过程法律风险防控体系,实现了从“无”到“有”、从“有”到“优”,由事后救济为主向事前预防与事中控制为主的转变。公司合约法务团队聚焦法治建设、合同管理、风险管理、诉讼管理四大工作板块,以专业、严谨、务实、高效的工作作风,践行中建八局铁军精神和法律人工匠精神,守护企业平稳运营和项目完美履约。

行而不辍,展望未来。

明者防祸于未萌,智者图患于将来。只有未雨绸缪、防微杜渐,时刻将风险防控放在首位,方能长远发展。由于施工企业承建项目履约周期长、参与主体多、法律关系复杂,因而全过程风险管控难度较大,这要求法务人员不仅要有深厚的法律功底,还要熟悉工程、造价、财务等专业知识。唯其艰难,才更显勇毅;唯其笃行,才愈加珍贵。相信路虽远,行则将至;事虽难,做则必成。中建八局总承包公司法务人员必将在新时代新征程上攻坚克难、砥砺前行。

今天,我欣慰地看到在我们企业扎根成长起来的法务团队,将多年风险管理实务经验进行了系统总结集成,把浸透着初心、执着、坚持、奋进、付出的企业管理经验和教训毫无保留地向社会分享。我相信,这只是一个开始,企业基业长青需要几代人的不懈奋斗,需要自我传承与革新,也需要他人的智慧与经验。企业风险管理是一个长远的命题,希望公司合约法务团队能够以更加坚定的信念、更加昂扬的斗志、更加务实的举措,为构筑企业风险防线,服务项目完美履约,开创更高质量发展新局面作出新的贡献。

值《施工企业全过程风险管理实务》出版之际,以此为序,与同仁共勉。

中国建筑第八工程局有限公司总承包公司董事长

全称、简称对照表

项目	全称	简称
一、法律	《中华人民共和国民法典》	《民法典》
	《中华人民共和国招标投标法》	《招标投标法》
	《中华人民共和国建筑法》	《建筑法》
	《中华人民共和国安全生产法》	《安全生产法》
	《中华人民共和国城乡规划法》	《城乡规划法》
	《中华人民共和国土地管理法》	《土地管理法》
	《中华人民共和国海域使用管理法》	《海域使用管理法》
	《中华人民共和国刑法》	《刑法》
	《中华人民共和国环境噪声污染防治法》	《环境噪声污染防治法》
	《中华人民共和国企业所得税法》	《企业所得税法》
	《中华人民共和国政府采购法》	《政府采购法》
	《中华人民共和国民事诉讼法》	《民事诉讼法》
	《中华人民共和国城市房地产管理法》	《城市房地产管理法》
	《中华人民共和国产品质量法》	《产品质量法》
	《中华人民共和国劳动法》	《劳动法》
	《中华人民共和国劳动合同法》	《劳动合同法》
	《中华人民共和国标准化法》	《标准化法》
	《中华人民共和国审计法》	《审计法》
	《中华人民共和国企业破产法》	《破产法》
	《中华人民共和国公司法》	《公司法》
	《中华人民共和国合同法》	《合同法》
	《中华人民共和国预算法》	《预算法》

续表

项目	全称	简称
二、行政法规	《中华人民共和国招标投标法实施条例》	《招标投标法实施条例》
	《中华人民共和国土地管理法实施条例》	《土地管理法实施条例》
	《中华人民共和国基本农田保护条例》	《基本农田保护条例》
三、部门规章、规范性文件	《中华人民共和国增值税暂行条例实施细则》(财政部、国家税务总局令第65号)	《增值税暂行条例实施细则》
	《中华人民共和国发票管理办法》(财政部令第6号,2010年、2019年修正)	《发票管理办法》
	《财政部、国家税务总局关于全面推开营业税改征增值税试点的通知》(财税〔2016〕36号)	《关于全面推开营改增试点通知》
	《国务院办公厅关于清理规范工程建设领域保证金的通知》(国办发〔2016〕49号)	《关于清理规范工程建设领域保证金的通知》
四、司法解释、最高人民法院指导意见	《最高人民法院关于审理建设工程施工合同纠纷案件适用法律问题的解释(一)》(法释〔2020〕25号)	《建设工程施工合同司法解释(一)》
	《最高人民法院关于印发〈全国法院民商事审判工作会议纪要〉的通知》(法〔2019〕254号)	《九民纪要》
	《最高人民法院关于进一步推进案件繁简分流优化司法资源配置的若干意见》(法发〔2016〕21号)	《关于进一步推进案件繁简分流优化司法资源配置的若干意见》
五、其他	仲裁委员会	仲裁委
	国家发展和改革委员会	国家发改委
	安全生产监督管理站	安监站
	工程质量监督管理站	质监站
	城市管理综合行政执法局	城管局
	住房和城乡建设部/厅/局	住建部/厅/局
	住房和城乡建设管理委员会	住建委

Contents **目录**

Chapter 01

招投标阶段风险管理 第一章

Chapter 02

签约阶段风险管理 第二章

Chapter 03

第三章 履约阶段风险管理

Chapter 04

结算阶段风险管理 第四章

Chapter 05

保修阶段风险管理 第五章

Chapter 06

侵权行为风险管理 第六章

Chapter 01

第一章 招投标阶段风险管理

招投标作为施工企业获取项目的主要途径,该阶段的风险识别和防控对整个项目的实施起着关键作用。本章将从招投标前期的项目尽职调查和招投标的实施两方面展开,分析招投标阶段常见风险及应对措施。

第一节　项目跟踪与调查

施工企业可以通过建设工程交易中心、各省市负责土地规划的自然资源(厅)局等官方网站或其他网络、报刊、电视等公共媒介,以及设计院、招标代理、监理单位、咨询机构、分供单位等相关单位获取招标项目信息,同时全面了解项目和建设单位情况,在充分甄别项目信息后方可结合企业自身情况及市场竞争环境选择投标工程。在项目信息获取阶段,若未充分进行项目及建设单位情况调查,将会影响投标决策,后续履约也会因为项目先天不足而出现根本性问题。因此,项目前期的跟踪与调查尤为重要。

一、项目信息调查

(一)项目合法性调查

项目合法性调查主要从以下几方面着手:

1.项目审批、核准或备案

根据《国务院关于投资体制改革的决定》规定,对于企业不使用政府投资建设的项目,不再实行审批制,而是区别不同情况实行核准制和备案制。其中,政府仅对重大项目和限制类项目从维护社会公共利益角度进行核准,其他项目无论规模大小,均改为备案制。审批、核准及备案具体适用范围如下:

(1)审批制项目。政府投资项目实行审批制,包括全部或部分使用政府预算内资金、各类专项建设基金、统借国外贷款等资金投资建设的项目。政府投资项目的项目建议书和可行性研究报告需报发展和改革部门(以下简称发改部门)审批。项目建议书由建设单位根据国家产业政策、行业和地区发展规划要求提出,主要内容包括项目概况、项目背景、项目建设地质、水文、气候等综合条件、项目规模及标准、工程预算及资金来源、项目实施计划、国土及规划部门对项目拟建地点的意向性意见等。项目建议书经发改部门批准后,由建设单位依据项目建议书编制可行性报告,并附国土及规划部门定点意见、资金来源的意见、环境评估意见等报发改部门审批。

(2)核准制项目。核准制适用范围是不使用政府资金投资建设,但关系国家安全、涉及生产力重大布局、战略性资源开发和重大公共利益的项目,具体项目类型在国务院发布的《政府核准的投资项目目录》中已得到进一步明确。企业投资建设《政府核准的投资项目目录》中的项目时,应向当地发改部门申请核准,由发改部门出具核准文件。

(3)备案制项目。对于《政府核准的投资项目目录》以外的企业投资项目,实行备案制,建设单位应至当地发改部门进行备案。

2.建设用地规划许可证

建设用地规划许可证是经城市规划行政主管部门确认建设项目用地位置、面积和范围符合城市规划的法律凭证。

依据土地提供方式的不同，建设用地规划许可证办理流程有所不同，具体如下：

（1）以划拨方式提供土地的项目，建设单位应当向城市、县人民政府城乡规划主管部门提出建设用地规划许可申请，由城乡规划主管部门核定建设用地的位置、面积、允许建设的范围，核发建设用地规划许可证。建设单位在取得建设用地规划许可证后，方可向土地主管部门申请用地。

（2）以出让方式提供土地的项目，建设单位应将出让地块的位置、使用性质、开发强度等规划条件纳入国有土地使用权出让合同，否则不得出让。建设单位应在取得建设项目的批准、核准、备案文件和签订国有土地使用权出让合同后，向城乡规划主管部门领取建设用地规划许可证。

3. 国有土地使用证

国有土地使用证，是指经土地使用者申请，由城市各级人民政府颁发的国有土地使用权的法律凭证。根据《建筑法》规定，办理建筑工程用地批准手续是申请施工许可证条件之一。根据《城乡规划法》规定，申请办理建设工程规划许可证，应当提交使用土地的有关证明文件。

4. 建设工程规划许可证

建设工程规划许可证是经城乡规划主管部门依法审核，建设工程符合城乡规划要求的法律凭证。根据《城乡规划法》规定，在城市、镇规划区内进行建筑物、构筑物、道路、管线和其他工程建设的，建设单位或者个人应当向城市、县人民政府城乡规划主管部门或者省、自治区、直辖市人民政府确定的镇人民政府申请办理建设工程规划许可证。建设工程规划许可证，一是可以确认城市中有关建设活动符合法定规划的要求，确保建设主体的合法权益；二是可以作为建设活动进行过程中接受监督检查时的法律依据；三是可以作为城乡建设档案的重要内容。[①] 因此，建设工程规划许可证是建设工程符合城市规划要求的关键合法性依据。

风险提示

1. 项目合规风险。未按照相关法律规定办理建设工程前期合法性手续的，

① 参见安建主编：《中华人民共和国城乡规划法释义》，法律出版社2009年版，第77页。

项目存在被认定为违法用地及违法建筑的风险。根据《土地管理法》规定,未经批准违法占用土地的,责令退还非法占用的土地,对违反土地利用总体规划擅自将农用地改为建设用地的,限期拆除在非法占用的土地上新建的建筑物和其他设施,恢复土地原状;对符合土地利用总体规划的,没收在非法占用的土地上新建的建筑物和其他设施,可以并处罚款。

根据《城乡规划法》规定,对未取得建设用地规划许可证的建设单位批准用地的,需撤销有关批准文件,涉及占用土地的,应当及时退回;若给当事人造成损失的,应当依法给予赔偿。未取得建设工程规划许可证或者未按照建设工程规划许可证的规定进行建设的,责令停止建设;尚可采取改正措施消除对规划实施的影响的,限期改正,处建设工程造价5%以上10%以下的罚款;无法采取改正措施消除影响的,限期拆除,不能拆除的,没收实物或者违法收入,可以并处建设工程造价10%以下的罚款。

2. 合同效力风险。建设单位未取得建设工程规划许可等规划审批的,施工单位与其签订施工合同存在被认定无效的风险。根据2021年1月1日起施行的《建设工程施工合同司法解释(一)》规定,发包人在起诉后仍未取得建设工程规划许可证等规划审批手续,当事人请求确认建设工程施工合同无效的,人民法院应予支持。若施工合同约定的计价方式对施工单位有利,因未取得工程规划许可证被认定合同无效,可能导致施工企业无法取得合同预期利益。

3. 行政处罚风险。根据《建筑法》规定,应当办理建设工程规划许可证而未取得建设工程规划许可证的,不得申请领取施工许可证。未取得施工许可证擅自施工的,责令整改,对不符合开工条件的责令停止施工,可以处以罚款。因此,施工企业在建设单位未取得建设工程规划许可证的情况下进场施工,将因无证施工而面临行政处罚的风险。

4. 企业信用风险。根据《企业信息公示暂行条例》《建筑市场信用管理暂行办法》规定,建设单位受到县级以上住房城乡建设主管部门行政处罚的信息,将作为不良信用信息在各省级建筑市场监管一体化工作平台上公开,公开期限一般为6个月至3年。不良信用信息的公示,对施工企业资质资格准入、工程投标、工程担保与保险、评奖评优等方面均会造成不利影响。

5. 工期延误风险。一方面,依据《建筑法》规定未取得施工许可证不得擅自施工,建设单位未办理建设工程规划许可证将影响施工许可证的办理,进而导致项目开工时间延误;另一方面,在建工程未取得建设工程规划许可证、施工许可证的,相关政府主管部门将可能责令停止建设,出现停工的情形,导致工期延误及额外人工、材料、机械(以下简称人材机)等费用成本的增加。

6. 工程款回收风险。对于未取得国有土地使用权证的项目,除上文提到的风险外,还最大限度地体现了建设单位的资信风险。未取得国有土地使用权证,大多是由于建设单位资金状况不佳,未能及时足额支付土地出让金,因此,建设单位后期拖欠工程款的风险较大。若后期就建设工程发生纠纷,施工企业无法对在建工程进行拍卖处分,亦不能实现优先受偿权,最终导致垫付的工程款难以收回。

化解措施

1. 在项目前期跟踪阶段,全面核查项目合法性手续。

(1)核查项目审批、核准或备案情况。针对审批制项目,要求建设单位提供项目建议书及可行性报告的审批文件,并可以自行通过在国家发改委官方网站"文件资源中心"版块输入项目关键字检索文件,查询项目是否已经审批完成。针对核准制项目,对照《政府核准的投资项目目录》中的具体目录及相应核准部门,核查项目核准手续是否办理完成。针对备案制项目,即《政府核准的投资项目目录》以外的企业投资项目,应核查项目是否完成备案登记。除涉及国家秘密的项目外,项目核准、备案可通过全国投资项目在线审批监管平台查询。

(2)核查项目建设用地规划许可及建设工程规划许可证。项目前期跟踪与调查阶段需要核查建设单位是否已办理建设用地规划许可证及建设工程规划许可证,并通过当地城乡规划主管部门及官方网站核实真实性。

(3)核查项目国有土地使用权证。土地通过出让方式取得的,应要求建设单位提供土地出让合同,核实是否已完成土地使用权出让的全部手续并足额缴纳土地出让金;同时,重点关注土地使用权出让的地块、用途、年限和其他条件,明确建设单位是否按合同约定内容使用土地。土地通过划拨方式取得的,应当要求提供有关批准文件,并了解征地费用的支付情况,包括但不限于土地补偿费、安置补助费、青苗补偿费,确保土地征收费用全部支付完毕,避免后期发生争议,影响项目施工建设。

2. 在施工合同签订阶段,明确约定建设单位责任。对于合法性手续不完善的项目，施工单位要结合建设单位资信情况，谨慎开展合作。在施工合同中应当明确，建设单位需办理法律规定由其办理的许可、批准或备案，包括但不限于建设用地规划许可证、建设工程规划许可证、建设工程施工许可证、临时占用土地等许可和批准。由于建设单位原因未能及时办理完毕前述许可、批准或备案的，由发包人承担由此增加的费用和延误的工期，并支付施工单位合理的利润。

3. 在项目履约阶段，及时发函固化证据资料。

（1）合理开展项目前期准备工作。对于未取得建设工程用地规划许可证、土地使用权证、建设工程规划许可证及施工许可证的项目，原则上不得进场施工。但在特殊情况下，建设单位要求进场施工的，应要求建设单位出具书面指令，并合理开展前期准备工作，避免大规模的人材机投入。

（2）督促建设单位办理相关手续。在履约过程中，需持续跟进建设单位各类合法性手续办理进度，通过书面发函形式督促建设单位尽快办理相关证件，避免因施工手续不完善导致的行政处罚风险。发函过程中，应注意保存往来函件及对应签收记录，避免后期对此产生争议。

（3）及时发函明确工期延误责任。若因无证施工被政府部门责令停工，应及时向建设单位发函，明确停工责任及停工期间费用损失由建设单位承担。同时，应及时对现场人材机数量进行梳理，采取有效措施将停工损失降至最低。对于停工期间现场发生的费用以及因工期延误造成的费用损失，收集相关支撑证据资料，并及时向建设单位主张。

（二）项目环境调查

项目调查除了需要关注项目本身真实性和合法性之外，还需要关注其所处的环境，主要包括以下方面：

1. 政府环境。施工企业应当通过查询当地政府文件及与政府沟通，了解项目所在地政府部门的办事效率、政策情况、对市场准入和工程施工有无特殊要求等。

2. 市场环境。了解当地市场的竞争程度、资源分布情况、资源获取成本和方式等。

3. 现场环境。通过现场踏勘，了解项目所处交通位置、场地开发程度、“三通一平”（通电、通水、通路、场地平整）进度、市政管网分布等情况；通过对现场周边进行调查,了解项目周边地域风俗、人文环境、相邻单位情况、居民居住情况等;通过查询当地的气象、地质资料,了解项目所在地的气候和地质条件等。

风险提示

1. 工效降低的风险。由于建设工程施工大部分是露天作业,受到诸多外在环境的限制。例如,当地的气候、温度、降水等外部条件会对施工人员的劳动效率产生影响,尤其是高空搭设脚手架、作业平台、安全网等工作,受天气影响极大。

2. 工期延误的风险。受项目环境影响,部分特殊时间段需要暂停施工,进而对项目整体工期产生影响。例如,在根据当地风俗举办的特定节日期间和大型政府会议、大型体育赛事期间,当地政府部门或相关组织要求暂停施工。此外,若项目紧邻居民小区、学校,夜间施工将会被严格限制,同样会对整体工期产生影响。

3. 成本增加的风险。根据上文所述,项目外部环境因素会导致施工存在降效的风险,相应地会产生人工降效费和机械降效费。此外,政策原因造成的停工也会导致现场人材机费用增加。若恰逢材料价格上涨,则会进一步增加项目施工成本。

4. 行政处罚的风险。根据《建筑法》及《建设工程安全生产管理条例》规定,建筑施工企业应当遵守有关环境保护和安全生产的法律、法规的规定,采取措施控制和处理施工现场的各种粉尘、废气、废水、固体废物以及噪声、振动对环境的污染和危害。对因建设工程施工可能造成损害的毗邻建筑物、构筑物和地下管线等,应当采取专项防护措施。违反相关法律法规规定,对周边环境造成不利影响,将会面临政府部门的行政处罚风险。

化解措施

1. 全面了解项目环境。承接项目前,通过现场查勘等途径仔细调查工程所在地的自然环境及社会环境,在投标时充分考虑各种因素变化可能增加的费用以及对工期产生的影响,合理测算项目成本,编制投标文件。在履约过程中,要时刻关注施工对现场环境的影响,并了解当地关于治安、环境、安全施工等方面的最新要求,一方面,及时调整现场施工管理要求,避免因受到行政处罚而影响企业信用;另一方面,合理调整施工进度计划,将对工期的影响降到最低。

2. 完善施工合同条款。签约时需要完善合同条款,充分考虑现场环境可能造成的影响,合理约定风险承担范围。对于投标时已经预见并已考虑到投标报价中的环境影响因素,可以纳入施工企业的风险承担范围;对于投标时无法预见的环境影响,应明确由建设单位承担,从而为后期索赔提供合同依据。

3. 留存过程支撑资料。因环境原因对项目履约产生实质影响的,应留存相关证明资料,如政府部门发布的通知、相邻单位的发文、气象资料、当地重要节日或活动的新闻等证明事件影响的文件。对工期产生影响的,应当在事件发生后第一时间要求建设单位、监理就延期事实及原因进行书面确认,注意往来函件、施工日志、监理日志、监理例会会议纪要中记载的事实以及延误工期时间的一致性,确保形成完整证据链支撑工期顺延主张。对费用产生影响的,应当收集现场额外人工、材料、设备费用支出的证据,受事件影响期间相关人工、材料价格上涨的资料等,为后续调差或索赔提供依据。

4. 及时完善签证、变更确认流程。受现场环境影响需要额外增加施工内容的,需及时按照合同要求,办理工程签证或变更流程。在收到发包人书面指令且施工方案得到发包人书面确认后,方可开展现场施工。施工完毕后,应及时要求监理及建设单位进行书面确认,避免出现后期结算时无法得到建设单位认可的现象。

相关依据

1.《政府投资条例》

第9条 政府采取直接投资方式、资本金注入方式投资的项目(以下统称政府投资项目),项目单位应当编制项目建议书、可行性研究报告、初步设计,按照政府投资管理权限和规定的程序,报投资主管部门或者其他有关部门审批。

项目单位应当加强政府投资项目的前期工作,保证前期工作的深度达到规定的要求,并对项目建议书、可行性研究报告、初步设计以及依法应当附具的其他文件的真实性负责。

第11条 投资主管部门或者其他有关部门应当根据国民经济和社会发展规划、相关领域专项规划、产业政策等,从下列方面对政府投资项目进行审查,

作出是否批准的决定:

(一)项目建议书提出的项目建设的必要性;

(二)可行性研究报告分析的项目的技术经济可行性、社会效益以及项目资金等主要建设条件的落实情况;

(三)初步设计及其提出的投资概算是否符合可行性研究报告批复以及国家有关标准和规范的要求;

(四)依照法律、行政法规和国家有关规定应当审查的其他事项。

投资主管部门或者其他有关部门对政府投资项目不予批准的,应当书面通知项目单位并说明理由。

对经济社会发展、社会公众利益有重大影响或者投资规模较大的政府投资项目,投资主管部门或者其他有关部门应当在中介服务机构评估、公众参与、专家评议、风险评估的基础上作出是否批准的决定。

第 34 条 项目单位有下列情形之一的,责令改正,根据具体情况,暂停、停止拨付资金或者收回已拨付的资金,暂停或者停止建设活动,对负有责任的领导人员和直接责任人员依法给予处分:

(一)未经批准或者不符合规定的建设条件开工建设政府投资项目;

(二)弄虚作假骗取政府投资项目审批或者投资补助、贷款贴息等政府投资资金;

(三)未经批准变更政府投资项目的建设地点或者对建设规模、建设内容等作较大变更;

(四)擅自增加投资概算;

(五)要求施工单位对政府投资项目垫资建设;

(六)无正当理由不实施或者不按照建设工期实施已批准的政府投资项目。

2.《国务院关于投资体制改革的决定》第二部分

二、转变政府管理职能,确立企业的投资主体地位

(一)改革项目审批制度,落实企业投资自主权。彻底改革现行不分投资主体、不分资金来源、不分项目性质,一律按投资规模大小分别由各级政府及有关部门审批的企业投资管理办法。对于企业不使用政府投资建设的项目,一律不再实行审批制,区别不同情况实行核准制和备案制。其中,政府仅对重大项目和限制类项目从维护社会公共利益角度进行核准,其他项目无论规模大小,

均改为备案制，项目的市场前景、经济效益、资金来源和产品技术方案等均由企业自主决策、自担风险，并依法办理环境保护、土地使用、资源利用、安全生产、城市规划等许可手续和减免税确认手续。对于企业使用政府补助、转贷、贴息投资建设的项目，政府只审批资金申请报告。各地区、各部门要相应改进管理办法，规范管理行为，不得以任何名义截留下放给企业的投资决策权利。

（二）规范政府核准制。要严格限定实行政府核准制的范围，并根据变化的情况适时调整。《政府核准的投资项目目录》（以下简称《目录》）由国务院投资主管部门会同有关部门研究提出，报国务院批准后实施。未经国务院批准，各地区、各部门不得擅自增减《目录》规定的范围。

企业投资建设实行核准制的项目，仅需向政府提交项目申请报告，不再经过批准项目建议书、可行性研究报告和开工报告的程序。政府对企业提交的项目申请报告，主要从维护经济安全、合理开发利用资源、保护生态环境、优化重大布局、保障公共利益、防止出现垄断等方面进行核准。对于外商投资项目，政府还要从市场准入、资本项目管理等方面进行核准。政府有关部门要制定严格规范的核准制度，明确核准的范围、内容、申报程序和办理时限，并向社会公布，提高办事效率，增强透明度。

（三）健全备案制。对于《目录》以外的企业投资项目，实行备案制，除国家另有规定外，由企业按照属地原则向地方政府投资主管部门备案。备案制的具体实施办法由省级人民政府自行制定。国务院投资主管部门要对备案工作加强指导和监督，防止以备案的名义变相审批。

3.《民法典》

第344条 建设用地使用权人依法对国家所有的土地享有占有、使用和收益的权利，有权利用该土地建造建筑物、构筑物及其附属设施。

第347条 设立建设用地使用权，可以采取出让或者划拨等方式。

工业、商业、旅游、娱乐和商品住宅等经营性用地以及同一土地有两个以上意向用地者的，应当采取招标、拍卖等公开竞价的方式出让。

严格限制以划拨方式设立建设用地使用权。

4.《建筑法》

第8条 申请领取施工许可证，应当具备下列条件：

(一)已经办理该建筑工程用地批准手续;

(二)依法应当办理建设工程规划许可证的,已经取得建设工程规划许可证;

(三)需要拆迁的,其拆迁进度符合施工要求;

(四)已经确定建筑施工企业;

(五)有满足施工需要的资金安排、施工图纸及技术资料;

(六)有保证工程质量和安全的具体措施。

建设行政主管部门应当自收到申请之日起七日内,对符合条件的申请颁发施工许可证。

5.《城乡规划法》

第37条　在城市、镇规划区内以划拨方式提供国有土地使用权的建设项目,经有关部门批准、核准、备案后,建设单位应当向城市、县人民政府城乡规划主管部门提出建设用地规划许可申请,由城市、县人民政府城乡规划主管部门依据控制性详细规划核定建设用地的位置、面积、允许建设的范围,核发建设用地规划许可证。

建设单位在取得建设用地规划许可证后,方可向县级以上地方人民政府土地主管部门申请用地,经县级以上人民政府审批后,由土地主管部门划拨土地。

第38条第1~2款　在城市、镇规划区内以出让方式提供国有土地使用权的,在国有土地使用权出让前,城市、县人民政府城乡规划主管部门应当依据控制性详细规划,提出出让地块的位置、使用性质、开发强度等规划条件,作为国有土地使用权出让合同的组成部分。未确定规划条件的地块,不得出让国有土地使用权。

以出让方式取得国有土地使用权的建设项目,建设单位在取得建设项目的批准、核准、备案文件和签订国有土地使用权出让合同后,向城市、县人民政府城乡规划主管部门领取建设用地规划许可证。

第40条　在城市、镇规划区内进行建筑物、构筑物、道路、管线和其他工程建设的,建设单位或者个人应当向城市、县人民政府城乡规划主管部门或者省、自治区、直辖市人民政府确定的镇人民政府申请办理建设工程规划许可证。

申请办理建设工程规划许可证,应当提交使用土地的有关证明文件、建设工程设计方案等材料。需要建设单位编制修建性详细规划的建设项目,还应当提交修建性详细规划。对符合控制性详细规划和规划条件的，由城市、县人民政府城乡规划主管部门或者省、自治区、直辖市人民政府确定的镇人民政府核发建设工程规划许可证。

城市、县人民政府城乡规划主管部门或者省、自治区、直辖市人民政府确定的镇人民政府应当依法将经审定的修建性详细规划、建设工程设计方案的总平面图予以公布。

第64条 未取得建设工程规划许可证或者未按照建设工程规划许可证的规定进行建设的，由县级以上地方人民政府城乡规划主管部门责令停止建设；尚可采取改正措施消除对规划实施的影响的，限期改正，处建设工程造价百分之五以上百分之十以下的罚款；无法采取改正措施消除影响的，限期拆除，不能拆除的，没收实物或者违法收入，可以并处建设工程造价百分之十以下的罚款。

6.《建设工程施工合同司法解释(一)》

第3条 当事人以发包人未取得建设工程规划许可证等规划审批手续为由，请求确认建设工程施工合同无效的，人民法院应予支持，但发包人在起诉前取得建设工程规划许可证等规划审批手续的除外。

发包人能够办理审批手续而未办理，并以未办理审批手续为由请求确认建设工程施工合同无效的，人民法院不予支持。

二、建设单位资信调查

建设单位资信状况是其履约的重要保证。施工企业只有在项目跟踪阶段全面了解建设单位的主体资格、支付能力、信用状况，才能保证后续项目的正常实施。

风险提示

1. 不具备合同主体资格风险。未进行企业基本信息调查，与不具备民事主体资格的单位进行合作，将会导致相关合同权利无法主张的风险。在(2020)津01民终172号民事判决书中，天津市第一中级人民法院认为，发包人以寺庙名义与承包人于2014年签订《禅寺前广场园林建筑工程施工合同》，寺庙工程尚处于建设之中，并未竣工验收，不具备宗教活动场所登记条件，更不具备法人登记条件，实际亦未在登记机关办理法人登记，该寺庙不具备独立民事主体资格，故发包人不能独立行使民事权利、承担民事义务；而第三方公司全程参与规划报建，选定勘查、设计、施工、监理单位，工程节点控制管理，竣工验收，工程结算，保修终结等建设流程，是寺庙建设工程管理行为人，实际履行案涉绿化工程施工合同，应为合同相对方，负有付款义务。①

2. 项目合法性手续不齐全的风险。建设单位相关合法性手续办理不齐全，将导致项目合规性风险、合同效力风险、工期延误风险、工程款回收风险等。本节第一部分针对该内容已进行说明，此处不再赘述。

3. 工程款无法回收的风险。建设单位的资金状况，是影响项目实施的最重要因素之一。近年来，房地产开发企业破产的新闻不绝于耳，在高负债、高杠杆的背景下，许多房地产开发企业都面临破产，这给施工企业工程款回收带来重大风险。此外，由于我国公司注册时注册资本采用认缴制，因此营业执照载明的注册资本并非实缴资本，存在因股东实际出资不足导致的资金风险。

若建设单位为房地产开发企业，根据住建部《房地产开发企业资质管理规定》，应当取得相关房地产开发等级资质证书，其在一定程度上反映企业资金实力和工程款支付能力，若其资质等级与发包的项目规模不匹配，亦会带来工程款难以回收的风险。

4. 项目公司作为发包人的风险。当前，房地产开发企业普遍采用设立项目公司的方式进行开发建设，利用法人独立地位及股东有限责任隔离自身风险。项目公司除标的项目外，其他资产有限，因此资金支付风险较大。后期若发生纠纷，即使获得法院生效判决，除在建项目外也很难找到其他可供执行的财产。

化解措施

项目前期跟踪阶段应重视建设单位资信调查工作，对于资信较差的企业果断放弃跟踪与合作，从源头防范项目风险。建设单位资信调查可以从以下几个方面展开：

1. 建设单位工商注册信息。包括公司名称、公司类型、统一社会信用代码、成立日期与核准日期、住所地、营业期限与经营范围等。具体可以通过国家企

① 参见天津市第一中级人民法院民事判决书，(2020)津01民终172号。

业信用信息公示系统、全国组织机构统一社会信用代码数据服务中心、企查查、天眼查、启信宝等平台查询。

2. 建设单位资质与证照持有情况。包括税务登记状况,经营范围内需要审批许可的是否取得了许可证,行政总监、工程监理、质量检验是否取得了相应资质。具体可以通过住建部、国家发改委官网查询。此外,还需核实建设单位建设用地规划许可证、国有土地使用权证及建设工程规划许可证的持有情况。

3. 股东基本信息及出资情况。对于法人股东,需要了解其名称、成立时间、注册资本、营业期限、经营范围、企业资质、企业性质等;对于自然人股东,需要了解其姓名、身份证号码、控股企业、担任董监高重要岗位的企业,尤其需要关注股东是否存在重大诉讼案件、行政处罚,是否被纳入失信被执行人或限制高消费人员名单。此外,还需关注建设单位实缴资本情况,具体可以通过国家企业信用信息公示系统中股东及出资信息进行查询。

4. 股权变化情况。一方面,施工企业应了解建设单位股权集散程度、股东数量、变更频率等情况。股权分散、股东众多、变更频繁的公司往往存在经营变动、决策不力的情况,若选择类似公司合作项目,后续履约可能会存在诸多问题。另一方面,还需了解建设单位股权处置、出质、质押情况,若存在股权出质较多的情况,会导致公司资金风险。

5. 资金情况。一是通过查询企业年报、季报、上市公司业绩报告、近 3 年的审计报告、资产负债表、利润表、现金流量表,了解其营业收入、资产负债以及应收账款等情况。若公司营业收入逐年下降,现金流入不足,现金流动负债比小于 1,则表明公司现金流状况不佳,资金压力较大;资产负债率若高于 60%,则公司负债偏高,超过 100% 则表示已经资不抵债,存在重大资金风险;应收账款数额较大且回收率较低,则说明该公司存在较大回款风险。

二是查询建设单位的不动产持有状况,即其拥有及使用的房屋、土地,房屋及土地的抵押转让、出让、租赁情况,在售楼盘的销售状况等。通过各地的住房保障和房产管理局网站,可以查询预售许可证,楼盘在售情况、总面积、可售总面积、预定面积、已售套数、成交毛坯均价等开发楼盘的信息;通过国土资源部门网站,可以查询土地抵押、转让、招拍挂等信息。若通过调查发现该公司存在大量房屋及土地抵押、转让的情况,则其存在现金流短缺的可能性较大。

三是通过上海清算所官网债券信息查询、全国银行间同业拆借中心及中国债券信息网等，查询建设单位的债券发行情况。若发现其发行债券评级较低、赎回率低，存在价格异常波动等情况，则表明该公司经营状况不佳，存在资金风险。

6. 涉诉情况。包括公司相关诉讼、仲裁、执行情况，保全、查封、扣押状况。重点关注相关案件的标的额、案件类别和结案情况，若存在欠付工程款、大额借款等纠纷，则说明该公司资信状况较差。具体可以通过中国裁判文书网、中国法院网、人民法院诉讼资产网、威科先行数据库、企查查、天眼查等公共网络平台查询。

7. 行政处罚情况。若建设单位受到行政处罚频率较高、金额较大，则反映出该公司的资信状况较差，对施工企业来说，与其合作风险较大。此外，在施工现场管理中，施工企业还可能会因此面临安全、环境、质量等相关的行政处罚。因此，在前期调查中若发现该建设单位受到行政处罚的情况较为严重，则应当慎重决定是否与其合作。具体可通过信用中国查询，涉及施工安全、质量、环境等方面的行政处罚可以通过当地的安全监督站、质监站、城市管理综合行政执法局等主管部门官方网站查询。

8. 项目公司与母公司混同情况。为避免建设单位滥用法人独立地位和股东有限责任，通过项目公司隔离自身责任，损害施工企业利益，施工企业在前期资信调查过程中要注意关注其项目公司与股东是否存在人员、业务、财务等方面交叉混同现象。例如，股东与项目公司之间存在频繁、巨额资金往来。同时，注意保留相关证明资料，若后期项目公司无力承担工程款支付责任，可通过"刺破法人面纱"要求股东承担连带责任。

相关依据

1.《公司法》

第7条　依法设立的公司，由公司登记机关发给公司营业执照。公司营业执照签发日期为公司成立日期。

公司营业执照应当载明公司的名称、住所、注册资本、经营范围、法定代表人姓名等事项。

公司营业执照记载的事项发生变更的，公司应当依法办理变更登记，由公司登记机关换发营业执照。

第12条 公司的经营范围由公司章程规定,并依法登记。公司可以修改公司章程,改变经营范围,但是应当办理变更登记。

公司的经营范围中属于法律、行政法规规定须经批准的项目,应当依法经过批准。

第20条 公司股东应当遵守法律、行政法规和公司章程,依法行使股东权利,不得滥用股东权利损害公司或者其他股东的利益;不得滥用公司法人独立地位和股东有限责任损害公司债权人的利益。

公司股东滥用股东权利给公司或者其他股东造成损失的,应当依法承担赔偿责任。

公司股东滥用公司法人独立地位和股东有限责任,逃避债务,严重损害公司债权人利益的,应当对公司债务承担连带责任。

2.《房地产开发企业资质管理规定》

第3条 房地产开发企业应当按照本规定申请核定企业资质等级。

未取得房地产开发资质等级证书(以下简称资质证书)的企业,不得从事房地产开发经营业务。

第二节 招投标的实施

招投标阶段是施工合同签订的起始阶段,对后续项目签约履约有基础性、关键性的影响。招投标结束后,招标人与中标人签订施工合同,合同双方均需按照合同约定严格履行,如发生违约情形,需要承担相应的法律责任。作为施工企业,应意识到招投标实施的法律后果,在招投标阶段全面了解招标、投标程序,仔细分析招标文件,合理编制投标文件,牢固树立风险意识,提高风险管理水平。

一、招标方式

(一)依法必须招标的项目

根据《招标投标法》第3条规定,在中华人民共和国境内进行下列工程建设项目包括项目的勘察、设计、施工、监理以及与工程建设有关的重要设备、材料等的采购,必须进行招标:(1)大型基础设施、公用事业等关系社会公共利益、公众安全的项目;(2)全部或者部分使用国有资金投资或者国家融资的项目;(3)使用国际组织或者外国政府贷款、援助资金的项目。前款所列项目的具体范围和规模标准,由国务院发展计划部门会同国务院有关部门制订,报国务院批准。法律或者国务院对必须进行招标的其他项目的范围有规定的,依照其规定。

风险提示

1. 合同无效的风险。根据《民法典》及《建设工程施工合同司法解释(一)》的规定,建设工程必须进行招标而未招标或者中标无效的,建设工程施工合同无效。由此可预见,若施工合同约定的计价方式对施工企业有利,而因必须招标而未招标导致合同无效,可能导致施工企业无法取得合同预期利益。

2. 行政处罚的风险。根据《招标投标法》规定,必须进行招标的项目而不招标的,将必须进行招标的项目化整为零或者以其他任何方式规避招标的,责令限期改正,可以处项目合同金额5‰以上10‰以下的罚款;对全部或者部分使用国有资金的项目,可以暂停项目执行或者暂停资金拨付;对单位直接负责的主管人员和其他直接责任人员依法给予处分。

化解措施

施工企业在承接项目时,必须严格依据法律法规判断项目是否为依法必须招标的项目,对于必须招标的项目必须进行招投标程序,方可承接。具体来说,可以从以下三个方面进行判断:

1. 资金来源。根据国家发改委《必须招标的工程项目规定》第2条规定,全部或者部分使用国有资金投资或者国家融资的项目包括:(1)使用预算资金200万元人民币以上,并且该资金占投资额10%以上的项目;(2)使用国有企业事业单位资金,并且该资金占控股或者主导地位的项目。根据《预算法》规定,预算资金包括一般公共预算资金、政府性基金预算资金、国有资本经营预算资金、社会保险基金预算资金。结合《公司法》关于控股股东和实际控制人的理解,“占控股或者主导地位”指“其出资额占有限责任公司资本总额百分之五十以上或其持有的股份占股份有限公司股本总额百分之五十以上的股东”以及“出资额或者持有股份的比例虽然不足百分之五十,但依其出资额或者持有的股份所享有的表决权已足以对股东会、股东大会的决议产生重大影响的股东”。国有企业、事业单位通过投资关系、协议或者其他安排,能够实际支配项目建设的,也属于“占控股或者主导地位”。

根据《必须招标的工程项目规定》第3条规定,使用国际组织或者外国政府贷款、援助资金的项目包括:(1)使用世界银行、亚洲开发银行等国际组织贷款、援助资金的项目;(2)使用外国政府及其机构贷款、援助资金的项目。

2. 项目性质。根据《必须招标的工程项目规定》第4条规定,不属于本规定第2、3条规定情形的大型基础设施、公用事业等关系社会公共利益、公众安全的项目,必须招标的具体范围由国务院发展和改革部门会同国务院有关部门按照确有必要、严格限定的原则制定,报国务院批准。

根据《必须招标的基础设施和公用事业项目范围规定》第2条规定,必须招标的具体范围包括:(1)煤炭、石油、天然气、电力、新能源等能源基础设施项目;(2)铁路、公路、管道、水运,以及公共航空和A1级通用机场等交通运输基础设施项目;(3)电信枢纽、通信信息网络等通信基础设施项目;(4)防洪、灌溉、排涝、引(供)水等水利基础设施项目;(5)城市轨道交通等城建项目。

3. 项目规模。根据《必须招标的工程项目规定》第5条第1款规定,本规定第2~4条规定范围内的项目,其勘察、设计、施工、监理以及与工程建设有关的重要设备、材料等的采购达到下列标准之一的,必须招标:(1)施工单项合同估算价在400万元人民币以上;(2)重要设备、材料等货物的采购,单项合同估算价在200万元人民币以上;(3)勘察、设计、监理等服务的采购,单项合同估算价在100万元人民币以上。(见图1-1)

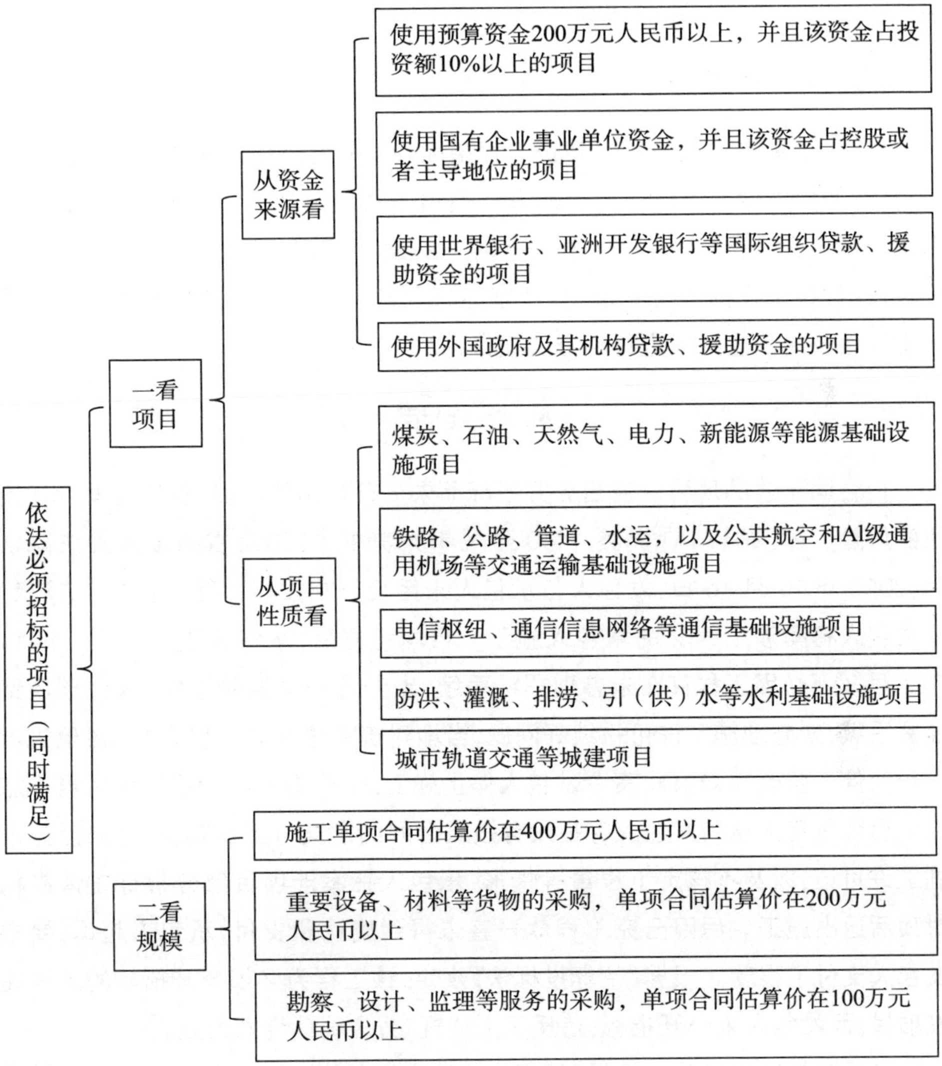

图 1－1　依法必须招标的项目

此外，根据《招标投标法》第 66 条的规定，涉及国家安全、国家秘密、抢险救灾或者属于利用扶贫资金实行以工代赈、需要使用农民工等特殊情况，不适宜进行招标的项目，按照国家有关规定可以不进行招标。

施工企业在承接项目时，应当首先根据上述标准核实项目是否属于必须招投标的项目。除上述判断标准外，施工企业还可以查询工程项目所在地有关必须招标项目的地方性法规、规章、政策性文件，或直接向工程项目所在地的住建主管部门或行业协会进行咨询。

（二）公开招标

根据《招标投标法》规定，建设工程招标可以分为公开招标和邀请招标。公开招标，是指招标人以招标公告的方式邀请不特定的法人或者其他组织投标；邀请招标，是指招标人以投标邀请书的方式邀请特定的法人或者其他组织投标。根据《招标投标法实施条例》规定，除部分特殊情况外，国有资金占控股或者主导地位的依法必须进行招标的项目，应当公开招标。

风险提示

1. 合同无效的风险。应当公开招标而未公开招标的项目，施工合同存在无效的风险。在（2017）鄂民终 1440 号民事判决书中，湖北省高级人民法院认为，2013 年 10 月 10 日，发包人与承包人未经公开招投标即签订《协议书》，约定发包人将案涉工程交由承包人施工。合同订立后，承包人进场施工。2014 年 7 月 31 日，因工程存在未办理招标手续、未办理安全监督手续、未办理质量监督手续、未办理施工许可手续等问题，当地建筑管理站向发包人发出《建筑市场行为停工整改通知书》，责令发包人停止施工，完善施工许可证手续后再行施工。后因承包人认为发包人存在没有按照合同约定支付工程款，一直未能办理施工许可证，以及不核定工程量等情形，承包人在案涉项目部分楼栋主体结构封顶后退出施工。后因已完工程款一直未得到确认和支付，承包人起诉，要求发包人支付工程款。根据《招标投标法》规定，该工程为必须公开招标的工程建设项目，而发包人未公开招标，违反了上述规定，应确认合同无效。①

2. 行政处罚的风险。根据《招标投标法实施条例》规定，依法应当公开招标而采用邀请招标的，由有关行政监督部门责令整改，可以处 10 万元以下的罚款，同时对单位直接负责的主要管理人员和其他直接责任人员依法给予处分。

化解措施

1. 核实项目是否必须公开招标。施工企业在承接项目时，应核实该项目是

① 参见湖北省高级人民法院民事判决书，（2017）鄂民终 1440 号。

否是必须公开招标的项目，如发现属于应该公开招标的项目但建设单位未采取公开招标方式进行招标的，应与建设单位就此情况进行沟通，查询项目所在地的政策法规对必须公开招标项目的规定，必要时应到行业主管部门进行咨询和核实，确保中标后合同的有效性并实现合同目标。

2. 书面发函要求建设单位进行澄清。在招投标阶段，对于招标方式有疑问的，应当以书面发函的形式，要求建设单位针对招标方式合规性问题予以澄清，并提供相关政策依据。同时，注意留存往来函件及签收记录，固化证据资料，明确建设单位责任。

3. 加强履约过程资料管理。在项目履约阶段，应高度重视履约资料管理工作，所有函件做到收文有登记、发文有签收。发生签证或变更时，及时完善相关手续，争取形成过程结算成果，避免后期发生争议时，相关费用主张困难。

（三）邀请招标

与公开招标相比，邀请招标的范围较小、公开程度较低、竞争不够充分。因此，采取邀请招标应符合法律法规规定的条件。根据《招标投标法》《招标投标法实施条例》《政府采购法》《机电产品国际招标投标实施办法（试行）》《工程建设项目货物招标投标办法》等规定，下列情况可以采用邀请招标：

1. 技术复杂、有特殊要求或者受自然环境限制，只有少量潜在投标人可供选择；

2. 采用公开招标方式的费用占项目合同金额的比例过大；

3. 涉及国家安全、国家机密或者抢险救灾，适宜招标但不宜公开招标的；

4. 法律法规规定不宜公开招标的。

此外，上述法律法规也对采用邀请招标方式需要经过的审批程序进行了规定，国家重点建设项目的邀请招标，应当经国务院发展计划部门批准；地方重点建设项目的邀请招标，应当经各省、自治区、直辖市人民政府批准；采用公开招标方式的费用占项目合同金额的比例过大的，项目审批、核准部门在审批、核准项目时作出认定等。因此，对于采用邀请招标方式承接的项目，施工企业要关注招标方式的合规性，确保审批程序完整。

相关依据

1.《招标投标法》

第11条 国务院发展计划部门确定的国家重点项目和省、自治区、直辖市人民政府确定的地方重点项目不适宜公开招标的,经国务院发展计划部门或者省、自治区、直辖市人民政府批准,可以进行邀请招标。

2.《招标投标法实施条例》

第8条 国有资金占控股或者主导地位的依法必须进行招标的项目,应当公开招标;但有下列情形之一的,可以邀请招标:

(一)技术复杂、有特殊要求或者受自然环境限制,只有少量潜在投标人可供选择;

(二)采用公开招标方式的费用占项目合同金额的比例过大。

有前款第二项所列情形,属于本条例第七条规定的项目,由项目审批、核准部门在审批、核准项目时作出认定;其他项目由招标人申请有关行政监督部门作出认定。

3.《政府采购法》

第29条 符合下列情形之一的货物或者服务,可以依照本法采用邀请招标方式采购:

(一)具有特殊性,只能从有限范围的供应商处采购的;

(二)采用公开招标方式的费用占政府采购项目总价值的比例过大的。

4.《机电产品国际招标投标实施办法(试行)》

第10条 国有资金占控股或者主导地位的依法必须进行机电产品国际招标的项目,应当公开招标;但有下列情形之一的,可以邀请招标:

(一)技术复杂、有特殊要求或者受自然环境限制,只有少量潜在投标人可供选择;

(二)采用公开招标方式的费用占项目合同金额的比例过大。

有前款第二项所列情形,属于本办法第九条第二款规定的项目,招标人应当在招标前向相应的主管部门提交项目审批、核准部门审批、核准邀请招标方式的文件;其他项目采用邀请招标方式应当由招标人申请相应的主管部门作出认定。

5.《工程建设项目货物招标投标办法》

第11条　依法应当公开招标的项目,有下列情形之一的,可以邀请招标:

(一)技术复杂、有特殊要求或者受自然环境限制,只有少量潜在投标人可供选择;

(二)采用公开招标方式的费用占项目合同金额的比例过大;

(三)涉及国家安全、国家秘密或者抢险救灾,适宜招标但不宜公开招标。

有前款第二项所列情形,属于按照国家有关规定需要履行项目审批、核准手续的依法必须进行招标的项目,由项目审批、核准部门认定;其他项目由招标人申请有关行政监督部门作出认定。

二、招标文件审查

招标文件是建设单位对于项目建设要求的基本文件,是施工企业参与投标以及项目实施的依据。招标文件一般包括三部分:一是招标公告或投标邀请书、投标人须知、评标办法、投标文件格式等,主要阐述招标项目需求概况和招标投标活动规则;二是工程量清单、设计图纸、技术标准和要求、合同条款等,全面描述招标项目需求;三是参考资料,供投标人了解、分析的与招标项目相关的参考信息,如项目地址、水文、地质、气象、交通等参考资料。

施工企业在获取招标文件后,应当首先根据自身资质条件、履约能力以及风险承担能力,结合前期项目调查情况,从财务、工程管理、科技、质量、商务、合约等多个角度对招标文件内容进行审查。

风 险 提 示

1. 未能完全响应招标文件的风险。根据《招标投标法》规定,投标人应当按照招标文件的要求编制投标文件。投标文件应当对招标文件提出的实质性要求和条件作出响应。招标项目属于建设施工的,投标文件的内容应当包括拟派出的项目负责人与主要技术人员的简历、业绩和拟用于完成招标项目的机械设备等。投标文件未按照招标文件要求编制、项目主要负责人或技术人员过往业绩不符合要求、人员结构不合理、施工计划安排及平面布置不合理等情况均会导致投标失败。

2. 合同无效的风险。施工企业未仔细审查招标文件中的工程范围和基本要求，超出资质参与建设工程投标的，即使最终中标并签订施工合同，也会因为不符合资质要求而导致合同无效。根据《建设工程施工合同司法解释(一)》规定，承包人未取得建筑业企业资质或者超越资质等级的，应当认定建设工程施工合同无效。山东省高级人民法院在(2016)鲁民终708号民事判决书中认为，发包人与承包人签订《储能示范项目建筑安装工程承包合同》，合同价款总额2548万元。后因发包人欠付工程款承包人向法院起诉，要求发包人支付欠款1279.6万元并按照合同约定支付逾期付款违约金。承包人为三级资质企业，可承揽投资额800万元及以下的一般工业和公共、民用建设项目的设备、线路、管道的安装，非标准钢构件的制作、安装。涉案合同总价款为2548万元，已超过承包人可承担的制作、安装范围，涉案合同因超范围承揽工程而无效。因合同无效，承包人要求发包人承担逾期付款的违约责任没有法律依据。①

3. 投标报价亏损的风险。招标文件中的工程量清单、设计图纸、技术标准和要求等内容对于投标报价十分重要。若承包商未仔细阅读工程量清单计量规则，不熟悉当地的定额，可能会导致清单项目中某些费用"重计"或"漏计"，造成综合单价偏高或者偏低。

此外，正确的报价还建立在全面而准确的材料询价基础上。对招标文件中的项目技术标准和要求等内容不熟悉或不理解，将会影响询价材料的质量、性能、规格型号、数量等的准确性，进而导致成本测算偏差，造成投标报价亏损的风险。

4. 合同条款不利的风险。根据《民法典》规定，当事人订立合同，可以采取要约、承诺方式或者其他方式。要约邀请是希望他人向自己发出要约的表示。要约是希望与他人订立合同的意思表示。承诺是受要约人同意要约的意思表示。招标公告属于要约邀请。投标文件是要约，是接受招标人的采购条件并愿意与其签订合同的意思表示，是响应招标文件实质性内容作出的详细应答；中标通知书是承诺，是招标人对选定中标人的确认。根据《招标投标法》规定，招标人和中标人应当自中标通知书发出之日起30日内，按照招标文件和中标人的投标文件订立书面合同，不得再行订立背离合同实质性内容的其他协议。因

---

① 参见山东省高级人民法院民事判决书，(2016)鲁民终708号。

此，招标文件中的合同条件若存在重大风险，则会对后期正式合同签订及项目履约产生不利影响。常见重大风险条款见图1－2所示。

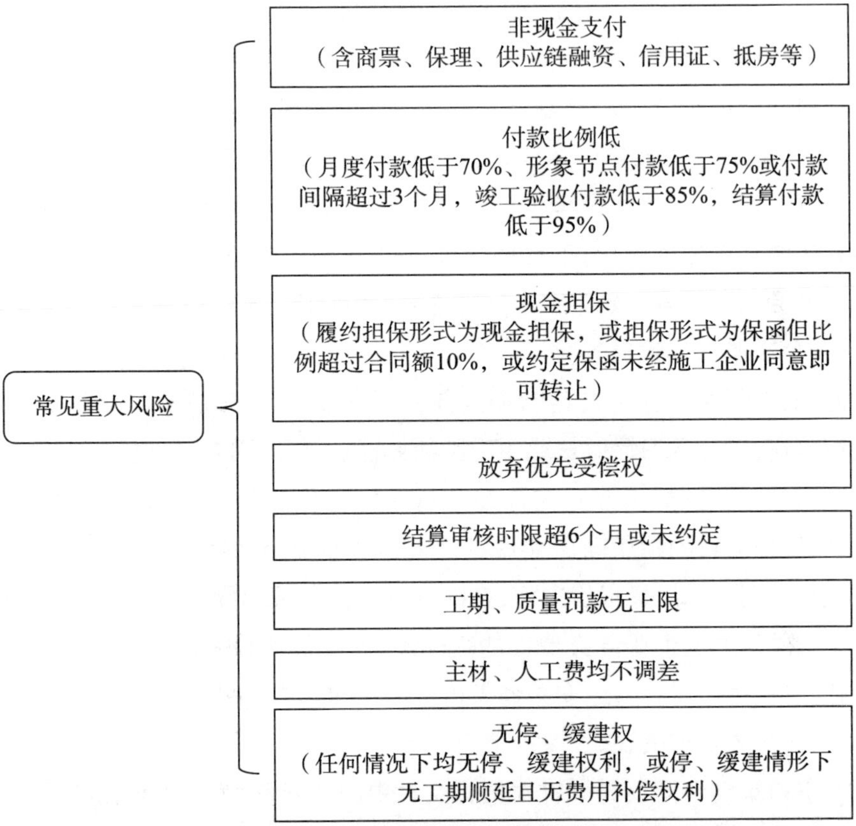

图1－2　常见重大风险条款

化解措施

1.全面审查招标文件。认真研究招标文件，熟悉、掌握合同内容；通过图纸会审、工程量复核，详细了解具体的工程范围、技术要求、质量标准。此外，应特别关注以下内容：

(1)投标人须知。“投标人须知”一般包括工程概况、招标内容、招标文件的组成、投标文件的组成、报价的原则、招标投标时间安排等关键信息。

首先，施工企业应注意招标工程的详细内容和范围，避免报价时出现遗漏或者多报的情况。其次，关注投标文件的组成，避免因提供的资料不全或未按照招标人格式要求制作而被作为废标处理。最后,对招标答疑时间、投标截止时间等关键节点时间安排也应当予以高度关注,避免因错过时间而失去投标机会。

(2)技术说明。施工企业应当仔细研究招标文件中的施工技术说明、技术规范要求,了解招标人有无特殊施工技术要求和特殊材料设备要求,以及有关选择代用材料、设备的规定,从而根据相应的定额和市场价格合理制定投标报价。

(3)发包人特殊要求。除建设工程及其附属设施本身外,为了保证工程建设的顺利进行,不同的建设单位还会对承包单位提出额外特殊要求。例如,对旧有建筑物和设施的拆除,工程师的现场办公室及其各项开支、模型、广告、工程照片和会议费用等。若存在上述特殊要求,施工企业应当将其列入工程总价之中,避免因遗漏导致损失。①

此外,对于招标文件内容含糊或前后不一致的地方,应及时书面要求招标人进行澄清,不可凭习惯做法或主观判断处理。

2. 审慎开展投标工作。在详细分析招标文件的基础上,认真编制投标文件,根据工程项目的特点确定项目经理人选和专业技术人员的构成,合理编制施工组织计划。在投标报价方面,在综合考虑商务成本测算、外部竞争情况、工程施工相关信息及企业自身情况的基础上,作出最终报价决策,并做好保密工作。在报送投标文件前,应安排专人检查投标文件内容和格式是否与招标文件要求一致,避免细节失误。

3. 提前策划合同谈判。针对招标文件中的合同条款,应当全面梳理风险要素,提前策划谈判,争取在招投标阶段和签约阶段进行优化。具体谈判要点见表 1 –1 所示。

表 1 –1 合同谈判要点

序号	谈判要素	谈判要点
1	工程实体	应按规定取得合法的立项审批文件、国有土地使用权证、建设用地规划许可证、建设工程施工许可证。 法律法规及政策依据:《土地管理法》第 12 条第 2 款,《城乡规划法》第 37、40 条,《建筑工程施工许可管理办法》第 12 条

① 参见全国一级建造师执业资格考试用书编写委员会编著:《建设工程项目管理》,中国建筑工业出版社 2016 年版,第 271 ~272 页。

续表

序号	谈判要素	谈判要点
2	签约时效	招标人与中标人应当自中标通知书发出之日起 30 日内,按照招标文件和中标人的投标文件订立书面合同。 法律法规及政策依据:《招标投标法》第 46 条第 1 款
3	发包人	(1)发包人主体资格合法性:发包人应具备营业执照所确定的特殊行业或经营项目的特定资质等。 (2)发包人信誉状况:发包人在行业内的口碑、商业信誉;是否被纳入失信被执行人名单等。 (3)发包人资金状况:项目资金来源;是否具备完成项目开发或支付工程款的能力;项目土地性质;出让土地的出让金是否全部缴纳;是否取得土地使用权证或持有土地批准文件;是否存在法律纠纷或潜在纠纷。 (4)发包人地址、邮编、法定代表人、委托代理人、电子邮箱、开户银行及账号等内容要填写完整,保证合同履行的畅通和高效。 (5)承接项目为发包人集团总公司成立的项目子公司的,在签约前应首先审查子公司资产组成情况,在子公司资信不良时,争取总公司对其子公司的项目履约出具担保或承诺书,以保证项目正常履约
4	发包人 现场负责人	(1)合同中应对发包人现场负责人及权限有明确的规定。例如,工程往来资料,特别是变更签证资料,由发包人现场负责人签字确认才具有法律效力。 (2)在项目履约过程中,项目管理人员要及时掌握合同中发包人现场负责人及权限。当发包人管理人员变动时,若发现其现场实际负责人与合同中约定的现场负责人不一致,应要求发包人以书面形式对其现场实际负责人进行授权
5	承包人	承包人应严格履行合同约定的责任和义务,否则应承担相应的违约责任。如果合同约定与法律强制性规定有冲突,则合同约定无效,承包人应依据法律规定履行
6	承包人 现场负责人	项目主要管理人员必须与备案总承包合同中的主要管理人员保持一致,即该人员必须在现场实际履职,包括参加项目会议、签署各类文件,并与承包人有劳动关系、由承包人缴纳社保
7	联合体	(1)联合体各方应共同与发包人签订合同协议书; (2)联合体各方应为履行合同向发包人承担连带责任; (3)由同一专业的单位组成的联合体,按照资质等级较低的单位确定资质等级。 法律法规及政策依据:《建筑法》第 27 条,《招标投标法》第 31 条第 2 款

续表

序号	谈判要素	谈判要点
8	合同文本	(1)争取合同起草权; (2)争取采用《建设工程施工合同(示范文本)》(GF-2017-0201)或工程所在地省市发布的建设工程施工合同示范文本; (3)若采用发包人格式文本,建议与示范文本作详细的对比,找出存在的风险条款
9	合同文件组成及解释顺序	避免对承包人明显不利的合同文件组成部分或解释顺序。例如,将发包人内部管理规定作为合同文件内容,且解释顺序优先于合同协议书
10	工程概况	(1)工程名称、地点、内容以及承包范围要详细填写,并和招投标文件保持一致; (2)工程立项批准文号一定要填写,并且需要发包人提供相关资料的复印件
11	工程规范、技术标准	(1)明示采用的标准规范是否为现行的标准规范; (2)确保合同中约定的标准规范符合工程设计及施工需要,避免超出招标文件或标准规范的特殊技术要求
12	税金	(1)合同金额应采用价税分离的形式,避免增值税部分重复缴纳印花税; (2)区分勘察、设计、施工费用,明确适用税率; (3)将税费、税率变化列为合同价格调整的原因
13	图纸	(1)明确发包人合同图纸提供的期限、份数; (2)发包人要保证提供图纸的完整性、及时性、准确性及合法合规性; (3)在发包人未按合同约定提供图纸的情况下,明确承包人享有费用及工期索赔权; (4)因发包人提供的图纸存在差错、遗漏或缺陷的,导致工程质量瑕疵或造成安全事故的,由发包人承担责任
14	合同担保	(1)履约担保形式应为保函,不得采用现金担保; (2)担保有效期限不超过竣工验收后30天,非因承包人原因导致工期延长的,继续提供履约担保所增加的费用由发包人承担; (3)发包人资信状况不良、大节点付款的工程应争取工程款支付担保或资金共管; (4)如需提供预付款担保,则随着工程款的拨付,承包人提供预付款担保的数额也应相应减少

续表

序号	谈判要素	谈判要点
15	合同工期	(1)合同中应明确开工时间及施工条件;开工时间一般以发包人取得施工许可证且施工现场移交承包人后,发包人下发开工令或批复的开工报告日期为准。 (2)工程经竣工验收合格的,竣工时间以承包人提交竣工验收申请报告之日为实际竣工日期,并在工程接收证书中载明;争取在合同中明确因发包人原因导致竣工验收延迟的,以提交竣工验收申请报告的日期为实际竣工日期。 (3)设置合理的工期误期违约金标准,且必须约定违约金上限。 (4)节点工期违约金与总工期违约金不并罚,且不在过程付款中予以扣除。 (5)合理约定工期顺延的情形,例如,在合同履行过程中,因下列情况导致工期延误和(或)费用增加的,由发包人承担由此延误的工期和(或)增加的费用,且发包人应支付承包人合理的利润: ①发包人未能按合同约定提供图纸或所提供图纸不符合合同约定的; ②发包人未能按合同约定提供施工现场、施工条件、基础资料、许可、批准等开工条件的; ③发包人提供的测量基准点、基准线和水准点及其书面资料存在错误或疏漏的; ④发包人未能在计划开工之日起 7 日内同意下达开工通知的; ⑤发包人未能按合同约定日期支付工程预付款、进度款或竣工结算款的; ⑥监理人未按合同约定发出指示、批准等文件的; ⑦发包人提供的材料、工程设备的规格、数量或质量不符合合同约定,或因发包人原因导致交货日期延误或交货地点变更的; ⑧发包人无正当理由未在约定期限内发出复工指示,导致承包人无法复工的; ⑨设计变更或工程量增加,影响施工进度的; ⑩发包人指定分包或另行发包的分包商影响工期的。 (6)工期顺延申请的程序要明确,并争取增加默示条款,即发包人在一定期限内不予答复,视为认可
16	合同质量标准	(1)以国家、地方、行业标准作为质量验收标准,避免使用发包人自制质量标准; (2)若必须采用发包人自制质量标准或质量标准要求较高,则应争取质量奖励
17	停、缓建权利	(1)不得出现“任何情形下我方均无停、缓建权利”或“停、缓建情形下我方无工期顺延且无费用补偿权利”的条款; (2)发包人不按约定支付工程款,经催告后一定时间内仍未支付,承包人有权暂停施工,发包方应支付延期付款利息; (3)非因承包人原因造成的停、缓建,承包人应享有索赔权利

续表

序号	谈判要素	谈判要点
18	甲供材料	(1)明确甲供材料范围、品种,以及发包人未按照合同约定要求提供材料的处理办法; (2)明确约定甲供材料的保管责任、保管费用、意外损坏责任的承担; (3)发包人供应材料设备的税费承担、结算方法应当明晰合理,方便实际操作
19	承包人购买材料	(1)明确约定材料采购的标准、品牌等; (2)确保采购标准符合现行标准和设计要求,约定的品牌、品种采购的难易程度符合招标文件规定
20	甲指分包	明确甲指分包范围,以及甲指分包的招标程序、评标原则、定标主体等
21	总承包管理责任	(1)总承包管理配合费在合同暂定工期范围内按照合同约定标准计取,非承包人原因导致工期延长,总承包管理配合费应由发包人根据原配合费标准结合延长的时间给予承包人补偿; (2)对指定分包争取采用走账形式,并签订三方协议
22	合同价格形式	(1)不得采用固定总价合同且变更签证及主材、人工费均不调差。 (2)在固定单价合同中应当明确综合单价包含的风险范围和风险费用的计算方法,并约定风险范围以外的合同价格调整办法。 (3)固定总价合同适用于建设规模较小,工期较短且施工设计已审查批准的工程。采用固定总价合同虽然在约定范围内总价不作调整,但应该明确总价包含的风险范围和风险费用计算方法,并约定风险范围以外的合同价格调整办法;固定总价合同的工程量应仅包含正式施工图纸内的工程量或清单量以及合同暂定工期风险,实际施工工期延长或者存在量差的应据实调整。 (4)合同谈判中争取采用定额计价或单价合同,工程量、材料设备价格据实计算
23	合同变更	(1)合同变更程序、范围、变更价款结算及支付等应当明确合理; (2)谈判中尽量争取对承包人有利的合同变更条件,变更部分结算期限不宜拖得太长,争取变更部分费用与进度款一同支付
24	价格调整	(1)合同中应明确合理的价格调整情形、范围、程序。 (2)非承包人原因造成的工程变更、法律法规及政策、行业指导价格调整,均应约定相应的价格调整方法。 (3)施工期间钢材、混凝土、水泥、砌体(含预制加工构件)、安装主材等市场价格波动超过一定比例(如3%或5%)时应予以调差;基准日的选择要认真策划,一般为投标截止日前28天或合同签订日前28天。 (4)由于发包人原因致使项目绝对工期有压缩的情况,措施费、总承包服务费及分部分项工程各子目综合单价应予以调整
25	工程索赔	争取有利索赔条件,明确索赔情形、程序、期限等内容

续表

序号	谈判要素	谈判要点
26	安全文明施工费的支付	建议参照:《建设工程施工合同(示范文本)》(GF－2017－0201)通用合同条款第6.1.6项约定开工后28天内预付安全文明施工费的60%,其余部分与进度款同期支付 法律法规及政策依据:《建设工程工程量清单计价规范》(GB 50500－2013)第10.2.2条
27	预付款、工程进度款支付	(1)月进度付款不低于70%,形象节点付款不低于75%且节点的支付间隔不超过3个月;竣工验收支付不低于85%。 (2)避免采用商业承兑汇票、保理、以物抵债等非现金支付方式。 (3)争取工程预付款,若采用预付款担保,应注意在工程进度款抵扣预付款后,相应减少预付款担保金额。 (4)争取提高合同进度款支付比例,缩短付款周期。 (5)对于工程款支付审核建议参考《建设工程施工合同(示范文本)》(GF－2017－0201)中的约定,设置逾期审核视为默认的条款。例如,监理人应在收到承包人进度款申请单以及相关资料后7日内完成审批并签发进度款支付证书。发包人逾期未完成审批且未提出异议的,视为已签发进度款支付证书。 (6)设置发包人逾期支付的违约责任条款
28	变更、签证、索赔价款的支付	(1)争取随工程进度款同期同比例支付;若在竣工结算后支付,则必须要在合同中约定在施工过程中发包人要对变更、签证、索赔的量和价进行审核确认。 (2)争取设置审核时限,如监理人在收到变更估价申请/索赔报告后14天内完成审查并报送发包人,发包人在收到后14天内作出处理结果
29	竣工验收	(1)明确竣工验收的条件、期限和程序; (2)明确因发包人原因导致不能及时组织竣工验收时,发包人应承担违约责任; (3)明确发包人提前擅自使用工程所产生的责任由发包人自行承担
30	竣工结算	(1)明确结算时限和程序,非公共建筑、非政府项目结算时限不得超过6个月。 (2)明确结算价款支付时限。 (3)争取参考《建设工程施工合同(示范文本)》(GF－2017－0201)的约定,设置逾期审核视为默认的条款。例如,发包人在收到承包人提交竣工结算申请书后28天未完成审核且未提出异议的,视为发包人认可承包人提交的竣工结算申请单,并自发包人收到承包人提交的竣工结算申请单后第29天起视为已签发竣工付款证书。 (4)尽量避免以第三方审计单位审计报告作为工程结算依据,避免结算时间不可控

续表

序号	谈判要素	谈判要点
31	缺陷责任与保修	(1)缺陷责任期不超过24个月,从工程通过竣工验收之日起计;由于发包人原因导致工程无法按规定期限进行竣工验收的,在承包人提交竣工验收报告90天后,工程自动进入缺陷责任期。 (2)质量保证金不超过工程价款结算总额的3%,在竣工结算时扣留,争取以银行保函形式代替质量保证金。 (3)工程质量保修期不得超过《建设工程质量管理条例》规定的年限。 法律法规及政策依据: (1)《建设工程质量保证金管理办法》(建质〔2017〕138号)第2、7条; (2)《建设工程质量管理条例》第40条
32	发包人违约责任	(1)发包人有以下违约事由,应约定相应违约责任,明确承包人享有的合法权利(如取得违约金、享有索赔权、停工权及合同解除权等): ①发包人逾期支付工程款的; ②因发包人原因未能在计划开工日前及时下达开工通知的; ③发包人随意改变发包范围,自行实施被取消的工作或转由他人实施的; ④发包人提供的材料、工程设备的规格、数量或质量不符合合同约定,或因为发包人原因导致交货日期延误或交货地点变更等情况的; ⑤因发包人违反合同约定造成暂停施工的; ⑥发包人无正当理由没有在约定期限内发出复工指令,导致发包人无法复工的; ⑦发包人不履行合同其他义务的。 (2)明确发包人延迟支付工程款一定时间后,承包人享有合同解除权。例如,发包人延迟支付工程款累计超过56天,或致使停工超过28天未复工的,承包人有权解除合同并要求发包人承担承包人损失
33	承包人违约责任	(1)质量违约金、工期违约金不得无上限约定; (2)争取合同各类违约金总额控制在一定范围内; (3)若合同仅约定了工期误期违约金,建议对应增加承包人提前竣工奖
34	不可抗力	(1)争取尽量扩大不可抗力的范围,充分考虑项目所在地特点,不可抗力范围包括但不限于下列情形: ①自然灾害(地震、洪水、海啸、飓风、台风、雷击、暴雨等); ②社会性突发事件(战争、叛乱、革命、军事政变,暴乱、骚乱或混乱,离子辐射或放射性污染,空中飞行物坠毁); ③政策及法律变更。 (2)明确发生不可抗力时,对承包人经济和工期损失的赔偿范围和内容
35	工程保险	(1)发包人投保建筑工程一切险、安装工程一切险;若发包人委托承包人投保,则应明确因投保产生的保险费和其他相关费用由发包人承担。 (2)其他各类保险(如第三方责任险、雇主责任险、人身意外伤害险、质量责任保险、职业责任险、机动车辆险等)应明确发包人与承包人投保的险别,争取保险费由发包人承担或在报价中体现

续表

序号	谈判要素	谈判要点
36	优先受偿权	(1)不得放弃建设工程优先受偿权； (2)若被迫放弃优先受偿权，则应在合同中明确最终结算的期限及发包人违反结算条款的责任(包括违约金和损失)
37	争议解决方式	(1)争议解决方式为项目所在地有管辖权的人民法院； (2)必须采用仲裁方式的，建议选择上海仲裁委仲裁
38	合同用印	(1)印章名称与签约主体名称必须一致，并且为公章或者合同专用章； (2)非法定代表人签署合同时，应出具授权委托书，若无授权委托书或授权委托书已过期限，则无权签约
39	联络	(1)接收文件的联络人信息应包括：姓名、职务、所在部门、移动电话、邮箱和地址； (2)合同一方当事人拒绝签收文件时，另一方当事人可通过传真、电子邮件、快递、挂号信或现场公证的方式送达
40	其他重大合同缺陷	合同应避免发生以下情况： (1)合同规定与法律法规相冲突； (2)合同文件对工程项目的描述有误； (3)不同的合同文件之间有矛盾； (4)合同文件的词语不准确，或产生歧义； (5)合同文件数据方面存在错误； (6)合同条款不全面，合同文件不完整； (7)发包人在合同文件中规定无法达到的要求、难以实现的技术标准

相关依据

1.《建筑法》

第13条　从事建筑活动的建筑施工企业、勘察单位、设计单位和工程监理单位，按照其拥有的注册资本、专业技术人员、技术装备和已完成的建筑工程业绩等资质条件，划分为不同的资质等级，经资质审查合格，取得相应等级的资质证书后，方可在其资质等级许可的范围内从事建筑活动。

第26条　承包建筑工程的单位应当持有依法取得的资质证书，并在其资质等级许可的业务范围内承揽工程。

禁止建筑施工企业超越本企业资质等级许可的业务范围或者以任何形式用其他建筑施工企业的名义承揽工程。禁止建筑施工企业以任何形式允许其他单位或者个人使用本企业的资质证书、营业执照，以本企业的名义承揽工程。

2.《建筑业企业资质管理规定》

第3条 企业应当按照其拥有的资产、主要人员、已完成的工程业绩和技术装备等条件申请建筑业企业资质,经审查合格,取得建筑业企业资质证书后,方可在资质许可的范围内从事建筑施工活动。

3.《建设工程施工合同司法解释(一)》

第1条 建设工程施工合同具有下列情形之一的,应当依据民法典第一百五十三条第一款的规定,认定无效:

(一)承包人未取得建筑业企业资质或者超越资质等级的;

(二)没有资质的实际施工人借用有资质的建筑施工企业名义的;

(三)建设工程必须进行招标而未招标或者中标无效的。

承包人因转包、违法分包建设工程与他人签订的建设工程施工合同,应当依据民法典第一百五十三条第一款及第七百九十一条第二款、第三款的规定,认定无效。

第22条 当事人签订的建设工程施工合同与招标文件、投标文件、中标通知书载明的工程范围、建设工期、工程质量、工程价款不一致,一方当事人请求将招标文件、投标文件、中标通知书作为结算工程价款的依据的,人民法院应予支持。

第42条 发包人与承包人约定放弃或者限制建设工程价款优先受偿权,损害建筑工人利益,发包人根据该约定主张承包人不享有建设工程价款优先受偿权的,人民法院不予支持。

4.《民法典》

第807条 发包人未按照约定支付价款的,承包人可以催告发包人在合理期限内支付价款。发包人逾期不支付的,除根据建设工程的性质不宜折价、拍卖外,承包人可以与发包人协议将该工程折价,也可以请求人民法院将该工程依法拍卖。建设工程的价款就该工程折价或者拍卖的价款优先受偿。

5.《招标投标法》

第46条 招标人和中标人应当自中标通知书发出之日起三十日内,按照招标文件和中标人的投标文件订立书面合同。招标人和中标人不得再行订立背离合同实质性内容的其他协议。

招标文件要求中标人提交履约保证金的,中标人应当提交。

三、投标文件编制

投标文件是施工企业参与项目投标并顺利获得项目的前提;同时,作为合同文件的组成部分,投标文件也是施工企业后续履约的重要依据。根据《招标投标法》第 27 条的规定,投标人应当按照招标文件的要求编制投标文件。投标文件应当对招标文件提出的实质性要求和条件作出响应。招标项目属于建设施工的,投标文件的内容应当包括拟派出的项目负责人与主要技术人员的简历、业绩和拟用于完成招标项目的机械设备等。

投标文件主要包括商务标和技术标两部分。商务标部分主要包括资信标、经济标,其中,资信标包括投标人的资质证明、业绩证明、获奖证明、拟派驻项目经理证明等;经济标主要为投标报价相关文件,一般包括投标函、投标函附录、工程量清单、法定代表人证明、授权委托书等。技术标部分主要是施工组织设计方案、施工平面布置、质量保证措施、安全文明施工方案等。

风 险 提 示

1. 投标失败的风险。投标文件未按照招标文件要求编制、项目主要负责人或技术人员过往业绩不符合要求、人员结构不合理、施工计划安排及平面布置不合理等情况均会导致投标失败。例如,某著名施工企业曾因投标文件中遗漏资产负债表,而丧失了某项目的中标机会。此外,不符合招标文件对投标文件的密封要求、未在投标截止时间前送达,同样会导致投标失败。

2. 投标亏损的风险。投标报价一方面直接影响招投标结果,决定施工企业能否获得承接项目的机会;另一方面直接影响施工企业的施工利润,决定项目承接后的收益。编制投标报价文件时,应仔细复核工程量,并结合招标文件中的技术规范核实每一项工作的具体内容和要求,避免工程量或价格计算错误导致投标报价的偏差,给施工企业造成不必要的损失。

2014 年 5 月 5 日,发包人就杭州市市民中心智能化工程—会议系统及信息发布系统工程对外进行公开开标,经评标委员会评定,确定承包人为中标人之一。承包人确认,对本工程设计、招标文件及招标答疑补充文件、工程量清单及其编制说明和结合现场情况实施的施工工艺已充分理解,并将所有费用均包含在投标书中，最终确认投标价格。2014 年 7 月 28 日，发包人与承包人签订建设工程施工合同。根据合同约定，承包人如发现工程量清单漏项、漏量、清单项目特征描述不正确等质量问题，应在投标时及时提出。当本工程设计需要变更时，应经设计部门、监理单位及发包人认可并出具工程设计变更联系单。所有变更均需发包人批准才能实施，擅自变更的，承包人应承担由此发生的费用及导致的损失，且延误工期不予顺延。合同签订后，2014 年 8 月 5 日承包人进场施工。施工过程中，承包人向发包人提出《关于市民中心会议系统设备缺项的报告》及现场技术变更请求，即原先招标清单中缺少带表决功能的会议系统，但发包人回复招标图纸明确“翻盖会议发言单元”型号及规格为“带表决功能”，因此招标工程量清单中讨论机要求为带表决功能，清单中并未缺少此项，招标文件中也未遗漏对该产品的功能说明，施工单位理解有误。2015 年 5 月，承包人在尚未获得发包人书面答复的情况下，在原投标清单基础上又采购了额外的设备。招标文件、设计图纸及工程量清单均明确数字会议话筒应具有表决功能，但承包人安装的双代表接口器未能实现表决功能。在此情形下，根据建设工程施工合同相关约定，对于另外安装多功能连接器以实现表决功能而增加的费用应由承包人自行承担。①

化解措施

1. 合理编制施工方案。施工方案是投标报价的基础，施工企业必须首先根据招标文件要求的具体工作内容、工程量、进度计划等，制订合理的施工方案，才能在施工方案基础上计算对应的报价。施工方案主要包括施工方法、劳动力安排以及施工机械设备的配置。施工方案的制订应当在保证工期、质量、安全达到招标人要求的前提下，尽可能节约成本，具体需要注意以下事项：

（1）综合分析，制订合理施工计划。要根据分类汇总的工程数量和工程进度计划中该类工程的施工周期、合同技术规范要求以及施工条件和其他情况，并结合自身施工能力来确定各类工程的施工方法。对各种不同施工方法应当从保证完成计划目标、保证工程质量、节约设备费用、降低劳动成本等多方面综

① 参见浙江省杭州市中级人民法院民事判决书，（2021）浙 01 民终 463 号。

合比较，选定最适用、最经济的施工方案。

(2)合理估算机械设备使用数量和周期。根据上述施工方案选择相应的机械设备并计算所需数量和使用周期，研究确定采购新设备、租赁当地设备或调动公司其他项目现有的设备。

(3)合理估算施工所需劳务数量。考虑劳动力来源以及分批进场的时间安排，并根据劳务数量估算所需管理人员以及生活临时设施的数量和标准。

(4)合理估算主要建筑材料数量。考虑材料来源和分批进场的时间安排，从而根据数量估算现场用于存储、加工的临时设施，如仓库、露天堆放场、加工场地或工棚等。

(5)合理估算现场用水、用电量。根据现场设备、高峰人数以及其他生产和生活方面的需要，估算现场用水、用电量，确定临时供电和排水设施。

(6)合理安排现场道路、临时设施。安排现场道路和临时设施时，应当充分考虑现场人员和材料进出需要。此外，充分考虑其他措施内容，如现场安全保卫设施、夜间照明设施、临时通电联络设施等。①

2. 合理编制报价文件。施工企业应当仔细审核图纸以及招标文件要求，准确计算工程量、清单项目及措施费项目，考虑项目所在地投标报价的有关规定，避免投标清单漏项，审慎报价。此外，要认真分析合同履行期的价格走势和风险，投标报价时充分考虑市场波动因素，避免因投标报价失误导致项目后期亏损。

3. 关注投标文件递交格式及时间要求。各部分投标文件编制完成汇总后，应当由各部分负责人进行审查复核，确认无误后交由专人装订打印。用印密封前还应再次逐页检查，确保文件格式符合招标文件规定要求；对于需要同时递交电子文件的，同样应按照招标文件要求进行检查。此外，招标文件规定的投标截止时间是提交标书的最后期限，施工企业应当合理规划投标文件编制进度，确保在投标截止日期前递交投标文件。

---

① 参见杨唐全：《最高人民法院建设工程施工合同纠纷司法解释(二)图解二十五讲》，法律出版社2019年版，第215页。

相关依据

《招标投标法》

第27条 投标人应当按照招标文件的要求编制投标文件。投标文件应当对招标文件提出的实质性要求和条件作出响应。

招标项目属于建设施工的，投标文件的内容应当包括拟派出的项目负责人与主要技术人员的简历、业绩和拟用于完成招标项目的机械设备等。

四、联合体投标

在实践中，除了投标人独立投标外，还存在联合体投标的情形。依据《招标投标法》第31条第1款的规定，联合体投标是指两个或两个以上法人单位或者其他组织组成一个联合体，以一个投标人的身份共同投标。通过招标文件、图纸及相关材料附件，不难发现有些工程项目的体量巨大且施工难度大，对施工单位的专业能力要求较高。不仅如此，项目的设计部分所涉及的科学技术及应用范围也给设计单位带来不小的考验。尽管某些大型企业在某一领域能力突出，具备丰富的经验和良好的口碑，但是随着工程项目分工精细化、专业复杂化，这些能力突出的企业也因术业有专攻而遭遇困境。因此，为了更完美地履约，推进此类项目的建设，不同专业领域的法人单位往往选择合作，以最大化发挥各自的优势。

（一）对于联合体成员的限制

根据《招标投标法》第31条以及国家发改委、工业和信息化部、财政部等九部委联合发布的《工程建设项目施工招标投标办法》第42条的规定，联合体各方签订联合体协议后，所有成员就以一个投标人的身份参加投标，禁止某一成员再以自己的名义在同一项目中进行投标，也不得与其他法人单位组成新的联合体在该项目二次投标。在这里，同一招标项目是指同一项目合同，若招标文件中明确约定只有一个整体的工程，那么招标项目就是同一个招标文件。若招标文件中约定工程含多个标段，并且每个标段单独招标，以联合体身份参与某一标段投标的单位又以自己的名义参与该标段的投标，则该投标无效；但法律允许该单位以自己的名义参与另一标段的投标，原因在于其他的标段是另一个独立的项目，这样的投标是有效的。

联合体各方应当共同与招标人签订合同，就中标项目向招标人承担连带责任。同一专业的单位组成的联合体，按照资质等级较低的单位确定资质等级，并按照资质等级低的单位的业务许可范围承揽工程。因此联合体协议中一定要明确各成员的具体分工安排，若这些分工无法在条款中明确约定，按照就高不就低原则，联合体就不符合招标文件的要求。例如，某个工程要采购通风系统，招标文件要求具有机电安装资质。甲公司负责采购通风系统，但是没有安装的资质；乙公司负责安装通风系统，具有机电安装资质，因此，甲、乙公司想成立联合体参与投标的话，必须在协议书中具体约定各自承担的职责，否则将因为甲公司不具备安装资质导致联合体资质不符合招标文件要求。

（二）联合体投标的选择

《招标投标法实施条例》第 37 条第 1 款和第 2 款规定："招标人应当在资格预审公告、招标公告或者投标邀请书中载明是否接受联合体投标。招标人接受联合体投标并进行资格预审的，联合体应当在提交资格预审申请文件前组成。资格预审后联合体增减、更换成员的，其投标无效。"

因此，招标人限制联合体参与投标并非违法行为。投标人应认真研读招标文件内容，了解招标人对于联合体投标的要求，同时在提交资格预审文件之前确定联合体成员，避免在资格预审后因联合体成员变更导致投标无效。

风险提示

1. 联合体合作各方资质和信誉的风险。良好的合作伙伴关系不仅是前期中标的关键，也是后续履约的重要保证。国家法律法规对联合体的资质有明确的规定，在签署联合体协议前，牵头人应审查成员是否具备相关的资质，确保成员的能力能够满足发包人对工程范围、质量、技术的要求。然而，实践中有联合体急于投标而忽略了这个重要的前期审核工作，一方面，一些联合体成员的能力根本无法完成需要负责的板块，导致后续在履约阶段产生较大的困难；另一方面，一些联合体成员涉诉案件较多，在项目开工后主要管理人员不得不应对众多的案件准备，甚至面临败诉、账号被查封、主要人员被列入失信人名单等问题,这些问题也会引发总承包合同中"承包人违约责任"等问题。

2. 联合体协议约定不明的风险。有些公司基于和其他公司关系密切、曾有过良好的合作而未签订联合体协议或未在联合体协议中明确各自责任划分,双方仅仅是口头对各自的分工达成了一致,虽然口头的承诺促使双方建立更紧密的合作伙伴关系,但是其权利和责任在法律上却不受保护。

《民法典》第 789 条规定:"建设工程合同应当采用书面形式。"《招标投标法》第 31 条第 2 款规定:"联合体各方应当签订共同投标协议,明确约定各方拟承担的工作和责任,并将共同投标协议连同投标文件一并提交招标人……"可见,在相关法律层面,只有书面的合同才被认为是有效的,但是很多企业缺乏相关的法律意识,认为口头承诺就能对双方产生约束力,签订合同多此一举。

3. 联合体的连带责任风险。根据《招标投标法》第 31 条第 3 款的规定,联合体中标的,联合体各方应当共同与招标人签订合同,就中标项目向招标人承担连带责任。通过案例检索发现,联合体承担连带责任的案件大多是工期违约、违法分包、拖欠工程款的案件。在曾某某、江西建工建筑安装有限责任公司(以下简称建工公司)等建设工程施工合同纠纷二审一案中,建工公司与瑞林公司以联合体形式中标涉案项目,履约过程中建工公司以自己的名义与曾某某签订分包合同,后因拖欠工程款而引发诉讼。瑞林公司辩称没有参与该合同的签订与履行,因此无须承担相应责任。本案审理法院认为,承包人的连带责任不仅针对发包人,而且涉案分包合同的履行亦是涉案承包合同履行的一部分。根据《建筑法》第 27 条第 1 款的规定,两家公司应对工程施工产生的工程欠款承担连带清偿责任。①

4. 联合体的价款支付风险。建设单位分别向联合体成员支付价款时,若联合体内部有约定,牵头人有权向其他成员收取一定比例的管理费,成员收到款项后存在事后反悔不愿支付的风险。建设单位统一向联合体牵头人支付价款时,一方面,一旦出现内部矛盾或某一成员恶意违约,将对牵头人造成严重影响;另一方面,牵头人收到价款后可能出于自身利益,延迟向成员方支付或者未按约定比例支付,从而侵犯成员的合法权益。

---

① 参见江苏省淮安市中级人民法院民事判决书,(2019)苏08民终3804号。

化解措施

1. 谨慎选择联合体成员。签订联合体协议前，各成员务必要对其他成员方的资质、能力、理念做认真的调查。在某一领域具有实力的公司可以共享自己的技术和资源，提升团队的综合实力；对于在国际上有影响力的合作伙伴，能够学习企业文化和经营风格，同时成员内部不断相互学习和进行深度交流，有助于加快工程的进度。选对好的合作伙伴，不仅可以优势互补，而且也可以降低风险，更完美地完成项目履约。

具体而言，首先，承包商要充分了解拟加入联合体的其他成员的情况，包括：成员背景情况、经济能力、技术水平、管理人员的配备、设备状况、以往的项目履约情况、合作理念，并结合项目所在地市场情况、政策影响、工程特点、难易程度等因素，衡量能否与其形成技术与资源的优势互补，慎重考虑组成联合体的合适性。

其次，牵头人也要对其他公司的资信认真做调查，通过企查查、中国裁判文书网、最高人民法院失信被执行人名单等方式调查联合体成员股东是否存在重大债务逾期、股权变更频繁、营业收入逐年下降、股东涉诉案件众多等问题，若公司不存在经营状况不佳、主要管理人员失信等问题，履约阶段风险能得到有效防控。

2. 签订完善的联合体协议。书面合同约定了合同主体的权利和义务，对合同的履行有积极的促进作用，既能够最大限度保障成员的合法权利，也能有效地约束其他成员的违约行为。联合体协议需聚焦以下几方面：(1) 各成员方的分工合理。一旦出现法律问题，责任分担要明确。(2) 牵头方单位要做到和外部单位及时有效沟通。针对发包人的内容变更要及时向成员方反馈，并商量对策。(3) 联合体协议可以约定工程款是分别汇入各自单位的银行账户还是统一汇入牵头方公司账户再分配至各成员银行账户。如果是统一汇入联合体牵头方账户，其他成员需商议各自的收款比例及收款时限，防止牵头方故意拖延汇款时间。(4) 协议可以约定各成员缴纳一定的保证金。一旦成员提前退场或者中途无理由撤出，保证金能在一定程度上降低牵头人损失。联合体协议可参照以下内容和格式：

联合体协议书

××公司、××公司自愿组成××联合体，共同参加×××工程EPC工程总承包投标。现就联合体投标事宜订立如下协议。

1. ××公司为×××项目牵头人。

2. 联合体牵头人合法代表联合体各成员负责本招标项目资格审查、投标文件编制和合同谈判等活动，并代表联合体提交和接收相关的资料、信息及指示，并处理与之有关的一切事务，负责合同实施阶段的主办、组织和协调工作。

3. 联合体将严格按照资格预审文件和招标文件的各项要求，递交资格预审申请文件和投标文件，履行合同，并对外承担连带责任。

4. 联合体各成员单位内部的职责分工如下：……

5. 本协议书自签署之日起生效，合同履行完毕后自动失效。

6. 本协议书一式××份，联合体成员和发包人各执××份。

注：本协议书由委托代理人签字的，应附法定代表人签字的授权委托书。

牵头人名称：(公章)
法定代表人或其委托代理人：(签名)
成员名称：(公章)
法定代表人或其委托代理人：(签名)
年 月 日

3. 联合体连带责任意识需加强。在项目实施过程中，企业可能面临行政处罚和民事处罚。在联合体某一成员公司实施行政违法行为而其他联合体成员均不知情的情形下，并非全体成员承担连带责任，而是由实施方承担行政处罚。但是当联合体某一成员公司实施违法行为需承担民事责任时，招标人有权要求任一成员方承担全部的义务，承担责任的成员能依据联合体内部协议向实际违约的联合体成员追偿。

联合体的连带责任不以自己的合同价格为限。例如，甲公司负责设计部分，其获得的合同额为300万元，但是甲公司也可能承担1000万元的连带责任。至于联合体内部协议,其只赋予甲公司向其他成员方的追偿权,并不能对抗其他主体。此外,民事责任不仅仅是合同的违约责任,还包括侵权责任。例如,在合同履约过程中,联合体的施工单位在施工作业时不小心砸到了张三的肩膀,张三可以起诉任一联合体成员获得应得的赔偿,即使是联合体的设计单位甲公司,也因需承担连带责任而无法逃避。

4. 联合体协议内部支付条款需具体化。无论是分别支付还是统一向牵头人支付,建设单位的风险都是可控的,但是这对联合体成员而言具有一定风险。因此,联合体协议需对各方权利义务、管理费、支付比例、支付时间、开具发票等事项作出明确约定。

相关依据

1.《招标投标法》

第31条　两个以上法人或者其他组织可以组成一个联合体,以一个投标人的身份共同投标。

联合体各方均应当具备承担招标项目的相应能力;国家有关规定或者招标文件对投标人资格条件有规定的,联合体各方均应当具备规定的相应资格条件。由同一专业的单位组成的联合体,按照资质等级较低的单位确定资质等级。

联合体各方应当签订共同投标协议,明确约定各方拟承担的工作和责任,并将共同投标协议连同投标文件一并提交招标人。联合体中标的,联合体各方应当共同与招标人签订合同,就中标项目向招标人承担连带责任。

招标人不得强制投标人组成联合体共同投标,不得限制投标人之间的竞争。

2.《招标投标法实施条例》

第37条　招标人应当在资格预审公告、招标公告或者投标邀请书中载明是否接受联合体投标。

招标人接受联合体投标并进行资格预审的,联合体应当在提交资格预审申请文件前组成。资格预审后联合体增减、更换成员的,其投标无效。

联合体各方在同一招标项目中以自己名义单独投标或者参加其他联合体投标的,相关投标均无效。

3.《政府采购法》

第24条 两个以上的自然人、法人或者其他组织可以组成一个联合体，以一个供应商的身份共同参加政府采购。

以联合体形式进行政府采购的，参加联合体的供应商均应当具备本法第二十二条规定的条件，并应当向采购人提交联合协议，载明联合体各方承担的工作和义务。联合体各方应当共同与采购人签订采购合同，就采购合同约定的事项对采购人承担连带责任。

五、投标保证金

投标保证金，是指在招投标环节，投标人随投标文件一同递交给招标人一定形式的、一定金额的投标责任担保。投标保证金能够有效保证招投标的严谨性，有效阻止投标人在递交投标文件后随意修改或者退出竞标的情况发生；同时，如果在招投标环节出现投标人的犯规行为，投标保证金可以相对减少利益受害方的财产损失。投标保证金也能减少投标人串标或恶意骗取中标的可能性，在实践中，某些投标人的资质是伪造的，也有投标人以联合体形式参与投标后又自己独立投标，这些情形给招标程序带来消极的影响，而保证金的缴纳可以有效限制上述违法违规的行为。

（一）招标文件中约定的投标保证金

笔者通过阅读招标文件收集整理了以下三例有关投标保证金的约定：

例1

金额：人民币伍拾万元整，可采用银行转账形式缴纳。

户名：××有限公司；

开户行：××银行××支行；

账号：××××；

递交截止时间：××××年××月××日××：××（北京时间，以资金到账时间为准）。

投标保证金必须从基本账户汇出，并将基本账户开户许可证或由银行通过账户管理系统打印的《基本存款账户信息》复印件编制在投标文件中。

例 2

投标保证金的形式：限投标人信息入库时已登记确认账户的电汇、网银、电子保函，其他方式将不予认可；

投标保证金的金额：伍拾万元整；

交款时间：××××年××月××日××：××前（详见招标公告时间安排表），投标保证金以收款单位开户银行到账时间为准；采用电子保函的应于交款时间前在指定电子保单平台（http://ztb.kq.gov.cn/financeplatform/）生成电子保函。

收款单位：绍兴市柯桥区公共资源交易中心；

开户银行：××银行××支行；

银行账号：投标人需进入绍兴市柯桥区公共资源交易中心网站，登录公共资源交易系统，选择拟投标项目并按要求操作成功后自动生成，每个投标单位单独一个账号，在系统中自行查看。

已缴纳年度投标保证金的投标单位无须按上述要求缴纳投标保证金。

例 3

投标保证金方式：电汇或网银

投标保证金金额：每标段人民币 300 万元，未中标的在确定中标人后 10 天内无息退还投标保证金，中标人在提交履约保证金后 10 天内退还投标保证金

招标人银行信息：

单位名称：××有限公司

单位地址：××市××区

财务电话：××××

纳税人识别号：××××

开户银行：××银行××分行

银行账号：××××

注：〔1〕境内投标单位保证金应当从其基本账户转入转出，注明工程名称及标段；〔2〕投标保证金必须入账，缴纳截止时间同投标文件递交截止时间（缴纳时间以银行系统显示实际到账时间为准）

（二）退还保证金的情形

投标保证金对投标人具有约束作用，在投标有效期内防止投标人有随意撤回、撤销投标或中标后不能提交履约保证金和签署合同等行为而给招标人造成损失。但是，投标有效期届满后，投标人无须再履行招投标阶段的义务。依据《招标投标法实施条例》第 57 条第 2 款的规定，招标人最迟应当在书面合同签订后 5 日内向中标人和未中标的投标人退还投标保证金及银行同期存款利息。

在实务中，就未中标的投标人而言，投标有效期届满，他们就有权要求招标人返还所缴纳的投标保证金，投标人凭收款人开具的收据退还保证金，投标保证金按投标人缴纳保证金的路径、银行账号、转账方式无息退还。就中标人而言，投标保证金可能在中标后原路退还，也可能转化成履约保证金；若转成履约保证金，投标人在招投标阶段需和招标人核实并确认该笔保证金是否有剩余或是否需要另外补交。

《招标投标法实施条例》第 31 条规定："招标人终止招标的，应当及时发布公告，或者以书面形式通知被邀请的或者已经获取资格预审文件、招标文件的潜在投标人。已经发售资格预审文件、招标文件或者已经收取投标保证金的，招标人应当及时退还所收取的资格预审文件、招标文件的费用，以及所收取的投标保证金及银行同期存款利息。"《招标投标法实施条例》第 35 条第 1 款规定："投标人撤回已提交的投标文件，应当在投标截止时间前书面通知招标人。招标人已收取投标保证金的，应当自收到投标人书面撤回通知之日起 5 日内退还。"以上条款表明，在招标人中止招标和投标人在截止时间前撤回投标的情形下，招标人也有义务返还投标保证金。

收回保证金是投标人的基本权利，但是也存在不予返还保证金的法定情形。《招标投标法实施条例》第 35 条第 2 款、第 74 条和《工程建设项目施工招标投标办法》第 81 条对法定不予返还保证金的情形作出了具体的规定，包括投标截止后投标人撤销投标文件、中标人无正当理由不与招标人订立合同、在签订合同时向招标人提出附加条件、不按照招标文件要求提交履约保证金和在签订合同时更改合同实质性内容。投标人需注意避免出现以上五种行为。

2021 年 3 月，全国部分省市明确自当年 9 月起免收投标保证金。湖北省公共资源交易中心印发通知，要求停止收取政府采购工程投标保证金、履约保证金，在工程建设领域，推行以保险、保函替代现金保证金；政府采购招标免收投标保证金、履约保证金。自 2021 年 6 月 1 日起，淮南市公共资源交易中心为推动政府采购“放管服”向纵深发展，持续深化政府采购改革，依据《淮南市财政局关于进一步规范政府采购管理支持企业发展的通知》和《安徽省财政厅关于进一步规范政府采购管理支持企业发展的通知》，通过全面取消政府采购投标保证金方式，为政府采购领域营商环境提供良好的发展保障。

风 险 提 示

1. 投标保证金收取机构面临的风险。《工程建设项目施工招标投标办法》对此没有作出明确的规定。在实践中，收取投标保证金的主体可以是招标人、招标代理机构、当地工程交易中心。在投标保证金缴纳前，投标人有必要对招标人的资信作出判断，尤其是在投标保证金数额与招标人的资本金数额接近的情形下，投标人应考虑到投标人可能卷款逃跑或者暗地里违规处置投标保证金的问题。此外，部分招标代理本身的注册资金仅一两百万元，却有权收取几千万元的投标保证金，这明显有违公正性，投标人需要承受极大的风险。[①]

2. 招标人以各种理由拖延或者拒不返还投标保证金的风险。当前投标保证金制度并不成熟，实践中仍存在招标人非法谋取不正当利益的行为。案例一：福建泰维置业有限公司以邀请招标的方式就“白塘湾海滨小镇项目 B－01 地块 8#、9#住宅楼精装工程分包工程”向深圳市晶艺装饰设计工程有限公司发出招标文件，原告缴纳投标保证金 50, 000 元，结果未中标，后续原告向被告发出投标保证金的退款申请，被告始终未作回应；原告又分别向被告的法定代表人和招标文件指定的联系人发出律师函，请求被告退还投标保证金，但被告拒不返还。法院认为：被告未能按照招标文件的规定返还原告投标保证金，已构成违约，依法应当承担违约责任。[②] 案例二：中海招标代理公司在网上发布招标项目公告，汇丰建筑公司依照招标文件规定将投标保证金共计 420, 000 元转至中海招标代理公司账户，结果未中标，然而中海招标代理公司未按合同约定将

① 参见黄浦：《关于投标保证金管理中存在问题及建议的思考》，载《时代经贸》2019 年第 14 期。
② 参见福建省龙海市人民法院民事判决书，(2020)闽 0681 民初 4084 号。

汇丰建筑公司缴纳的投标保证金退还。法院认为：虽然招标人与代理公司之间存在委托关系，汇丰建筑公司对委托双方之间存在由代理公司履行返还投标保证金义务的约定，亦属明知并予以认可；且诉争所涉及的投标保证金系由代理公司收取，该保证金由其保管，因此，投标保证金及相应利息损失应由代理公司返还。①

在实践中，招标人违约常有发生，但是法律对招标人违约行为的处罚却不够严厉。大部分案例中招标人在投标期结束后拒绝返还投标保证金，最后法院的判决也仅仅是要求返还投标人缴纳的投标保证金，没有判决补偿投标人交通费用。尽管交通费用数额不高，但也从侧面反映出法律在投标保证金方面侧重于保护招标人的权利。此外，对于由招标代理公司收取投标保证金的案例，投标人需查明合同的相对方，避免错列被告导致更多的时间和财产损失。

化解措施

1. 妥善保管缴费凭证，及时回收履约保证金。

投标人在缴纳投标保证金后应妥善保存保证金缴纳凭证，如若遇到投标保证金逾期未退回的情形，应主动联系逾期未返还保证金的企业，采取电话、函件等方式催促企业尽快返还，必要时可通过向当地行政主管部门投诉或诉讼的方式解决。

2. 争取采用保函形式提交履约保证金。

投标人可以通过市公共资源交易平台查询投标保证金的缴纳方式，争取以非现金多元方式缴纳保证金，既可以用保函形式缴纳投标保证金；也可以发挥互联网的优势，与多家电子保函平台对接，实现电子化办理申请、开具、传输、管理等流程，不仅简化了手续，而且更加安全、有效。

相关依据

1.《招标投标法实施条例》

第35条 投标人撤回已提交的投标文件，应当在投标截止时间前书面通知招标人。招标人已收取投标保证金的，应当自收到投标人书面撤回通知之日

---

① 参见黑龙江省哈尔滨市中级人民法院民事判决书，(2019)黑01民终4470号。

起5日内退还。

投标截止后投标人撤销投标文件的,招标人可以不退还投标保证金。

第74条　中标人无正当理由不与招标人订立合同,在签订合同时向招标人提出附加条件,或者不按照招标文件要求提交履约保证金的,取消其中标资格,投标保证金不予退还。对依法必须进行招标的项目的中标人,由有关行政监督部门责令改正,可以处中标项目金额10‰以下的罚款。

2.《工程建设项目施工招标投标办法》

第81条　中标通知书发出后,中标人放弃中标项目的,无正当理由不与招标人签订合同的,在签订合同时向招标人提出附加条件或者更改合同实质性内容的,或者拒不提交所要求的履约保证金的,取消其中标资格,投标保证金不予退还;给招标人的损失超过投标保证金数额的,中标人应当对超过部分予以赔偿;没有提交投标保证金的,应当对招标人的损失承担赔偿责任。对依法必须进行施工招标的项目的中标人,由有关行政监督部门责令改正,可以处中标金额千分之十以下罚款。

Chapter 02 第二章

签约阶段风险管理

第一节　各类常用合同示范文本的发布及使用情况

众所周知,合同签约条件是履约的基石,关系项目的盈利水平、履约顺利与否等,合同签约的重要性不言而喻。进入合同签订阶段后,首先面临的是合同起草及合同文本的选择问题。建设工程合同一般标的额大、周期长、影响大、权利义务关系复杂。为更好地指导建设工程合同当事人的签约行为,维护合同当事人的合法权益,国家、地方建设工程主管、监管部门制定了相关合同示范文本,如针对工程总承包项目,住建部发布了《建设项目工程总承包合同(示范文本)》(GF－2020－0216);针对施工总承包项目,住建部、国家工商行政管理总局发布了《建设工程施工合同(示范文本)》(GF－2017－0201)。对于国际工程,根据不同的承包模式,也存在国际通用的国际工程师联合会(International Federation of Consulting Engineers,FIDIC)合同系列文本。虽然,无论是国内还是国际发行的各类建设工程合同示范文本均不是强制使用,但是在拟定建设工程合同文本时,发承包双方通常会直接引用相关的示范文本,或者是在示范文本的基础上,结合企业实际作出相应的修改后使用。本节将围绕国内外常用合同示范文本的发布及使用情况、存在的问题和风险、化解措施进行重点论述。

一、国内建设工程合同示范文本

(一)国家层面的合同示范文本

1. 住建部、国家工商行政管理总局于2017年9月22日联合发布《建设工程施工合同(示范文本)》(GF－2017－0201)。此合同示范文本自2017年10月1日起执行,同时废止了《建设工程施工合同(示范文本)》(GF－2013－0201)。《建设工程施工合同(示范文本)》(GF－2017－0201)主要适用于房屋建筑工程、土木工程、线路管道和设备安装工程、装修工程等建设工程的施工承发包活动,即传统的施工总承包模式,在实践中使用较为广泛。

2. 住建部、国家市场监督管理总局于2020年11月25日联合发布《建设项目工程总承包合同(示范文本)》(GF－2020－0216)。此合同示范文本自2021年1月1日起执行,同时废止了《建设项目工程总承包合同示范文本(试行)》(GF－2011－0216)。《建设项目工程总承包合同(示范文本)》(GF－2020－0216)主要适用于房屋建筑和市政基础设施项目工程总承包承发包活动,即现在比较流行的设计采购施工(Engineering Procurement Construction,EPC)承发包模式。

3. 国家发改委、财政部、原建设部、原铁道部、原交通部、原信息产业部、水利部、原民用航空总局、原广播电影电视总局于2007年11月1日联合发布《标准施工招标文件》(2007年版),自2008年5月1日起试行,2013年进行了部分条款的修订。该文件主要规范了招标文件编制规则,内容包括相应合同条款及格式。《标准施工招标文件》主要适用于一定规模以上,且设计和施工不是由同一承包商承担的工程施工招标。在实践中,招标文件中所附的合同条款及格式未得到广泛应用。

4. 交通运输部于2009年5月11日发布《公路工程标准施工招标文件》(2009年版),自2009年8月1日起施行,同时废止了《公路工程国内招标文件范本》(2003年版)。该文件主要是在《标准施工招标文件》基础上,结合公路工程施工招标特点和管理需要编制的。文件规定,必须进行招标的二级及以上公路工程应当使用《公路工程标准施工招标文件》,二级以下公路项目可参照执行。

5. 国家发改委、工业和信息化部、财政部、住建部、交通运输部、原铁道部、水利部、广电总局、中国民用航空局九部委于2011年12月20日联合发布《简明标准施工招标文件》和《标准设计施工总承包招标文件》,自2012年5月1日起实施。两"标准文件"主要是规范招标文件编制规则,内容包含了相应合同条款及格式。其中,《简明标准施工招标文件》适用于工期不超过12个月、技术相对简单且设计和施工不是由同一承包人承担的小型项目施工招标;《标准设计施工总承包招标文件》适用于设计施工一体化的总承包招标。在实践中,两"标准文件"所附的合同条款及格式未得到广泛应用。

6. 国家铁路局于2020年11月13日发布《铁路工程标准施工招标文件》,自2021年3月1日起施行。文件主要是规范铁路工程招标文件的编制,内容涵盖了相应合同条款及格式,适用于依法必须进行招标的铁路工程建设项目施工招标。

7. 财政部办公厅于2020年2月21日发布《关于印发污水处理和垃圾处理领域PPP项目合同示范文本的通知》,自通知发布之日起执行。其中,污水处理厂网一体化PPP项目合同示范文本主要适用于属于政府公共服务范围的污水处理厂网一体化PPP项目,单体污水处理厂PPP项目、特殊行业的污水处理PPP项目(如农村分散式污水处理项目、工业园区污水处理项目)以及包含污水处理服务在内的水环境综合整治类PPP项目;垃圾处理PPP项目合同示范文本主要适用于属于政府公共服务范围的新建城市生活垃圾处理PPP项目(焚烧发电工艺),采用其他垃圾处理工艺及特殊行业的垃圾处理PPP项目(如农村生活垃圾处理项目、餐厨垃圾处理项目等)可参考适用该示范文本。

(二)地方层面的合同示范文本

1. 福建省住建厅于2018年9月17日发布《福建省房屋建筑和市政基础设施工程标准施工招标文件(2017年修订版)》,自2018年10月10日起施行,同时废止了《福建省房屋建筑和市政基础设施工程标准施工招标文件(2017年版)》(闽建筑〔2017〕48号)。2020年6月23日,福建省住建厅发布了调整《福建省房屋建筑和市政基础设施工程标准施工招标文件(2017年修订版)》部分条款的通知,对文件的部分内容进行调整。该文件由“通用本”和“专用本”两部分构成。其中,“通用本”适用于所有房屋建筑和市政基础设施工程施工招标项目,每个招标项目不再另行发布;“专用本”由招标人按照“通用本”规定的格式和要求并结合招标项目具体情况进行编制,文件内容包含了相应合同条款及格式。

2. 浙江省住建厅、浙江省发改委于 2021 年 6 月 8 日发布《浙江省房屋建筑与市政基础设施施工招标文件示范文本》,自 2021 年 8 月 1 日起实施。该文件内容关于合同条款及格式要求直接引用住建部、国家工商行政管理总局联合发布的《建设工程施工合同(示范文本)》(GF-2017-0201),要求必须招标的房屋建筑和市政基础设施工程施工招标应当采用该示范文本。

3. 广东省建设厅于 2009 年 9 月 21 日发布《广东省建设工程标准施工合同》(2009 年版),自 2010 年 1 月 1 日起施行。文件主要依据国内、国际相关施工合同条件,结合省内实际情况制定,适用于省内房屋建筑和市政基础设施工程的新建、扩建、改建。

4. 安徽省水利厅于 2020 年 10 月 19 日发布《安徽省水利水电工程施工招标文件示范文本(电子招标投标,2020 年版)》,自发布之日起执行。文件内容涵盖了相应合同条款及格式,适用于设计和施工不是由同一承包人承担的水利水电工程的施工招标。

5. 广西壮族自治区住建厅于 2020 年 10 月 30 日发布《广西壮族自治区房屋建筑和市政基础设施工程总承包招标文件范本(2020 年版)》,自 2021 年 3 月 1 日起实施。范本内容涵盖了相应合同条款及格式,适用于自治区内依法必须招标的房屋建筑和市政基础设施工程的工程总承包项目招标。

6. 深圳市住房和建设局于 2018 年 9 月 10 日发布《深圳市建设工程设计采购施工(EPC)总承包合同(示范文本)》(SFL-2017-01),自发布之日起执行。主要适用于建设标准、建设规模、其他服务等需求明确的房屋建筑工程、土木工程、线路管道和设备安装工程、装修工程等建设项目的 EPC 总承包工程(不含运行维护)的合同,发包人与承包人可结合建设工程具体情况,参考本合同(示范文本)订立合同。

7. 深圳市住房和建设局于 2021 年 4 月 9 日发布《深圳市建设工程施工(单价)合同示范文本》(2015 年第六版),自 2021 年 4 月 16 日 18 时后启用。分别适用于招标工程固定单价施工合同和非招标工程固定单价施工合同。

二、国际建设工程合同示范文本

FIDIC 合同条件是国际工程项目管理中的“圣经”,根据其内容主要分为:

1.《施工合同条件》(Conditions of Contract for Construction),简称“红皮书”。该文件目前常用的版本为 1999 年版和 2017 年版。主要适用于由发包方负责设计,承包方负责施工的工程项目,主要采用单价合同。

2.《生产设备和设计——施工合同条件》(Conditions of Contract for Plant and Design-Build),简称“黄皮书”。该文件目前常用的版本为 1999 年版和 2017 年版。文件适用于由发包人负责编制项目纲要和生产设备性能要求,承包方负责设备的设计、制造和安装的工程项目,通常采用总价合同。

3.《设计采购施工(EPC)/交钥匙工程合同条件》(Conditions of Contract for EPC/Turnkey Projects),简称“银皮书”。该文件目前常用的版本为 1999 年版和 2017 年版。文件适用于以交钥匙方式提供工厂或类似设施的加工或动力设备、基础设施项目或其他类型的开发项目,采用总价合同。

4.《简明合同格式》(Short Form of Contract),简称“绿皮书”。该文件目前常用的版本为 1999 年版。文件适用于投资金额较小的建筑或工程项目。根据工程的类型和具体情况,这种合同格式也可用于投资金额较大的工程,特别是较简单的或重复性的或工期短的工程。

风 险 提 示

1. 合同示范文本风险偏好设置具有差异性。虽然国内外不同层次的相关部门相继发布了不同种类的合同示范文本,但各类合同文本对于合同当事人的权利义务配置、风险偏好不同,且相关合同示范文本均不是强制性使用,通常会发生承发包双方根据各自情况进行调整修改的情形,打破了合同示范文本对于合同当事人的权利义务和风险配置相对公平合理的格局。

2. 合同示范文本发布和更新具有滞后性。合同示范文本往往是主管部门根据社会经济发展的变化和建筑市场发展过程中暴露的相关问题,结合相关行业法律法规的发布及更新,堵塞管理漏洞,优化承发包双方权利义务配置,从而服务于建设市场的良好发展秩序而制定的。这也决定了合同示范文本本身就在时间上具有滞后性。但在实践过程中，合同签约当事人存在过度依赖、信赖合同示范文本，忽略实际情况，一味否定对合同示范文本进行调整，对合同示范文本运用缺乏灵活性的问题。

3. 建设工程合同主体具有不对等性。在现行建筑市场环境下，“僧多粥少”，竞争激烈，发包人占据主导地位，合同条件的设置由发包人占据主动权。为规避自身风险、压降自身工程开发成本，发包人对工期要求紧、品质要求高，其付款条件又差，合同条款设置苛刻，双方权利义务往往不对等，且对于承包人有诸多限制以及违约处罚条款，造成承包人履约压力不断加大，容易激发施工合同履约纠纷。

4. 建设工程合同效力具有不确定性。在国内工程招投标体制下，由于保障项目开发权益及行业主管部门监管要求等种种原因，承发包双方在项目招标前或者中标后，另行签订与中标合同条件不一致的合同的情况时有发生。此时，将会产生执行合同和备案合同两个不同的合同版本，即“阴阳合同”“黑白合同”。根据相关法律法规，此种情况的发生，对于签约合同的效力有很大的影响。

5. 建设工程合同文本具有高度的复杂性。随着 EPC、政府与私人组织(Public-Private-Partnership，PPP)、融资(F+EPC)等新型承包模式的不断涌现，越来越多地涉及投资、税务、施工、法律、会计、造价等方面的知识，对于建设工程承发包双方的项目综合管理要求越来越高。现行情况下，建筑行业复合型人才较少，不能全盘考虑项目合同风险，增加了施工与履约矛盾纠纷发生的可能性。

化解措施

1. 熟悉合同示范文本出台情况。合同管理人员要熟练掌握各类合同示范文本的发布及使用情况，做好各类合同示范文本的分析和研读工作，了解合同示范文本各条款的权利义务配置情况，掌握行业规范管理要求导向。这样在业主修改示范文本时，才能很好地评判修改条款的合理性和风险性，提高自身合同风险识别水平。在具备条件的情况下，积极通过各种方式参与行业立法以及合同示范文本的编制工作，使行业立法以及合同示范文本的出台能够与自身的利益以及管理诉求相呼应。

2. 关注合同示范文本更新情况。随着社会的发展以及法律法规的变化，各类合同示范文本为适应新的管理需求以及政策法规变化，往往会不定期更新。合同管理人员要实时关注合同示范文本更新情况，掌握新旧合同示范文本的变化情况，站在自身代表利益方的角度来评判适用新旧合同示范文本对企业带来的影响，从而做好相应的风险防范措施。

3. 敢于突破合同示范文本制约。在实践中，对于合同示范文本的使用存在一些矛盾，部分当事人存在过度依赖、信赖合同示范文本的情况，一味否定修改合同示范文本；还有部分当事人对合同示范文本一概不管，将合同示范文本修改得面目全非。在此种情况下，如果想要调整合同条件从而保障自身利益，建议尽量收集国家、地方相关建设工程的法规、规范文件及行业惯例等，作为与合同对方沟通、谈判的依据。特别是政府投资项目，为满足现行合规性要求，往往会同意调整相关合同条款。

4. 谨慎签订不同版本合同。如果项目属于必须招标的工程，签订执行和备案合同时，在通常情况下，如果执行合同签订在前，执行和备案合同均会无效；如果执行合同签订在后，则备案合同有效，执行合同无效。此时，一旦发生诉讼纠纷，对企业利益会产生很大的影响，具体分析详见本章第二节“执行合同与备案合同”。不属于必须招标的工程，前后签订不同版本的合同时，应防止出现前后约定矛盾、冲突的情况，避免履约双方因此发生争议。

5. 提升企业合同管理水平。鉴于建设工程合同关系的复杂性，企业应建立业务部门和法务风控部门双重评审机制，从业务管控和法律风险合规两方面全面分析合同风险，确保全面识别合同风险，及时进行谈判合同并优化，保障企业利益。培养复合型工程合同管理人才，使其能够站在项目全面履约的角度评判签约合同文本的各类风险。

相关依据

1.《招标投标法》

第 19 条　招标人应当根据招标项目的特点和需要编制招标文件。招标文件应当包括招标项目的技术要求、对投标人资格审查的标准、投标报价要求和评标标准等所有实质性要求和条件以及拟签订合同的主要条款。

国家对招标项目的技术、标准有规定的,招标人应当按照其规定在招标文件中提出相应要求。

招标项目需要划分标段、确定工期的,招标人应当合理划分标段、确定工期,并在招标文件中载明。

第46条　招标人和中标人应当自中标通知书发出之日起三十日内,按照招标文件和中标人的投标文件订立书面合同。招标人和中标人不得再行订立背离合同实质性内容的其他协议。

招标文件要求中标人提交履约保证金的,中标人应当提交。

2.《招标投标法实施条例》

第75条　招标人和中标人不按照招标文件和中标人的投标文件订立合同,合同的主要条款与招标文件、中标人的投标文件的内容不一致,或者招标人、中标人订立背离合同实质性内容的协议的,由有关行政监督部门责令改正,可以处中标项目金额5‰以上10‰以下的罚款。

3.《建设工程施工合同司法解释(一)》

第2条　招标人和中标人另行签订的建设工程施工合同约定的工程范围、建设工期、工程质量、工程价款等实质性内容,与中标合同不一致,一方当事人请求按照中标合同确定权利义务的,人民法院应予支持。

招标人和中标人在中标合同之外就明显高于市场价格购买承建房产、无偿建设住房配套设施、让利、向建设单位捐赠财物等另行签订合同,变相降低工程价款,一方当事人以该合同背离中标合同实质性内容为由请求确认无效的,人民法院应予支持。

第二节　执行合同与备案合同

在建设工程领域,经常出现针对同一工程签订两份合同的现象。两份合同的工程范围、建设工期、工程质量、工程价款等实质性内容不一致,其中一份合同作为工程中标合同或者备案合同,另一份合同作为工程实际执行合同,俗称"黑白合同"或"阴阳合同"。在实务中,建设工程执行合同与备案合同的司法裁判认定结果与项目客观事实情况往往会存在较大的出入,印证了“法律事实”与“客观事实”二者之区别。特别是作为建筑市场弱势群体的施工企业,如果对于执行合同与备案合同的签订情况不加以重视,一旦发生诉讼纠纷,将对其项目盈亏产生重大影响。之所以会产生执行合同与备案合同,主要原因包括以下几种:

1. 建设单位对施工企业有垫资需求。建设工程通常体量较大、资金需求多,建设单位往往需要通过融资来获得项目资金,但是通过传统的金融机构贷款、企业间拆借等方式融资,成本大、难度高;在项目推进过程中,施工企业垫资无疑是建设单位成本最小的融资途径。建筑市场激烈的竞争环境,为施工企业垫资创造了良好的土壤。但在国家禁止垫资施工的政策导向下,特别是根据《政府投资条例》的相关规定,政府投资项目明令禁止施工企业垫资施工。为顺利推进工程招投标,建设单位往往要求在招标合同之外另行订立垫资施工性质或以房抵债、保理、商票等非现金收款性质的施工合同,通常为投标承诺函、备忘录、补充协议、框架协议等形式。

2. 建设单位有支解发包需求。招标人,特别是私人投资领域的招标人,其以追求工程建设项目经济效益最大化、成本最小化为最终目的。因此,对某些价格空间较大的项目工程,招标人通过支解发包或指定发包的方式获取更大的利润。根据《建筑法》的相关规定,禁止建设单位支解发包,如果招标人在招标文件或合同条款中提出指定的分包要求,将可能无法通过招投标文件备案和合同备案。这样一来,招标人的利益追求与政府监管就产生了矛盾。而招标人要规避政府监管就只能签订“阴阳合同”。

3. 企业内外部管理存在差异。一些大型的房地产开发企业集团,尤其是涉及我国香港特别行政区、外资企业注资的国内建设项目,集团本身有一套较为成熟、严谨、契合企业管理要求的合同模板,如万达集团、恒隆集团、华润集团、世贸集团等,此类企业签订的建设工程合同通常要求采用集团统一版本,但集团版本大多与国家通行的合同示范文本格式差别大、条款表述差异大,且附加条件多。为便于办理备案手续,这些集团公司通常会要求施工企业配合建设单位另行签订备案合同。

4. 提早启动项目建设。建设单位为提前启动项目建设,在拿地、项目报批、施工许可等手续不完善的情况下,先行确定实际施工单位,签订实际施工合同。

待相关手续完备后，再行完善招投标流程，根据招标合同条件签订备案合同。此时，为确保实际施工单位能够中标，招标的合同条件往往比实际施工条件苛刻，以此来降低项目投标竞争，确保实际施工单位能够中标。

风险提示

建设工程执行合同与备案合同在不同情形下的司法裁判结果不同，且各地对于执行合同与备案合同的效力认定也存在不同观点，合同效力认定结果会直接影响项目的履约效果评定。以下针对执行合同与备案合同签订顺序对合同效力的影响，以及最高人民法院和地方各级人民法院的裁判观点对备案合同与执行合同的法律风险进行简要分析。

1. 执行合同与备案合同签订顺序对于合同效力的影响。执行合同签订在前，备案合同签订在后。此类情况通常是在项目进行招投标手续之前，发包人与投标人先行达成实际履行的协议，实质构成了"未招标先定标"，违反了《招标投标法》的相关规定，中标无效，执行合同无效，备案合同同样无效。在建设工程质量经验收合格的情况下，双方后续参照实际履行的合同办理结算。

最高人民法院在(2019)最高法民申 2181 号民事裁定书中认为，案涉工程涉及社会公共利益，必须经过招标投标程序。根据《招标投标法》第 43 条的规定，在确定中标人前，招标人不得与投标人就投标价格、投标方案等实质性内容进行谈判。根据第 55 条第 2 款的规定，依法必须进行招标的项目，招标人违反本法规定，与投标人就投标价格、投标方案等实质性内容进行谈判、影响中标结果的，中标无效。根据《最高人民法院关于审理建设工程施工合同纠纷案件适用法律问题的解释》(已失效)第 1 条的规定，必须进行招标而未招标或者中标无效的，建设工程施工合同应认定无效。合同当事人先后签订两份建设工程施工合同，因双方在招投标前进行了实质性协商，系"先定后招"的串标行为，违反法律禁止性规定，中标无效，两份建设工程施工合同均无效。建设工程施工合同无效，但建设工程经竣工验收合格，承包人请求参照实际履约的合同约定支付工程价款的，应予支持。①

备案合同签订在前，执行合同签订在后。此类情况通常是在项目完成招投

---

① 参见最高人民法院民事裁定书，(2019)最高法民申 2181 号。

标流程后,根据中标合同条件签订备案合同用以备案,后续发包人与承包人就同一建设工程另行签订一份实际履行合同。在此种情况下,通常认定中标合同效力优先于实际履行合同。但是该工程如果不属于依法必须招标的工程,多数观点认为应当认定实际履行的合同有效。

最高人民法院在(2020)最高法民申5441号民事裁定书中认为,根据国家发改委2018年6月6日发布的《必须招标的基础设施和公用事业项目范围规定》的规定,必须招标的具体范围不包括商品住宅。在不属于必须招标的工程项目情况下,如所签订工程合同系双方真实意思表示并已履行,内容未违反法律、行政法规的效力性、强制性规定,应予支持。①

备案合同与执行合同同时签订。此类情况在实践中比较少见,但不排除会发生。笔者认为,此类情况应该先区分项目是否属于必须招标的工程,如果属于必须招标的工程,在工程招投标手续依法合规的情况下,中标备案合同有效,执行合同无效;在工程招投标手续不合法的情况下,备案合同与执行合同均无效,发包人和承包人参照实际履行的合同结算工程价款;不属于必须招标的工程,双方实际履行的合同有效。

2. 最高人民法院及地方各级人民法院的观点。最高人民法院的观点如下:(1)中标合同效力优先。依据《建设工程施工合同司法解释(一)》第2条第2款的规定,对于备案合同与执行合同的效力认定问题,最高人民法院持中标合同效力优先为一般原则的观点。(2)只要进行招标,则中标合同效力优先。依据《建设工程施工合同司法解释(一)》第23条的规定,发包人将不属于必须招标的建设工程进行招标的,一般认定中标合同有效,但是如果发包人与承包人因客观情况发生了在招标投标时难以预见的变化而另行订立建设工程施工合同的除外。此处的招标通常是企业内部组织的公开性招标。

地方各级人民法院的观点如下:(1)根据江苏省高级人民法院、安徽省高级人民法院关于建设工程合同纠纷的相关解答,对于备案合同与执行合同,认为不是必须招标的项目,在未招标情况下签订的实际施工合同合法有效。(2)根据浙江省高级人民法院关于建设工程合同纠纷的相关解答,对于备案合同与执行合同,认为正常招标的项目同时签订备案合同和执行合同时,备案合同效力

---

① 参见最高人民法院民事裁定书,(2020)最高法民申5441号。

优先。当存在违法招标情况时，备案合同和执行合同均无效，以实际履行的合同为结算依据。(3)根据北京市高级人民法院关于建设工程合同纠纷的相关解答，对于备案合同与执行合同，认为无论是否是必须招标的项目，只要经过合法招标，备案合同的效力均优于执行合同。不是必须招标的，实际也未招标的项目，以实际履约的合同作为结算依据。在违法招投标情况下，备案合同和执行合同均无效，以实际履行合同为准。

化解措施

1. 重视合同。合同是履约的基础，重视合同，才能有守约意识、风险意识，才能为管理决策提供有力支撑。在实践中，不乏一些施工单位对于合同的重视程度不足、对于发包人的签约要求有求必应、对于建设工程合同签订存在随意性、前后签订多份合同、合同条件不尽相同的情况，签约风险也随之而来。

2. 签好合同。严把签约执行合同与备案合同质量关，全力争取合同最优化，把握签订备案合同优于执行合同的基本原则。在司法实践中，以中标合同效力优先为一般原则，发包人与承包人在实际履约中一般均会认可执行合同，如果中标合同比执行合同价款条件差，将来一旦发生诉讼纠纷，认定中标合同有效并据此结算合同价款，裁判结果往往会超乎承包人投标以及履约盈利预期，对于承包人十分不利。

3. 用好合同。当存在执行合同与备案合同的情况时，判定执行合同与备案合同均无效时，通常会将实际履行的合同作为双方结算价款的依据。因此，做好履约策划，特别是存在需要签订备案合同与执行合同的建设工程，前期务必做好备案合同与执行合同的利弊分析，内容包括备案合同与执行合同的价款条件、工期条件、质量条件、其他风险条款配置等情况，判定对于自身相对有利的合同版本之后，在履约过程中，特别是在双方往来函件、会议纪要等书面文件中，注意引用对自身有利的合同版本，争取过程履约资料能够辅助支撑对自身相对有利的合同版本为实际履行合同。

4. 签订备案合同的补充协议以及备忘录。为了赢得中标机会或者后期维护与发包人的良好关系，承包人有时不得不配合发包人签订比执行合同条件较差的备案合同。此时，建议在签订备案合同的同时，与发包人协商签订备案合同的补充协议以及备忘录,补充协议将备案合同比实际执行合同差的条款变更为执行合同条款。同时,办理备案合同备忘录,明确备案合同仅为办理备案使用,项目实际履行的合同以双方签订的执行合同为准。

相关依据

1.《政府投资条例》

第22条 政府投资项目所需资金应当按照国家有关规定确保落实到位。

政府投资项目不得由施工单位垫资建设。

2.《建筑法》

第24条 提倡对建筑工程实行总承包,禁止将建筑工程肢解发包。

建筑工程的发包单位可以将建筑工程的勘察、设计、施工、设备采购一并发包给一个工程总承包单位,也可以将建筑工程勘察、设计、施工、设备采购的一项或者多项发包给一个工程总承包单位;但是,不得将应当由一个承包单位完成的建筑工程肢解成若干部分发包给几个承包单位。

3.《招标投标法》

第55条 依法必须进行招标的项目,招标人违反本法规定,与投标人就投标价格、投标方案等实质性内容进行谈判的,给予警告,对单位直接负责的主管人员和其他直接责任人员依法给予处分。

前款所列行为影响中标结果的,中标无效。

4.《建设工程施工合同司法解释(一)》

第2条 招标人和中标人另行签订的建设工程施工合同约定的工程范围、建设工期、工程质量、工程价款等实质性内容,与中标合同不一致,一方当事人请求按照中标合同确定权利义务的,人民法院应予支持。

招标人和中标人在中标合同之外就明显高于市场价格购买承建房产、无偿建设住房配套设施、让利、向建设单位捐赠财物等另行签订合同,变相降低工程价款,一方当事人以该合同背离中标合同实质性内容为由请求确认无效的,人民法院应予支持。

第23条 发包人将依法不属于必须招标的建设工程进行招标后,与承包人另行订立的建设工程施工合同背离中标合同的实质性内容,当事人请求以中标合同作为结算建设工程价款依据的,人民法院应予支持,但发包人与承包人因客观情况发生了在招标投标时难以预见的变化而另行订立建设工程施工合同的除外。

5.《江苏省高级人民法院关于审理建设工程施工合同纠纷案件若干问题的解答》

第2问 当事人以商品房未经招投标程序主张签订的建设工程施工合同无效的,除符合《招标投标法》第3条规定的必须招标的项目外,不予支持。

6.《浙江省高级人民法院民事审判第一庭关于审理建设工程施工合同纠纷案件若干疑难问题的解答》

第16问 当事人就同一建设工程另行订立的建设工程施工合同与中标合同实质性内容不一致的,不论该中标合同是否经过备案登记,均应当按照最高人民法院《关于审理建设工程施工合同纠纷案件适用法律问题的解释》第二十一条的规定,以中标合同作为工程价款的结算依据。

当事人违法进行招投标,当事人又另行订立建设工程施工合同的,不论中标合同是否经过备案登记,两份合同均为无效;应当按照最高人民法院《关于审理建设工程施工合同纠纷案件适用法律问题的解释》第二条的规定,将符合双方当事人的真实意思,并在施工中具体履行的那份合同,作为工程价款的结算依据。

7.《安徽省高级人民法院关于审理建设工程施工合同纠纷案件适用法律问题的指导意见(二)》

第7条 不属于依法必须招标的建设工程,发包人与承包人又另行签订并实际履行了与备案中标合同不一致的合同,当事人请求按照实际履行的合同确定双方权利义务的,应予支持。

第8条 当事人就同一建设工程订立的数份施工合同均被认定无效,应当参照当事人实际履行的合同结算工程价款。

8.《北京市高级人民法院关于审理建设工程施工合同纠纷案件若干疑难问题的解答》第二部分

第15问 法律、行政法规规定必须进行招标的建设工程,或者未规定必须进行招标的建设工程,但依法经过招标投标程序并进行了备案,当事人实际履行的施工合同与备案的中标合同实质性内容不一致的,应当以备案的中标合同作为结算工程价款的依据。

法律、行政法规规定不是必须进行招标的建设工程,实际也未依法进行招投标,当事人将签订的建设工程施工合同在当地建设行政管理部门进行了备案,备案的合同与实际履行的合同实质性内容不一致的,应当以当事人实际履行的合同作为结算工程价款的依据。

备案的中标合同与当事人实际履行的施工合同均因违反法律、行政法规的强制性规定被认定为无效的,可以参照当事人实际履行的合同结算工程价款。

第三节 合同无效

对于建设工程施工合同的效力,发包人和承包人签订合同的时候一般均是做有效推定,并基于合同有效推定来预判各自履约所得利益。在履约过程中,如果建设工程施工合同被认定无效,将会打破承包人以及发包人对原来合同履约所得利益的预期,损害签约当事人的利益,甚至会招致行政处罚以及刑事责任。下文将重点围绕导致建设工程合同无效的情形、合同无效的法律风险以及应对举措进行阐述。

在实践中,根据违反国家法律法规的不同情况,将建设工程合同无效区分为合同全部无效、合同部分条款无效、合同部分条款有效三种情况。

一、合同全部无效

合同全部无效的情形包括六种。

(一)承接主体资质不符合要求

建筑施工对国家经济和民生影响重大,关乎公众的生命财产安全。为规范建筑市场管理,根据《建筑法》的相关规定,我国对于从事建设活动的建筑施工企业以具备承接相应工程的施工资质为市场准入的必备、合法条件。据此,《建设工程施工合同司法解释(一)》也明确规定,承包人未取得建筑业企业资质、超越资质等级或者借用有资质的建筑施工企业名义签约的合同均为无效合同。

(二)招投标手续违法

当前,我国建筑市场主体众多,为维护国家、公共利益以及各市场主体的平等竞争权,我国《招标投标法》和《招标投标法实施条例》明确建设工程实施招投标机制。其中,大型基础设施、公用事业等关系社会公共利益、公众安全的项目,全部或者部分使用国有资金投资或者国家融资的项目,使用国际组织或者外国政府贷款、援助资金的项目,必须进行招标。必须招标而未招标签订的建设工程施工合同无效,招标工程违反《招标投标法》的相关规定导致中标无效的,签订的相关工程合同亦无效。依据《招标投标法》和《招标投标法实施条例》及其他相关规定,中标无效的情形有以下六种:

1. 招标代理机构违反规定,泄露应当保密的与招标投标活动有关的情况和资料的,或者与招标人、投标人串通损害国家利益、社会公共利益或者他人合法权益,并且该行为影响中标结果的;

2. 依法必须进行招标的项目的招标人向他人透露已获取招标文件的潜在投标人的名称、数量或者可能影响公平竞争的有关招标投标的其他情况的,或者泄露标底,并且该行为影响中标结果的;

3. 投标人相互串通投标或者与招标人串通投标的,投标人以向招标人或者评标委员会成员行贿的手段谋取中标的;

4. 投标人以他人名义投标或者以其他方式弄虚作假,骗取中标的;

5. 依法必须进行招标的项目,招标人违反规定,与投标人就投标价格、投标方案等实质性内容进行谈判,并且该行为影响中标结果的;

6. 招标人在评标委员会依法推荐的中标候选人以外确定中标人的,依法必须进行招标的项目在所有投标被评标委员会否决后自行确定中标人的。

(三)低于成本价中标

我国法律和行政法规均明确规定,投标人不得以低于成本的报价投标或竞标,最高人民法院 2011 年发布的《全国民事审判工作会议纪要》第 24 条规定,对按照“最低价中标”等违规招标形式,以低于工程建设成本的工程项目标底订立的施工合同,应当依据《招标投标法》第 41 条第 2 项的规定认定无效。①

（四）订立背离招投标文件“实质性内容”的合同

工程招投标具有公示效力，如果允许招标人、投标人另行订立与招标文件实质性内容不同的建设工程施工合同，会对其他未中标的投标人严重不公，造成招标人、投标人串通投标损害公众利益的乱象，招投标程序形同虚设。由此，我国明令禁止招标人和中标人再行订立背离合同实质性内容的其他协议，违则无效。需注意的是，建设工程开工后，发包方与承包方因设计变更、建设工程规划指标调整等原因，通过补充协议、会谈纪要、往来函件、签证等形式变更工期、工程价款、工程项目性质的，一般不应认定为变更中标合同的实质性内容。

（五）违反工程建设审批手续

在我国进行工程建设，必须办理相应的手续，如国有土地使用权证、建设用地规划许可证、建设工程规划许可证、建设工程施工许可证（“四证”）。但在未取得建设工程规划许可证的情况下，根据《建设工程施工合同司法解释（一）》的规定，签订的建设工程施工合同无效，但发包人在起诉前取得建设工程规划许可证等规划审批手续的除外。

（六）非法转包或支解发包、违法分包

按照规定，承包人承揽工程后，应当自行完成工程建设或按照相关法律、行政法规的规定进行非主体、非关键性工作的分包和劳务分包，不得任意转包、支解发包及违法分包。《建设工程施工合同司法解释（一）》也明确了承包人因转包、违法分包建设工程与他人签订的建设工程施工合同应当认定无效。

---

① 参见《最高法院：导致施工合同无效的十一种情形》，载微信公众号“法说工程”2020 年 11 月 14 日，https://mp.weixin.qq.com/s/1vl_90ZEH-jR-ocE6iG－9w。

二、合同部分条款无效

(一)违反工程质量强制性标准、压缩合理工期的条款无效

我国《建筑法》《建设工程质量管理条例》等相关法律法规均明确禁止建设单位以任何理由要求施工单位违反工程质量标准、任意压缩合理工期的行为。根据2011年《全国民事审判工作会议纪要》第24条第2款的规定,对建设工程施工合同中有关违反工程建设强制性标准,任意压缩合理工期、降低工程质量标准的约定内容,应认定为无效。

(二)约定工程保修期限低于法定期限的条款无效

工程保修是施工单位的法定义务,也是办理工程竣工验收的条件之一。根据《建设工程质量管理条例》的相关规定,建设工程不同的分部分项工程具有不同的最低保修期限。如建设单位与承包单位所约定的工程质量保修期限低于法定的最低保修期限的,司法实践中一般均会认为该约定无效,部分省市的高级人民法院对此也给予了明确的解答,如《北京市高级人民法院关于审理建设工程施工合同纠纷案件若干疑难问题的解答》《浙江省高级人民法院民事审判第一庭关于审理建设工程施工合同纠纷案件若干疑难问题的解答》《四川省高级人民法院关于审理建设工程施工合同纠纷案件若干疑难问题的解答》等。

三、合同部分条款有效

建设工程合同被认定无效,并不意味着所有合同条款均无效。根据《民法典》第507条的规定,合同不生效、无效、被撤销或者终止的,不影响合同中有关争议解决条款的效力。建设工程合同作为我国《民法典》合同编的一个法定分类,同样适用本条款的规定。

风 险 提 示

1. 影响工程结算价款。根据我国《民法典》的相关规定,合同被确认无效以

后，自始无效，具有溯及既往的效力。行为人因该行为取得的财产，应当予以返还；不能返还或者没有必要返还的，应当折价补偿。有过错的一方应当赔偿对方由此所受到的损失；各方都有过错的，应当各自承担相应的责任。

在建设工程合同项下，虽然建设工程合同被认定无效，但承包人为此投入了相应的人力、物力、财力并物化为不动产建筑物，采取返还的无效合同处理方式，会造成社会资源的极大浪费。目前最高人民法院认可的建设工程无效合同的处理原则为，建设工程施工合同无效，但建设工程经质量验收合格，承包人可以请求参照实际履行的合同关于工程价款的约定进行折价补偿。

2. 影响过程收款权益。依据目前最高人民法院对于无效合同的处理原则，只有在建设工程经质量验收合格的情况下，承包人才有主张工程价款的权利，且除工程款计价方法和标准可以参考原无效合同外，其他条款均不适用，包括对于施工企业有较大影响的合同支付条款，在未办理工程验收以及认定结算价款前，无法向发包人主张合同相关价款。

3. 影响工程款利息。建设工程合同被认定无效后，能否主张工程款延期支付的利息，目前在司法实践中存在争议，第一种观点认为施工合同无效，承包人不能主张欠付工程款利息，利息属于承担合同违约责任的情形；第二种观点认为，施工合同无效，欠付的工程款利息本质上属于实际损失，双方应根据过错情况分担损失；第三种观点认为，欠付工程款利息本质上属于法定孳息，承包人有权主张。[①] 由此可见，对工程款利息能否获得支持或者能否全部获得支持的意见不统一，存在得不到支持的风险。

4. 影响管理费。在转包、违法分包、借用资质合同导致合同无效的情况下，工程管理费是否能得到支持。目前司法实务中通常的处理方式为出借资质人、转包人、违法分包人对于工程施工确实存在投入，如进行了相应的施工指导、管理、组织、协调等工作或垫付了相应的工程费用等。在存在实际投入的情形下，对于转包人、违法分包人、出借资质人主张的管理费实际系其投入的对价，法院酌情认定，符合民法最基本的原则即公平原则。但如果转包人、违法分包人、出借资质人仅是通过转包、违法分包工程或出借资质，赚取管理费差价；或者即使转包人、违法分包人、出借资质人履行了部分管理义务，但是对管理费标准约定

① 参见梅骏峰：《施工合同无效能否主张欠付工程款利息》，载《中国检察官》2020 年第 24 期。

明显过高，则此时“管理费”不存在任何投入对价或明显高于投入对价，对此种情形下的“管理费”予以支持，显然不符合“任何人均不得因其不法行为而获益”的基本法律原则，有违我国民法的公平原则。①

化解措施

1. 注意对法律规范的收集和传达。建筑施工行业法律规范众多，且文件更新快，施工企业应该有专人负责相关法律法规的收集和整理工作，并及时将相关规定传达给公司决策层和业务主管部门。特别是涉及影响施工合同效力的相关法律文件要求，公司决策层和主管业务部门应当熟练掌握相关法律法规，才能守住公司决策底线，确保公司经营决策合法，保障合同签约效力。

2. 确保招投标手续合法。招投标手续不合法是施工合同无效的常见原因。在当下建筑市场竞争激烈的环境下，施工企业更要守住法律红线，工程招投标是工程合同签订的源头，加强招投标合规培训，提高投标营销人员的从业素质，保障工程招投标手续合法，是保障合同签约效力的重要环节。

3. 加强合同审查。谨慎、规范地进行施工合同签约，施工企业合同管理人员应该建立合同评审机制，及时识别影响合同效力的不利因素，建立合同签约的底线管理要求，一旦发现有影响签约合同效力的情况，应及时发出预警，并尽可能采取补救措施。对于经研判后认定为无效的合同对自身造成的影响弊大于利时，果断拒绝签约，避免给企业带来更大的损失，构筑维护合同签约效力的防线。

4. 合同被认定无效后积极维权。合同无效对于施工企业预期收益影响重大，一旦发现施工合同存在无效情形，施工企业应及时做好合同相关策划分析。施工合同的无效认定必须经过法院审理作出认定，如经过策划分析，合同无效对于自身利益损害较大，应尽量避免通过诉讼方式解决与建设单位的矛盾纠纷；如认定合同无效对于自身有利，在平衡各方利益后，在法律专业人员的参与下，积极向法院提起诉讼以维护自身权益。

---

① 参见邓小芹、付植：《转包、分包、挂靠情形下管理费问题》，载微信公众号“路漫品牌”2019 年 7 月 7 日，https://mp. weixin. qq. com/s/KIypLflMxGce2qat6E2F4A。

相关依据

1.《建筑法》

第 13 条 从事建筑活动的建筑施工企业、勘察单位、设计单位和工程监理单位，按照其拥有的注册资本、专业技术人员、技术装备和已完成的建筑工程业绩等资质条件，划分为不同的资质等级，经资质审查合格，取得相应等级的资质证书后，方可在其资质等级许可的范围内从事建筑活动。

2.《建设工程施工合同司法解释(一)》

第 1 条 建设工程施工合同具有下列情形之一的，应当依据民法典第一百五十三条第一款的规定，认定无效：

(一)承包人未取得建筑业企业资质或者超越资质等级的；

(二)没有资质的实际施工人借用有资质的建筑施工企业名义的；

(三)建设工程必须进行招标而未招标或者中标无效的。

承包人因转包、违法分包建设工程与他人签订的建设工程施工合同，应当依据民法典第一百五十三条第一款及第七百九十一条第二款、第三款的规定，认定无效。

第 3 条 当事人以发包人未取得建设工程规划许可证等规划审批手续为由，请求确认建设工程施工合同无效的，人民法院应予支持，但发包人在起诉前取得建设工程规划许可证等规划审批手续的除外。

发包人能够办理审批手续而未办理，并以未办理审批手续为由请求确认建设工程施工合同无效的，人民法院不予支持。

第 4 条 承包人超越资质等级许可的业务范围签订建设工程施工合同，在建设工程竣工前取得相应资质等级，当事人请求按照无效合同处理的，人民法院不予支持。

第 6 条 建设工程施工合同无效，一方当事人请求对方赔偿损失的，应当就对方过错、损失大小、过错与损失之间的因果关系承担举证责任。

损失大小无法确定，一方当事人请求参照合同约定的质量标准、建设工期、工程价款支付时间等内容确定损失大小的，人民法院可以结合双方过错程度、过错与损失之间的因果关系等因素作出裁判。

第 24 条 当事人就同一建设工程订立的数份建设工程施工合同均无效，

但建设工程质量合格,一方当事人请求参照实际履行的合同关于工程价款的约定折价补偿承包人的,人民法院应予支持。

实际履行的合同难以确定,当事人请求参照最后签订的合同关于工程价款的约定折价补偿承包人的,人民法院应予支持。

3.《招标投标法》

第33条　投标人不得以低于成本的报价竞标,也不得以他人名义投标或者以其他方式弄虚作假,骗取中标。

4.《建设工程质量管理条例》

第10条　建设工程发包单位,不得迫使承包方以低于成本的价格竞标,不得任意压缩合理工期。

建设单位不得明示或者暗示设计单位或者施工单位违反工程建设强制性标准,降低建设工程质量。

第25条　施工单位应当依法取得相应等级的资质证书,并在其资质等级许可的范围内承揽工程。

禁止施工单位超越本单位资质等级许可的业务范围或者以其他施工单位的名义承揽工程。禁止施工单位允许其他单位或者个人以本单位的名义承揽工程。

施工单位不得转包或者违法分包工程。

第40条　在正常使用条件下,建设工程的最低保修期限为:

(一)基础设施工程、房屋建筑的地基基础工程和主体结构工程,为设计文件规定的该工程的合理使用年限;

(二)屋面防水工程、有防水要求的卫生间、房间和外墙面的防渗漏,为5年;

(三)供热与供冷系统,为2个采暖期、供冷期;

(四)电气管线、给排水管道、设备安装和装修工程,为2年。

其他项目的保修期限由发包方与承包方约定。

建设工程的保修期,自竣工验收合格之日起计算。

5.《民法典》

第155条　无效的或者被撤销的民事法律行为自始没有法律约束力。

第157条　民事法律行为无效、被撤销或者确定不发生效力后,行为人因该行为取得的财产,应当予以返还;不能返还或者没有必要返还的,应当折价补偿。有过错的一方应当赔偿对方由此所受到的损失;各方都有过错的,应当各自承担相应的责任。法律另有规定的,依照其规定。

第793条 建设工程施工合同无效,但是建设工程经验收合格的,可以参照合同关于工程价款的约定折价补偿承包人。

建设工程施工合同无效,且建设工程经验收不合格的,按照以下情形处理:

(一)修复后的建设工程经验收合格的,发包人可以请求承包人承担修复费用;

(二)修复后的建设工程经验收不合格的,承包人无权请求参照合同关于工程价款的约定折价补偿。

发包人对因建设工程不合格造成的损失有过错的,应当承担相应的责任。

第四节 发 包 人

本书所探讨的"发包人",也被称为"建设单位"或"业主"。国家相关法律法规中没有对"发包人"一词进行明确的定义。通常认为,发包人是具有工程发包主体资格和支付工程价款能力的当事人以及取得该当事人资格的合法继承人。发包人在整个工程签约以及履约过程中发挥着至关重要的作用,发包人自身的资信情况、管理水平及变化是决定项目履约顺利与否的重要因素。发包人作为施工企业的服务对象,对于施工企业项目款项回收以及盈利水平都有十分重要的影响。本节将重点围绕不同开发模式下发包人的种类和特点、由发包人引发的相关风险提示以及应对措施进行阐述。

就如今建设工程行业的总体情况来看,发包人主要有以下六类:

1. 政府。目前,我国政府承担着市场不能有效配置资源的社会公益服务、公共基础设施、农业农村、生态环境保护、重大科技进步、社会管理、国家安全等公共领域的项目等非经营性项目的投资职能。此类项目的特点是,发包主体往往是政府或者行业主管部门,项目标的额大,社会影响大,财政付款,发包人诚信度较高,施工企业的施工利益保障程度高。施工企业通常会"名利双收",该类发包人也是施工企业竞相争取的合作单位。

2. 国有企业。国有企业包括由中央或者地方政府投资参与控制的企业，同时具有营利法人和公益法人的特点。国有企业本身属于国有资产投资类企业，企业资金来源保障程度高，信誉以及诚信度高，融资难度小，违约风险低，项目收款和收益保障程度高。施工单位与国有企业的项目合作意愿较高。

3. 事业单位。事业单位，是指国家为了社会公益目的，由国家机关举办或者其他组织利用国有资产举办的，从事教育、科技、文化、卫生等活动的社会服务组织。作为发包主体，其项目资金往往源于国家财政支持，与国有企业类似。项目资金来源保障程度高，诚信度高，违约风险低。施工单位与事业单位的项目合作意愿较高。

4. 民营企业。民营企业是国有资本的相对概念。民营企业具有自筹资金、自主经营、自负盈亏、自担风险的特点，这决定了民营企业的资金来源保障程度不高，融资难度大，违约风险较高，特别是民营企业参与较多的房地产开发产业，对于项目的资金周转要求较高，受监管政策、销售行情等影响大，施工方的利益保障程度不高。

5. 外资企业。外资企业是一个总体概念，包括所有含有外资成分的企业。依照外商在企业注册资本和资产中所占股份和份额的比例的不同，以及其他法律特征的不同，将外资企业分为三种类型。第一种是中外合资经营企业。其主要法律特征是：外商在企业注册资本中的比例有法定要求；企业采取有限责任公司的组织形式。故此种合营被称为股权式合营。第二种是中外合作经营企业。其主要法律特征是：对外商在企业注册资本中的股份无强制性要求；企业采取灵活的组织管理、利润分配、风险负担方式。故此种合营被称为契约式合营。第三种是外资企业。其主要法律特征是企业全部资本均为外商所有。外资企业作为项目的发包主体，其与中国内地企业的管理模式、管理思维差异较大，涉外法律关系复杂、对国内施工单位权益的法律保护作用受限，语言不通、支付货币不同等，属于风险较高的项目类型。

6. 其他类型。在实际实施过程中，也有一些营利性的社会团体，因自身的发展需求进行项目开发建设，如佛教协会等。此类组织往往具有营利属性，但是资金来源稳定性参差不齐，施工单位需要根据发包人的具体特性进行分析与甄别。

风险提示

1. 不同种类的企业信息风险偏好不同。根据以上所述发包人的种类和特点可知,发包人类型不同,相应的风险偏好也不同。其中,对于政府、国有企业、事业单位性质的发包人,虽然项目资金保障程度高,但是此类企业的管理链条较长、合规性要求高,发包人对于项目问题的相关决策程序复杂、难度大,制约施工企业的利益诉求。对于民营企业、外资企业、其他类型性质的发包人,风险主要是项目资金来源保障程度低,但是沟通方式灵活,决策审批流程快。

2. 发包人资质和证照不齐全。我国现行法律法规对于工程建设发包人需要具备的资质条件以及履行的审批手续均有明确规定,违反相关规定则需承担相应法律后果。例如,对于政府投资类项目,需要按照政府投资管理权限和规定的程序,报投资主管部门或者其他有关部门审批,否则不得开工建设。对关系国家安全、涉及全国重大生产力布局、战略性资源开发和重大公共利益等项目,实行核准管理。未经核准的项目,责令停止建设,并处相关单位和主要负责人罚款。其他属于备案制的项目,没有办理备案的,则要求限期改正,并处相关单位和主要责任人员罚款。未取得建设工程规划许可证的项目签订的施工合同无效,未取得施工许可证的项目一律不得开工,违法开工的,主管部门责令停止施工,限期改正,并对发包人和施工单位处以罚款。对于房地产开发企业不具有相应资质或者超越资质等级进行房地产开发的,责令改正,并进行罚款,逾期不改正的,吊销营业执照。

化解措施

结合以上分析,发包人对施工企业合作项目的影响不言而喻。在实践中,如何应对发包人带来的相关风险? 笔者认为,在立项签约阶段,应该切实做好发包人的资信调查工作,对于资信较差的发包人果断放弃项目跟踪及签约。签约后,在履约过程中定期跟踪发包人的资信变化,一旦发现发包人存在经营情况异常、恶化的情况,及时采取相关措施止损是目前应对发包人引发项目风险的有效途径。施工企业对发包人企业进行资信调查的主要内容以及注意事项如下:

1. 企业工商注册信息。调查内容主要包括公司名称、类型、法定代表人、注册资本、统一社会信用代码、成立日期、核准日期、住所地、营业期限、营业范围等。成立时间较短的企业可能存在管理经验欠缺、出资不足的情形。注册资本金一定程度上体现了企业规模和债务清偿能力，影响企业的融资额度；如果注册资本金比较低，需注意考虑企业是否有足够的资金支撑项目实施。对于住所地较远的企业，需特别注意企业的资质、信誉以及与项目所在地是否存在相关背景。

2. 企业的股东构成。调查内容主要包括企业股东属于法人股东还是自然人股东、各股东的出资情况、控股股东的具体情况、股东的企业性质。需要注意的是，如果控股或者参股股东的企业性质属于事业单位、大型国有企业或具有政府背景，此类企业的信誉以及融资能力相对较好。对于私营企业和个人股东，除关注自身信誉外，还应重点关注项目资金来源落实情况。如果存在外资企业股东，应该特别注意，外资企业不持有营业执照，难以把握其存续、出资、经营情况，且一旦发生纠纷，向外资企业追索债务存在困难。因此，在与外资企业合作时，建议聘请专业咨询机构对外资企业进行背景调查。

3. 企业主要管理人员。调查内容主要包括企业的法定代表人、董事长、执行董事、董事、总经理、监事等人员的姓名、年龄、国籍、职务、决策权限、性格爱好等情况。企业的管理离不开人，尤其离不开企业决策人员和主要管理人员，应尽快熟悉企业决策、管理人员并建立沟通渠道，知己知彼，才能在后续项目实施过程中，构建良好的沟通氛围，为项目顺利履约和盈利奠定基础。

4. 企业资产情况。主要是对企业各年度的营业收入、资产负债、利润、现金流量进行对比分析。如果营业收入逐年下降、现金流不断缩减，则表明企业的经营状况不佳，发展前景不足。如果公司的资产负债率高于60%，表明企业负债偏高，应慎重合作；高于100%，则表明企业已经资不抵债，非特殊情况不建议与之合作。如果企业经营的利润水平偏低，则表明企业的管理水平不高；出现负利润则表明企业存在亏损经营的情况，企业存在不能长久、持续发展的风险。

5. 企业的资质与证照持有情况。针对目标项目，需调查目标项目是否已经获得政府主管部门的审批、核准或者已进行备案，是否具有开发项目所要求的资质，是否具有项目开发的合规性手续。根据相关法律法规规定，不同类型的项目启动需履行不同的手续。其中，审批制适用于政府投资项目，核准制则适用于企业不使用政府资金投资建设的重大项目和限制类项目，备案制适用于企业投资的中小项目。如果属于房地产开发项目，由于我国目前实行房地产开发企业四个资质等级制度，需核实开发企业是否具备与项目等级相符的开发资质。此外，发包人还需办理土地使用权证、建设用地规划许可证、建设工程规划许可证、施工许可证等，否则会影响项目后期的竣工验收和移交。

6. 企业的涉诉情况。调查了解企业的涉诉情况，主要包括涉诉案件数量、纠纷类型、执行、保全、结案等情况。一方面可以反映企业的诚信履约情况，另一方面也反映出企业的经营情况。涉案纠纷较多、被列入强制被执行人或者失信被执行人名单的企业，合规意识较弱，经营状况堪忧，后期违约风险高。

7. 企业的行政处罚情况。调查内容主要包括目标企业的行政处罚数量、频次、原因、类别，是否存在大额罚款，是否被吊销营业执照等。如果行政处罚的金额较大，频率较高，表明企业的资信较差，合规意识差，违约风险高，也从侧面反映出地方政府对于目标企业的支持力度不高。

8. 企业履约和信用评价情况。对以往合作过的企业，调查内容主要包括以往合作项目付款是否及时、盈利水平情况、拖欠债权债务情况、合作关系是否融洽、新合作项目与以往合作项目条件差异情况等，一般二次客户的履约风险相对较小。如果与本单位没有过合作，也可通过与目标企业合作过的其他单位沟通交流。此外，调查了解企业获得第三方机构的认定评价，常见的认定评价机构有行业协会、金融机构、政府主管部门、第三方专业信用评价机构，如企业获得“世界500强”“民营企业20强”等称号，均反映了企业的实力和经营状况。

除此之外，企业资信调查路径也极为重要。主要有：(1)对于企业工商注册信息、股东情况、管理人员情况的调查，可以通过国家企业信用信息公示系统、企查查、天眼查、启信宝等公共网络查询。(2)企业的资质与证照持有情况，可以通过住建部、国家发改委以及各省市住建局、发改委官网查询。(3)上市企业股权交易情况可以通过中国证券监督管理委员会、上海证券交易所官网、深圳证券交易所官网、中国债券信息网、巨潮咨询网等查询。(4)项目的涉诉情况，包括涉诉案件数量、纠纷类型、执行、保全、结案等情况可以通过中国裁判文书网、中国法院网、人民法院诉讼资产网、威科先行数据库、企查查、天眼查等公共网络查询。(5)企业的行政处罚情况，可通过信用中国网站查询。关于施工安全、质量、环境等方面的行政处罚,可以通过当地的安监站、质监站、城管局等主管部门官方网站查询。

相关依据

1.《政府投资条例》

第3条第1款　政府投资资金应当投向市场不能有效配置资源的社会公益服务、公共基础设施、农业农村、生态环境保护、重大科技进步、社会管理、国家安全等公共领域的项目,以非经营性项目为主。

第9条第1款　政府采取直接投资方式、资本金注入方式投资的项目(以下统称政府投资项目),项目单位应当编制项目建议书、可行性研究报告、初步设计,按照政府投资管理权限和规定的程序,报投资主管部门或者其他有关部门审批。

2.《企业投资项目核准和备案管理条例》

第3条　对关系国家安全、涉及全国重大生产力布局、战略性资源开发和重大公共利益等项目,实行核准管理。具体项目范围以及核准机关、核准权限依照政府核准的投资项目目录执行。政府核准的投资项目目录由国务院投资主管部门会同国务院有关部门提出,报国务院批准后实施,并适时调整。国务院另有规定的,依照其规定。

对前款规定以外的项目,实行备案管理。除国务院另有规定的,实行备案管理的项目按照属地原则备案,备案机关及其权限由省、自治区、直辖市和计划单列市人民政府规定。

第18条第1款　实行核准管理的项目,企业未依照本条例规定办理核准手续开工建设或者未按照核准的建设地点、建设规模、建设内容等进行建设的,由核准机关责令停止建设或者责令停产,对企业处项目总投资额1‰以上5‰以下的罚款;对直接负责的主管人员和其他直接责任人员处2万元以上5万元以下的罚款,属于国家工作人员的,依法给予处分。

第19条　实行备案管理的项目,企业未依照本条例规定将项目信息或者已备案项目的信息变更情况告知备案机关,或者向备案机关提供虚假信息的,由备案机关责令限期改正;逾期不改正的,处2万元以上5万元以下的罚款。

3.《房地产开发企业资质管理规定》

第18条 一级资质的房地产开发企业承担房地产项目的建设规模不受限制,可以在全国范围承揽房地产开发项目。

二级资质及二级资质以下的房地产开发企业可以承担建筑面积25万平方米以下的开发建设项目,承担业务的具体范围由省、自治区、直辖市人民政府建设行政主管部门确定。

各资质等级企业应当在规定的业务范围内从事房地产开发经营业务,不得越级承担任务。

第19条 企业未取得资质证书从事房地产开发经营的,由县级以上地方人民政府房地产开发主管部门责令限期改正,处5万元以上10万元以下的罚款;逾期不改正的,由房地产开发主管部门提请工商行政管理部门吊销营业执照。

第20条 企业超越资质等级从事房地产开发经营的,由县级以上地方人民政府房地产开发主管部门责令限期改正,处5万元以上10万元以下的罚款;逾期不改正的,由原资质审批部门吊销资质证书,并提请工商行政管理部门吊销营业执照。

4.《城市房地产开发经营管理条例》

第5条 设立房地产开发企业,除应当符合有关法律、行政法规规定的企业设立条件外,还应当具备下列条件:

(一)有100万元以上的注册资本;

(二)有4名以上持有资格证书的房地产专业、建筑工程专业的专职技术人员,2名以上持有资格证书的专职会计人员。

省、自治区、直辖市人民政府可以根据本地方的实际情况,对设立房地产开发企业的注册资本和专业技术人员的条件作出高于前款的规定。

5.《建筑工程施工许可管理办法》

第12条 对于未取得施工许可证或者为规避办理施工许可证将工程项目分解后擅自施工的,由有管辖权的发证机关责令停止施工,限期改正,对建设单位处工程合同价款1%以上2%以下罚款;对施工单位处3万元以下罚款。

第五节　合同谈判

工程合同谈判，是发包人和承包人在签订合同前为了相互了解并取得自身权益最大化，最终确定各方在合同中具体的权利与义务而进行的磋商活动。谈判也是施工企业促进合同质量提升的主要抓手之一。但在工程招投标体制下，相关法律规定施工合同的签约不得背离招标文件的实质性内容，发包人本着保护自身权益以及“多一事不如少一事”的立场，往往会在招标后选择拒绝与施工企业进行沟通谈判。同时，发包人管理体系日渐成熟，合同意识也随之加强，合同条款设置呈现集团或地域标准化、格式化的特点，单个项目很难推翻发包人标准化的格式文本；且在发包人占据主导地位的情况下，施工企业通过合同谈判提高合同质量变得越来越难。如何做好工程合同谈判工作，本节将从正确认识工程合同谈判、合同谈判风险提示以及如何进行合同谈判方面进行重点阐述。

合同谈判的关键在于正确认识工程合同谈判，这就要求谈判双方秉承平等互利和合法合规的理念。

一、工程合同谈判应该秉承平等互利的理念

1. 平等。平等自愿是合同订立的基本原则，但在建筑市场竞争激烈、施工企业长期处于弱势地位的氛围下，施工企业对发包人存在两种不良态度。一种是唯发包人是从，不敢对发包人说“不”。施工企业认为合同谈判会损害双方合作基础、挑战发包人权威，因此拒绝与发包人进行合同谈判；或者初步向发包人表达谈判意见被否后，不再坚持合同谈判，导致错失合同谈判争取的机会。另一种是与发包人为敌，蛮横坚持发包人应当满足自身的诉求，与发包人沟通时，态度强硬、言辞激进，招致发包人的反感，导致发包人拒绝与施工企业进行沟通。

2. 互利。工程合同关系发包人与施工企业的权责义务，发包人提供的合同条件，希望能够保障自身的最大利益，降低项目开发成本以及风险。工程合同

谈判则会打破发包人制定的利益规则,拒绝合同谈判也是人之常情,但是也不意味着施工企业要牺牲自身利益一味迎合发包人需求。在此种情况下,施工企业在组织谈判策划时,对合同谈判目标的设置要合法、合情、合理,同时多从发包人的角度考虑问题,考虑合同条件的改变能够给发包人带来什么影响和好处,以共赢或者不损害发包人利益为前提,往往才能达到合同谈判的效果。

二、工程合同谈判应该秉承合法合规的理念

合法合规是发包人、施工企业的共同诉求,关系工程合同签约的效力,违反合法合规会使企业受到行政处罚,甚至主要人员以及公司要承担刑事责任。施工企业进行合同谈判时,应严格把握合法合规的原则,对于发包人提供的不合规的合同条件应向发包人进行充分的解释说明,在实践中,发包人通常会予以纠正。不向发包人主张违反合法合规原则的合同谈判条件,施工企业应当坚守法律红线,对自身、对企业负责。

风 险 提 示

1. 合同谈判缔约过失风险。根据我国《民法典》的相关规定,当事人在订立合同过程中,恶意磋商,隐瞒与订立合同有关的重要事实或者提供虚假情况,有其他违背诚信原则的行为,即缔约存在过失,应赔偿对方损失。在工程合同谈判过程中,施工企业应注意企业业绩、资质资信等资料的真实性,谨慎向发包人作出相关承诺;否则,一旦合同不成立或者被认定无效,施工企业将面临承担缔约过失责任的风险。

2. 合同谈判意识淡薄风险。受传统思维方式影响,在实践中,不乏施工企业存在"进场为王"的思维。施工企业在招投标以及合同签订过程中不占据优势。事实上,现行发包人的管理理念已经发生重大变化,特别是与民营企业合作开发的项目,工程合同签约和履约都承载着发包人的精心策划,通常通过各种手段迫使施工企业完成相应施工内容,最终将施工企业的诉求拒之门外。即使发生诉讼纠纷,因原始签订的施工合同条件较差,施工企业想要通过诉讼途径保障自身权益也很难实现。

3. 合同风险识别不全的风险。工程合同条件所涉及内容复杂多样、专业性

较强，在合同审查过程中，施工企业单一人员或者部门很难全盘把握工程合同风险，容易出现合同风险识别不全面的情况，丧失合同谈判机会。因前期没有意识到相关风险，将给施工企业后续履约带来较大的风险隐患。

化解措施

1. 要做好合同谈判前的准备工作。在合同谈判前需要注意以下要点：

(1)全面识别合同风险。在发包人提供合同文本后，施工企业合同管理部门应当尽快组织各业务专业管理部门进行合同评审，站在履约的角度对合同文本进行全面专业分析，然后汇总、整理合同风险以及谈判意见，尽可能确保合同风险识别的全面性，为后续谈判以及履约打好基础。

(2)精心组织合同谈判策划。不打无准备之仗。合同谈判对于施工企业来说就是一块“硬骨头”，精心策划合同谈判是必然的，也是提高谈判效率的有效路径。合同谈判策划应该结合合同风险情况，站在发包人以及施工企业双重角度，重点梳理能够支持施工企业合同条件更改的影响和理由。例如，国家政策的规定以及政策导向，合同上下文矛盾，合同条件的设置不切合项目实际情况影响项目的实质推进等。在此基础上，施工企业还应该准备多套谈判方案，明确对施工企业影响较大的必须坚持的底线合同谈判条款，针对每个要谈判的合同条款，制定合同谈判的争取目标、策略目标、底线目标等，循序渐进，为谈判创造一定空间，避免出现“一竿子打死”的情况。

(3)合理组建合同谈判小组。施工企业应预先向发包人商定合同谈判时间，商定谈判时间尽量预留 2 ~3 天的时间，并向发包人询问其出席合同谈判的人员、职务等情况。针对发包人提供的出席合同谈判人员情况，施工企业应对发包人出席合同谈判人员情况进行分析，分析内容包括发包人谈判人员的年龄、做事风格、职务权限等。在此基础上，合理配置施工企业合同谈判出席人员，尽量做到职务对等、重点合同风险业务主管部门出席，以便向发包人进行深入、细致、专业的合同谈判内容阐述以及对相关疑问进行解答，获得发包人合同谈判人员在专业上的信服。此外，要对参与合同谈判人员进行合理分工，有人“唱白脸”，有人“唱红脸”，张弛有度，既要保证施工企业的诉求在谈判现场得以表达、敢于坚持，使发包人感受到一定的谈判压力，也要保证谈判现场不出现僵持不下、无法推进的尴尬局面。

2. 在做好合同谈判前的准备的同时,还应掌握以下必备的合同谈判技巧:

(1)营造氛围。合同谈判伊始,在具备条件的情况下,建议施工企业合同谈判人员首先与发包人谈判人员互相了解熟悉、充分认可发包人企业或者出席人员的优点,先行进行合同谈判内容外话题的沟通交流,避免双方合同谈判人员初次见面的尴尬,营造沟通交流的轻松氛围。

(2)谦虚有礼。在合同谈判过程中,无论施工企业合同谈判人员自身能力大小、职位高低,对于发包人合同谈判人员应当秉承谦虚有礼的谈判态度,言语表达上要温和有力、条理清晰、有理有据、称呼得体,博得对方好感,从而使对方愿意倾听施工企业合同谈判意见。

(3)抓大放小。施工合同谈判往往意味着发包人要作出一定的让步,发包人往往也是本着合同能不调整则不调整的原则进行合同谈判。施工企业想要通过合同谈判改变所有合同不利条件是不切实际的,在向发包人全面展示合同谈判条款后,使发包人认同合同文本确实对于施工企业存在诸多的不利。但是施工企业不要纠结于影响不大的合同谈判条款,抓住关键的条款,以让步一定合同谈判条件作为发包人同意关键条款的条件,以退为进,表现出施工企业谈判的诚意。

(4)留有余地。施工合同谈判很难一蹴而就,施工企业需预留一定的谈判空间。对于发包人表示拒绝的谈判条款,施工企业应表示愿意暂时搁置争议,并在合同条款中以另行协商的表述方式呈现。对于发包人没有附加限制条件的违约处罚条款,应附加一定的限制条件,为后续合同谈判以及履约留有一定空间。

(5)专业支撑。合同谈判是一场博弈,也是一场辩论。特别是双方有争议的合同谈判条款,想要获得对方的认可,施工企业应该具备足够的专业人员、专业知识,使发包人相信施工企业表达的观点是正确的、是利于项目操作执行的或者是使项目整体获益的。

(6)过程留痕。合同谈判一般是合同双方进行口头沟通交流。有些合同谈判会组织多次,每场谈判结束之后,在发包人没有表示明确拒绝的情况下,施工企业应当当场对合同谈判成果进行书面签字确认,避免出现发包人合同谈判意见反复,或者非合同参与人员对谈判意见不认可的情况。

(7)提前介入。现行建筑市场环境下,各施工企业与发包人往往会就拟合作项目进行前期沟通、磋商，施工企业应当争取在发包人官方发布工程合同条件前(发包人在前期有着较为自由的决策空间)，与发包人沟通主要合同条件，特别是营销前端人员，要把握好工程合作合同条件，实现高效沟通。发包人正式的合同条件公布后，由于该文件已经经过发包人内部决策审批手续，这时施工企业再想进行沟通调整通常很难。

(8)争取合同起草权。合同权利义务的利益设置更偏向于起草合同一方，施工企业应当事先征求发包人意见，争取合同起草权。在施工企业取得合同起草权的项目中，发包人往往只对关键条款予以审核、修改，合同相对公平合理。

3. 在合同履行过程中还需坚持合同再谈判的原则，时刻做好与发包人再次谈判的准备。工程合同签订之后，并不意味着施工合同"一锤定音"。施工企业应当坚持将合同谈判贯彻施工全生命周期，由于工程施工周期长，在合同履约过程中，施工企业与发包人的了解也会进一步加深，后续项目条件与前期签约阶段有时也会发生变化。此时，发包人对施工企业也有所诉求，比如赶预售节点、配合企业内外部检查、竣工交付等，这时施工企业再行争取进行合同优化，也会获得一定的成效。

相关依据

《民法典》

第4条　民事主体在民事活动中的法律地位一律平等。

第5条　民事主体从事民事活动，应当遵循自愿原则，按照自己的意思设立、变更、终止民事法律关系。

第500条　当事人在订立合同过程中有下列情形之一，造成对方损失的，应当承担赔偿责任：

(一)假借订立合同，恶意进行磋商；

(二)故意隐瞒与订立合同有关的重要事实或者提供虚假情况；

(三)有其他违背诚信原则的行为。

第六节 合同签订

合同签订,一般是指项目中标后,承、发包双方就施工合同文本内容进行起草、审查、磋商谈判,最后完成签字用印的过程。鉴于本书前面的章节已经就签约阶段合同文本的选择、合同审查、合同条款谈判进行了详细论述,故本节合同签订部分主要叙述合同文本定稿到双方完成用印这一阶段可能出现的风险事项,包括合同签订的时限要求、合同的效力、中标后拒签合同的后果等内容。

一、签订书面合同的时限要求

《招标投标法》第46条第1款规定:"招标人和中标人应当自中标通知书发出之日起三十日内,按照招标文件和中标人的投标文件订立书面合同……"中标后在法律规定的时限内及时签订施工合同,无论是满足住建部门对建筑市场的监管要求,还是进一步明确承、发包双方的权利义务,对促进建筑活动高效、有序地开展都具有重要意义。

风险提示

之所以在《招标投标法》中对中标后签订的书面合同作特别的规定,是因为建筑活动作为经济建设的重要内容之一,追求效率和质量,若迟迟不能签订合同会带来相应风险。

1. 无法固定招投标成果,影响交易有序推进。《招标投标法实施条例》第25条规定:"招标人应当在招标文件中载明投标有效期。投标有效期从提交投标文件的截止之日起算。"国家发改委发布的《工程建设项目施工招标投标办法》第29条第1款规定:"招标文件应当规定一个适当的投标有效期,以保证招标人有足够的时间完成评标和与中标人签订合同。投标有效期从投标人提交投标文件截止之日起计算。"投标有效期,是指为保证招标人有足够的时间在递交投标文件截止日后完成评标、定标、合同签订等工作而要求投标人提交的投标文件在一定时间内保持有效的期限。在实践中招标文件载明的投标有效期一般不宜超过 90 日，评标和定标一般会要求在投标有效期截止日前 30 日完成。因为工程建设是一个复杂多变的生产活动，承、发包双方不可能在招投标时对建设过程中的全部情况进行预见并设定各方权利义务，若承、发包双方未能在投标有效期内签订合同，一旦发生涉及重大利益的情况，一方很有可能否认原招投标活动确定的事项，从而不利于投标活动的有序稳定进行。

2. 无法应对政府部门检查，工程建设审批手续无法办理。住建部 2011 年发布的《关于进一步加强建筑市场监管工作的意见》第 3 部分第 8 项规定："推行合同备案制度。合同双方要按照有关规定，将合同报项目所在地建设主管部门备案。工程项目的规模标准、使用功能、结构形式、基础处理等方面发生重大变更的，合同双方要及时签订变更协议并报送原备案机关备案。在解决合同争议时，应当以备案合同为依据。"住建部 2014 年印发的《房屋建筑和市政基础设施工程施工安全监督工作规程》第 4 条规定："工程项目施工前，建设单位应当申请办理施工安全监督手续，并提交以下资料：……（四）施工合同中约定的安全防护、文明施工措施费用支付计划……"根据上述规范的要求，完成合同签订是办理合同备案及施工安全监督的前提，并为后续项目依法合规开工建设提供了保障。尽管上述规定已经被《住房和城乡建设部关于修改有关文件的通知》修订，修订后的规范已经取消了施工合同备案和施工安全监督手续办理的相关要求，但上述规定仍可以反映出，在中标后的限定时间内签订书面合同对住建部门监管建设活动具有重大意义。

3. 合同未签订，公司对项目的考核管理难以推进。公司的任何一项具体的交易活动都是从合同签订开始的。工程建设作为一项比较复杂的交易活动，对合同签订的要求更高，合同中有对承、发包双方权利义务的具体约定，还有对工程建设各项活动的开展顺序、质量要求。只有签订了合同，公司才能就项目人力、设备、资金进行合理安排和管控。

4. 超过法定期限签订合同可能影响合同效力。根据上文的论述可知，《招标投标法》第 46 条第 1 款是管理性强制规定，《招标投标法》及其他相关法律规范并未明确规定中标后超过 30 日签订的合同无效，而且中标后超过 30 日签订合同也不损害国家、社会公共利益。且民事合同的签订应遵循自愿原则，属于合同当事人意思自治的范围，法律规范不应该过度干预。在（2009）浙民终字第 45 号民事判决书中，上诉人温岭市电影发行放映公司在上诉时提出施工合同是在中标通知书发出 17 个月之后签订的，已超过了法定期限，施工合同应认定无效。浙江省高级人民法院审理认为，《招标投标法》第 46 条"招标人和中标人应当自中标通知书发出之日起三十日内，按照招标文件和中标人的投标文件订立书面合同。招标人和中标人不得再行订立背离合同实质性内容的其他协议"的规定，主要价值取向是规范招投标活动，保证项目质量，维护国家利益与社会公共利益。就建设工程施工招投标签订中标备案合同后，当事人变更合同的权利仅限于与合同内容不发生实质性背离的范围。其目的也仅仅是限定一定时间约束当事人尽快订立合同，并未规定在限定时间内未签订书面合同而导致合同无效的法律后果。因此，并不能仅因双方当事人根据招标文件和中标人的投标文件内容签订的合同超过了该规定时间即认定合同无效。[①] 综上所述，中标后超过 30 日订立书面合同不会导致合同无效。

化 解 措 施

为维护承、发包双方的合法权益及保障工程建设活动依法合规推进，中标后应在规定时限内及时签订书面合同。承包人根据其合同签字用印制度、流程，可采取以下措施防范风险：

1. 尽快确定合同文本。中标后及时组织招标人、中标人进行合同谈判，尽快确定拟签订合同文本。在进行合同谈判前，中标人应做好对招标文件中合同条款的审查评议，制作合同审查意见，在正式谈判开始前做好谈判策划，在规定时限内完成合同谈判，确定拟签订合同文本。

2. 合理安排用印流程审批。及时完成公司内部的项目立项、中标交底、合同评审等审批流程，完成项目成本分析、资金策划、项目风险应对措施等文件的编制，确保在合同谈判结束、合同定稿后可以及时盖章用印。

二、合同的生效

合同的生效一般分为三种情况，一是合同成立即生效；二是附生效条件的

① 参见浙江省高级人民法院民事判决书，(2009)浙民终字第 45 号。

合同自生效条件成就时生效；三是按照法律法规规定应当办理行政审批手续的合同，自审批通过之日起生效。合同的订立一般采用合同书的形式。采用合同书形式订立合同的，自当事人在合同书签名、盖章或捺指印时合同成立。在签名、盖章或者捺指印之前，当事人一方已经履行主要义务，对方接受时，该合同成立并生效。对于附生效条件的合同，合同成立且约定的条件成就时合同才生效。按照法律法规规定应当办理行政审批的合同未办理行政审批的，并不导致合同当然无效，根据《民法典》第 502 条第 2 款的规定，未办理批准等手续影响合同生效的，不影响合同中履行报批等义务条款以及相关条款的效力。应当办理申请批准等手续的当事人未履行义务的，对方可以请求其承担违反该义务的责任。

风险提示

合同生效一般遵循成立即生效的原则，但建设工程施工合同有其特殊性。建设工程施工作为复杂且重要的经济活动，涉及金额巨大、持续周期长、对专业技术要求高，一旦出现质量问题和安全生产事故，会对人民的生命财产安全产生重大威胁，因此国家和政府出台了大量的法律、法规、部门规章对工程建设活动进行规制。根据《民法典》第 143 条的规定，民事法律行为有效必须满足：(1)行为人具有相应的民事行为能力；(2)意思表示真实；(3)不违反法律、行政法规的强制性规定，不违背公序良俗。所以在建设工程施工合同签订过程中，通常会存在以下风险对合同效力产生影响。

1. 违反法律、行政法规的强制性规定导致合同无法生效的风险。合同签订后无法生效和前文中所述合同无效情形是类似的，主要包括以下几种：(1)承、发包双方不具备从事相应工程建设活动的资质。根据《建筑法》《建设工程质量管理条例》等法律法规的规定，承包人承揽工程需要具备相应的施工企业资质等级，在实践中常见的有承包人超越资质承揽工程、借用他人资质承揽工程。(2)承、发包双方违反《招标投标法》的相关法律规范。比如必须招标的项目未招标就签订合同、存在串通投标的情形、中标后背离招投标文件的实质性内容签订合同。(3)工程建设审批手续不全，未取得建设工程规划许可证的情况下签订的施工合同无效。(4)违法分包、非法转包等破坏建筑市场正常经营秩序的行为。在违法分包、非法转包情形下通常存在收取高额管理费的情况，这就导致实际投入到工程建设中的资金减少,实际施工人为了盈利,会采取降低施工标准、使用劣质材料的手段,给工程质量带来巨大的隐患,所以国家严令禁止违法分包、非法转包的行为。

2. 附生效条件的合同,生效条件不成就的风险。部分施工合同会约定合同签订后一定期限内承包人应向发包人提供履约担保,合同才生效。对于类似设置生效条件的合同,若合同中约定承包人有促成条件成就的义务,合同签订后承包人应积极履行相应义务。对于生效条件不成就可能产生的风险主要有以下几种情况:一是因合同一方当事人阻止合同生效条件成就应承担的法律后果;二是生效条件确定不成就(客观上不可能发生)时应承担的法律后果。对于第一种情况,《民法典》第159条规定:“附条件的民事法律行为,当事人为自己的利益不正当地阻止条件成就的,视为条件已经成就;不正当地促成条件成就的,视为条件不成就。”若具有促成生效条件成就的一方当事人故意阻止条件成就,应视为条件已成就,合同生效,合同当事人有权要求相对方按照合同约定履行合同或追究其违约责任。对于第二种情况,《民法典》第157条规定:“民事法律行为无效、被撤销或者确定不发生效力后,行为人因该行为取得的财产,应当予以返还;不能返还或者没有必要返还的,应当折价补偿。有过错的一方应当赔偿对方由此所受到的损失;各方都有过错的,应当各自承担相应的责任。法律另有规定的,依照其规定。”当附生效条件合同确定不成就时,双方应当互相返还财产,如果一方存在过错,还要根据过错大小赔偿对方损失。

化解措施

1. 完善对项目投标的合规性审查,避免出现合同无效情形。项目的承接应该按照《招标投标法》等法律规定的要求进行,不能采用贿赂等非法手段获取项目信息,为自身中标创造有利条件从而限制其他竞争者的进入;也不能采用串标、围标的形式抬高中标价格,破坏公平竞争的市场秩序。项目中标后按照招标投标文件内容签订书面合同,禁止将承包的工程违法分包、转包给他人施工。如果在可预见的范围内,合同必然无效,应积极采取措施防范风险,减少损失。在项目未办理建设工程规划许可证导致合同无效的情况下,建设工程可能面临被拆除或没收的风险,从而造成损失。虽然办理建设工程规划许可证的责任属于发包人,但承包人在缺少建设工程规划许可证的情况下违法施工,亦存在过错。因此,在司法实践中也会判决承包人在过错范围内承担损失。出现类似情形时,承包人在施工过程中负有督促发包人履行办理建设工程规划许可证的义务,并通过会议纪要、备忘录等形式明确,规划许可证无法办理成功时,所有的损失由发包人承担。

2. 合理设置生效条件,明确违约责任。在合同中附生效条件的,应确认该生效条件能否成就。若难以成就,应酌情考虑将哪些条件设置为生效条件。约定生效条件,不应违反公序良俗与强制性规定,《民法典》第 153 条规定:“违反法律、行政法规的强制性规定的民事法律行为无效。但是,该强制性规定不导致该民事法律行为无效的除外。违背公序良俗的民事法律行为无效。”为避免生效条件成就后,因违反公序良俗和强制性规定而导致合同无效,在约定生效条件时,应注意不应违反公序良俗和导致合同无效的法律、行政法规的强制性规定。为便于对合同生效的时间有心理预期,有助于当事人做好合同履行的准备工作,以及避免因合同生效条件长时间不成就而给双方交易带来的不确定性,应明确生效条件成就的时限。如前所述,即便生效条件未成就也可能承担相应的法律责任,因此,应谨慎约定生效条件未成就的相关法律责任。

三、中标后拒签合同

《招标投标法》第 45 条第 2 款规定:“中标通知书对招标人和中标人具有法律效力。中标通知书发出后,招标人改变中标结果的,或者中标人放弃中标项目的,应当依法承担法律责任。”中标人拒签合同将面临的责任主要包括:一是向招标人承担民事责任,最直接的体现是被没收投标保证金,还可能被招标人追究违约责任并被要求赔偿损失;二是可能面临有关行政监督部门的处罚。

风 险 提 示

1. 被招标人追究民事违约责任的风险。《民法典》第 471 条规定:“当事人订立合同,可以采取要约、承诺方式或者其他方式。”第 473 条第 1 款规定:“要约邀请是希望他人向自己发出要约的表示。拍卖公告、招标公告、招股说明书、债券募集办法、基金招募说明书、商业广告和宣传、寄送的价目表等为要约邀请。”建设工程招投标活动始于发布招标公告和发送投标邀请书,终于收到中标通知书,主要包括招标、投标、开标、评标、定标几个阶段。从订立合同方式的角度看,招投标程序可划分为要约邀请、要约、承诺三个阶段。公开招标的招标人发布招标公告或向特定的对象发送投标邀请书,其目的是邀请投标人向招标人投标。《民法典》也明确将招标公告定性为要约邀请。投标人获悉招标公告或收到投标邀请书后,根据招标要求对招标文件作出响应。投标人制作并发送投标文件,是为了与招标人订立建设工程合同,其法律性质应为要约。招标人收到投标文件后,经过法定的开标、评标、定评程序,向中标的投标人发出中标通知书的行为,其法律性质为民法上的承诺。所以,中标人在收到招标人的中标通知书时,双方之间的建设工程施工合同就已成立。

在(2014)民一终字第155号民事判决书中,最高人民法院认为,一审判决依据中标通知书,认定广厦公司、台江公司之间就案涉项目确立合同关系正确。该案双方当事人的权利义务,应依据台江公司的招标文件、广厦公司的投标文件、中标通知书及相关证据予以认定。[①] 从最高人民法院上述案例的裁判观点来看,以中标人收到中标通知书认定承发包双方之间合同关系成立是能够获得司法机关支持的。但上述案例不代表这是唯一且正确的司法观点,如海南省高级人民法院认为,根据原《合同法》第270条、《建筑法》第15条之规定,建设工程施工合同应当采用书面形式。根据原《合同法》第32条的规定,采用合同书形式订立合同的,自双方当事人签字或者盖章时合同成立。在本案中,双方并未签订书面形式的施工合同,双方之间的施工合同关系尚未成立,舜元公司的施工行为属无效行为。[②]

笔者认为,从我国法律规定及建设工程招投标实践来看,中标人收到中标通知书产生合同成立的法律效力。第一,招投标活动符合《民法典》规定的要约、承诺的全部要件。在建设工程合同订立过程中,发布招标公告或发送投标邀请书等行为,其法律性质虽属于要约邀请,但其内容明确、具体,已经包括了合同的主要条款。作为要约的投标文件,内容同样明确,而且法律要求其对招标文件的要求和条件作出实质性的响应。中标后,法律不仅要求招标人不得改变中标结果,中标人不得放弃中标项目,而且明确要求招标人和中标人应当自

① 参见最高人民法院民事判决书,(2014)民一终字第155号。
② 参见海南省高级人民法院民事判决书,(2016)琼民终288号。

中标通知发出之日起 30 日内，按照招标文件和中标人的投标文件订立书面合同，特别强调招标人与中标人不得再行订立背离合同实质性内容的其他协议。因此，从《招标投标法》的立法本意来看，招标人与中标人要订立的书面合同，不过是对双方认可的招标文件与中标人的投标文件在合同形式上予以规范而已，而合同的实质内容并不能突破招标文件和投标文件的规定。第二，我国法律要求建设工程合同采用书面形式，建设工程施工合同具有要式性，在(2016)琼民终 288 号民事判决书中，海南省高级人民法院认为，建设工程施工合同应当采用书面形式。根据原《合同法》第 32 条(《民法典》第 490 条)的规定，采用合同书形式订立合同的，自双方当事人签字或者盖章时合同成立。该案中，双方并未签订书面形式的施工合同，双方之间的施工合同关系尚未成立。笔者认为，这种观点实际上是对法律的一种误读。《民法典》第 469 条规定："当事人订立合同，可以采用书面形式、口头形式或者其他形式。书面形式是合同书、信件、电报、电传、传真等可以有形地表现所载内容的形式。以电子数据交换、电子邮件等方式能够有形地表现所载内容，并可以随时调取查用的数据电文，视为书面形式。"所以，招标人发出的招标文件、投标文件、中标通知书也属于书面形式的合同书，且双方在上述文件上的签章即视为在合同上的盖章。①

如上所述，中标通知书能够产生建设工程合同成立的法律效力。只要招投标活动严格依法进行，那么中标通知书的发出即意味着建设工程合同有效成立。中标通知书发出后，任何一方的毁标行为都应当承担违约责任。在认定违约方应承担违约责任的情况下，根据《民法典》第 584 条的规定，当事人一方不履行合同义务或者履行合同义务不符合约定，造成对方损失的，损失赔偿额应当相当于因违约所造成的损失，包括合同履行后可以获得的利益；但是，不得超过违约一方订立合同时预见到或者应当预见到的因违约可能造成的损失。守约方除了主张直接损失外，还可以主张可得利益损失。

2. 受到行政处罚的风险。根据《招标投标法实施条例》第 74 条之规定，若招标项目属于依法必须进行招标的项目，中标人在中标后无正当理由不与招标人订立合同或在签订合同时提出附加条件，由有关行政监督部门责令改正，可

---

① 参见陈鑫范：《中标通知书的性质及悔标的法律责任》，载微信公众号"审判研究"2017 年 9 月 28 日，https://mp.weixin.qq.com/s/0Jrtv_CCM5Q9jtMOKpG3NA。

以处中标项目金额10‰以下的罚款。

化解措施

1. 避免中标后中标人拒签合同的情况发生。投标人在投标前应全面了解项目信息，仔细研读招标文件，完善投标文件的编制标准，避免出现报价漏项、对招标文件响应不到位的情况，应尽力避免因自身前期投标工作不到位导致中标后拒签合同的情况发生。

2. 提前策划，采取措施应对中标人拒签合同的情况。若因招标人原因导致中标人拒签合同，中标人应及时发函说明拒签合同的原因，及时收集可以证明对方过错和自身损失的证据材料，必要时可以采取诉讼的方式追究对方的违约责任。

相关依据

1.《招标投标法》

第45条 中标人确定后，招标人应当向中标人发出中标通知书，并同时将中标结果通知所有未中标的投标人。

中标通知书对招标人和中标人具有法律效力。中标通知书发出后，招标人改变中标结果的，或者中标人放弃中标项目的，应当依法承担法律责任。

第46条 招标人和中标人应当自中标通知书发出之日起三十日内，按照招标文件和中标人的投标文件订立书面合同。招标人和中标人不得再行订立背离合同实质性内容的其他协议。

招标文件要求中标人提交履约保证金的，中标人应当提交。

第469条 当事人订立合同，可以采用书面形式、口头形式或者其他形式。

书面形式是合同书、信件、电报、电传、传真等可以有形地表现所载内容的形式。

以电子数据交换、电子邮件等方式能够有形地表现所载内容，并可以随时调取查用的数据电文，视为书面形式。

2.《民法典》

第153条 违反法律、行政法规的强制性规定的民事法律行为无效。但是，该强制性规定不导致该民事法律行为无效的除外。

违背公序良俗的民事法律行为无效。

第157条 民事法律行为无效、被撤销或者确定不发生效力后,行为人因该行为取得的财产,应当予以返还;不能返还或者没有必要返还的,应当折价补偿。有过错的一方应当赔偿对方由此所受到的损失;各方都有过错的,应当各自承担相应的责任。法律另有规定的,依照其规定。

第158条 民事法律行为可以附条件,但是根据其性质不得附条件的除外。附生效条件的民事法律行为,自条件成就时生效。附解除条件的民事法律行为,自条件成就时失效。

第159条 附条件的民事法律行为,当事人为自己的利益不正当地阻止条件成就的,视为条件已经成就;不正当地促成条件成就的,视为条件不成就。

第471条 当事人订立合同,可以采取要约、承诺方式或者其他方式。

第472条 要约是希望与他人订立合同的意思表示,该意思表示应当符合下列条件:

(一)内容具体确定;

(二)表明经受要约人承诺,要约人即受该意思表示约束。

第473条 要约邀请是希望他人向自己发出要约的表示。拍卖公告、招标公告、招股说明书、债券募集办法、基金招募说明书、商业广告和宣传、寄送的价目表等为要约邀请。

商业广告和宣传的内容符合要约条件的,构成要约。

第479条 承诺是受要约人同意要约的意思表示。

第480条 承诺应当以通知的方式作出;但是,根据交易习惯或者要约表明可以通过行为作出承诺的除外。

第481条 承诺应当在要约确定的期限内到达要约人。

要约没有确定承诺期限的,承诺应当依照下列规定到达:

(一)要约以对话方式作出的,应当即时作出承诺;

(二)要约以非对话方式作出的,承诺应当在合理期限内到达。

第483条 承诺生效时合同成立,但是法律另有规定或者当事人另有约定的除外。

第486条 受要约人超过承诺期限发出承诺,或者在承诺期限内发出承诺,按照通常情形不能及时到达要约人的,为新要约;但是,要约人及时通知受要约人该承诺有效的除外。

第500条 当事人在订立合同过程中有下列情形之一,造成对方损失的,应当承担赔偿责任:

(一)假借订立合同,恶意进行磋商;

(二)故意隐瞒与订立合同有关的重要事实或者提供虚假情况;

(三)有其他违背诚信原则的行为。

第502条 依法成立的合同,自成立时生效,但是法律另有规定或者当事人另有约定的除外。

依照法律、行政法规的规定,合同应当办理批准等手续的,依照其规定。未办理批准等手续影响合同生效的,不影响合同中履行报批等义务条款以及相关条款的效力。应当办理申请批准等手续的当事人未履行义务的,对方可以请求其承担违反该义务的责任。

依照法律、行政法规的规定,合同的变更、转让、解除等情形应当办理批准等手续的,适用前款规定。

第584条 当事人一方不履行合同义务或者履行合同义务不符合约定,造成对方损失的,损失赔偿额应当相当于因违约所造成的损失,包括合同履行后可以获得的利益;但是,不得超过违约一方订立合同时预见到或者应当预见到的因违约可能造成的损失。

3.《招标投标法实施条例》

第25条 招标人应当在招标文件中载明投标有效期。投标有效期从提交投标文件的截止之日起算。

4.《工程建设项目施工招标投标办法》

第29条 招标文件应当规定一个适当的投标有效期,以保证招标人有足够的时间完成评标和与中标人签订合同。投标有效期从投标人提交投标文件截止之日起计算。

在原投标有效期结束前,出现特殊情况的,招标人可以书面形式要求所有投标人延长投标有效期。投标人同意延长的,不得要求或被允许修改其投标文件的实质性内容,但应当相应延长其投标保证金的有效期;投标人拒绝延长的,其投标失效,但投标人有权收回其投标保证金。因延长投标有效期造成投标人损失的,招标人应当给予补偿,但因不可抗力需要延长投标有效期的除外。

5.《九民纪要》

38.【报批义务及相关违约条款独立生效】须经行政机关批准生效的合同，对报批义务及未履行报批义务的违约责任等相关内容作出专门约定的，该约定独立生效。一方因另一方不履行报批义务，请求解除合同并请求其承担合同约定的相应违约责任的，人民法院依法予以支持。

Chapter 03 第三章

履约阶段风险管理

第一节 合同交底

合同交底是在合同签订完成后，负责投标、生产、技术、合约商务、财务的各个部门根据公司管理制度，结合合同具体内容及项目情况，与项目管理人员进行有针对性、实操性、重点突出的交流，其作用及目的是帮助项目管理人员更好地理解合同，助推项目完美履约。项目合同履约的风险管理，始点起于合同条款的优化，但归口最终还是要落到合同的实际执行上。建设工程施工合同履约周期长，履行过程中可能发生的变更事项多，工程施工需要设备租赁、物资采购、劳务、专业分包等各方主体配合，协调难度大，这些都给工程施工合同的完美履约带来了较大挑战。目前，施工企业有意加强合规性建设，往精细化管理的方向发展，但仍然存在诸多问题。如对合同重视程度不够，项目管理人员缺少研读合同、按合同要求履约施工的意识，管理粗放，重施工、轻资料，抓不到项目管理的重点，找不到完美履约为项目增效创益的突破点。开展合同交底活动，一是树立项目管理人员的合约意识，提高项目管理人员对合同的解读能力，助力项目完美履约，为公司增效创益；二是构建公司机关与项目沟通的渠道，通过合同交底促使公司机关加强对项目的了解，方便后续对项目工作的考核管理。

风险提示

1. 合同交底分工不清,交底内容存在重复或遗漏。由于同一合同条款中可能涵盖多个部门的管理内容,有时会造成多个部门对同一内容做重复的交底,或者存在有的部门觉得其他部门会对该部分内容做交底而省略了相关交底,其他部门也都抱有同样的想法,导致该部分内容被遗漏。

2. 对合同交底的重视不足,执行不到位。存在这样一种认识,合同交底的活动或会议一结束,合同交底就完成了,这种想法是错误的。合同交底不仅仅是一次活动或会议上的宣讲,合同交底的内容需要项目管理人员结合工程项目的实际情况,将交底的纸面文字或口头语言落实到项目履约的实际行动上。此外,项目建设情况复杂多变,项目管理人员应该定期将合同交底内容的执行情况反馈给公司业务部门,业务部门结合项目建设情况的变化和合同交底执行情况制订新的项目管理计划和管理目标。

化解措施

1. 明确合同交底的责任分工。合同交底一般由二级或三级单位负责具体实施,按业务部门进行责任划分,可由负责合约商务的部门牵头,负责市场营销、投标、生产、技术、财务资金、物资采购的业务部门全面参与,各业务部门应结合项目合同具体条款、项目实际情况以及公司各部门管理制度,对履约过程中的风险点、施工过程的重难点进行交底,并提供相应的解决措施和建议。项目部应在接受公司部门交底后,对项目管理人员交底,保障合同交底的事项有序推进,落实到人。

承包人可以结合自身业务部门分工按照下述内容进行合同交底:

负责合约法务的部门交底的内容有:(1)合同谈判过程中发现的主要风险点和双方争议点,谈判过程及结果。(2)发包人及监理工程师相关情况,包括监理名称、人员及职权;发包人委派代表的职权及授权范围。(3)项目管理人员缺勤、工期延误、质量不合格等违约情形下的违约责任。(4)项目分供、分包合同管理,以及分包单位的风险管理。(5)保障农民工工资支付制度的宣贯。(6)诉讼案件的管理。(7)收发文、往来函件、项目章使用的管理要求。

负责市场营销、投标的部门交底的内容有:中标交底,包括采用的投标策略,以及投标报价时分析、预计的主要盈亏点;报价策略,工程报价取费依据、取费标准、优惠幅度、材料价格的取定等。

负责商务的部门交底的内容有:工程量的确权、工程款结算、工程变更及签证索赔、分供分包单位的结算及工程款报送审批、竣工结算等。

负责生产、技术的部门交底的内容有:(1)工程项目使用的技术规范、标准。(2)现场的施工条件,包括"三通一平"、地质资料、地下管线、周围建筑物保护。(3)工程的进度计划。(4)工程质量要求,包括评奖和验收合格。(5)施工资料制作、收集、分类归档。(6)施工图纸合法性,发包人对工程设计变更指令程序的完善。

负责财务资金的部门交底的内容有:(1)发包人工程款的收取,含报、审、付的时间说明。(2)分供分包商的工程款支付。(3)发票的开具和收取。(4)履约保证金的提供与回收。(5)工程保险的购买。

负责安全的部门负责交底的内容有:安全文明施工,安全教育,安全检查,重大安全事故的应急处理等。

负责采购的部门交底的内容有:物资设备的采购使用,包括分供商选择、定标,物资收发使用记录,物资保管运输等。

2. 建立合同交底的动态管理考核机制。合同交底后,公司各部门应对履约过程中合同交底的执行情况进行考察,项目应制订合同交底事项的推进计划,执行情况应定期反馈到公司部门,公司可对执行情况进行评价,对执行过程中出现的新情况、发现的新问题及时制定新的应对方案。这种动态反馈机制有利于不断完善合同履约风险防范措施,积极推动风险防控措施的有效执行。

第二节　履约资料管理

项目履约资料是施工人主张工程款,索赔,明确工期延误责任、质量缺陷责任的重要依据。履约资料管理的目标是保障工程建设活动依法合规进行,对于工程建设活动中可能出现的纠纷采取有效手段进行防范,尽量避免纠纷发生;一旦发生纠纷,依赖全面有效的履约资料管理,使纠纷朝着对施工方有利的方向发展。综上,为防范经营风险,施工企业应不断加强对项目履约资料管理的能力,提高项目管理水平。

一、项目印章管理

施工企业由于施工项目多,地点分散,项目所在地与施工企业经营场所不在同一地区,为了方便项目经营,通常会刻制项目部印章供项目部在授权范围内经营使用。在实践中,施工企业通常按项目分类,有多少个项目就刻印多少项目部章。根据《建设项目工程总承包管理规范》的规定,项目部,是指“在工程总承包企业法定代表人授权和支持下,为实现项目目标,由项目经理组建并领导的项目管理组织”。项目部是施工企业设置的内部机构,不具有民事主体资格,不具有从事民事法律行为的能力。但在实际履约过程中,项目部的权限很大,经常出现项目部未经公司同意对外订立合同、借债筹资、办理结算等情况,给施工企业带来较多的诉讼和债务问题。

风险提示

印章使用混乱,增加账外债务,引发诉讼。2020 年 12 月 17 日,《浙江省高级人民法院民二庭关于审理涉建筑施工企业项目部纠纷的疑难问题解答》指出,建筑施工企业项目部纠纷其实就是由于建筑行业挂靠、转包、违法分包等违法经营行为屡禁不止及施工企业本身管理不规范,项目部在施工企业未授权或超出授权范围使用项目部印章所导致的各种债权债务纠纷。该解答指出,在审理涉建筑施工企业项目部的案件中,判断项目经理等人实施的行为是否对建筑施工企业发生效力时,要按照“准确界定职务行为,依法认定表见代理,严厉打击虚假诉讼”的思路,从该行为是否有建筑施工企业的明确授权(委托代理行为),是否属于职务行为,是否构成表见代理三个层面依次进行审查。构成委托代理、职务行为或表见代理的,相应的法律后果应当由施工企业承担。同时,在案件审理中也要加强对相关合同的真实性审查,防止部分当事人恶意串通、虚构债务,损害施工企业的合法权益。

项目部印章使用的情形确定不再施工企业授权的适用范围内,且施工企业事后也未予以追认的,项目部印章是否对施工企业产生效力存在较大争议。一般情况下，项目部超出授权范围使用项目部印章，属于无权代理，无权代理行为对被代理人无约束力，相应法律后果应由行为人自己承担。但在有些情形下，项目部印章的使用虽未经授权或超出授权范围，但有证据证明施工企业受领了工程材料，接受了合同义务的履行，向当事人支付了款项，受领了当事人开具的发票，或者有证据证明项目部印章广泛适用于相同或类似的情形，交易相对方有理由相信项目部印章有相应的使用权限，则构成表见代理，使用项目部印章产生的法律后果由施工企业承担。

化解措施

1. 把好项目部印章的刻制关。施工企业应制定项目部印章刻制的申请审批流程，项目部印章应由使用人申请，由公司专门的部门进行审批，无授权的部门或单位不得刻制印章，严禁出现一个项目有多枚项目部印章的情况。项目部印章要在公安部门指定或备案的刻章单位刻制，刻章后应将项目部印章交公章备案部门备案，防止项目部印章被假冒时，对真实项目部印章认定存在困难。

企业发现项目中出现私刻印章的情况，应及时报案，追究相关人员责任，对报案材料、公安机关立案侦查材料，应做好保存记录。在因私刻印章导致发生债权债务纠纷时，上述资料可以作为证据提交法院，使企业免于承担民事责任。

2. 完善项目部印章用印审批登记制度。施工企业应制定相关制度限定项目部印章适用范围，明确用印的登记审批流程。有的项目部印章使用审批手续不全，存在先盖章后审批，或直接根据领导指令用印，用印审批制度执行不严的情况。项目部主要管理人员应遵守有关印章管理制度。项目部印章应交由专人管理，使用人或经办人应在项目部印章使用台账签字，注明使用目的、时间。加强项目部印章使用的培训交底，加强项目人员的项目部印章风险管理意识。加强项目部印章风险管理的培训工作，通过案例让企业员工认识到项目部印章管理不当可能导致的风险，以及制定项目部印章保管、使用管理制度的必要性，定期检查相关制度的执行情况，并予公布。

二、签字管理

项目上的文件资料一般需要有相关管理人员或授权代理人的签字才能发生效力，包括收货单的签收、签证变更确认、结算办理、往来函件的收发。与项目部印章使用存在的风险类似，签字人可能超越代理权或滥用代理权，给企业带来诉讼和债务问题，造成工程成本的增加。

风险提示

1. 无授权的签字导致债务增加，引发诉讼的风险。项目管理人员超越授权范围签字构成表见代理或职务行为。法院在认定项目管理人员签字行为是否构成职务行为时，通常从以下要件进行判断：一是身份要素，项目管理人员与其所代表的施工企业存在劳动关系；二是名义要素，项目管理人员是以施工企业的名义对外从事法律行为的；三是权限要素，项目管理人员从事的行为在施工企业授权范围内。满足上述三个要素的项目经理的行为可以被认定为职务行为。在项目管理人员职务行为的认定中，项目经理的签字最容易被认定为职务行为，《建筑施工企业项目经理资质管理办法》第 8 条规定："项目经理在承担工程项目施工的管理过程中，应当按照建筑施工企业与建设单位签订的工程承包合同，与本企业法定代表人签订项目承包合同，并在企业法定代表人授权范围内，行使以下管理权力：（一）组织项目管理班子；（二）以企业法定代表人的代表身份处理与所承担的工程项目有关的外部关系，受委托签署有关合同；（三）指挥工程项目建设的生产经营活动，调配并管理进入工程项目的人力、资金、物资、机械设备等生产要素；（四）选择施工作业队伍；（五）进行合理的经济分配；（六）企业法定代表人授予的其他管理权力。"由于部门规章对项目经理权限的规定已经比较全面，一旦签字人员项目经理的身份被证实，其行为大概率会被认定为职务行为，相应的法律后果将由承包人承担。

表见代理的构成需要满足两个要件：一是项目签字人员具有相应代理权的客观表象；二是主观上相对人善意且无过失。相对人善意且无过失的要件要求，根据项目经理签章的文件不同，相对人应尽的注意义务的程度要求也不同。一般性的工程资料，如工程变更签证、材料签收单、工程量送审等对相对人的注意义务要求较低，不需要施工企业出具专门的手续即可认为项目经理有代理权。而在签订采购、融资、租赁等各类合同时，相对人应对印章是否真实，签字人是否有代理权及供应材料、出借资金是否用于工程项目加以注意。若相对人未尽到相应注意义务则不满足善意且无过失的构成要件，相应行为对施工企业不产生法律效力。

2. 签字未获授权，导致文件无效的风险。在项目履约过程中，由于项目管理人员工作变动等原因，会出现现场实际履约人员与合同约定的授权代表不符的情况，现场实际履约人员签字的文件的有效性很可能因为缺少法定代表人及公司的书面授权文件而受到影响。

化解措施

1. 完善管理人员授权制度。将对项目经理及其他项目管理人员的授权进行公示送达。承包人与发包人及分供单位签订合同时，应将项目管理人员的授权范围在合同条款中予以约定，授权事项要具体明确。对可能导致施工企业承担经济责任的文件的签署除授权给项目管理人员外，还应在合同条款中明确："最终的合同结算价款以施工企业加盖公章或结算章的结算文件为准，仅有项目管理人员签字的结算文件对承包人无效。"对于分供合同，根据施工企业内部结算的审批流程制定结算审批表，将结算审批表作为合同附件并注明只有完成结算审批表内的审批流程，结算文件才可作为向施工企业主张债权的依据。

2. 加强项目管理人员授权签字管理的风险警示教育。对项目管理人员进行签字管理制度的培训，提高项目管理人员对签字风险管理的责任意识。项目管理人员对经手签字的文件，一定要认真审查，尤其是可能产生经济责任的文件，比如收货单、业主的处罚通知、分包的签证，一定要与工程现场的实际情况核对比较，切记不要做文件的转手人，别人送来什么就签什么，这起不到风险控制的作用。

三、往来函件的管理

施工过程中，往来函件的管理是合同管理、风险防控的重要环节。往来函件包括与建设单位、设计单位、监理单位、勘察单位、分包单位的往来发文。这些发文往往是为了提出诉求、建议，发出指令，希望获得相关单位的认可、配合、确认，或者是明确责任、解决分歧。这些往来函件一经签收确认，会产生相应的法律效力，往来函件管理工作不到位会产生较大的风险，承包人应该加强对项目往来函件的管理。

风险提示

项目往来函件的管理中存在的突出问题主要是：

1. 项目管理人员缺少书面发文意识。面对面的口头交流仍然是最普遍的交流手段，但经济活动的往来有别于日常交流，我们要把交易活动中发生的争议、协商的过程、协商的结果固化为书面的资料，以便在最后结算时提出自己的主张，为主张提供依据以得到其他相关方的认可。一方面，项目管理人员仍习惯于使用口头交流的方式进行信息的传达，没有养成发函的习惯；另一方面，项目管理人员也可能缺乏识别发函情形的能力，不知道工程出现什么情况时应当向相关单位发函，这些都增加了往来函件管理的风险。

2. 起草函件内容质量不高，未能起到防控风险的作用。函件内容的起草是发文的一个重要环节，内容起草不好，可能出现事与愿违的结果。函件内容常见的问题有：(1)函件逻辑混乱，没有清楚地表达请求，请求依据不充分，总结不到位，无法突出发函的核心目的。(2)函件起草不够周到、谨慎，函件中叙述了对己方不利的事实。笔者曾审查过一项目管理人员给发包人起草的催款函，该项目合同约定按照形象节点付款，项目管理人员在催款函中说道："于××××年××月××日完成项目主体结构封顶，按合同约定发包人应付工程款××元给承包人。"催款函中提到的主体结构完工时间就是一个对承包人很不利的事实，因为该项目约定了节点工期及高额的节点工期逾期违约金，而合同约定的主体结构完成时间早于催款函中陈述的实际完成时间，后期发包人很有可能依据这份催款函对承包人处以节点工期违约罚款。(3)针对不同函件的接收主体，不能灵活地把握措辞的语气和态度。给发包人、监理、政府机关的发文要做到态度诚恳、语气委婉，多用尊称、敬语，注意维护良好的关系。针对分包人的发文，语气可以随意一些，有时候甚至应该强硬一些，以提高分包单位对函件的重视程度。

3. 往来函件签收、送达不规范。采用当面送达方式送达往来函件时，常见的问题是收文单位拒收，发文未经收文单位有权代表签字，则不能产生法律效力。或者函件的签收人身份不明，既非合同约定的代表，也未能取得收文单位给签收人出具的授权委托书，签收人是否具备处理相关事务的权限不明确，这类函件一般会产生效力争议。采用邮寄方式送达的文件，常见的问题是未能保存邮寄凭证或没有在邮寄单上标注邮寄物的名称，无法证明已经将函件送达收文单位，从而影响对函件效力的认定。对于函件签收，存在的问题是项目管理人员对其他单位的来文审查不严，未能对不符合事实的函件进行拒收或回文提出异议。在有些项目中，发包人在施工合同中约定了承包人不得拒收发包人、监理的任何函件，否则要承担高额的违约金。这种情况下，承包人不能再拒收函件，但承包人在签收后应当及时回函进行反驳、澄清。

4. 往来函件的归档管理混乱，导致函件丢失或缺损。承包人缺乏完善的往来函件归档管理制度，或项目管理人员在实际履约时没有严格执行相关规定，常会有函件丢失、找不到原件和缺页断码的情况。出现这种情况有以下原因：(1)项目管理人员对往来函件不重视，发出去的函件没有进行备份，函件使用后随意放置，未能及时放入往来函件的文件夹中保存；(2)项目管理人员流动性大，项目管理人员在离职、岗位调换时，没有做好工作交接，导致后来的项目管理人员对前任在职期间的工作不了解，像往来函件这样的履约资料也随着项目管理人员的离职丢失了。

化解措施

1. 完善往来函件收发管理制度，加强管理人员培训。承包人应建立完善的往来函件收发管理制度，并对项目管理人员进行往来函件管理的制度培训，不断提高项目管理人员往来函件管理的风险意识和管理水平。对于常见的需要发函、回函的情形，承包人可以制作清单，起草各类函件的格式文本，说明草拟各类往来函件的注意事项。另外，收到其他单位函件时，一定要按时回复。尤其是涉及罚款、要求加快施工进度等含有对承包人不利事实陈述的函件，收到之后一定要发文解释、反驳，否则可能被视为默认。本部分后附表 3 -1 列举了项目方常见的需要发函的情形，承包人可作为发函的参考。

2. 提高函件写作质量，提供充分支撑资料。根据起草函件所涉及的专业事项、主要目的，函件起草工作应交由对相关背景、目的、事实比较了解的人，起草人在起草前要听取有关业务人员和主管领导的意见，把握函件起草的核心思想。函件起草的逻辑要合理、语言要清楚简洁，函件对事实的描述依据要充分，要有基础资料作为支撑。比如请求工期顺延的函件，要说明影响工期的具体事件、影响程度（延误天数），分析原因，提出自己的具体请求。对于具体事件，比如是政府要求停工的，要附上政府发文；是高温、暴雨等恶劣天气导致停工的，应附上天气报告。函件起草后，根据承包人内部管控制度的要求，依据函件所涉事项的重要程度，比如涉及重大施工进度调整、工程设计变更、重大违约罚款事项时，经承包方主管负责人审批后再发送。

3. 完善签收送达流程，保障函件的效力。首先，函件发出前承包人应完成己方的签字、用印流程，需要注意的是若函件有多页，应加盖骑缝章，避免对方调包换页。其次，采用当面送达方式的函件，应注意签收人的身份，函件签收人最好是合同约定的授权代表或指定的签收人，签收后要注明签收日期。在发生收文单位拒收的情况时，可采用邮寄送达方式，建议首先选择中国邮政特快专递。因为在法院的判例中，有些法院不支持使用中国邮政特快专递以外的快递公司邮寄文件。快递单内容要填写完整，简要注明函件的主要内容，如"关于请求确认工期顺延的函"。快递发出后应跟进物流信息，快递被签收后打印签收凭证，将邮寄单、签收凭证、函件原件一并归档保存。这样才能形成完整的证据链条，证明已经向对方完成了通知义务。

4. 完善函件的收集、归档制度。承包人应对往来函件归档建立完善的管理制度，项目方应该配备专人对包括往来函件在内的履约资料进行管理。首先要对往来函件进行分类、筛选，如根据函件涉及安全、质量、工期、结算、工程款收付等情况，对往来函件分别存放。另外，往来函件的一个重要作用是作为发生纠纷时的证据使用，在归档时要对内容进行甄别，对无利用价值、临时性的来往函件可以剔除。往来函件归档后要制作电子台账或检索目录，台账应登记收发时间、函件名称、主要内容、所属类别、签收人等关键信息，方便查找使用。项目结束退场时，往来函件要及时移交公司档案管理部门存档。

表3-1 履约过程发函提示指引

分类	需要发函的情况
施工现场类	现场移交场地不符合合同要求时
	合同约定开工日期届至,但发包人“四证”未齐备的
	政府及行业主管部门要求停工的
	项目自然条件发生变化,如发现文物、古迹、障碍物等
	项目实施过程中发生不可抗力,如地震、洪水、暴雨、高温、流行性传染性疾病等
	项目分包(如脚手架)工作内容已经完成,不及时撤离人材机的
图纸类	提出图纸会审需求
	未按照合同要求提交施工图纸,或者提供的图纸有错漏的
	现场无法按图纸施工的
	施工图纸不符合要求的
	未按时提供施工图纸的
工程款、农民工工资类	指定分包未足额缴纳配合费的
	发包人未按照合同约定的时间支付足额预付款、进度款的
	发包人未按照合同约定的时间退还质量保证金
	发包人未按照合同约定的时间提供支付保函
	分包单位或者供应商有拖欠工人工资、材料款案件和工伤案件未及时处理,可能引发纠纷的
	项目实施过程中劳动力、货物以及工程其他投入的成本发生上涨的
	收到发包人变更单,需澄清现场需要发生拆改的(发包人办理变更手续的)
	分包单位涉及第三方扣款的
	由于市场波动,导致人材机涨价,超过我方风险承担范围
	政府新规范、新标准发布,或相关法律法规变更,导致费用变更
	总承包人代发工人工资事宜
	甲方指定材料供应商未按供货时间约定及时供货
	由于发包人、指定分包或甲供材导致工期延误
	提出抢工、延长工期需求的
	非我方原因,造成工人窝工的

续表

分类	需要发函的情况
施工质量类	指定分包的施工质量不符合要求时
	甲供材质量不合格或者不符合合同要求的
	发包人、监理、分包单位未按照合同要求进行单项验收的
	项目未竣工验收,发包人提前使用的
维修保养类	指定分包不履行保修义务的
	分包退场不维保
资料材料类	指定分包不配合提交竣工资料的
	自有材料分包商提早或延后供货的
	项目自有专业分包未按照合同约定的时间和要求提交各类计划、方案、报告;不按计划配置人员、材料、设备的
	项目指定分包未按照合同约定的时间和要求提交各类计划、方案、报告;不按计划配置人员、材料、设备的
结算类	分包退场不结算的
	发包人未按合同约定的要求进行竣工验收备案
	发包人未按合同约定的要求竣工结算的
	发包人未按合同约定进行过程工程量的确认和签证的确认的
	发包人未按合同约定的时间竣工后6个月完成竣工结算报告的
其他类	发包人现场管理人员下发口头指令对项目进度、成本产生影响的事项
	指定分包单位资质不符合要求的
	发包人未及时明确指定分包单位或甲供材
	指定分包单位未及时签订分包合同、配合协议的
	指定分包单位未及时移交工作面的
	项目施工方案报审

四、履约资料的管理

工程建设的履约资料,一般指在工程施工过程中对建筑工地、材料、施工条件等方面进行规范、有计划的组织和管理而形成的外部联系材料和内业资料。

履约资料是支持工期履约、质量达标、施工安全,保障计价结果和款项收支的重要依据。当前的项目履约资料管理存在诸多问题,究其根本原因是管理人员的管理意识不足和管理方式粗放,承包人履约资料管理制度建设不完善。传统项目管理方式重施工,轻资料,先干活后算账,轻信口头承诺,无书面留证,对资料的收集和保管较为随意,丢失时有发生。为了满足企业精细发展的需要和行业合法合规的要求,施工企业应加强履约资料管理。

风险提示

1. 履约资料管理体系的架构不够完善。施工企业集团总公司,二、三级单位,项目部在履约资料管理体系中的分工需要优化、细化,各级单位部门履约资料的收集、管理工作需要进一步合理分工,相互配合。

2. 履约资料的管理要求有待统一。履约资料的管理要求包括规范化、标准化、体系化以及合法性、有效性、技巧性、关联性、及时性等。规范化指履约资料应符合国家法律法规、行业标准及企业内部管理制度;标准化指履约资料编码、档案交管、存档管理按照相关标准和程序进行;及时性是在规定或约定时效内完成履约资料的制作;合法性是指履约资料的内容、获取方式符合法律规定。以上是履约资料管理应遵循的基本要求,上述要求若无法满足将使履约资料管理落入形式化,无法真正起到强化企业管理、实现风险防控的作用。

3. 员工履约资料管理意识有待加强,管理能力有待提高。鉴于项目管理人员的管理能力参差不齐,缺少履约资料收集管理的经验,对履约资料管理工作无从下手,施工企业应完善履约资料管理的具体实施细则,并不断推动履约资料管理的宣贯、执行、考核。

化解措施

1. 完善履约资料管理架构,合理分工,加强协作。在集团总公司层面,应该统一履约资料管理标准,建立履约资料管理制度,设置履约资料管理的实施、监督、考核机制。二、三级单位要进一步分解总公司的制度,各单位结合自身的区域分部、项目类型、部门分工对总公司的管理制度、标准进行优化、细化,落实监管考核实施办法。项目部负责履约资料管理的牵头策划、操作实施。履约资料管理的完善体系建设有赖于上下级单位分工明确、密切配合,应增强各业务部门之间高效的系统联动，充分发挥履约资料管理对风险防控的积极作用。

2. 明确并严格执行履约资料管理的规范要求。履约资料的合法性要求包括：(1)合同及协议性文件管理须确保形式内容合法、收集渠道合规。(2)对接收或拟发送的足以影响工期、质量、价款等重要事宜的合同资料以及请求事项和固定事实等关联密切的事项认真管理，并应严格按照合同约定或法律规定，在时效内梳理清楚相关内容，传递相关资料，处理好相关事务。

履约资料的有效性要求包括：(1)合同等文件采用书面形式的，要保存文件原件；采用电子形式的，要求文件未经技术处理或编辑；是照片或音像资料的，要求保存原始记录。(2)合同、变更指令、签证联系单等文件应由授权人员在授权范围内签字或加盖相应印章。(3)往来函件、资料采用直接送达方式发送或接受的，需经相对方负责人或授权的代表签字确认，将往来函件连同签收凭证存档保管。(4)采用邮寄方式送达的，应优先选择中国邮政特快专递，应以合同约定的通信地址填写收件人、邮寄地址、联系方式等相关信息，并且要在邮寄单上注明邮件名称、文件的主要内容。邮寄后要跟踪邮递流程，在邮件签收后将签收凭证打印并将其和邮寄凭证、邮寄文件一并存档保管。

履约资料管理的技巧性要求包括：(1)拟发送的往来函件内容应当具体明确，逻辑清晰，一般应按照请求、理由、依据的格式编写；预接收的往来函件，应当严格审查、慎重签收，对增加施工方义务或减少施工方权利的文件，且对风险情况无法作出判断的，应在签收时注明“收到但对文件内容不予认可”字样，并将收到的文件及时上报项目主管人员和公司有关主管部门。(2)接收或拟发送的足以影响工期、质量、价款等重要事宜的合同资料，须经项目主管领导、项目法律顾问及相关主管部门会签同意后，方可接收或发送。(3)项目履约资料应注意保密，未经许可不能传播、复制。

履约资料管理的规范化要求包括：(1)往来函件等履约资料的管理应符合相关法律、法规、行业标准规范及企业相关规章制度。(2)履约资料管理应遵循文函编码、分类入盒、规范借阅、分级保管、及时归档原则。(3)履约资料管理应坚持生产、技术、商务、财务、安全各部门，招投标、开工、过程施工、竣工验收、审计结算全流程覆盖，履约资料与维权证据、总包资料与分供资料形成链条化闭合管理。

履约资料管理的台账化、档案化要求包括：(1)往来函件的收发应建立台账，台账及收发文登记簿中应当包含编号、文件名称、内容、收发日期、发文单位、签收人等要素。(2)往来函件及各类收发回执单原件应及时归档。(3)足以影响工期、质量、价款等重要事宜的合同资料，应及时上交机关主管部门归档。(4)项目完工或停工超过一定期限还不能复工的，应将履约资料及时整理后移交合同主体单位保管。

3. 制定履约资料管理指引，增强履约资料管理的实践操作性。履约资料管理具体实施要明确资料收集范围，列举详细的履约资料清单，对于施工中常见的一般性资料、涉及重大风险事项的履约资料可以制作模板，为保证满足合法性、有效性、关联性要求应编写履约资料起草注意事项。各业务系统的履约资料的收集责任要明确到各个部门，项目方履约资料收集责任要落实到相应岗位的具体人员。项目管理公司要定期对项目履约资料的收集、管理工作进行检查考核，对不完善之处提出具体整改意见，落实履约资料管理在项目层级的责任。

相关依据

1.《民事诉讼法》

第7条 人民法院审理民事案件，必须以事实为根据，以法律为准绳。

2.《建设项目工程总承包管理规范》(GB/T 50358－2017)

2.0.2 项目部 在工程总承包企业法定代表人授权和支持下，为实现项目目标，由项目经理组建并领导的项目管理组织。

3.3 项目部职能

3.3.1 项目部应具有工程总承包项目组织实施和控制职能。

3.3.2 项目部应对项目质量、安全、费用、进度、职业健康和环境保护目标负责。

3.3.3 项目部应具有内外部沟通协调管理职能。

3.《建筑施工企业项目经理资质管理办法》(建建字〔1995〕1号)

第2条 本办法所称建筑施工企业项目经理(以下简称项目经理)，是指受企业法定代表人委托对工程项目施工过程全面负责的项目管理者，是建筑施工企业法定代表人在工程项目上的代表人。

第8条 项目经理在承担工程项目施工的管理过程中，应当按照建筑施工企业与建设单位签订的工程承包合同，与本企业法定代表人签订项目承包合同，并在企业法定代表人授权范围内，行使以下管理权力：

（一）组织项目管理班子；

（二）以企业法定代表人的代表身份处理与所承担的工程项目有关的外部关系，受委托签署有关合同；

（三）指挥工程项目建设的生产经营活动，调配并管理进入工程项目的人力、资金、物资、机械设备等生产要素；

（四）选择施工作业队伍；

（五）进行合理的经济分配；

（六）企业法定代表人授予的其它管理权力。

4.《民法典》

第172条　行为人没有代理权、超越代理权或者代理权终止后，仍然实施代理行为，相对人有理由相信行为人有代理权的，代理行为有效。

5.《最高人民法院关于当前形势下审理民商事合同纠纷案件若干问题的指导意见》（法发〔2009〕40号）

第13条　合同法第四十九条规定的表见代理制度不仅要求代理人的无权代理行为在客观上形成具有代理权的表象，而且要求相对人在主观上善意且无过失地相信行为人有代理权。合同相对人主张构成表见代理的，应当承担举证责任，不仅应当举证证明代理行为存在诸如合同书、公章、印鉴等有权代理的客观表象形式要素，而且应当证明其善意且无过失地相信行为人具有代理权。

第三节　施工手续

在进场施工前或者施工过程中，承建项目工程应已经取得或者办理完成相关施工手续，如“四证”、临时用地审批、夜间施工及扬尘控制等其他相关手续，以确保施工单位合法合规、有序施工。

一、“四证”办理

建设工程“四证”是确保建设工程项目合法合规施工的必要手续。

风险提示

在建筑工程领域，不时会出现“无证施工”的情况，究其原因，一是由于建设单位急于将项目建成并尽早投入使用；二是施工手续烦琐，手续办理滞后。然而，为实现确保工期、服务客户之目的，施工单位“无证施工”实属无奈之举，但根据《建筑法》《城乡规划法》《企业信息公示暂行条例》等法律规定，施工单位将由此面临相关风险。

1. 行政处罚风险。根据相关法律规定，应当办理建设工程规划许可证而未取得建设工程规划许可证的，不得申请领取施工许可证。而未取得施工许可证擅自施工的建设单位和施工单位，将会受到相关政府部门的行政处罚。

2. 企业信用风险。根据相关法律规定，因未取得建设工程规划许可证、施工许可证而擅自施工受到政府相关部门行政处罚后，行政处罚信息将会在信息公示平台公开，并会使承包人在政府采购、工程招投标、国有土地出让、授予荣誉称号等方面受到不利影响。

3. 工程停工风险。项目工程未取得建设工程规划许可证、未按照建设工程规划许可证的规定进行建设的，或者未取得施工许可证的，相关政府主管部门将责令其停止建设，出现工期延误的情形，还将使承包人人材机等费用成本增加。

4. 合同无效风险。根据最高人民法院司法解释规定，发包人在被起诉后仍未取得建设工程规划许可证等规划审批手续，当事人请求确认建设工程施工合同无效的，人民法院应予支持，合同被确认无效后，承包人主张工程款将存在折价的风险。河南省三门峡市中级人民法院在(2021)豫 12 民终 919 号民事判决书中认为，发包人将未取得建设工程规划许可证等规划审批手续的工程发包给承包人，双方签订的建设工程施工合同无效。①

5. 垫资款无法回收风险。若发包人不能完成土地出让手续，不能办理土地

① 参见河南省三门峡市中级人民法院民事判决书，(2021)豫12民终919号。

使用权过户手续，未能取得土地使用权证，则承包人实际上是在第三人土地上施工。一旦出现发包人无力支付工程款之情形，承包人不能通过处置在建工程来确保工程款项的回收。

此外，在司法实践中，承包人若在无建设工程规划许可证等证件的情况下开工，视为放弃了违法施工的抗辩，就不能以“未取得建设工程规划许可证等，不具备开工条件”作为工期顺延理由进行抗辩，也无法逃避逾期完工的违约责任。因此，未取得建设工程规划许可证等证件而提前开工的，应以实际开工日期作为开工日期，除非可以证明因无建设工程规划许可证等而未能开工或者被建筑主管部门通知暂停施工。因此承包人应当注意，在无建设工程规划许可证的情况下施工，但是在施工过程中又以不具备施工条件“主动”停工的，可能要承担工期延误的责任。在康某与陈某建设工程施工合同纠纷一案中，尽管承包人辩称因发包人未办理建设工程规划许可证，施工过程中先后两次被有关部门通知暂停施工、进行整改，是由于发包人的违约行为导致施工无法正常进行，工程才停工，导致工期延长；但四川省南充市中级人民法院在（2021）川 13 民终 768 号民事判决书中认为，承包人未按约定期限竣工，有违诚实信用原则，应参照无效合同中约定的建设工期、逾期竣工违约责任条款来确定发包人的损失。①

化解措施

承包人应当严格按照国家规定，依法合规进行生产经营活动，不得无证施工。然而，建筑工程领域存在诸多不规范的管理，承包人时常面临“无证施工”的情况，对此建议其采取如下措施：

1. 甄别资信谨慎施工。如针对未取得土地使用权的项目，承包人最好不要进场施工。在目前的国内市场上，成熟且有实力的发包人一般均能及时足额支付土地出让金等，而部分未取得土地使用权仍然进行开发投资的发包人一般资金状况不佳，一旦发生纠纷，承包人无法就案涉工程进行拍卖处分，亦不能享有优先受偿权，面临着工程款无法回收的风险。因此需对发包人的资信能力、项目本身进行评估，对于资信状况好且项目发展前景好的项目方可先行施工。针对未取得建设工程规划许可证的项目，需要综合分析项目效益状况，若前期处

---

① 参见四川省南充市中级人民法院民事判决书，（2021）川 13 民终 768 号。

于盈利状态，且发包人资信和开发能力好，后续能取得建设工程规划许可证，则项目风险较小，承包人可签订合同、进场施工；若项目前期潜亏，或发包人资信状况差，则承包人不可进场施工。[①]

2. 及时催促办理证件。在进场施工前或者在施工过程中，在缺乏相关证件前提下已确定需要施工的，承包人应及时催促、配合发包人或建设单位进行建设工程规划许可证、施工许可证等证件的办理，以保证后续施工的合法合规性以及有效性。

3. 积极办理签证索赔。在无证施工的情况下，若遭受政府处罚不能继续施工的，产生的停窝工损失及工期顺延后果，承包人应积极要求发包人予以认可并及时办理相关的签证索赔。

相关依据

1.《建筑工程施工许可管理办法》

第12条 对于未取得施工许可证或者为规避办理施工许可证将工程项目分解后擅自施工的，由有管辖权的发证机关责令停止施工，限期改正，对建设单位处工程合同价款1%以上2%以下罚款；对施工单位处3万元以下罚款。

第15条 依照本办法规定，给予单位罚款处罚的，对单位直接负责的主管人员和其他直接责任人员处单位罚款数额5%以上10%以下罚款。

单位及相关责任人受到处罚的，作为不良行为记录予以通报。

2.《城乡规划法》

第64条 未取得建设工程规划许可证或者未按照建设工程规划许可证的规定进行建设的，由县级以上地方人民政府城乡规划主管部门责令停止建设；尚可采取改正措施消除对规划实施的影响的，限期改正，处建设工程造价百分之五以上百分之十以下的罚款；无法采取改正措施消除影响的，限期拆除，不能拆除的，没收实物或者违法收入，可以并处建设工程造价百分之十以下的罚款。

3.《企业信息公示暂行条例》

第6条 工商行政管理部门应当通过企业信用信息公示系统，公示其在履行职责过程中产生的下列企业信息：

---

① 参见孙玉军：《施工企业项目风险防范与合规管理指南》，法律出版社2021年版，第122～124页。

(一)注册登记、备案信息;

(二)动产抵押登记信息;

(三)股权出质登记信息;

(四)行政处罚信息;

(五)其他依法应当公示的信息。

前款规定的企业信息应当自产生之日起20个工作日内予以公示。

第7条　工商行政管理部门以外的其他政府部门(以下简称其他政府部门)应当公示其在履行职责过程中产生的下列企业信息:

(一)行政许可准予、变更、延续信息;

(二)行政处罚信息;

(三)其他依法应当公示的信息。

其他政府部门可以通过企业信用信息公示系统,也可以通过其他系统公示前款规定的企业信息。工商行政管理部门和其他政府部门应当按照国家社会信用信息平台建设的总体要求,实现企业信息的互联共享。

第18条　县级以上地方人民政府及其有关部门应当建立健全信用约束机制,在政府采购、工程招投标、国有土地出让、授予荣誉称号等工作中,将企业信息作为重要考量因素,对被列入经营异常名录或者严重违法企业名单的企业依法予以限制或者禁入。

4.《建筑市场信用管理暂行办法》

第7条　各级住房城乡建设主管部门应当建立健全信息推送机制,自优良信用信息和不良信用信息产生之日起7个工作日内,通过省级建筑市场监管一体化工作平台依法对社会公开,并推送至全国建筑市场监管公共服务平台。

第10条　建筑市场各方主体的信用信息公开期限为:

(一)基本信息长期公开;

(二)优良信用信息公开期限一般为3年;

(三)不良信用信息公开期限一般为6个月至3年,并不得低于相关行政处罚期限。具体公开期限由不良信用信息的认定部门确定。

第20条　建筑市场信用评价主要包括企业综合实力、工程业绩、招标投标、合同履约、工程质量控制、安全生产、文明施工、建筑市场各方主体优良信用信息及不良信用信息等内容。

第22条 地方各级住房城乡建设主管部门可以结合本地实际，在行政许可、招标投标、工程担保与保险、日常监管、政策扶持、评优表彰等工作中应用信用评价结果。

5.《建设工程施工合同司法解释(一)》

第3条 当事人以发包人未取得建设工程规划许可证等规划审批手续为由，请求确认建设工程施工合同无效的，人民法院应予支持，但发包人在起诉前取得建设工程规划许可证等规划审批手续的除外。

第8条 当事人对建设工程开工日期有争议的，人民法院应当分别按照以下情形予以认定：

(一)开工日期为发包人或者监理人发出的开工通知载明的开工日期；开工通知发出后，尚不具备开工条件的，以开工条件具备的时间为开工日期；因承包人原因导致开工时间推迟的，以开工通知载明的时间为开工日期。

(二)承包人经发包人同意已经实际进场施工的，以实际进场施工时间为开工日期。

(三)发包人或者监理人未发出开工通知，亦无相关证据证明实际开工日期的，应当综合考虑开工报告、合同、施工许可证、竣工验收报告或者竣工验收备案表等载明的时间，并结合是否具备开工条件的事实，认定开工日期。

二、临时用地审批

临时用地，是指由于工程建设施工和地质勘查的需要临时使用的，但在施工或者勘查完毕后不再需要使用的国有或者集体所有的土地，包括因临时建筑或其他设施而使用的土地。施工活动原则上应当在建设用地红线以内开展，但由于场地狭小等原因，施工单位即承包人有时会临时占用红线外的土地设置临时建筑、弃土堆场或其他设施等。

风险提示

我国对土地使用有严格的管理制度，但承包人在临时用地使用过程中因土地权属不清或不遵照国家法律法规，有随意砍伐树木、占用耕地等违法行为，将面临政府主管部门的行政处罚甚至要承担刑事责任，其具体的临时用地违法风险包括：

1. 行政处罚风险。在临时土地使用过程中，若承包人未按照国家规定程序以及土地的用途利用土地，或者土地利用后没有及时完成清理、恢复原状的工作，将导致被国土资源局等相关部门处罚。根据《土地管理法》《城乡规划法》《海域使用管理法》等法律规定，施工单位申请临时用地，一要取得政府主管部门的批准，二要与土地权利人签订临时租赁合同。若未依法申请并签订合同，或者未按照批准用途进行土地使用，则属于违法用地行为，将面临责令退还、恢复原状、罚款等行政处罚。[①]

2. 失信公示风险。根据相关法律规定，因违法用地受到政府相关部门行政处罚后，行政处罚信息将会在信息公示平台公开，同时将对承包人在政府采购、工程招投标、评奖评优等工作中造成不利影响。

3. 刑事责任风险。《刑法》第 342 条对非法占用农用地罪进行了规定，若违反了《土地管理法》《全国人民代表大会常务委员会关于修改〈中华人民共和国土地管理法〉的决定》《土地管理法实施条例》《基本农田保护条例》等与土地管理相关的法规，非法占用基本农田 5 亩以上或者非法占用基本农田以外的耕地 10 亩以上的，造成耕地、林地等农用地大量毁坏的，相关责任人要承担刑事责任。如 2009 年年底，王某某代表公司向经济社等租用弃耕土地 128.958 亩作为花卉种植基地，后未取得国土部门许可即改变土地用途，聘请他人将土地浇筑平底化水泥路面，并搭建砖墙铁皮屋顶的简易商铺用于出租，造成大量基本农田种植条件遭到严重破坏，最终，法院判决涉案公司、王某某犯非法占用农用地罪。[②]

化解措施

1. 认清临时用地责任主体。承包人应当根据招标文件、总承包合同的具体约定判断发包人是否有义务提供临时用地。若发包人有义务提供，应当由其提供临时用地。在履约过程中，如果发包人未办理临时用地使用许可证，承包人应及时通知发包人开工条件不具备，要求其尽快办理，并就逾期开工进行工期与费用索赔。然而，在实践中，更多的情形是由承包人自行解决临时用地，发包人仅负责相关协调工作，此时承包人应特别注意土地是否在红线范围内以及临

---

① 参见孙玉军：《施工企业项目风险防范与合规管理指南》，法律出版社 2021 年版，第 115 页。

② 参见广东省广州市增城区人民法院民事判决书，(2015)穗增法刑初字第 177 号。

时用地的相关风险，并在报价中考虑土地租金、土地复垦费等相关费用。

2. 把准临时用地土地性质。我国现有土地分为国有土地与集体所有土地。若临时用地为集体所有土地，尤其是耕地时，使用风险相对较大，施工单位应尽量与土地承包的个人及村委会共同签订租地合同，避免发生村民个人阻扰施工的情形，同时应当在临时用地期限届满一年内恢复种植条件。若临时用地为国有土地，承包人需取得临时用地许可，并与土地管理部门或者国有土地使用权人签订临时使用土地合同，其使用风险相对较小。

3. 严格履行用地审批流程。涉及临时用地时，首先看临时土地是否在红线范围内，若在红线范围内，则一般按照前述国有土地使用权证、建设用地规划许可证等证件办理的审批流程进行；若属于红线范围外，则要及时对接当地城市规划部门或国土部门等摸清土地权属及性质，严格履行临时用地的审批流程，规避行政处罚乃至刑事责任风险。临时用地使用申请基本流程如图 3 –1 所示。

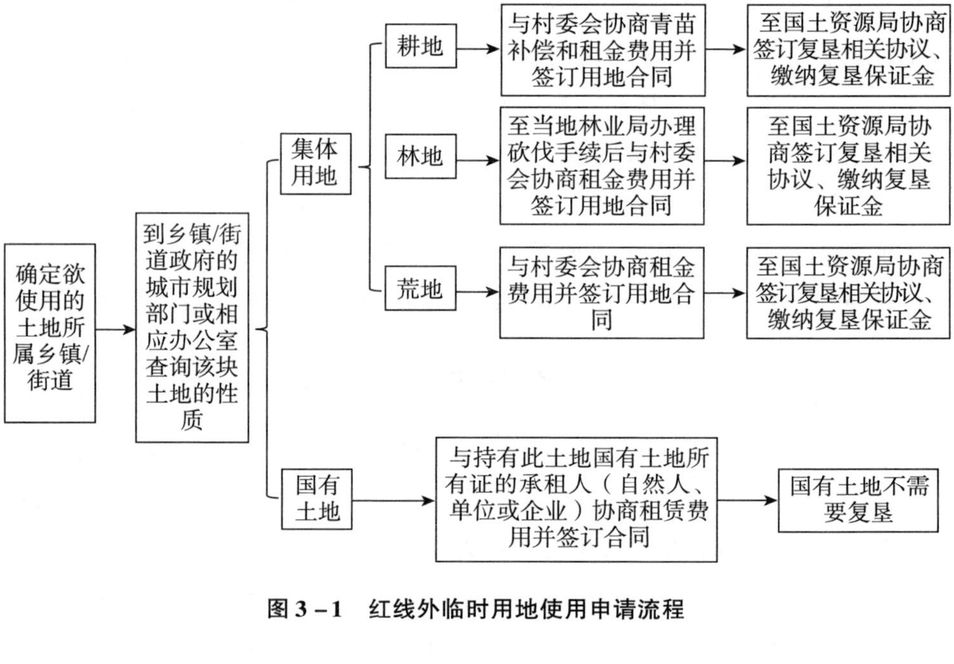

图 3 –1　红线外临时用地使用申请流程

相关依据

1.《土地管理法》

第 38 条第 1 款　禁止任何单位和个人闲置、荒芜耕地。已经办理审批手续的非农业建设占用耕地，一年内不用而又可以耕种并收获的，应当由原耕种该幅耕地的集体或者个人恢复耕种，也可以由用地单位组织耕种；一年以上未动工建设的，应当按照省、自治区、直辖市的规定缴纳闲置费；连续二年未使用的，经原批准机关批准，由县级以上人民政府无偿收回用地单位的土地使用权；该幅土地原为农民集体所有的，应当交由原农村集体经济组织恢复耕种。

第57条　建设项目施工和地质勘查需要临时使用国有土地或者农民集体所有的土地的，由县级以上人民政府自然资源主管部门批准。其中，在城市规划区内的临时用地，在报批前，应当先经有关城市规划行政主管部门同意。土地使用者应当根据土地权属，与有关自然资源主管部门或者农村集体经济组织、村民委员会签订临时使用土地合同，并按照合同的约定支付临时使用土地补偿费。

临时使用土地的使用者应当按照临时使用土地合同约定的用途使用土地，并不得修建永久性建筑物。

临时使用土地期限一般不超过二年。

第77条　未经批准或者采取欺骗手段骗取批准，非法占用土地的，由县级以上人民政府自然资源主管部门责令退还非法占用的土地，对违反土地利用总体规划擅自将农用地改为建设用地的，限期拆除在非法占用的土地上新建的建筑物和其他设施，恢复土地原状，对符合土地利用总体规划的，没收在非法占用的土地上新建的建筑物和其他设施，可以并处罚款；对非法占用土地单位的直接负责的主管人员和其他直接责任人员，依法给予处分；构成犯罪的，依法追究刑事责任。

超过批准的数量占用土地，多占的土地以非法占用土地论处。

第81条　依法收回国有土地使用权当事人拒不交出土地的，临时使用土地期满拒不归还的，或者不按照批准的用途使用国有土地的，由县级以上人民政府自然资源主管部门责令交还土地，处以罚款。

2.《海域使用管理法》

第2条第3款　在中华人民共和国内水、领海持续使用特定海域三个月以上的排他性用海活动，适用本法。

第3条　海域属于国家所有，国务院代表国家行使海域所有权。任何单位或者个人不得侵占、买卖或者以其他形式非法转让海域。

单位和个人使用海域,必须依法取得海域使用权。

第16条第1款 单位和个人可以向县级以上人民政府海洋行政主管部门申请使用海域。

第42条 未经批准或者骗取批准,非法占用海域的,责令退还非法占用的海域,恢复海域原状,没收违法所得,并处非法占用海域期间内该海域面积应缴纳的海域使用金五倍以上十五倍以下的罚款;对未经批准或者骗取批准,进行围海、填海活动的,并处非法占用海域期间内该海域面积应缴纳的海域使用金十倍以上二十倍以下的罚款。

3.《城乡规划法》

第44条 在城市、镇规划区内进行临时建设的,应当经城市、县人民政府城乡规划主管部门批准。临时建设影响近期建设规划或者控制性详细规划的实施以及交通、市容、安全等的,不得批准。

临时建设应当在批准的使用期限内自行拆除。

临时建设和临时用地规划管理的具体办法,由省、自治区、直辖市人民政府制定。

第66条 建设单位或者个人有下列行为之一的,由所在地城市、县人民政府城乡规划主管部门责令限期拆除,可以并处临时建设工程造价一倍以下的罚款:

(一)未经批准进行临时建设的;

(二)未按照批准内容进行临时建设的;

(三)临时建筑物、构筑物超过批准期限不拆除的。

4.《刑法》

第342条 违反土地管理法规,非法占用耕地、林地等农用地,改变被占用土地用途,数量较大,造成耕地、林地等农用地大量毁坏的,处五年以下有期徒刑或者拘役,并处或者单处罚金。

三、其他施工手续

除了上述已经介绍的“四证”、临时用地审批外,在进场前和施工过程中,为了确保依法合规进行施工，结合工程所在地政策要求及项目实际需求，项目还可能需办理质量监督与安全监督手续、夜间施工手续、扬尘治理手续、建筑垃圾处置手续、临时交通管制手续等其他手续。

风险提示

由于相关手续办理较为繁杂、滞后等原因，进场前和施工过程中的手续往往未及时办理。如在工程开工前未办理质量安全报监手续，未办理夜间施工手续即开展夜间施工，施工单位未取得城市建筑垃圾处置核准即处置建筑垃圾或将建筑垃圾交给个人或者未经核准从事建筑垃圾运输的单位运输等。根据相关法律法规，承包人在施工期间可能招致如下风险：

1. 行政处罚风险。因未办理相关施工手续，一般会受到政府主管部门的罚款、限期改正等行政处罚。例如，根据《环境噪声污染防治法》的相关规定，未办理夜间施工手续即开展夜间施工将由生态环境主管部门责令改正并可以并处罚款；又如，依《城市建筑垃圾管理规定》的相关规定，未经核准擅自处置建筑垃圾的或者处置超出核准范围的建筑垃圾的，由城市人民政府市容环境卫生主管部门责令限期改正，给予警告，对施工单位进行罚款。

2. 失信公示风险。根据《企业信息公示暂行条例》《建筑市场信用管理暂行办法》等相关法律规定，因未办理相关施工手续受到政府相关部门行政处罚后，行政处罚信息将会在信息公示平台公开；同时，不良信用信息是建筑市场信用评价的内容之一，其公开会对承包人资质资格准入、工程招投标、工程担保与保险、评奖评优等方面造成负面影响。

3. 工程停工风险。项目工程未依法办理相关施工手续的，相关政府主管部门将可能责令停止建设，这不仅会对项目的工期造成影响，而且还会导致承包人施工成本的增加。

化解措施

未办理相关施工手续的，发生行政处罚时，承包人应积极采取措施消除其后续不良影响；同时，为保障规范施工，避免行政处罚、工程停工的风险出现，项目管理人员应熟悉并掌握法律法规及当地最新政策要求，确保及时办理相关施工手续。其中承包人需重点关注如下手续：

1. 催促发包人完善质量安全报监手续。根据《建设工程质量管理条例》规定，项目工程开工前，建设单位应当按照国家有关规定办理工程质量监督手续，其可与施工许可证或者开工报告合并办理。同时，在申请领取施工许可证时，应当提供建设工程有关安全施工措施的资料，承包人对此在施工过程中需及时督促发包人按照当地建设工程安全质量监督报监受理部门的要求进行办理。同时，需要注意的是，在总承包合同中可能约定上述手续由承包人办理，故在开工前承包人应积极按照当地主管部门的要求准备相关材料并完善一定手续，必要时请求发包人给予一定配合，并及时向建设工程安全质量监督报监受理部门完成备案工作。

2. 依据实际办理夜间施工手续。若项目工期紧张，有夜间施工需要且属于可以申请夜间施工的范围，应及时办理相关手续，避免项目工期延误。根据《环境噪声污染防治法》等相关规定，承包人开展夜间施工作业前，需做好以下工作：(1)取得县级以上人民政府或者有关主管部门的证明。涉及建筑工程类项目的，可到住建局、住建委等主管部门办理；涉及交通或市政方面的施工，可到其他相应的主管部门办理。以上海市为例，在重点区域内，除抢修抢险以外，因特殊工序或特殊原因确需在 22 时至次日 6 时从事房屋类建筑施工的单位，应向市环保局办理夜间施工许可手续；在一般区域内，则向项目所在地区环保部门提出申请，建筑物、构筑物拆除工程在环保部门办理相关夜间施工许可手续后，还应到拆房管理部门办理施工备案。(2)进行夜间施工作业前，必须公告附近居民。(3)做好必要的噪声防治措施，减轻对周边敏感点的噪声影响。获准夜间施工许可的施工工地，施工单位及其施工人员一般应遵守当地相关要求。以上海市为例，如获准夜间施工的施工单位，在施工过程中必须对机械或设备加设降噪措施；禁止采取捶打、敲击和锯割等易产生高噪声的作业，装卸材料应确保轻卸轻放；实施拆除作业和建材、设备、工具、模具传运堆放，应使用机械吊运或人工传运方式，禁止高空掷抛，禁止重摔重放；禁止使用气压破碎机、空压机、泵锤机、筒门锯、金属切割机等高噪声机械或设备；获准夜间实施钻孔灌注桩施工的，22 时至次日 6 时禁止实施混凝土浇捣；进出建设工地的所有车辆禁止鸣号。此外，在实践中需要注意，即便已经办理了夜间施工手续，尤其是位于市中心的项目，附近居民亦可能出现阻扰施工的情形。对此，承包人在投标及履约过程中需积极考虑对工期的影响，并在施工过程中恰当处理与附近居民的关系。

3. 及时办理建筑垃圾处置手续。在施工过程中处置建筑垃圾时，应当向市容环境卫生主管部门提出申请，获得城市建筑垃圾处置核准后，方可处置。同时，需注意不得将建筑垃圾交给个人或者未经核准从事建筑垃圾运输的单位运输。以上海市为例，在处置建筑垃圾时，有如下几点需重点关注：(1)分类处置。工程渣土，进入消纳场所进行消纳；泥浆，进入泥浆预处理设施进行预处理后，进入消纳场所进行消纳；装修垃圾和拆除工程中产生的废弃物，经分拣后进入消纳场所和资源化利用设施进行消纳、利用；建筑废弃混凝土，进入资源化利用设施进行利用。对此，施工单位应当对施工现场排放的建设工程垃圾进行分类，建设工程垃圾中不得混入生活垃圾和危险废物。(2)处置申报流程。建设单位应当在办理工程施工许可或者拆除工程备案手续前，向工程所在地的区绿化市容行政管理部门提交建设工程垃圾处置计划、运输合同、处置合同和运输费、处置费列支信息，申请核发处置证。(3)及时确定运输单位与场所设施。建设单位应当在取得建筑垃圾运输许可证的运输单位中，选择具体的承运单位。建设单位应当确定符合规定要求的消纳场所、资源化利用设施；未能确定的，应当向工程所在地的区绿化市容行政管理部门提出申请，由区绿化市容行政管理部门根据统筹安排原则指定。(4)施工现场装运作业要求。施工单位应当配备施工现场建设工程垃圾管理人员，并按照本市建筑垃圾启运管理规范，填写运输车辆预检单，监督施工现场建设工程垃圾的规范装运，确保运输车辆冲洗干净后驶离。施工单位发现运输单位有违反施工现场建设工程垃圾管理要求行为的，应当要求运输单位立即改正；运输单位拒不改正的，施工单位应当立即向工程所在地的区绿化市容行政管理部门报告。区绿化市容行政管理部门接到施工单位的报告后，应当及时到施工现场进行处理。施工现场建设工程垃圾管理违反规定的施工工地，无权申报本市文明施工工地。

相关依据

1.《环境噪声污染防治法》

第30条 在城市市区噪声敏感建筑物集中区域内，禁止夜间进行产生环境噪声污染的建筑施工作业，但抢修、抢险作业和因生产工艺上要求或者特殊需要必须连续作业的除外。

因特殊需要必须连续作业的,必须有县级以上人民政府或者其有关主管部门的证明。

前款规定的夜间作业,必须公告附近居民。

第56条 建筑施工单位违反本法第三十条第一款的规定,在城市市区噪声敏感建筑物集中区域内,夜间进行禁止进行的产生环境噪声污染的建筑施工作业的,由工程所在地县级以上地方人民政府生态环境主管部门责令改正,可以并处罚款。

2.《建设工程质量管理条例》

第13条 建设单位在开工前,应当按照国家有关规定办理工程质量监督手续,工程质量监督手续可以与施工许可证或者开工报告合并办理。

3.《建设工程安全生产管理条例》

第10条 建设单位在申请领取施工许可证时,应当提供建设工程有关安全施工措施的资料。

依法批准开工报告的建设工程,建设单位应当自开工报告批准之日起15日内,将保证安全施工的措施报送建设工程所在地的县级以上地方人民政府建设行政主管部门或者其他有关部门备案。

4.《城市建筑垃圾管理规定》

第7条 处置建筑垃圾的单位,应当向城市人民政府市容环境卫生主管部门提出申请,获得城市建筑垃圾处置核准后,方可处置。

城市人民政府市容环境卫生主管部门应当在接到申请后的20日内作出是否核准的决定。予以核准的,颁发核准文件;不予核准的,应当告知申请人,并说明理由。

城市建筑垃圾处置核准的具体条件按照《建设部关于纳入国务院决定的十五项行政许可的条件的规定》执行。

5.《城市建筑垃圾管理规定》

第13条 施工单位不得将建筑垃圾交给个人或者未经核准从事建筑垃圾运输的单位运输。

第22条 施工单位未及时清运工程施工过程中产生的建筑垃圾,造成环境污染的,由城市人民政府市容环境卫生主管部门责令限期改正,给予警告,处5000元以上5万元以下罚款。

施工单位将建筑垃圾交给个人或者未经核准从事建筑垃圾运输的单位处置的，由城市人民政府市容环境卫生主管部门责令限期改正，给予警告，处1万元以上10万元以下罚款。

第25条　违反本规定，有下列情形之一的，由城市人民政府市容环境卫生主管部门责令限期改正，给予警告，对施工单位处1万元以上10万元以下罚款，对建设单位、运输建筑垃圾的单位处5000元以上3万元以下罚款：

（一）未经核准擅自处置建筑垃圾的；

（二）处置超出核准范围的建筑垃圾的。

第四节　财务资金管理

资金是企业良性运营的基础。作为企业财务管理的核心环节之一，资金管理的水平将直接影响企业的经济效益，影响企业的高质量快速发展。随着市场经济迅猛发展，建筑施工企业之间的竞争日益加剧，资金管理也随之相继暴露出许多问题，如非现收款、税金筹划、工程欠款等，承包人对此需要重点防控与关注。

一、非现金收款

在建筑市场中，尤其是在房地产领域，随着房地产市场总体下行和房地产企业忙于抢占市场的形势凸显，房地产开发企业现金流普遍紧张，由此催生出很多地产类、商业综合体类项目向承包人以票据、保理、以物抵债等非现金方式支付工程款。而承包人往往迫于资金流、工期等多方面因素的压力被迫接受，其非现金收款的具体形式主要包括：

1. 商业承兑汇票。由出票人负责承兑，出票人无力承兑时，企业存在被追索的风险。

2. 银行承兑汇票。银行负责承兑，被追索时可向银行追索，风险较小。

3. 有追索权应收账款保理。风险未转移，不能核销应收账款，计入带息负债。

4. 无追索权应收账款保理。风险完全转移,可以核销应收账款,不计入带息负债。

5. 信用证。开证行负责兑付,被追索时,可追索开证行,风险较小。

6. 以房抵债。系以物抵债范畴,又称代物清偿,属于实践性法律行为,标的房屋尚未交付,原债务就不会消灭。

风险提示

承包人采用现金以外的方式收款,不仅容易出现到期发包人未及时兑付风险,即业主信用风险;也会造成承包人自身公司资产变现能力降低、资金周转压力增大、影响项目正常生产运行等相关风险。具体风险分析如下:

1. 停工权丧失风险。在项目工程建设过程中,若发包人逾期支付工程款,承包人有权停工,除施工合同有特殊约定外。但是若承包人接受发包人以保理、商票、以房抵债等形式支付工程款,也就意味着发包人不再欠付承包人工程进度款,承包人只能在约定的期限届满后进行兑付,也就丧失了停工权。

2. 合同解除权丧失风险。根据《民法典》的规定及相关示范文本的约定,在发包人逾期支付工程款时,承包人有权解除合同。若承包人接受以房抵债、商业票据、应收账款办理保理,发包人也不再拖欠承包人工程款,承包人便丧失了单方合同解除权。

3. 工期延误风险。正如前述,若承包人同意接受发包人以保理、商票、以房抵债等形式支付工程款,其亦丧失因发包人逾期支付工程款的停工权和合同解除权,也就意味着承包人不能因发包人逾期支付工程款主张工期延长。同时,在商业承兑汇票以及有追索权应收账款保理、以房抵债中,如果发包人在施工履约过程中存在资信问题,虽然承兑或兑付期尚未届满,但承包人继续垫资施工风险会越来越大,其仅能延缓施工以减少损失,后续亦将面临工期延误风险。

4. 优先受偿权丧失风险。根据《建设工程施工合同司法解释(一)》第 41 条规定,承包人应当在合理期限内行使建设工程价款优先受偿权,最长不能超过 18 个月,自发包人应当给付建设工程价款之日起算。承包人以商业承兑汇票以及有追索权应收账款保理、以房抵债等形式收款时,其实承包人获得款项或者标的物均有一定的期限，其较为容易超过 18 个月的有效期，承包人有较大可能丧失建设工程价款优先受偿权。

5. 资产流动性风险。现金是公司的“血液”，缺乏现金将会导致公司资金周转困难，影响正常生产经营，甚至引发各种纠纷。承包人接受发包人以商票、以房抵债等形式支付工程款后，如果不能及时将商票、房产等予以转让，尤其是房屋以固定资产形式存在，后续将影响公司支付能力。例如，某公司获悉其每期正常进度款中有 10% 被暂扣保理利息，认为极大地影响了本公司现金流，进而严重影响其向材料供应商及劳务分包方支付材料款及劳务款，也不可避免地对现场工程进度造成实质性影响。协商未果，两年后该笔暂扣保理利息才陆续返还。①

6. 工程款无法收回风险。在发包人已经存在严重的资信风险的情况下，一旦承包人丧失停工权与合同解除权，将只能继续施工，垫资数额也会越来越大，风险日益凸显。一旦商业承兑汇票到期无法承兑，或房屋到期无法过户，或有追索权的保理到期而发包人未支付保理款项，此时发包人缺乏偿债能力，甚至主要资产被抵押、查封，承包人又失去优先受偿权，工程款将面临无法收回的重大风险。

7. 资金成本增加风险。承包人接受部分非现金收款，还将导致资金成本的增加。例如，票据提前兑付，承包人将承担贴现费用；双方在保理方式中未作出明确约定时，在发包人不承认的情况下，承包人需自己承担融资成本；以房抵债的房产无法转让时，尤其是公寓或者商铺，还会面临折价风险。

化解措施

从上面的风险提示可知，承包人接受非现金方式收款，其实面临诸多风险，建议采取如下应对措施：

1. 审视情况拒绝接受。在总承包合同未进行约定或者约定不明情况下，承包人可以直接拒绝接受非现金方式收款。

2. 提前策划背靠背转移。若承包人无法拒绝或者被迫接受非现金方式收款的，承包人应提前策划，在进行分包分供招标采购时，将非现金支付条款置入

① 参见天津市第一中级人民法院民事判决书，(2019)津 01 民初 813 号。

分包分供合同中，背靠背转移给分包分供单位，从而实现风险转移。

3. 分类施策有序应对。从风险程度来看，银行承兑汇票、信用证、无追索权应收账款保理的风险较小，在一定额度内可予以接受；而商业承兑汇票、有追索权应收账款保理以及以房抵债等非现金收款的风险则较大，需要区别对待，注重风险防范。

（1）防范商业票据风险措施包括：一是要求发包人承担或者分摊商业票据成本，包括资金成本，即商业票据到期付款前承包人承担的资金成本，以及贴现成本；二是在核实发包人资信情况不良时，要求其提供担保或者要求第三人担保，以保障商业票据可以承兑或者通过其他方式收回工程款；三是约定商业票据无法承兑的违约责任，即要求其支付逾期付款利息，同时在商业票据无法承兑时承包人有权要求发包人继续支付工程款。

（2）防范以房抵债风险措施包括：一是建立以房抵债的前期可行性调查或评估机制，对拟抵房产要充分进行市场调研，合理作出市场评估；二是重视以房抵债合同条款的设计和谈判工作，及时锁定折抵价格，并为价格风险留有余地，要求折抵价格在建安成本价和市场销售折扣价中就低选择，严禁以发包人单方定价方式确定折抵价格；三是严格控制折抵比例；四是须明确以结算尾款折抵相应份额，限制用工程进度款进行折抵；五是以房抵债协议签订后，督促发包人及时履约并办理房产过户手续；六是拒绝签订任何形式的用以支持发包人销售业绩的假抵房协议。

（3）防范有追索权保理风险措施包括：一是承包人应保留自行选择回购应收账款的权利，以保障对发包人的停工、合同解除、起诉、有限受偿权的权利；二是密切关注发包人的资信状况，适时决定是否回购应收账款，以顺利进行停工、工期索赔、合同解除、诉讼等活动；三是与发包人就融资成本、违约责任达成一致约定，违约责任一般包括发包人应继续向承包人支付工程款、逾期利息以及承担保理的融资成本。

4. 保留优先受偿权。由于建设工程价款优先受偿权的行使期限最长不超过18个月，因此承包人在以非现金方式收款时，应注重保护优先受偿权。一是承包人在接受非现金方式收款时，应确保承兑期到期或者房屋过户后，仍有权行使优先受偿权，即合理设置商业票据以及保理的付款期以及房产过户期。二是与发包人约定商业票据、保理付款期届满之日或者房产过户日为发包人应当给付工程款之日,即将发包人应当给付工程款之日予以延后,以此确保承包人在商业票据无法承兑、保理无力支付、房屋无法过户时仍然有权要求发包人支付工程款并享有优先受偿权。

相关依据

1.《民法典》

第563条　有下列情形之一的,当事人可以解除合同:

(一)因不可抗力致使不能实现合同目的;

(二)在履行期限届满前,当事人一方明确表示或者以自己的行为表明不履行主要债务;

(三)当事人一方迟延履行主要债务,经催告后在合理期限内仍未履行;

(四)当事人一方迟延履行债务或者有其他违约行为致使不能实现合同目的;

(五)法律规定的其他情形。

以持续履行的债务为内容的不定期合同,当事人可以随时解除合同,但是应当在合理期限之前通知对方。

第766条　当事人约定有追索权保理的,保理人可以向应收账款债权人主张返还保理融资款本息或者回购应收账款债权,也可以向应收账款债务人主张应收账款债权。保理人向应收账款债务人主张应收账款债权,在扣除保理融资款本息和相关费用后有剩余的,剩余部分应当返还给应收账款债权人。

第767条　当事人约定无追索权保理的,保理人应当向应收账款债务人主张应收账款债权,保理人取得超过保理融资款本息和相关费用的部分,无需向应收账款债权人返还。

2.《建设工程施工合同司法解释(一)》

第41条　承包人应当在合理期限内行使建设工程价款优先受偿权,但最长不得超过十八个月,自发包人应当给付建设工程价款之日起算。

二、税务管理

建筑施工市场环境复杂,牵涉诸多利益。承包人为提升自身企业经济效益采取有效预防和控制税务风险的措施,往往采用内部承包责任制的方式,对项目实行项目经理负责制管理模式，采用集中核算、汇总纳税，公司财务针对各项目汇总后申报缴纳税款，但仍然难以避免相关风险的发生。

风险提示

承包人申报缴纳的税款主要包括增值税、企业所得税、个人所得税、城建税等。其中，面临的最主要风险点是增值税及其发票管理方面的风险。与营业税相比，增值税有链条抵扣、征管严苛、利用税票控税等主要特征，强烈要求严格遵照销项同进项互抵的原则，以实现增值税计征的目的。在实践中，往往会出现发票主体、核算方式、合同管理无法实现足够的统一的情况，这就给增值税销项与进项税额的抵扣工作带来诸多不便，①致使企业面临极大的税务风险，其主要包括：

1. 发生纳税义务未及时申报缴纳。根据《关于全面推开营改增试点通知》规定，建筑业的增值税纳税义务时间按照开票时间、收款时间和书面合同约定的付款时间孰先的原则确认。在已确认工程量但发包人尚未付款的情况下，根据合同约定的付款时间判断，又分两种情况，一是按合同约定已到付款时间，但发包人尚未付款。在这种情况下，增值税纳税义务已发生，应开具发票并申报缴纳增值税。二是尚未到合同约定的付款时间，发包人未付款。在这种情况下，如果没有开具发票，则纳税义务未发生，不需要申报缴纳增值税。

2. 取得或开具的增值税发票不符合要求。建筑业税负高低与项目运行过程中能否取得增值税进项税票及项目管控息息相关。企业有义务取得合法、合规的增值税专用发票，否则可能会带来项目成本增加、虚开增值税专用发票等经济、法律风险。根据《发票管理办法》及虚开增值税发票处理问题的规定，为他人、自己开具与实际经营业务情况不符的发票并且购买方取得的与实际情况不符的增值税发票都可构成虚开或者取得虚开发票的情形，将受到行政处罚。

3. 兼营行为未分别核算。根据《关于深化增值税改革有关政策的公告》

---

① 参见邓丰祝：《建筑施工企业税务风险存在的重要问题及防控措施》，载《价值工程》2020 年第 6 期。

(财政部、税务总局、海关总署公告2019年第39号)的规定,建筑安装服务适用9%的税率,简易计税为3%(不允许抵扣进项税额);设备销售税率为13%;勘察设计、咨询税率为6%。如果未分别核算并开具发票,则按规定要从高适用税率。要特别管控兼营与混合销售划分不清的风险。混合销售的本质是一项纳税行为,混合销售税务处理原则是按企业的主营项目的性质划分增值税税目。如建筑工程使用购入的材料,结算时工程款按混合销售处理,应全部按建筑服务计算增值税;而兼营行为的本质是多项应税行为,兼营应当分别核算适用不同税率或者征收率应税行为的销售额,否则要从高适用税率。如EPC工程总承包合同,其中的设计、设备销售与建筑劳务应按兼营分别按不同的税率开具发票分别计算缴纳增值税。

4. 水电费无法取得发票。承包人施工过程中常会出现使用发包人的水电但未能取得专用发票的情形,有时会以开具的收据列支成本。依据有关税法规定,未按规定取得的合法有效凭据不得在税前扣除,存在企业所得税纳税调增的风险。如果为一般计税项目,还会导致少抵扣增值税,进而多缴纳增值税及附加税。①

5. 税率变化未及时调整。根据国家的相关政策,从2018年5月1日起,将制造业等行业增值税税率从17%降至16%,将建筑等行业及农产品等货物的增值税税率从11%降至10%。自2019年4月1日起增值税一般纳税人发生增值税应税销售行为或者进口货物,原适用16%税率的,税率调整为13%;原适用10%税率的,税率调整为9%。但是在履约过程中,承包人对于相关单价并未及时进行同步调整,将可能导致税赋的增加或者额外支付相关费用。

6. 联合体税差问题。以联合体形式投标的EPC项目,相关规定并未对联合体与分包人的资金支付方式进行限制,因此合同双方可在合同中约定工程结算、款项收取、发票开具、财税成本负担和各类担保的方式和路径,联合体成员各自就分工范围内的合同额分别向发包人报批、结算、开票、收款、缴税、担保或者由牵头人统一经办。需注意,无论采取哪种支付方式,由于EPC项目各项业务适用的税率不同,目前勘察设计适用6%税率,建筑施工适用9%税率,设备

① 参见赵吉明:《建筑施工企业涉税风险管控要点》,载税屋2019年5月17日,https://www.shui5.cn/article/a4/127159.html。

采购适用13%税率，需在项目承包合同中明确各项业务的价格及税金，避免产生税务纠纷。

化解措施

针对上述提及的相关风险及问题，承包人在履约过程中可采取如下措施予以化解：

1. 依法、合规、及时缴纳增值税。针对发包人已到付款期尚未付款项目，应与发包人进行沟通，及时开具增值税发票并缴纳增值税。如果发包人不接收增值税发票，应进行无票收入纳税申报，避免后期税务稽查时补缴税款并被处罚。同时，积极与下游分包、分供商进行沟通，要求其先行支付相关税金，及时取得分包发票及进项税发票进行认证抵扣。

2. 确保发票符合要求。对此，应做到：(1)完善内部管控制度及项目考核制度，对于项目的取票情况及进项抵扣情况明确奖惩制度。(2)合理控制目标成本，预计工程的材料、机械、劳务的合理配比，建立配比模型，提前筹划。(3)针对材料、机械、劳务的供应商选择进行控制，选择长期合作及信誉良好的供应商，避免为取票而随意选择供应商，导致因供应商的税务稽查而产生经营风险。(4)确保取得发票的真实性及"合同流、发票流、现金流"三流一致，严格审核发票，不符合要求的发票不予接收并责令开票方重新开具。(5)在分包分供合同中作出严格约定，诸如"甲方付款前10天，乙方应开具符合甲方要求的等额有效的增值税发票，否则甲方有权拒绝付款且不承担任何违约责任""因乙方开具的发票不规范、不合法或涉嫌虚开发票引起税务问题的，乙方需依法向甲方重新开具发票，并向甲方承担赔偿责任，包括但不限于税款、滞纳金、罚款及相关损失等""乙方向甲方开具的增值税发票，乙方必须确保发票票面信息全部真实，相关材料品目、价款等内容与本合同相一致，票面完整，不压线错格污损等。因发票票面信息有误导致发票不能抵扣税款或者被认定为虚开的，乙方需向甲方承担赔偿责任，包括但不限于税款、滞纳金、罚款及相关损失等"。(6)针对项目承包人及所有管理层，要加强增值税原理及对企业的影响以及风险方面的增值税基础知识培训，建立风险管控意识。

3. 兼营行为高效、分别核算。应提前筹划，合理确定货物销售额、建筑劳务及其他项目的销售额，并在签订合同时分别注明税率；在会计处理上，分别核算货物的销售收入和建安服务销售额,避免从高适用税率;加强制度建设及业务指导,做到进项及时抵扣并且应抵尽抵,更好应对税收政策变化给企业带来的影响。

4. 灵活处置代扣代缴水、电费。在实务中,主要有以下两种处理方式:(1)按转售水电处理。由发包人向承包人提供工程所需水电,且合同约定由承包人付费的,发包人如为一般纳税人的,可以自行向承包人开具增值税专用发票;如为小规模纳税人的,也可向主管国税机关申请代开增值税专用发票。承包人与分包人结算水、电费的,由承包人向分包人开具水、电销售增值税发票。(2)代收转付款项。作为代收转付款项,需由水、电销售单位直接向承包人开具发票,否则按转售水、电处理,由代收方开具增值税发票给承包人。

5. 根据税率调整合同价格。税率发生调整时,无论是总承包合同中的价格,还是分包分供合同中的价格,均应同步予以调整,即便是已进行了结算或者对账,均应以取得或者开具增值税发票记载的税率为准,避免从发包人处少获得工程款或者向分包人多支出价款,从而导致利益受损。尤其是在分包分供合同中,不要约定"合同价格/单价不随着税率的变化而调整"之类似表述,否则随着税率的降低,其不含税价款将随之增加。

6. 妥善处理联合体税务问题。无论采取何种合作模式,联合体协议必须以程序、内容合法合规,具有可实施性为基本前提。另须重点关注承发包模式、资金流转、税费发票、内外部审计的合规性。联合体协议中明确约定联合体各方的合同金额及税率、资金支付方式,确保结算及税票流向与资金流向保持一致。若承包人为统一收款主体,还需要充分考量税费损失等因素,避免多支付相关款项。

相关依据

1.《营业税改征增值税试点实施办法》

第45条　增值税纳税义务、扣缴义务发生时间为:

(一)纳税人发生应税行为并收讫销售款项或者取得索取销售款项凭据的当天;先开具发票的,为开具发票的当天。

收讫销售款项,是指纳税人销售服务、无形资产、不动产过程中或者完成后收到款项。

取得索取销售款项凭据的当天，是指书面合同确定的付款日期；未签订书面合同或者书面合同未确定付款日期的，为服务、无形资产转让完成的当天或者不动产权属变更的当天。

（二）纳税人提供建筑服务、租赁服务采取预收款方式的，其纳税义务发生时间为收到预收款的当天。

（三）纳税人从事金融商品转让的，为金融商品所有权转移的当天。

（四）纳税人发生本办法第十四条规定情形的，其纳税义务发生时间为服务、无形资产转让完成的当天或者不动产权属变更的当天。

（五）增值税扣缴义务发生时间为纳税人增值税纳税义务发生的当天。

2.《发票管理办法》

第22条 开具发票应当按照规定的时限、顺序、栏目，全部联次一次性如实开具，并加盖发票专用章。

任何单位和个人不得有下列虚开发票行为：

（一）为他人、为自己开具与实际经营业务情况不符的发票；

（二）让他人为自己开具与实际经营业务情况不符的发票；

（三）介绍他人开具与实际经营业务情况不符的发票。

第37条 违反本办法第二十二条第二款的规定虚开发票的，由税务机关没收违法所得；虚开金额在1万元以下的，可以并处5万元以下的罚款；虚开金额超过1万元的，并处5万元以上50万元以下的罚款；构成犯罪的，依法追究刑事责任。

非法代开发票的，依照前款规定处罚。

3.《企业所得税法》

第10条 在计算应纳税所得额时，下列支出不得扣除：

（一）向投资者支付的股息、红利等权益性投资收益款项；

（二）企业所得税税款；

（三）税收滞纳金；

（四）罚金、罚款和被没收财物的损失；

（五）本法第九条规定以外的捐赠支出；

（六）赞助支出；

（七）未经核定的准备金支出；

(八)与取得收入无关的其他支出。

4.《增值税暂行条例实施细则》

第5条　一项销售行为如果既涉及货物又涉及非增值税应税劳务,为混合销售行为。除本细则第六条的规定外,从事货物的生产、批发或者零售的企业、企业性单位和个体工商户的混合销售行为,视为销售货物,应当缴纳增值税;其他单位和个人的混合销售行为,视为销售非增值税应税劳务,不缴纳增值税。

本条第一款所称非增值税应税劳务,是指属于应缴营业税的交通运输业、建筑业、金融保险业、邮电通信业、文化体育业、娱乐业、服务业税目征收范围的劳务。

本条第一款所称从事货物的生产、批发或者零售的企业、企业性单位和个体工商户,包括以从事货物的生产、批发或者零售为主,并兼营非增值税应税劳务的单位和个体工商户在内。

第6条　纳税人的下列混合销售行为,应当分别核算货物的销售额和非增值税应税劳务的营业额,并根据其销售货物的销售额计算缴纳增值税,非增值税应税劳务的营业额不缴纳增值税;未分别核算的,由主管税务机关核定其货物的销售额:

(一)销售自产货物并同时提供建筑业劳务的行为;

(二)财政部、国家税务总局规定的其他情形。

5.《企业所得税税前扣除凭证管理办法》

第4条　税前扣除凭证在管理中遵循真实性、合法性、关联性原则。真实性是指税前扣除凭证反映的经济业务真实,且支出已经实际发生;合法性是指税前扣除凭证的形式、来源符合国家法律、法规等相关规定;关联性是指税前扣除凭证与其反映的支出相关联且有证明力。

第5条　企业发生支出,应取得税前扣除凭证,作为计算企业所得税应纳税所得额时扣除相关支出的依据。

三、付款方式

在总承包合同约定条款中,常见的进度款支付方式有按月付款、节点付款或二者相结合的支付方式,这三种支付方式各具特色。

按月付款,是指承包人按每月实际完成的工程量的产值比例,向发包人申请付款的方式。这种支付方式在施工总承包项目中也十分常见。对于承包商而言,是一种较为公平的方式,只要已完工程质量合格,就可以按月申请相应的款项,款项回笼时间固定,资金压力比较小。

节点付款,是指在进度计划的关键路径上设置一定数量的节点或里程碑,如±0.00、主体封顶、外架拆除等,以完成里程碑为依据,作为合同分段计划目标和付款的时间控制点。相较于按月付款,节点付款方式不能按工程的实际完成进度回收款项,支付时间不固定。

按月付款结合节点付款,是指以实际完成的实物工程量、进度计量作为计算依据,并将当月的节点纳入计算体系,按月申请进度款的支付。在这种方式中,实际上以按月付款的方式为主,节点付款作为一种控制工期的手段存在。①

此外,还有季度付款、双月付款等付款方式,因付款周期较长,承包人的垫资压力较大。

风险提示

付款方式直接影响承包人的现金状况,其关键因素在于付款间隔时间与具体付款比例。若付款间隔时间长或者过程付款比例低,将导致承包人面临资金风险,具体表现为:

1. 危害项目现金流。现金是项目的"血液"。若付款间隔时间长或者过程付款比例低,将导致项目资金短缺,影响项目的支付能力,甚至需要公司垫资。

2. 影响正常生产经营。若总承包合同中约定付款间隔时间长或者过程付款比例低,将会导致项目资金周转压力大,影响项目正常生产运营。若项目长期拖欠下游分包、分供商的款项,不仅会导致其履约能力下降或者停工,而且可能会引发诉讼风险。

3. 应收账款比重上升。项目工程进度款的付款间隔时间长或者过程付款比例低,意味着已确认产值部分的未收款项将持续上升,导致承包人的应收账

① 参见胡丹:《工程总承包合同里程碑付款条件的认定问题》,载360doc个人图书馆,http://www.360doc.com/content/20/1118/12/72475118_946493614.shtml。

款的比重攀升，不仅影响承包人资金周转能力，而且一旦发包人资信出现问题，将导致大额工程款项难以收回。

化解措施

合同付款条件属于总承包合同的核心条款，条款的设置和履行是发、承包双方重点关注的内容。针对上述提及的风险，提出以下建议供参考：

1. 合理约定付款条款。招投标时，合同条款中的付款方式为节点付款且条件较差时，承包人应积极与发包人协商重新设置合理的付款方式，即尽量争取对己方有利的节点和对应的付款比例。例如，从承包人的角度考虑，尽可能划分多个里程碑，并且争取将付款集中在项目的前期，以便及时回收项目资金。在实践中，发包人对节点的规定往往较为严格，而且受限于市场地位，对于付款比例是否能够协商、协商的难度等问题，承包人几乎无话语权。但是，仍建议承包人在招标投标、合同签订的前期以及合同履行中把握所有可能的机会，坚持“划分宜细不宜粗、前大后小”的基本原则与发包人就节点付款进行沟通，争取对自己有利的约定或对不合理的节点、比例作出调整。①

2. 严格履行合同义务。承包人应加强对付款前提条件的把控，按照约定严格履行相应义务。发包人对于付款前提条件完成的审批较严格，不按照合同约定完成相关工作，承包人往往无法获得相应的合同价款。因此，承包人应强化对付款条件的把控，可分为两个阶段：一是在合同签订的前期，尽可能对节点付款约定事项进行细化和分解，对于节点项下所包含的工作内容约定准确、完整，合同款项的支付条件也应当尽量明确；二是在合同履行过程中，按照合同约定逐步完成所有事项，并取得完成后对应的文件资料，作为向发包人申请付款的凭证。

3. 强化沟通并注意留存资料。对于合同履行过程中对方的违约事项，应当及时进行书面沟通，并保留好相应的文件资料。承包项目通常工期长，双方的权利义务关系也比较复杂，在履行过程中难免会出现一方未正确履约、不履行或拒绝履约的情形，极有可能影响到工程款的支付。因此，一旦出现此类情形，

---

① 参见王姗姗、顾静：《国际工程总承包合同进度款支付方式对比及注意事项》，载《现代经济信息》2014年第10期。

合同一方应及时通过书面函件的方式催促对方履约，以避免在未来产生纠纷时双方对于是否履行了合同义务存在分歧。在此期间还应当注意，对方履行不当造成己方损失的，应及时按照合同约定的索赔时间和流程提出索赔申请，避免出现逾期失权的风险。

4. 有效进行风险转移。承包人在分供商招标采购时，优先选择信誉好、资金实力雄厚的分供商签订合同，付款时间与付款比例同步作出约定，转移垫资风险，从而减轻公司资金压力。

相关依据

1.《建筑法》

第18条 建筑工程造价应当按照国家有关规定，由发包单位与承包单位在合同中约定。公开招标发包的，其造价的约定，须遵守招标投标法律的规定。

发包单位应当按照合同的约定，及时拨付工程款项。

2.《民法典》

第807条 发包人未按照约定支付价款的，承包人可以催告发包人在合理期限内支付价款。发包人逾期不支付的，除根据建设工程的性质不宜折价、拍卖外，承包人可以与发包人协议将该工程折价，也可以请求人民法院将该工程依法拍卖。建设工程的价款就该工程折价或者拍卖的价款优先受偿。

四、工程欠款

总承包合同中对于支付条件的约定是承包人主张发包人付款比例及时间的重要依据，也是承包人界定发包人付款是否足额、及时的依据。在项目履约过程中，不时会发生发包人工程款（包括工程预付款、进度款、结算尾款）支付缓慢、严重滞后，对承包人申报的月进度量随意审核或拒不审核等千方百计占用承包人资金的情况，这在房地产、商业综合地产项目中表现得尤为突出，给项目的正常运营带来了一定的风险。与此同时，发包人拖欠承包人款项，往往会导致承包人拖欠下游分包分供单位的工程款或者材料款，违反了分包合同约定的付款义务，从而导致履约质量下降、索赔事项增加、诉讼案件发生等情形。因此，对发包人拖欠工程款的情形应高度重视。

风险提示

在实践中，承包人在主张工程欠款及其利息时往往存在相关问题，遏制了工程款催付工作的快速、有序开展，同时处理下游欠款也存在诸多风险，具体表现为：

1. 请款流程存在瑕疵。承包人在向发包人申请工程款时常常出现程序瑕疵，包括：(1)未严格按照合同约定的程序申报工程完成量。承包人在向发包人申报进度工程量时未做好相关签收工作，或存在发包人不对承包人工程报量以书面形式反馈审核确认结果，仅以口头形式或者电子邮件方式告知承包人审核的金额情况。由于多数总承包合同均将进度付款确定为"已完工程量"的某一百分比，若发包人不对承包人工程报量回复书面意见，则可能就"已完工程量"出现争议。(2)未严格按照总承包合同约定的程序及时向发包人申请工程款。承包人请求付款时，若未严格履行合同中约定的程序及工期、质量等方面的要求，当发包人资信出现问题时，发包人很可能以不知道付款条件已成就或请款程序不符合合同约定为由进行抗辩，导致承包人举证发包人付款违约存在困难。①

2. 工程欠款利息约定不明。在发包人存在工程欠款时，会涉及欠款利息如何计取的问题，其主要包括两个关键因素，即计算标准与起算时间。然而，在实践中，总承包合同大多数由发包人起草，对于工程欠款利息的计算标准及起算时间往往不作约定或做模糊化处理。对此，承包人只得借助于相关法律规定，如当事人对欠付工程价款利息计付标准没有约定的，按照中国人民银行发布的同期同类贷款利率或者同期贷款市场报价利率(Loan Prime Rate，LPR)计息。利息从应付工程价款之日开始计付，但当事人对付款时间没有约定或者约定不明的，下列时间可视为应付款时间：(1)建设工程已实际交付的，为交付之日；(2)建设工程没有交付的，为提交竣工结算文件之日；(3)建设工程未交付，工程价款也未结算的，为当事人起诉之日。②

3. 工程欠款利息与违约金发生竞合。在实践中，部分总承包合同约定了发

① 参见中国建筑工程总公司编著：《中国建筑管理丛书：法律实务卷》，中国建筑工业出版社2014年版，第31页。

② 参见王勇：《建设工程施工合同纠纷实务解析》(增订第2版)，法律出版社2019年版，第190～191页。

包人逾期付款的利息以及违约金，当发包人逾期付款时，承包人能否依据合同约定同时主张利息和违约金，成为一个争议焦点。对此，不同地区的法院有着不同的意见与判决，如浙江省高级人民法院在（2020）浙民终574号民事判决书中认为，承包人不能按照建设工程施工合同的约定，既请求发包人承担逾期支付工程款的违约金，又同时请求支付相应利息；①而广东省高级人民法院在（2019）粤民终2776号民事判决书中认为，建设工程施工合同同时约定迟延付款的利息和违约金的，可以同时适用，但二者之和不得过分高于迟延付款的损失。② 因此，在实践中出现上述情形时，承包人应积极依据当地的司法实践恰当主张。

4. 处理下游分包分供单位欠款不妥当。《保障中小企业款项支付条例》第15条规定："机关、事业单位和大型企业迟延支付中小企业款项的，应当支付逾期利息。双方对逾期利息的利率有约定的，约定利率不得低于合同订立时1年期贷款市场报价利率；未作约定的，按照每日利率万分之五支付逾期利息。"承包人若为大型企业，其在与分包分供单位签署的合同中未对欠款作出具体约定时，将按照每日利率5‱支付逾期利息。在实践中，承包人往往未在合同中对逾期付款作出约定，在后续可能发生的诉讼中面临较大风险。同时，发生欠款催付时，承包人往往因资金短缺导致其不能及时处理欠款事宜，造成后续诉讼或仲裁的发生，其将承担诉讼费、利息或违约金、律师费等额外费用。

化解措施

为降低发包人拖欠工程款的风险，有效主张工程欠款利息或违约金，并妥善处理下游欠款事宜，承包人可采取如下措施：

1. 明确发包人应付款的具体时间。付款时间是认定发包人工程欠款的重要前提条件。签约时，承包人应尽量使付款时间明确且有关约定具有可操作性。即便在履约过程中因施工资料记载不明确、施工进度存在工期顺延、设计

① 参见浙江省高级人民法院民事判决书，（2020）浙民终574号。在本案中，法院认为，主张违约金赔偿的同时，还主张利息损失赔偿，属于重复计算。因违约金的性质既有补偿性，又有赔偿性，原告并未举证证明其除利息损失外还存在其他损失，在违约金能够足以涵盖其利息损失的情况下，对原告利息请求不予支持。

② 参见广东省高级人民法院民事判决书，（2019）粤民终2776号。

变更等多种原因造成合同约定的付款时间点难以确定，承包人亦应与发包人在履约中积极协商并重新约定，以便能及时要求发包人支付工程款，并在存在逾期支付的情况下，恰当要求其支付利息、违约金。

2. 严格依约履行报量请款流程。在履约过程中严格按照总承包合同约定的要求进行报量和请款：(1)在履约过程中，要严格按照合同约定的程序和要求及时报量和请款，对工程进度要详细描述、清楚界定，并加盖骑缝章；同时做好相关签收工作，签收时注意要求发包人在承包人报量文件的原件上签收，避免发包人资信状况恶化时，以承包人报量请款程序存在瑕疵为借口拖延付款。(2)尽量获取发包人或者监理对承包人已完成工程量的书面确认文件。(3)发包人认可的工程量与现场实际工程量有较大差距时，要及时以书面形式提出，要求重新核算或保留意见。

3. 及时发函催促支付工程款项。对于已经出现拖欠工程款的项目，需及时向发包人发送书面催款函，保存发包人拖欠工程款的相关证据。在向发包人发送催款函时应注意：(1)催款函中应注意引用具体合同条款，明确主张依据合同约定发包人应付工程款项的时间以及欠付的具体金额。(2)要求发包人书面签收催款函，若承包人拒绝签收催款函，可以中国邮政特快专递的方式邮寄送达发包人，必要时将邮寄送达行为进行公证。

4. 论证充分果断采取停建措施。对于长期欠付大额工程款的，在做好充分停工论证的前提下，必要时应果断采取停工措施，避免损失进一步扩大。因发包人长期欠付大额工程款，为更好维护自身权益，承包人可行使停工权，在正式停工前向发包人发送停工函，并做好停工损失相关证据的收集工作，为后续的索赔做好准备。此外，为维护与发包人的关系，承包人可以与其协商一致后进行停工，但需做好相应的会议纪要。

5. 审视实情提起诉讼加以维权。采取停工措施后发包人仍未支付工程款，并且经调查发现发包人资信状况恶化、已无偿还能力，承包人应及时向法院提起诉讼，快速“抢占”资产，依据法律相关规定向发包人主张合同解除、就该工程优先受偿并要求支付工程欠款等。

6. 分类施策处置下游分包欠款。应定期梳理下游分包分供商的债权债务，对于长期拖欠且金额大的定期予以适度支付；对于已经收到分包分供商的催款函或者律师函的，应以沟通为主，协商解决，按照合同应付款项分期支付，避免债权债务关系清晰的案件进入诉讼程序；对于已经进入诉讼程序的，以协商为重、争取诉前和解，力争签订和解协议，分期付款并跟踪，避免因违反和解协议造成逾期付款违约责任；对于进入诉讼程序且难以调解的，应注意收集履约资料、违约证据等资料收集，便于开展诉讼，以最大限度地维护自身权益。

相关依据

《建设工程施工合同司法解释(一)》

第25条 当事人对垫资和垫资利息有约定，承包人请求按照约定返还垫资及其利息的，人民法院应予支持，但是约定的利息计算标准高于垫资时的同类贷款利率或者同期贷款市场报价利率的部分除外。

当事人对垫资没有约定的，按照工程欠款处理。

当事人对垫资利息没有约定，承包人请求支付利息的，人民法院不予支持。

第26条 当事人对欠付工程价款利息计付标准有约定的，按照约定处理。没有约定的，按照同期同类贷款利率或者同期贷款市场报价利率计息。

第27条 利息从应付工程价款之日开始计付。当事人对付款时间没有约定或者约定不明的，下列时间视为应付款时间：

（一）建设工程已实际交付的，为交付之日；

（二）建设工程没有交付的，为提交竣工结算文件之日；

（三）建设工程未交付，工程价款也未结算的，为当事人起诉之日。

第五节 工程价款

工程价款，是指承包人因承建工程项目，按合同约定和工程结算办法的规定，将已完工程或竣工工程向发包人申请办理结算而取得的价款。根据合同约定和相关法律规定，支付工程款是发包人的主要合同义务，而获得工程款是承包人的主要合同权利。在建设工程施工合同纠纷案件中，最容易发生且处理难度最大的便是工程价款纠纷。本节将对工程价款的计价模式、计价方法进行介绍，同时亦对建设工程价款优先受偿权应注意的问题进行提示。

一、计价模式

工程价款的计价模式，是建设工程项目合同价款的确定方式。根据《建设工程施工合同(示范文本)》(GF-1999-0201)可知，主要包括三种，即固定价格合同、可调价格合同以及成本加酬金合同。为了规范当事人对合同条款的理解，结合工程实践，后续的《建设工程施工合同(示范文本)》(GF-2013-0201)、《建设工程施工合同(示范文本)》(GF-2017-0201)对此作出调整，将其分为单价合同、总价合同以及其他价格形式。常见的形式主要包括单价合同、总价合同和成本加酬金合同三种。

1. 单价合同，是指合同当事人约定以工程量清单及其综合单价进行合同价格计算、调整和确认的建设工程施工合同。在约定的范围内合同单价不作调整。具体又分为固定单价合同与可调单价合同。

2. 总价合同，是指合同当事人约定以施工图、已标价工程量清单或预算书及有关条件进行合同价格计算、调整和确认的建设工程施工合同。在约定的范围内合同总价不作调整。具体又分为固定总价合同、可调总价合同。

3. 成本加酬金合同，是指工程最终合同价格按承包商的实际成本加一定比例的酬金计算，而在合同签订时不能确定一个具体的合同价格，只能确定酬金的比例，其中酬金由管理费、利润及奖金组成。具体分为成本加固定酬金、成本加固定百分比、成本加浮动酬金、最高成本加奖罚等形式。

风 险 提 示

在建设工程领域，合同约定中使用较为广泛的计价模式主要有固定单价合同、固定总价合同以及成本加酬金合同。但绝大部分固定单价合同、固定总价合同均可调整，并非固定不变。对此，为更好地把握各种模式的特点，有效规避后续结算风险，需要了解各种模式适用范围、可调整情形以及主要风险点。具体分析如下：

1. 具体适用范围。根据《建筑工程施工发包与承包计价管理办法》第13条规定，发承包双方在确定合同价款时，应当考虑市场环境和生产要素价格变化对合同价款的影响。实行工程量清单计价的建筑工程，鼓励发承包双方采用单价方式确定合同价款;建设规模较小、技术难度较低、工期较短的建筑工程,发承包双方可以采用总价方式确定合同价款;紧急抢险、救灾以及施工技术特别复杂的建筑工程,发承包双方可以采用成本加酬金方式确定合同价款。同时,《建设工程工程量清单计价规范》(GB 50500 -2013)第7.1.3条作出了类似规定。从上述可知,相关法律法规仅对总价合同、成本加酬金方式合同的范围作出了界定,而对单价合同并未明确作出界定。实际上,总价合同在目前适用较为广泛,适用于工期较短、工程量变化幅度不大的项目。对此,承包人亦可根据上述特征,优先选择较为适宜的计价模式运用到分包合同中,从而更好地规避自身风险。

2. 合同价款调整。根据《建筑工程施工发包与承包计价管理办法》第14条的规定,发承包双方应当在合同中约定,发生下列情形时合同价款的调整方法:(1)法律、法规、规章或者国家有关政策变化影响合同价款的;(2)工程造价管理机构发布价格调整信息的;(3)经批准变更设计的;(4)发包人更改经审定批准的施工组织设计造成费用增加的;(5)双方约定的其他因素。根据《建设工程工程量清单计价规范》(GB 50500 -2013)第9.1.1条规定,下列事项(但不限于)发生,发承包双方应当按照合同约定调整合同价款:法律法规变化;工程变更;项目特征不符;工程量清单缺项;工程量偏差;计日工;物价变化;暂估价;不可抗力;提前竣工(赶工补偿);误期赔偿;索赔;现场签证;暂列金额;发承包双方约定的其他调整事项。《建设工程施工合同(示范文本)》(GF -2013 -0201)、《建设工程施工合同(示范文本)》(GF -2017 -0201)亦对合同价款调整作了相关约定,主要包括两方面:市场价格波动引起的调整,即人材机调差;法律变化引起的调整。同时,承包人也应关注合同价格调整的方法,即按照合同约定的时间、程序以及准备相应资料及时向发包人进行主张,避免权利失效。

3. 主要履约风险。在实践中,成本加酬金合同的争议与风险往往能够协调解决,而固定总价和固定单价的合同产生的问题较多,其具体风险将在此重点予以指出。固定总价合同的风险主要包括:(1)工程量变化风险。在履约过程中非各自原因导致工程量增加或减少,且不属于法律规定的可调整合同价款情形,则工程量增加的风险由承包人承担,减少的风险由发包人承担,同时主张工程款调整的一方承担举证责任。(2)工程价款变化风险。在履行期间建筑材料、人工等价格往往也会发生变化，发包人以及承包人都有可能承担一定的价差风险，其与工程量变化风险一样，主张工程价款变化超过合理范围的一方同样需要承担相应的举证责任。(3)产生争议后不予鉴定风险。主要依据为《建设工程施工合同司法解释(一)》第28条的规定：当事人约定按照固定价结算工程款，一方当事人请求对建设工程造价进行鉴定的，人民法院不予支持。然而，固定单价合同主要面临的是计价风险，固定单价合同工程量清单中所列工程量只是估计的数量而非实际工程量，因此，双方当事人需要在建设工程竣工验收合格后核实实际完工工程量，再根据工程量确认最终工程价款。但建设工程需要大量的材料、设备，发包人有可能承担价格暴跌的风险，承包人也有可能承担价格暴涨的风险。[①]

化解措施

针对上述关于合同价款计价模式方面提及的注意事项及相关风险，承包人可从如下几个方面予以应对：

1. 价格测算选其优。每一类合同计价模式都有适当的适用情形。对此，承包人应积极了解，把控风险点，从而更加谨慎地投标与履约。同样，建议承包人优先选择较为适宜的计价模式运用到分包合同中，根据总承包合同中的风险或特征，有效地进行风险转移。

2. 诚信履约创效益。在履约过程中，承包人应积极按照合同约定履行，同时对总承包合同以及法规政策中关于合同价款的规定熟练掌握并认真研究，尤其是合同变更与调差等相关条款，努力寻找突破点，从而获取更多的超额效益。与此同时，严格按照合同约定时限以及程序进行签证索赔工作，履约过程中积极收集相关资料，确保费用主张及时落地。

相关依据

1.《建筑工程施工发包与承包计价管理办法》

第13条　发承包双方在确定合同价款时，应当考虑市场环境和生产要素

① 参见杨春亮：《固定价格下施工合同造价的风险及争议处理》，载华律2019年11月29日，https://m.66law.cn/lawyer/2c19346718d33/wenji_676536.aspx。

价格变化对合同价款的影响。

实行工程量清单计价的建筑工程,鼓励发承包双方采用单价方式确定合同价款。

建设规模较小、技术难度较低、工期较短的建筑工程,发承包双方可以采用总价方式确定合同价款。

紧急抢险、救灾以及施工技术特别复杂的建筑工程,发承包双方可以采用成本加酬金方式确定合同价款。

第14条 发承包双方应当在合同中约定,发生下列情形时合同价款的调整方法:

(一)法律、法规、规章或者国家有关政策变化影响合同价款的;

(二)工程造价管理机构发布价格调整信息的;

(三)经批准变更设计的;

(四)发包人更改经审定批准的施工组织设计造成费用增加的;

(五)双方约定的其他因素。

2.《建设工程工程量清单计价规范》(GB 50500-2013)

第9.1.1条 下列事项(但不限于)发生,发承包双方应当按照合同约定调整合同价款:

1. 法律法规变化;
2. 工程变更;
3. 项目特征不符;
4. 工程量清单缺项;
5. 工程量偏差;
6. 计日工;
7. 物价变化;
8. 暂估价;
9. 不可抗力;
10. 提前竣工(赶工补偿);
11. 误期赔偿;
12. 索赔;
13. 现场签证;

14. 暂列金额；

15. 发承包双方约定的其他调整事项。

二、计价方法

根据相关地方的建设工程造价管理办法，结合我国现行的工程造价管理体系，目前工程价款的计价方法主要包括如下两种：

1. 工程量清单计价。该计价方法是在建设工程招投标中，招标人自行或者委托具有资质的中介机构编制反映工程实体消耗和措施性消耗的工程量清单，并作为招标文件的一部分提供给投标人，投标人自主报价或招标人编制标底及双方签订合同价款，完成工程竣工结算等活动，并完成由招标人提供的工程量清单所需的全部费用，包括分部分项工程费、措施项目费、其他项目费、规费和税金。工程量清单是表现拟建工程的分部分项工程项目、措施项目、其他项目名称和相应数量的明细清单，是由招标人按照《建设工程工程量清单计价规范》附录中统一的项目编码、项目名称、项目特征、计量单位和工程量计算规则进行编制的，包括分部分项工程量清单、措施费项目清单、其他项目清单、规费与税金清单。

2. 定额计价。该计价方法是根据招标文件，按照国家建设行政主管部门发布的建设工程预算定额的工程量计算规则，同时参照省级建设行政主管部门发布的人工工日单价、机械台班单价、材料以及设备价格信息及同期市场价格，计算出直接工程费，再按规定的计算方法计算间接费、利润、税金，汇总确定建筑安装工程造价。建设工程定额标准是各地建设主管部门根据本地建筑市场建安成本的平均值确定的，是完成一定计量单位产品的人材机和资金消费的规定额度，是政府指导价规范，属于非强制性规范。然而，在定额模式下，建筑工程的工程量与价格其实都是由政府主管部门指导和控制的，反映的是社会平均水平，在一定程度上约束了承包人投标时在机械设备使用、实物消耗量、企业管理费、利润等方面所表现的企业竞争力，并不能体现工程的真实成本。

风 险 提 示

工程量清单计价与定额计价作为工程价款的两种计量方法，两者具备一定的联系。如定额计价在我国已使用多年,具有一定的科学性和实用性。工程量清单计价规范的编制以定额为基础,参照和借鉴了定额的项目划分、计量单位、工程量计算规则等;同时定额计价可作为工程量清单计价的组价方式,在确定清单综合单价时,以省份定额或者企业定额为依据进行计算。然而,在履约过程中,了解两者之间的关联后,亦需要关注各计价方法中存在的相关风险,以下将进行相应分析。

1. 重视工程量清单计价的主要风险。在履约过程中,采用工程量清单计价法可能出现的风险包括:(1)清单缺项漏项风险。在总价合同中,在合同图纸范围内固定总价不变的情形下,在招标文件和合同中作出约定,承包人应自行审核图纸中的工程量,若工程量清单中有遗漏的项目则作为让利,那么在结算或者诉讼中,承包人以招标投标时工程量清单存在缺项漏项为由主张调整工程价款就难以得到支持;在单价合同中,若工程量清单存在缺项漏项,其单价往往难以及时确定,后续付款以及结算都将产生争议。(2)工程量变化风险。尤其是在投标时采用不平衡报价,若盈利项的工程量减少、亏损项的工程量增加,承包人的利润无疑会受到影响。

2. 知悉定额计价的关键风险。正如前述,定额模式下建筑工程的"量和价"是由政府主管部门指导和控制的,反映的是社会平均水平,企业依照定额进行投标报价,不能完全反映企业的个别成本。一旦企业的成本价高于地方定额,尤其是在定额下浮的合同中,企业往往面临潜亏风险。此外,定额项目一般是按施工工序进行设置的,因此计价时需考虑不同工序所需要的消耗量,提前进行策划,确保结算时工程价款的最大化。

化解措施

1. 重视风险源头处。在工程量清单计价合同中,针对清单缺项漏项风险,承包人需要重视招投标文件以及合同具体约定;在总价包干合同中,承包人需及时查找出清单缺项漏项,确保及时获得签证索赔;在单价合同中,承包人需及时了解签证索赔等相关时限与流程,确保能快速认质认价,及时获得相应工程款;而针对工程量变化风险,需及时与发包人及设计单位进行沟通,争取获得有利的变更。在定额计价合同中,承包人则需积极测算好企业成本与不同地方定额成本的差距,谨慎投标,避免投标利润为负,导致后续难以扭亏。

2. 妥善处置争议点。无论是工程量清单计价，还是定额计价，在履约中难免会产生计价争议。根据《民法典》第510条及第511条的规定，当事人就价款等内容没有约定或者约定不明确的，可以协议补充；不能达成补充协议的，按照合同相关条款或者交易习惯确定；仍然不能确定的，按照订立合同时履行地的市场价格履行；依法应当执行政府定价或者政府指导价的，依照规定履行。同时，《建设工程价款结算暂行办法》亦有相关规定，工程价款结算应按合同约定办理，合同未作约定或约定不明的，发承包双方应依照下列规定与文件协商处理：(1)国家有关法律、法规和规章制度；(2)国务院建设行政主管部门、省、自治区、直辖市或有关部门发布的工程造价计价标准、计价办法等有关规定；(3)建设项目的合同、补充协议、变更签证和现场签证，以及经发、承包人认可的其他有效文件；(4)其他可依据的材料。

相关依据

1.《建设工程工程量清单计价规范》(GB 50500－2013)

第3.1条　使用国有资金投资的建设工程发承包，必须采用工程量清单计价。

非国有资金投资的建设工程，宜采用工程量清单计价。

不采用工程量清单计价的建设工程，应执行本规范除工程量清单等专门性规定外的其他规定。

工程量清单应采用综合单价计价。

2.《民法典》

第510条　合同生效后，当事人就质量、价款或者报酬、履行地点等内容没有约定或者约定不明确的，可以协议补充；不能达成补充协议的，按照合同相关条款或者交易习惯确定。

第511条　当事人就有关合同内容约定不明确，依据前条规定仍不能确定的，适用下列规定：

(一)质量要求不明确的，按照强制性国家标准履行；没有强制性国家标准的，按照推荐性国家标准履行；没有推荐性国家标准的，按照行业标准履行；没有国家标准、行业标准的，按照通常标准或者符合合同目的的特定标准履行。

（二）价款或者报酬不明确的，按照订立合同时履行地的市场价格履行；依法应当执行政府定价或者政府指导价的，依照规定履行。

（三）履行地点不明确，给付货币的，在接受货币一方所在地履行；交付不动产的，在不动产所在地履行；其他标的，在履行义务一方所在地履行。

（四）履行期限不明确的，债务人可以随时履行，债权人也可以随时请求履行，但是应当给对方必要的准备时间。

（五）履行方式不明确的，按照有利于实现合同目的的方式履行。

（六）履行费用的负担不明确的，由履行义务一方负担；因债权人原因增加的履行费用，由债权人负担。

3.《建设工程价款结算暂行办法》

第 11 条 工程价款结算应按合同约定办理，合同未作约定或约定不明的，发、承包双方应依照下列规定与文件协商处理：

（一）国家有关法律、法规和规章制度；

（二）国务院建设行政主管部门、省、自治区、直辖市或有关部门发布的工程造价计价标准、计价办法等有关规定；

（三）建设项目的合同、补充协议、变更签证和现场签证，以及经发、承包人认可的其他有效文件；

（四）其他可依据的材料。

三、建设工程价款优先受偿权

为推动建筑业的有序发展，切实解决工程款支付问题，充分保护承包人及建筑工人的合法权益，原《合同法》第 286 条（现《民法典》第 807 条）设立了建设工程价款优先受偿权，为我国工程款优先权的行使提供了法律支撑。

建设工程优先受偿权，是指承包人对于建设工程的价款就该工程折价或者拍卖的价款享有优先受偿的权利，优于抵押权和其他债权。现行《民法典》对原《合同法》的相关规定进行了继受，其第 807 条规定："发包人未按照约定支付价款的，承包人可以催告发包人在合理期限内支付价款。发包人逾期不支付的，除根据建设工程的性质不宜折价、拍卖外，承包人可以与发包人协议将该工程折价，也可以请求人民法院将该工程依法拍卖。建设工程的价款就该工程折价或者拍卖的价款优先受偿。”

根据《民法典》及最高人民法院相关司法解释的规定，行使建设工程价款优先受偿权应具备如下条件：

1. 发包人未按照约定支付工程价款。该价款应当是确定的且应当是已届清偿期的，若发包人因失去清偿能力被宣告破产，即使未到期的建设工程价款也应视为已届清偿期。

2. 承包人催告后，在合理期限内发包人仍不支付。根据《民法典》的相关规定，这里的“催告”非必经程序，但进行催告是司法介入前安排承、发包人双方和解的机会，符合社会经济活动和工程施工的惯例。在实践中，承包人应留存好相关往来函件。

3. 根据相关规定，无论是定额计价还是工程量清单计价等，工程价款都包含人工费、材料费、机械费、管理费、规费、利润和税金等。与 2002 年发布的《最高人民法院关于建设工程价款优先受偿权问题的批复》相比，增加了利润。这主要考虑到建筑行业是薄利行业，以促进建筑行业的长远发展，保护建筑企业的利益。但是，并不包括逾期支付建设工程价款的利息、违约金、损害赔偿金等，即承包人因发包人违约造成的损失不在优先受偿权的范围内。

4. 先决条件需确保建设工程质量合格，而无论工程是否已竣工，也无论施工合同是否有效。施工质量不合格的工程，只有当工程维修、修复合格后才可主张优先受偿权。

5. 承包人行使建设工程价款优先受偿权的期限为 18 个月，自发包人应当给付建设工程价款之日起算。该期限是除斥期间，无法中断或延长，如果结算时间过长，可能会妨碍该权利的行使。

6. 建设工程性质适合于折价、拍卖。法律并未明确规定不宜折价、拍卖建设工程的范围，通常是指法律禁止流通物（包括共有物如国家机关办公的房屋建筑物及军事设施等）、公用物（如公共道路、桥梁、机场、港口、公共图书馆、公共博物馆等）。

风险提示

现行的法律法规对建设工程价款优先受偿权制度有了相对具体的规定，在司法实践中同样已在房地产纠纷中得到了大量适用，在保护当事人的合法权益

方面发挥着积极作用。然而,在实践中有如下几点风险需要加以重视:

1. 建设工程价款优先受偿权未及时主张。《建设工程施工合同司法解释(一)》将承包人依法行使建设工程价款优先受偿权的期限延长为18个月,但也需注意行使权利的时间,在合理期限内及时起诉并主张优先受偿权,从而避免因时效问题导致相关权利遭受不必要的损失。针对已竣工结算的项目,优先受偿权的行使期限为按照合同约定的应付之日,即一般合同约定在完成结算后的某日支付结算款,则优先受偿权应在当日开始起算,以此计算18个月,此时限不能中止、中断、延长,逾期视为默示的权利放弃,将不能再主张权利。因优先受偿权的立法本意是保护承包人的工程价款,故对于中途停工、退场的项目,承包人也享有优先受偿权,也可向法院主张优先受偿权。

2. 建设工程价款优先受偿权行使方式仅限于诉讼或仲裁方式。根据《民法典》规定并结合司法实践,优先受偿权只能通过法院诉讼或者仲裁的方式取得。就是否可以通过"发函""签署协议"等形式主张,在司法实践中争议较大,目前仅有法院个案判决支持,最高人民法院尚未有正式的司法解释予以明确,但2018年发布的《江苏省高级人民法院关于审理建设工程施工合同纠纷案件若干问题的解答》明确规定,优先受偿权的行使方式不包括"发函"形式。然而,在实践中,承包人为了维护与发包人关系,并不会直接提起诉讼,此时承包人就应及时发函进行主张。

3. 放弃权利行为有效。在当前形势下,发包人为了顺利将在建工程向银行抵押贷款,往往利用自己的强势地位要求承包人签署含有声明预先放弃优先受偿权的书面文件。但根据意思自治原则,放弃优先受偿权的行为有效,若放弃优先受偿权或因未在法定时限内主张而导致权利消灭的,承包人不享有优先受偿权,其债权顺位相当于普通债权,除非承包人放弃的行为损害建筑工人利益。

化解措施

1. 强化优先受偿权时限预警机制。承包人应建立长效的时限预警机制,对于未关账的项目实时跟进。针对结算完成后不能及时回款的,应立即启动优先受偿权确权程序。若业主存在资信问题,为有效确权,建议采用诉讼或仲裁形式申请人民法院或仲裁委员会予以确权并拍卖。此外,从诉讼成本角度考虑,建设工程价款优先受偿权纠纷不属于给付纠纷,属于确权纠纷。诉讼费用按照非财产纠纷处理，每件交纳50～100元，如江苏地区为80元。鉴于优先受偿权确权纠纷的诉讼成本低，权利等级最优，宜采用此方法予以主张。

2. 积极收集行使优先受偿权的履约资料。若要行使优先受偿权，承包人需要对过程履约资料进行充分准备，具体包括但不限于：(1)施工总承包合同原件，证明承包人与发包人就该项目存在建设工程施工合同关系；(2)工程结算单原件，证明该项目结算时间及结算金额未超过优先受偿权法定行使期限；(3)收款明细单及凭证，证明已收款金额及业主欠付金额；(4)主张过优先受偿权的工程联系函或双方签字确认的协议原件，证明在法定期限内主张过优先受偿权。

3. 妥善处置放弃优先受偿权项目。涉及放弃建设工程价款优先受偿权的项目，承包人应当注意如下几方面：(1)认真审核合同文件。在审核包含要求承包人放弃建设工程价款优先受偿权的条款时，要综合分析项目的属性、发包人的商业信誉和资质情况、以往的履约情况、合同付款条件以及优先受偿权实现的可能性。施工合同中应明确约定工程竣工时间、工程价款结算方法及结算时限、尾款付款时间，以防止发包人拖延工程结算时间。(2)在履约过程中，发包人提出要求承包人放弃优先受偿权的项目，承包人应充分运用商务谈判，提出相应条件：一是要求发包人提供相应的担保；二是要求改变付款条款，降低合同风险；三是签署发包人、承包人、银行参加的三方协议或者备忘录，对银行贷款实行专款专用；四是遇到发包人无正当理由迟延付款，且经合理催告后仍不支付工程款的情况，及时行使停工的权利；五是组织、收集相关证据，包括招标文件、投标文件，发包人要求放弃的函件、承包人不同意的书面答复、会议纪要等文件，在发包人财务状况不佳时，承包人向法院申请撤销权。

相关依据

1.《民法典》

第807条 发包人未按照约定支付价款的，承包人可以催告发包人在合理期限内支付价款。发包人逾期不支付的，除根据建设工程的性质不宜折价、拍卖外，承包人可以与发包人协议将该工程折价，也可以请求人民法院将该工程依法拍卖。建设工程的价款就该工程折价或者拍卖的价款优先受偿。

2.《建设工程施工合同司法解释(一)》

第35条 与发包人订立建设工程施工合同的承包人，依据民法典第八百零七条的规定请求其承建工程的价款就工程折价或者拍卖的价款优先受偿的，人民法院应予支持。

第36条 承包人根据民法典第八百零七条规定享有的建设工程价款优先受偿权优于抵押权和其他债权。

第37条 装饰装修工程具备折价或者拍卖条件，装饰装修工程的承包人请求工程价款就该装饰装修工程折价或者拍卖的价款优先受偿的，人民法院应予支持。

第38条 建设工程质量合格，承包人请求其承建工程的价款就工程折价或者拍卖的价款优先受偿的，人民法院应予支持。

第39条 未竣工的建设工程质量合格，承包人请求其承建工程的价款就其承建工程部分折价或者拍卖的价款优先受偿的，人民法院应予支持。

第40条 承包人建设工程价款优先受偿的范围依照国务院有关行政主管部门关于建设工程价款范围的规定确定。

承包人就逾期支付建设工程价款的利息、违约金、损害赔偿金等主张优先受偿的，人民法院不予支持。

第41条 承包人应当在合理期限内行使建设工程价款优先受偿权，但最长不得超过十八个月，自发包人应当给付建设工程价款之日起算。

第42条 发包人与承包人约定放弃或者限制建设工程价款优先受偿权，损害建筑工人利益，发包人根据该约定主张承包人不享有建设工程价款优先受偿权的，人民法院不予支持。

第六节　工程保证金

为做好清理、规范工程建设领域保证金工作，减免建筑业领域企业负担、激发市场活力，助推发展信用经济、建设统一市场、促进公平竞争、加快建筑业转型升级，国务院办公厅于2016年6月23日印发了《关于清理规范工程建设领域保证金的通知》，该通知规定对建筑业企业在工程建设中需缴纳的保证金，除依法依规设立的投标保证金、履约保证金、工程质量保证金、农民工工资保证金外,其他保证金一律取消;同时对取消的保证金,自该通知印发之日起,一律停止收取。

由此可知,在目前建筑业领域工程保证金主要包括投标保证金、履约保证金、工程质量保证金、农民工工资保证金。本节将着重对除投标保证金以外的其他三类工程保证金进行介绍与分析。

一、履约担保

履约担保是工程发包人为防止承包人在合同履约过程中违反工期、质量、安全文明施工、管理人员到岗率等方面的约定,弥补给发包人造成的经济损失,要求承包人提交的保证履行合同义务的担保。其形式主要包括履约担保金(又称履约保证金)、履约保函和履约担保书,实践中,具体比例一般为工程合同价款的5% ~10%。

风 险 提 示

履约担保作为一项督促承包人履行合同的措施,具有控制合同有效执行与风险防范的功能。发包人一般在招标文件中规定,中标的投标人需要提交合同履约保证金,它是履行合同义务的担保。然而,在具体实施过程中,承包人有如下问题或风险需要特别注意:

1. 履约担保的选择性。发包人在招标时,必须在招标文件中明确规定中标单位提交履约担保,该项条款方可有效;若未在招标文件中作出规定,在中标后或者合同签约阶段则不得再次追加,以便维护招标中要约的真实性和投标人的权益,招标人可以根据自身的条件选择是否投标。同时,招标文件要求中标人提交履约保证金或者其他形式的履约担保,中标人拒绝提交的,视为中标人放弃中标项目。此时,招标人可以选择其他中标候选人作为中标人。原中标人的投标保证金不予退还,给招标人造成的损失超过投标保证金数额的,原中标人还应当对超过部分予以赔偿。根据《评标委员会和评标方法暂行规定》第48条规定,招标文件规定排名第一的中标候选人应当提交履约保证金而在规定的期限内未能提交的,招标人可以确定排名第二的中标候选人为中标人。《工程建设项目施工招标投标办法》第62条规定:“招标文件要求中标人提交履约保证金或者其他形式履约担保的，中标人应当提交；拒绝提交的，视为放弃中标项目。”

2. 履约担保的额度。关于履约担保的额度，并未形成统一规定，各地的政策规定亦不一致，有些地方规定的是中标合同价的5%以内，有些地方规定的是中标合同价的10%以内，有些地方则规定为中标合同价的20%。如浙江省住建厅等11个部门联合印发的《关于在全省工程建设领域改革保证金制度的通知》规定，政府投资项目的履约保证金不得超过中标合同金额的2%。然而，部分发包人要求承包人在履约过程中提交的担保额度往往过高，如超过合同额的10%时，将会被界定为重大风险条款。

3. 履约担保的形式。近年来，履约担保的形式受到局限，有相当部分建设工程项目的履约担保采用履约保证金的形式，由于额度较大，挤占了企业大量流动资金，不利于激发建筑市场主体活力。对此，国务院办公厅在2016年印发《关于清理规范工程建设领域保证金的通知》，规定对保留的投标保证金、履约保证金、工程质量保证金、农民工工资保证金，推行银行保函制度，建筑业企业可以银行保函方式缴纳（转变保证金缴纳方式）。后续不少地方政府也进行积极响应，如浙江省住建厅等11个部门联合印发《关于在全省工程建设领域改革保证金制度的通知》中规定：“加快推行工程保函替代保证金。工程保函包括银行保函、保险机构保证保险保单和融资担保公司保函。2020年6月30日后招标的政府投资项目全面推行工程保函缴纳投标保证金、履约保证金和工程质量保证金；鼓励其他投资项目大力提高工程保函覆盖率，到2020年9月底达到50%以上，到2020年12月底达到80%以上。”

4. 履约担保的有效期限与返还。履约担保的有限期限截至工程竣工验收之日较为适宜，毕竟竣工验收后，工程进入质保期，有质保金作为维修担保，不应该再把履约担保的期限延长太久。然而，在实践中，部分发包人将有效期约定到竣工验收后半年甚至更久，明显不符合常规，不利于对承包人合法权益的保护。在有效期限届满后，发包人往往会无息退还履约保函或履约保证金；若承包人在此期间出现按施工合同应对发包人给付经济赔偿的情况，发包人有权从履约保证金中取得赔偿金额，余额由发包人在合同约定的期限内予以退还。

化解措施

1. 坚守招标文件底线。招标文件对履约担保未作出约定时，承包人对于发包人的不合理要求，应当及时提出。若招标文件对履约担保有具体约定，承包人应在中标后规定的期限内按时提交，避免被视为放弃中标。

2. 强化合同条款谈判。对于履约担保的形式、金额以及有效期限等方面的约定不合理时，如担保形式为现金担保、担保金额超过合同额10%、担保有效期限超过竣工验收之日等，承包人积极收集法规政策依据，在合同签约阶段或者履约阶段应积极与发包人进行有效沟通与谈判，及时对合同条款予以优化。同时，有两处细节需要注意：其一，过程违约金的扣除。虽然施工合同约定承包人需要提交履约担保，但履约过程中出现违约时，违约金并非从履约担保金中扣除，而是从当期工程款中直接扣除，这显然是不尽合理的。履约担保本身就是对履约的一种保证，因此建议施工过程中产生的违约金先从担保额中扣除，再由承包人补足履约担保额度。其二，履约担保的计取基数。若施工总承包合同额包含了不过账的指定分包、独立发包的金额，那么承包人提交履约担保的额度，建议按照自行施工部分予以提交。如果专业分包由总承包人统一管理，那么要在专业分包合同中约定分包单位向总承包人提供担保，总承包人再向发包人补充提供对应部分的同比例担保；若专业分包由发包人独立发包，那么专业分包单位直接向发包人提交担保即可。

3. 及时履行催告返还义务。若履约担保的有效期限已经届满，在符合合同约定的情形下，承包人应及时履行催告返还义务，尤其是担保形式为履约保证金时，避免额外产生资金占用方面的损失。

相关依据

1.《招标投标法》

第46条第2款　招标文件要求中标人提交履约保证金的，中标人应当提交。

2.《招标投标法实施条例》

第58条　招标文件要求中标人提交履约保证金的，中标人应当按照招标文件的要求提交。履约保证金不得超过中标合同金额的10%。

第74条 中标人无正当理由不与招标人订立合同,在签订合同时向招标人提出附加条件,或者不按照招标文件要求提交履约保证金的,取消其中标资格,投标保证金不予退还。对依法必须进行招标的项目的中标人,由有关行政监督部门责令改正,可以处中标项目金额10‰以下的罚款。

3.《工程建设项目施工招标投标办法》

第62条第2款、第3款 招标人要求中标人提供履约保证金或其他形式履约担保的,招标人应当同时向中标人提供工程款支付担保。

招标人不得擅自提高履约保证金,不得强制要求中标人垫付中标项目建设资金。

第81条 中标通知书发出后,中标人放弃中标项目的,无正当理由不与招标人签订合同的,在签订合同时向招标人提出附加条件或者更改合同实质性内容的,或者拒不提交所要求的履约保证金的,取消其中标资格,投标保证金不予退还;给招标人的损失超过投标保证金数额的,中标人应当对超过部分予以赔偿;没有提交投标保证金的,应当对招标人的损失承担赔偿责任。对依法必须进行施工招标的项目的中标人,由有关行政监督部门责令改正,可以处中标金额千分之十以下罚款。

4.《评标委员会和评标方法暂行规定》

第48条 使用国有资金投资或者国家融资的项目,招标人应当确定排名第一的中标候选人为中标人。排名第一的中标候选人放弃中标、因不可抗力提出不能履行合同,或者招标文件规定应当提交履约保证金而在规定的期限内未能提交的,招标人可以确定排名第二的中标候选人为中标人。

排名第二的中标候选人因前款规定的同样原因不能签订合同的,招标人可以确定排名第三的中标候选人为中标人。

招标人可以授权评标委员会直接确定中标人。

国务院对中标人的确定另有规定的,从其规定。

5.《国务院办公厅关于清理规范工程建设领域保证金的通知》

一、全面清理各类保证金。对建筑业企业在工程建设中需缴纳的保证金,除依法依规设立的投标保证金、履约保证金、工程质量保证金、农民工工资保证金外,其他保证金一律取消。对取消的保证金,自本通知印发之日起,一律停止收取。

二、转变保证金缴纳方式。对保留的投标保证金、履约保证金、工程质量保证金、农民工工资保证金,推行银行保函制度,建筑业企业可以银行保函方式缴纳。

三、按时返还保证金。对取消的保证金,各地要抓紧制定具体可行的办法,于2016年底前退还相关企业;对保留的保证金,要严格执行相关规定,确保按时返还。未按规定或合同约定返还保证金的,保证金收取方应向建筑业企业支付逾期返还违约金。

6. 浙江省住建厅等11个部门联合印发的《关于在全省工程建设领域改革保证金制度的通知》

一、加快推行工程保函替代保证金。工程保函包括银行保函、保险机构保证保险保单和融资担保公司保函。2020年6月30日后招标的政府投资项目全面推行工程保函缴纳投标保证金、履约保证金和工程质量保证金;鼓励其他投资项目大力提高工程保函覆盖率,到2020年9月底达到50%以上,到2020年12月底达到80%以上。2020年6月30日起,农民工工资保证金全面推行以工程保函方式缴纳。已经以现金缴纳的上述保证金可用工程保函替换。

二、进一步降低保证金缴纳额度。2020年6月30日后招标的政府投资项目降低保证金缴纳金额,其中投标保证金不得超过50万元;履约保证金不得超过中标合同金额的2%,在工程竣工验收(公路水运工程交工验收、水利工程完工验收)合格后10日内应全额返还,合同工期一年以上的工程可以分年度或施工形象进度缴纳;工程质量保证金的预留比例不得超过工程价款结算总额的1.5%。鼓励其他投资项目相应降低保证金缴纳额度。规范农民工工资专用账户资金管理,设立人工费分账基准比例,房屋建筑、装饰、桥梁为20%,公路、水运、水利工程(不含河道工程)为15%,河道、给排水工程为14%,隧道工程、道路桥梁组合工程为12%,城市轨道土建工程为10%,道路工程为8%;并在满足按月足额支付农民工工资的前提下,建设单位和工程承包单位可根据基准比例浮动约定。鼓励银行金融机构推出保障农民工工资支付的专项贷款产品,在发生工资专用账户暂时无法足额支付当月工资时,临时启用专项贷款先行支付农民工工资,人工费用到位后,银行可按原贷款金额从专户中划转还款。同时,在足额支付前期和当期农民工工资后,工资专用账户自有资金结余较多的,经建设单位和工程承包单位协商一致并报行业主管部门备案后,在下一期工程进度款总额不变的前提下,建设单位可适当降低人工费分账比例。

二、工程质量保证金

建设工程质量保证金,一般是指发包人与承包人在建设工程承包合同中约定,从应付的工程款中预留,用以保证承包人在缺陷责任期内对建设工程出现的缺陷进行维修的资金。根据《建设工程质量保证金管理办法》第9条的规定,在缺陷责任期内,承包人对工程出现的各种缺陷承担维修、鉴定等义务;如承包人不履行缺陷修复义务,发包人可以按照合同约定扣除质量保证金,并由承包人承担违约责任。

风险提示

承包人在保修期内对建设工程所承担的保修义务属于法定义务,而发包人往往会在一定期限内扣留相当比例的质量保证金作为对保修费用的预留,对此应当根据双方的合同约定予以处理。合同有约定,且约定不违反法律法规的,应当予以允许;合同对质量保证金预留未有约定的,发包人不得扣留,只能向承包人另行主张保修责任。在司法实践中,特别是合同对质量保证金的相关约定不明或者未约定时,发承包双方容易产生争议。对此,需要从如下几方面加以关注:

1. 质量保证金的提供方式。承包人提供质量保证金的形式主要有三种:银行保函、相应比例的工程结算款、承发包双方约定的其他形式。根据前述内容可知,国家及地方政府均积极推行用工程保函替代质量保证金,但在实践中,大部分发包人要求承包人预留相应比例的工程结算款作为质量保证金,这无疑不利于承包人收回资金,并要承担垫资风险。

2. 质量保证金的扣留。根据《建设工程质量保证金管理办法》第7条规定,工程质量保证金的比例不得高于工程价款结算总额的3%。部分地方政府政策规定的比例更低,如浙江省住建厅等11个部门联合印发的《关于在全省工程建设领域改革保证金制度的通知》规定,政府投资项目工程质量保证金的预留比例不得超过工程价款结算总额的1.5%,并积极鼓励其他投资项目相应降低工程质量保证金缴纳额度。根据《建设项目工程总承包合同(示范文本)》(GF-2020-0216)“通用合同条件”第14.6.2项的规定,质量保证金的预留方式主要包括：(1)在支付工程进度款时逐次预留相应比例，在此情形下，质量保证金的计算基数不包括预付款的支付、扣回以及价格调整的金额；(2)工程竣工结算时一次性预留；(3)双方约定的其他预留方式。除专用合同条件另有约定外，质量保证金的预留原则上采用上述第(1)种方式。如承包人在发包人签发竣工付款证书后 28 天内提交工程质量保证担保，发包人应同时返还预留的作为质量保证金的工程价款。发包人在返还本项规定下的质量保证金的同时，按照中国人民银行同期同类存款基准利率支付利息。然而在实践中，采取上述第(2)种方式进行预留的较为常见。

3. 质量保证金的返还。根据《建设工程质量保证金管理办法》第 10 条及第 11 条的规定，缺陷责任期内，承包人认真履行合同约定的责任，到期后，承包人向发包人申请返还保证金。发包人在接到承包人返还保证金申请后，应于 14 天内会同承包人按照合同约定的内容进行核实。如无异议，发包人应当按照约定将保证金返还给承包人。对返还期限没有约定或者约定不明确的，发包人应当在核实后 14 天内将保证金返还承包人，逾期未返还的，依法承担违约责任。发包人在接到承包人返还保证金申请后 14 天内不予答复，经催告后 14 天内仍不予答复，视同认可承包人的返还保证金申请。而《建设项目工程总承包合同(示范文本)》(GF－2020－0216)“通用合同条件”第 14.6.3 项中的规定则将上述“14 天”调整为“7 天”。

针对工程质量保证金的具体返还期限，《建设工程施工合同司法解释(一)》第 17 条作出了具体规定，该条第 1 款规定了质量保证金返还的三种情形：第一种情形是当事人约定的工程质量保证金返还期限届满。第二种情形是当事人未约定工程质量保证金返还期限，但按照最长的缺陷责任期计算自建设工程通过竣工验收之日起满 2 年。第三种情形是因发包人原因工程未按约定期限竣工验收的，此时再分为两类情形：一是如果当事人约定了保证金返还期限的，从承包人提交工程竣工验收报告 90 日后开始起算约定的保证金返还期限届满；二是如果当事人未约定保证金返还期限的，从承包人提交工程竣工验收报告 90 日后起算 2 年，2 年届满后承包人才能主张返还。该条第 2 款是有关保证金退还和承包人保修义务之间关系的规定。工程保修期，是指自工程竣工验收合格之日起，在正常使用条件下承包人对工程承担保修义务的最低期限。承包人对建设工程在保修期内所承担的保修义务属于法定义务，不能通过合同约定予以排除。《建设工程质量管理条例》第 40 条第 1 款针对不同的建设工程规定了不同的最低保修期限。发包人向承包人返还工程质量保证金，只表明缺陷责任期已经届满，承包人无须再向发包人承担工程质量缺陷责任，但不影响承包人向发包人承担保修义务。

化解措施

1. 强化过程磋商沟通。对于质量保证金的形式、预留比例以及返还时间等方面有不合理约定或者约定不明时，承包人应注意对法律法规的收集和传达，在合同谈判或履约过程中，积极与发包人进行磋商沟通，力争使条款优化，避免后续产生纠纷。

2. 积极履行维修保养义务。缺陷责任期内，由承包人自身原因造成的缺陷，承包人应及时向项目管理部或者公司维修保养部门发布风险警示通知，要求尽快维修处理，并积极承担鉴定及维修费用，否则发包人可按合同约定从保证金或银行保函中扣除；费用超出保证金额的，发包人可按合同约定向承包人进行索赔。同时，承包人在完成维修保养并承担相应费用后，并不免除其对工程损失的赔偿责任。

3. 适时践行催告返还义务。若工程质量保证金的返还期限届满，且无任何质量缺陷，由发包人颁发缺陷责任期终止证书后，按照合同约定积极要求发包人返还质量保证金；若发包人不予返还，承包人应定期发送催促函，对于长期不予返还的，甚至可以采取诉讼方式予以解决。

相关依据

1.《建设工程质量保证金管理办法》

第 7 条 发包人应按照合同约定方式预留保证金，保证金总预留比例不得高于工程价款结算总额的 3%。合同约定由承包人以银行保函替代预留保证金的，保函金额不得高于工程价款结算总额的 3%。

第 9 条 缺陷责任期内，由承包人原因造成的缺陷，承包人应负责维修，并承担鉴定及维修费用。如承包人不维修也不承担费用，发包人可按合同约定从保证金或银行保函中扣除，费用超出保证金额的，发包人可按合同约定向承包人进行索赔。承包人维修并承担相应费用后，不免除对工程的损失赔偿责任。

由他人原因造成的缺陷,发包人负责组织维修,承包人不承担费用,且发包人不得从保证金中扣除费用。

第10条 缺陷责任期内,承包人认真履行合同约定的责任,到期后,承包人向发包人申请返还保证金。

第11条 发包人在接到承包人返还保证金申请后,应于14天内会同承包人按照合同约定的内容进行核实。如无异议,发包人应当按照约定将保证金返还给承包人。对返还期限没有约定或者约定不明确的,发包人应当在核实后14天内将保证金返还承包人,逾期未返还的,依法承担违约责任。发包人在接到承包人返还保证金申请后14天内不予答复,经催告后14天内仍不予答复,视同认可承包人的返还保证金申请。

2.《建设工程质量管理条例》

第40条 在正常使用条件下,建设工程的最低保修期限为:

(一)基础设施工程、房屋建筑的地基基础工程和主体结构工程,为设计文件规定的该工程的合理使用年限;

(二)屋面防水工程、有防水要求的卫生间、房间和外墙面的防渗漏,为5年;

(三)供热与供冷系统,为2个采暖期、供冷期;

(四)电气管线、给排水管道、设备安装和装修工程,为2年。

其他项目的保修期限由发包人与承包方约定。

建设工程的保修期,自竣工验收合格之日起计算。

3.《建设工程施工合同司法解释(一)》

第17条 有下列情形之一,承包人请求发包人返还工程质量保证金的,人民法院应予支持:

(一)当事人约定的工程质量保证金返还期限届满;

(二)当事人未约定工程质量保证金返还期限的,自建设工程通过竣工验收之日起满二年;

(三)因发包人原因建设工程未按约定期限进行竣工验收的,自承包人提交工程竣工验收报告九十日后当事人约定的工程质量保证金返还期限届满;当事人未约定工程质量保证金返还期限的,自承包人提交工程竣工验收报告九十日后起满二年。

发包人返还工程质量保证金后,不影响承包人根据合同约定或者法律规定履行工程保修义务。

三、农民工工资保证金

农民工工资保证金,一般是指在工程开工之初,由建设工程项目审批,行政部门负责通知,并监督施工总承包企业(包括直接承包建设单位发包工程的专业承包企业)按一定比例或一定金额存入工资保证金专用账户,用于支付为所承包工程提供劳动的农民工被拖欠工资的专项资金。该保证金根据省、市、县各级项目审批权限实行层级监管,并实行专户存储、专项支取,除用于清偿或先行清偿施工总承包单位所承包工程拖欠农民工工资外,不得用作其他用途。除法律另有规定外,工资保证金不得因支付为本工程提供劳动的农民工工资之外的原因被查封、冻结或者划拨。

根据《保障农民工工资支付条例》第32条规定,施工总承包单位应当按照有关规定存储工资保证金,专项用于支付为所承包工程提供劳动的农民工被拖欠的工资。工资保证金实行差异化存储办法,对一定时期内未发生工资拖欠的单位实行减免措施,对发生工资拖欠的单位适当提高存储比例;同时工资保证金亦可用金融机构保函替代。2021年8月,根据《保障农民工工资支付条例》授权,人力资源和社会保障部、住建部、交通运输部、水利部、中国银行保险监督管理委员会、铁路局、民航局联合制定了《工程建设领域农民工工资保证金规定》。

风 险 提 示

农民工工资保证金作为专项用于发生欠薪时支付农民工工资的应急保障,在一定程度上能预防和解决建筑业企业务工人员工资纠纷,保护建筑业企业和务工人员的合法权益,促进社会和谐稳定。目前实施的《工程建设领域农民工工资保证金规定》对该制度作出了具体规定,但承包人在贯彻落实该项保证金制度时,有如下几点仍需要重点关注:

1. 差异化缴存。《关于清理规范工程建设领域保证金的通知》以及《保障农民工工资支付条例》均规定农民工工资保证金实行差异化缴存办法,对一定时期内未发生工资拖欠的企业实行减免措施，对发生工资拖欠的企业则提高存储比例。《工程建设领域农民工工资保证金规定》则进行了一定的细化，规定施工总承包单位存储工资保证金或提交银行保函后，在工资保证金管理地区承建工程连续2年未发生工资拖欠的，其新增工程应降低存储比例，降幅不低于50%；连续3年未发生工资拖欠且按要求落实用工实名制管理和农民工工资专用账户制度的，其新增工程可免于存储工资保证金。施工总承包单位存储工资保证金或提交银行保函前2年内在工资保证金管理地区承建工程发生工资拖欠的，工资保证金存储比例应适当提高，增幅不低于50%；因拖欠农民工工资被纳入"严重失信主体名单"的，增幅不低于100%。

2. 保证金具体额度。关于农民工工资保证金的具体额度，《工程建设领域农民工工资保证金规定》作出了原则性规定，其按工程施工合同额（或年度合同额）的一定比例存储，原则上不低于1%，不超过3%，单个工程合同额较高的，可设定存储上限；施工总承包单位在同一工资保证金管理地区有多个在建工程，存储比例可适当下浮但不得低于施工合同额（或年度合同额）的0.5%；施工合同额低于300万元的工程，且该工程的施工总承包单位在签订施工合同前一年内承建的工程未发生工资拖欠的，各地区可结合行业保障农民工工资支付实际，免除该工程存储工资保证金。然而，上述的施工合同额可结合当地实际情况进行适当调整，调整范围由省级人力资源社会保障行政部门会同行业工程建设主管部门确定。

化解措施

1. 坚决贯彻当地最新政策。国家层面法规政策对农民工工资保证金仅作出引导性规定，但具体执行与实施还需要进行细化，而当地地方政府往往有更加具体且可操作的规定。对此，施工总承包单位应详尽收集当地政策，认真解读，并按照政策要求积极实施；否则，若未按规定存储工资保证金或者未提供金融机构保函，根据《保障农民工工资支付条例》第55条等相关法律规定，将可能收到相关政府部门的限期整改通知或受到行政处罚，情节严重的，还将受到限制承接新工程、降低资质等级、吊销资质证书等处罚。

2. 及时开设农民工工资专用账户。建设单位与施工总承包单位订立书面工程施工合同时，应当对农民工工资专用账户设立事宜作出详尽约定，具体须包括工程款计量周期和工程款进度结算办法、建设单位拨付人工费用的周期和拨付日期、人工费用的数额或者占工程款的比例等，以满足农民工工资按时、足额支付的要求，避免在发生拖欠农民工工资时农民工工资保证金被使用。

3. 妥善化解农民工工资纠纷。建设单位应当按照国家法律、法规的规定加强用工、劳动合同日常管理，及时支付务工人员工资，避免无故拖欠或克扣，不得以拖欠工程款、结算纠纷、垫资施工等理由克扣或者拖欠务工人员工资。发生农民工工资纠纷时，承包人应积极配合处理，确实存在欠薪事实的，应及时予以支付。将各项根治欠薪的制度落实到位，确保自缴纳之日不发生拖欠工资纠纷，保证良好的企业信誉，争取少缴或者免缴该项保证金，从而降低企业管理成本。

相关依据

1.《保障农民工工资支付条例》

第32条 施工总承包单位应当按照有关规定存储工资保证金，专项用于支付为所承包工程提供劳动的农民工被拖欠的工资。

工资保证金实行差异化存储办法，对一定时期内未发生工资拖欠的单位实行减免措施，对发生工资拖欠的单位适当提高存储比例。工资保证金可以用金融机构保函替代。

工资保证金的存储比例、存储形式、减免措施等具体办法，由国务院人力资源社会保障行政部门会同有关部门制定。

第55条 有下列情形之一的，由人力资源社会保障行政部门、相关行业工程建设主管部门按照职责责令限期改正；逾期不改正的，责令项目停工，并处5万元以上10万元以下的罚款；情节严重的，给予施工单位限制承接新工程、降低资质等级、吊销资质证书等处罚：

（一）施工总承包单位未按规定开设或者使用农民工工资专用账户；

（二）施工总承包单位未按规定存储工资保证金或者未提供金融机构保函；

（三）施工总承包单位、分包单位未实行劳动用工实名制管理。

2.《关于清理规范工程建设领域保证金的通知》

第5条 实行农民工工资保证金差异化缴存办法。对一定时期内未发生工资拖欠的企业，实行减免措施；对发生工资拖欠的企业，适当提高缴存比例。

3.《工程建设领域农民工工资保证金规定》

第11条 工资保证金按工程施工合同额(或年度合同额)的一定比例存储,原则上不低于1%,不超过3%,单个工程合同额较高的,可设定存储上限。

施工总承包单位在同一工资保证金管理地区有多个在建工程,存储比例可适当下浮但不得低于施工合同额(或年度合同额)的0.5%。

施工合同额低于300万元的工程,且该工程的施工总承包单位在签订施工合同前一年内承建的工程未发生工资拖欠的,各地区可结合行业保障农民工工资支付实际,免除该工程存储工资保证金。

前款规定的施工合同额可适当调整,调整范围由省级人力资源社会保障行政部门会同行业工程建设主管部门确定,并报人力资源社会保障部、住房和城乡建设部、交通运输部、水利部、铁路局、民航局备案。

第12条 施工总承包单位存储工资保证金或提交银行保函后,在工资保证金管理地区承建工程连续2年未发生工资拖欠的,其新增工程应降低存储比例,降幅不低于50%;连续3年未发生工资拖欠且按要求落实用工实名制管理和农民工工资专用账户制度的,其新增工程可免于存储工资保证金。

施工总承包单位存储工资保证金或提交银行保函前2年内在工资保证金管理地区承建工程发生工资拖欠的,工资保证金存储比例应适当提高,增幅不低于50%;因拖欠农民工工资被纳入"严重失信主体名单"的,增幅不低于100%。

4.《工程建设领域农民工工资专用账户管理暂行办法》

第5条 建设单位与总包单位订立书面工程施工合同时,应当约定以下事项:

(一)工程款计量周期和工程款进度结算办法;

(二)建设单位拨付人工费用的周期和拨付日期;

(三)人工费用的数额或者占工程款的比例等。

前款第三项应当满足农民工工资按时足额支付的要求。

第6条 专用账户按工程建设项目开立。总包单位应当在工程施工合同签订之日起30日内开立专用账户,并与建设单位、开户银行签订资金管理三方协议。专用账户名称为总包单位名称加工程建设项目名称后加"农民工工资专用账户"。总包单位应当在专用账户开立后的30日内报项目所在地专用账户监管部门备案。监管部门由各省、自治区、直辖市根据《保障农民工工资支付条例》确定。

总包单位有2个及以上工程建设项目的,可开立新的专用账户,也可在符合项目所在地监管要求的情况下,在已有专用账户下按项目分别管理。

第七节　质量管理

建筑工程项目质量,是指通过项目实施形成的工程实体的质量,是反映建筑工程满足法律、法规的强制性要求和合同约定的要求,包括安全、使用功能以及在耐久性能、环境保护等方面满足要求的明显和隐含能力的特性总和。工程项目质量管理,是指在工程项目实施过程中,指挥和控制项目参与各方关于质量的相互协调的活动,是围绕工程项目满足质量要求,而开展的策划、组织、计划、实施、检查、监督和审核等所有管理活动的总和。它是工程项目的建设、勘察、设计、施工、监理等单位的共同职责。[①] 由于建筑工程质量关系建筑物的寿命和使用功能,对近期和长远的经济效益都有重大影响,所以工程质量管理是施工企业管理工作的核心。《建筑法》《建设工程质量管理条例》无一例外地规定了施工单位对建设工程的施工质量负责。因此,在整个建筑工程质量管理体系中,施工企业承担了主要责任。本节拟从质量标准、施工图、施工材料的质量管理、质量缺陷四个方面展开分析与论述,探讨施工企业应如何开展质量管理。

一、质量标准

工程质量标准以国家现行建筑工程施工质量验收规范体系为基础,融入工程质量的分级评定,以便在统一施工企业建筑工程质量的内部验收方法、质量标准、质量等级评定及检查评定程序的前提下,为创建工程质量的"过程精品"

① 参见全国一级建造师执业资格考试用书编写委员会主编:《建设工程项目管理》,中国建筑工业出版社2020年版,第148页。

奠定基础。

根据质量标准效力划分，从高到低依次为国家标准、行业标准、地方标准、企业标准。国家标准是对需要在全国范围内统一的技术要求制定的标准。行业标准是对没有国家标准而又需要在全国某个行业范围内统一的技术要求所制定的标准。地方标准是对没有国家标准和行业标准而又需要在该地区范围内统一的技术要求所制定的标准。企业标准是对企业范围内需要协调、统一的技术要求、管理事项和工作事项所制定的标准。

根据质量标准的约束性划分，可分为强制性标准、推荐性标准。保障人体健康、人身财产安全的标准和法律、行政性法规规定强制性执行的国家和行业标准是强制性标准。省、自治区、直辖市标准化行政主管部门制定的工业产品的安全、卫生要求的地方标准在本行政区域内是强制性标准。推荐性标准，是指其他非强制性的国家和行业标准。国家鼓励企业自愿采用推荐性标准。

根据质量标准的内容划分，可分为设计标准、施工及验收标准、建设定额。设计标准，是指从事工程设计所依据的技术文件。施工标准，是指施工操作程序及其技术要求的标准；验收标准，是指检验、接收竣工工程项目的规程、办法与标准。建设定额，是指国家规定的消耗在单位建筑产品上活劳动和物化劳动的数量标准，以及用货币表现的某些必要费用的额度。

根据质量标准的属性将其分为技术标准、管理标准、工作标准。技术标准，是指对标准化领域中需要协调统一的技术事项所制定的标准。管理标准，是指对标准化领域中需要协调统一的管理事项所制定的标准。工作标准，是指对标准化领域中需要协调统一的工作事项所制定的标准。

风险提示

《建设工程施工合同(示范文本)》(CF－2017－0201)“通用合同条款”第5.1.1项规定：“工程质量标准必须符合现行国家有关工程施工质量验收规范和标准的要求。有关工程质量的特殊标准或要求由合同当事人在专用合同条款中约定。”根据该项规定，发包人和承包人可以在合同专用条款中约定工程质量的特殊标准，这解决了没有国家标准或者行业标准时的验收评定问题，也满足了承发包双方对工程质量的特殊要求。由此产生以下问题：

1. 合同约定的质量标准与国家强制性标准不一致的问题。承发包双方在合同中约定了质量标准，但该合同约定的质量标准与国家强制性标准不一致时，如何处理？如何认定该合同对质量标准的约定的效力？笔者认为，建设工程施工合同约定的建设工程质量标准不能低于国家标准中的强制性标准，低于国家规定的工程质量强制性标准的约定无效；合同约定的质量标准高于国家规定的强制性标准的，应当认定该约定有效。

2. 合同无效情况下合同约定质量标准的效力问题。承发包双方在合同中约定了质量标准，但该合同最终被认定为无效，如何认定该合同对于质量标准的约定的效力？在合同无效情形下，当事人对工程质量的约定是否有效，法律或者司法解释并未明确约定。《民法典》第 507 条规定："合同不生效、无效、被撤销或者终止的，不影响合同中有关解决争议方法的条款的效力。"但是，有关争议方法的条款一般是指仲裁条款，选择受诉法院的条款，选择检验、鉴定机构的条款以及法律适用条款等，显然不包括当事人有关工程质量的约定的条款。但是，《浙江省高级人民法院民事审判第一庭关于审理建设工程施工合同纠纷案件若干疑难问题的解答》第 20 问规定："合同无效是否影响关于工程质量的约定、承诺的效力？建设工程施工合同无效，不影响发包人按合同约定、承包人出具的质量保修书或法律法规的规定，请求承包人承担工程质量责任。"由此，应当认为，建设工程施工合同无效不影响有关质量标准的规定。

3. 质量标准未确定或者与施工工程条件不符的问题。当事人在合同中约定的质量（创优）标准未确定或者质量（创优）标准与实际工程的条件不符的，应当如何认定质量（创优）标准的效力？质量（创优）标准包括但不限于工程的规模要求、设计要求、申报时间限制等。例如，PC 装配式工程属于一种新型结构，2017 年相关评优标准尚未确定。上海市 2017 年上半年开始暂停装配式建筑优质结构的申报，同时也暂停装配式工程的"白玉兰奖"申报（申报条件是工程必须先获得优质结构，才可以申报上海市"白玉兰奖"）。如果承发包双方在合同中约定该 PC 装配式工程质量标准为上海市"白玉兰奖"，那么该质量标准应当如何认定？《民法典》第 510 条规定："合同生效后，当事人就质量、价款或者报酬、履行地点等内容没有约定或者约定不明确的，可以协议补充；不能达成补充协议的，按照合同相关条款或者交易习惯确定。"《民法典》第 511 条规定："当事人就有关合同内容约定不明确、依据前条规定仍不能确定的，适用下列规定：（一）质量要求不明确的，按照强制性国家标准履行；没有强制性国家标准的，按照推荐性国家标准履行；没有推荐性国家标准的，按照行业标准履行；没有国家标准、行业标准的，按照通常标准或者符合合同目的的特定标准履行……”根据以上条款，对于当事人在合同中约定的质量（创优）标准未确定或者与实际工程的条件不符的，如果未能签订补充协议或者按照合同相关条款或者交易习惯确定的，应当认定双方对于质量（创优）标准的约定无效。

化解措施

1. 招投标阶段充分利用答疑。在招投标阶段，施工企业作为投标人，应当组织有经验的质量管理人员仔细研读招标文件中质量标准相关条款。发现招标文件约定的质量标准与国家强制性标准不一致时、约定的质量（创优）标准未确定或者与实际工程条件不符的，投标人应当在递交投标文件截止之日前（具体时间以招标文件为准），就质量标准问题向招标人书面提出，要求招标人书面进行必要的澄清或者修改。

2. 合同签订前认真查验。在合同签订前，施工企业应当组织专人对合同中质量标准相关条款进行认真研读，发现招标文件约定的质量标准与国家强制性标准不一致时、约定的质量（创优）标准未确定或者与实际工程条件不符的，第一时间与合同相对方沟通，确保在合同签订前，解决上述问题。

3. 合同签订后及时补救。合同签订后，针对工程合同约定的质量标准，结合工程实际情况，从设计方面入手，查阅招标图纸和施工图纸的差异，如确实增加了施工难度和复杂性，提高了工程质量标准，给工程质量（创优）增加了难度，可以请专业第三方机构评估创优的难度和相应增加成本，也可以请相关评审机构现场指导。然后从设计难度增加和费用增加两方面与建设单位沟通，进行设计变更或者签订补充协议。

相关依据

1.《建筑法》

第55条 建筑工程实行总承包的，工程质量由工程总承包单位负责，总承包单位将建筑工程分包给其他单位的，应当对分包工程的质量与分包单位承担连带责任。分包单位应当接受总承包单位的质量管理。

第58条 建筑施工企业对工程的施工质量负责。

建筑施工企业必须按照工程设计图纸和施工技术标准施工，不得偷工减料。工程设计的修改由原设计单位负责，建筑施工企业不得擅自修改工程设计。

2.《建设工程质量管理条例》

第26条 施工单位对建设工程的施工质量负责。

施工单位应当建立质量责任制，确定工程项目的项目经理、技术负责人和施工管理负责人。

建设工程实行总承包的，总承包单位应当对全部建设工程质量负责；建设工程勘察、设计、施工、设备采购的一项或者多项实行总承包的，总承包单位应当对其承包的建设工程或者采购的设备的质量负责。

3.《民法典》

第507条 合同不生效、无效、被撤销或者终止的，不影响合同中有关解决争议方法的条款的效力。

第510条 合同生效后，当事人就质量、价款或者报酬、履行地点等内容没有约定或者约定不明确的，可以协议补充；不能达成补充协议的，按照合同相关条款或者交易习惯确定。

第511条第1项 当事人就有关合同内容约定不明确，依据前条规定仍不能确定的，适用下列规定：(一)质量要求不明确的，按照强制性国家标准履行；没有强制性国家标准的，按照推荐性国家标准履行；没有推荐性国家标准的，按照行业标准履行；没有国家标准、行业标准的，按照通常标准或者符合合同目的的特定标准履行……

二、施工图

施工图是表示工程项目总体布局，包括建筑物、构筑物的外部形状、内部布置、结构构造、内外装修、材料做法以及设备、施工等要求的图样。施工图具有图纸齐全、表达准确、要求具体的特点，是工程施工、编制施工图预算和施工组织设计的依据，也是企业管理的重要技术文件。一套完整的施工图一般包括建筑施工图、结构施工图、给排水施工图、采暖通风施工图及电气施工图等专业图纸，也可将给排水、采暖通风和电气施工图合在一起，统称“设备施工图”。

施工蓝图应为加盖出图章、注册建筑师、结构师等签章的图纸，反之则为施工白图。我国实行施工图设计文件（含勘察文件）审查制度，施工图作为项目建设的基础性及纲领性文件，建设单位、设计单位、施工单位都应遵循合法合规原则，按照有关法律、法规，对施工图涉及公共利益、公众安全和工程建设强制性标准的内容进行审查，待完成必要的施工图审查程序后，方可提供合规图纸供施工单位进行项目建设。施工图未经审查合格的，不得使用。

风险提示

《建设工程质量管理条例》第 5 条第 1 款规定："从事建设工程，必须严格执行基本建设程序，坚持先勘察、后设计、再施工的原则。"第 11 条第 2 款规定："施工图设计文件未经审查批准的，不得使用。"但在工程实务中，不少发包人往往不按照规定对施工图进行报审，有些工程往往还未走完基本程序就已开始施工，边施工边完善相关手续。

《最高人民法院公报》2015 年第 6 期刊登了海擎重工机械有限公司与江苏中兴建设有限公司等建设工程施工纠纷再审一案，该案裁判要旨认为，如果施工图设计文件未经过建设行政主管部门审查批准就交给施工单位进行施工，将来因此出现质量问题的，建设单位要承担主要甚至全部责任；施工单位发现图纸未经审批时，如不及时采取合理措施，也要承担一定的责任。[①]

此外，《建筑法》第 58 条规定："建筑施工企业对工程的施工质量负责。建筑施工企业必须按照工程设计图纸和施工技术标准施工，不得偷工减料。工程设计的修改由原设计单位负责，建筑施工企业不得擅自修改工程设计。"《建设工程质量管理条例》第 28 条规定："施工单位必须按照工程设计图纸和施工技术标准施工，不得擅自修改工程设计，不得偷工减料。施工单位在施工过程中发现设计文件和图纸有差错的，应当及时提出意见和建议。"也就是说，施工图经审批后，施工单位发现施工图纸与设计文件不一致时，应当及时与设计单位和建设单位沟通，提出意见和建议，由原设计单位负责修改施工图。否则，因此造成不利后果的，施工单位也要承担部分责任。

---

① 参见《海擎重工机械有限公司与江苏中兴建设有限公司、中国建设银行股份有限公司泰兴支行建设工程施工合同纠纷案》，载《最高人民法院公报》2015 年第 6 期。

化解措施

1. 杜绝白图施工。施工单位在与建设单位的合同关系中,往往处于弱势地位。当建设单位交付的施工图未经审查批准,但建设单位坚持要开工时,施工单位一定不能迫于建设单位的压力而同意开工。如果是一边施工一边设计的,后期一定要补足施工蓝图。否则,没有施工蓝图,项目无法进行竣工验收,一旦无法竣工或验收未通过,项目的造价就只能折价。此外,一旦出现质量问题,不但建设单位要承担巨额损失,而且施工单位也可能因为明知白图施工而承担一定的责任。

2. 认真审核图纸。施工单位在接到已经审核过的施工图时,一定要认真核对招投标图纸、勘察资料、设计文件等一系列相关文件,确保施工图纸准确无误。施工单位发现图纸有问题时,应第一时间向设计单位和建设单位提出意见和建议,并以工程质量为核心,及时采取合理措施以避免出现工程质量问题,造成损失。在新的图纸和方案确定之前视情况暂停施工,待新的图纸和方案确定后,再行施工。

3. 严格按图施工。施工单位应当严格按照施工图和技术标准施工,不得为了创造利润、节约成本而擅自修改工程设计或者偷工减料。但是,如果在施工过程中,确实是因为施工图施工难度过大,可能由于施工工艺达不到而造成质量问题的,应及时向设计单位和建设单位提出意见、建议,在设计单位和建设单位共同认可下,进行设计变更,以保证工程质量。

相关依据

1.《建设工程质量管理条例》

第5条 从事建设工程,必须严格执行基本建设程序,坚持先勘察、后设计、再施工的原则。

县级以上人民政府及其有关部门不得超越权限审批建设项目或者擅自简化基本建设程序。

第11条 施工图设计文件审查的具体办法,由国务院建设行政主管部门、国务院其他有关部门制定。

施工图设计文件未经审查批准的,不得使用。

第28条　施工单位必须按照工程设计图纸和施工技术标准施工,不得擅自修改工程设计,不得偷工减料。

施工单位在施工过程中发现设计文件和图纸有差错的,应当及时提出意见和建议。

2.《建筑法》

第58条　建筑施工企业对工程的施工质量负责。建筑施工企业必须按照工程设计图纸和施工技术标准施工,不得偷工减料。工程设计的修改由原设计单位负责,建筑施工企业不得擅自修改工程设计。

三、施工材料的质量管理

施工材料的质量决定着建筑工程的质量,因此讨论工程质量管理,离不开施工材料的质量管理。施工材料的质量管理,包括采购(除甲供材外)、验收、检测、材料现场管理四大环节。

对施工材料质量管理的疏漏,可能导致施工单位因质量问题给第三人造成损失而承担大额的赔偿。笔者曾经处理过一起纠纷,某公司施工的某广场项目,自持的商业部分发生大规模的漏水事件,很多已经入场进行经营的门店成了"水帘洞",装修被水泡,无法正常营业。某公司进行了多方排查,并未发现问题,于是只能将之前的防水工作又重新做了一遍,但是漏水情况并未有太大的改观。多家业主因与某广场就赔偿事宜协商未成,起诉至法院,某广场被判赔偿装修损失、房租损失等金额数十万元。某广场支付业主赔偿款后,立即发函要求某公司承担赔偿责任。某公司不服,不同意支付,正当某广场准备起诉之时,某公司的项目人员打开隐蔽工程部分,发现漏水是预埋水管接头破裂导致的。然而,由于某公司在采购接头时,为了追求利润最大化,采购价格极低,所购的接头是"三无"产品,所以找供应商赔偿根本不可能。最终,某公司只能自行向某广场赔偿数十万元,并承担了所有的修复费用。

风险提示

在项目施工过程中,施工材料的提供分为两个部分,一部分是建设单位采购材料(甲供材),另一部分为施工企业自行购买材料。

《建设工程质量管理条例》第 14 条规定："按照合同约定，由建设单位采购建筑材料、建筑构配件和设备的，建设单位应当保证建筑材料、建筑构配件和设备符合设计文件和合同要求。建设单位不得明示或者暗示施工单位使用不合格的建筑材料、建筑构配件和设备。"这就说明，建设单位所提供的施工材料必须符合设计文件和合同要求，如果是不符合要求的施工材料，建设单位不得强制施工单位使用。

同时，对于施工企业按照合同自行采购部分的施工材料，施工企业必须保证材料符合设计文件和合同要求。否则，由于其采购的施工材料存在质量问题，导致后期工程质量问题的，责任由其自行承担。

另外，《建筑法》第 59 条和《建设工程质量管理条例》第 29、31 条严格限定了施工企业必须对建筑材料、建筑构配件和设备进行检验，未经检验或者经检验不合格的，不得使用。这里的建筑材料并不限于施工企业自行购买的材料，还应当包含建设单位购买的材料。

常见的施工材料质量管理的风险有以下几点：

1. 施工材料的采购风险。施工企业在采购施工材料的过程中，除注意签订采购合同外，还应当充分考虑供货商的资信问题。供货商的资信不好，无论买卖合同约定得再完备，对施工企业多有利，只要供货商不具备责任承担能力和偿债能力，合同的质量条款和违约条款就都失去了意义。

2. 施工材料的验收风险。施工材料的验收分为两个环节，出厂验收和进场验收。出厂验收是在施工材料出厂前进行的验收，除了外观、包装等验收外，还要有利用设备或者试验才能得出的能够满足性能要求的结果。出厂验收由供货商进行。但是，施工企业可以要求进入查看。进场验收是施工企业对进入施工场地的施工材料的品牌、型号、规格、包装等参数进行查验，对于不符合设计要求和合同约定的，不允许进入施工场地。未经验收，品牌、型号、规格等参数不符合质量及设计要求，极易引起质量问题。

3. 施工材料的检验、检测风险。对于已经经验收进场的施工材料，由于进场检验只能对肉眼可以识别的情况进行验收，无法进行专业检验、检测。因此，不少施工材料，例如，钢筋、混凝土等必须由建设单位、施工企业都认可的第三方进行检验、检测。未经检验、检测即投入使用，后检测报告若显示不合格，不仅影响施工质量，造成返工，还会影响施工进度和施工成本。

4. 施工材料的现场管理风险。施工材料在施工现场的存放、周转和盘点，都可能影响施工材料的质量，进而影响工程的质量。施工企业应当严格进行施工材料的现场管理，及时盘点使用量，避免不及时盘点造成材料超用或少用；及时查看材料的存放条件，避免由于存放不当，造成材料质量下降，从而引发质量问题。

化解措施

1. 充分考察供货商的资信。在采购施工材料时，无论是在招投标过程中，还是在议标过程中，施工单位应当重点考察供货商的资信情况，而非单纯考虑提高利润、压低采购价格。施工企业可以自行通过公开渠道对供货商的资信进行调查，对于无法通过公开渠道获得的，可以委托第三方机构代为调查，在充分考察供货商的资信情况后，再决定是否与该供货商合作。

2. 完善书面采购合同。施工材料的采购合同，应对采购施工材料的品牌、型号、规格、包装等参数作出详细的约定；明确出厂验收和进场验收的标准，如果施工材料未达到出厂验收和进场验收标准，施工单位可以拒绝接收；对于通过进场验收的施工材料，质量检测、质量异议期、质保期的约定应明确，以确保供货商提供的施工材料质量，一旦供货商违约，施工单位可以依据采购合同保障自身权益。

3. 重视施工材料的验收。施工材料的验收分为出厂验收和进场验收。出厂验收为供货商在出厂前，对自身制造的施工材料进行全方位检测，包括对施工材料的外观、包装等的检验，此外还包括一些需要高温高压或者其他特殊手段、设备进行的检验。出厂前检验应充分利用供应商的场地、设备和人员，施工单位应派员进行查看。对于大宗采购的材料，施工单位可以派员驻场进行出厂前验收，以确保发货的施工材料能够满足质量要求。施工材料的进场验收应严格按照施工合同中施工材料的进场验收要求进行，对需要提前通知业主单位、施工监理到场进行联合验收的，务必按照施工合同要求提前通知到位，如施工合同要求提前 24 小时书面通知的，则必须在 24 小时前出具书面通知，并要求相关人员签字确认。此外，对于验收的过程，应当由专人进行书面记录，并由现场验收人员签字。

4. 完善施工材料的检验、检测。施工材料进场验收主要是通过外观（品牌、型号、规格、包装等）来观察施工材料质量是否合格，对于材料的其他性能和功能方面的质量,只能通过检验或者检测来获得。因此,检验、检测在施工材料的质量管理中尤为重要。根据《建设工程质量管理条例》第 29 条规定,施工单位必须按照工程设计要求、施工技术标准和合同约定,对建筑材料、建筑构配件、商品混凝土等施工材料进行检验,检验应当有书面记录和专人签字;未经检验或者检验不合格的,不得使用。同时,《建设工程质量管理条例》第 31 条对施工材料取样作出了要求,施工单位必须在建设单位或者监理单位监督下进行取样,并送具有相应资质等级的质量检测单位进行检测。对于取样的过程,要有专人记录,并要求到场人员签字确认。质量检测机构一般由业主单位指定,也可以在施工合同中约定项目当地有资质的检测机构。

5. 善用质量异议期。《民法典》第 621 条第 1 款规定:"当事人约定检验期限的,买受人应当在检验期限内将标的物的数量或者质量不符合约定的情形通知出卖人。买受人怠于通知的,视为标的物的数量或者质量符合约定。"施工单位在与供应商签订采购合同时,应当考虑到对施工材料的检验、检测所需花费的时间,尽可能将质量异议期约定时间拉长。此外,在施工材料进场后,第一时间进行检验、检测,发现不满足质量要求时,及时向供货商提出质量异议,通过退货或者其他手段予以解决,保证施工材料的质量。

6. 严格施工材料的现场管理。施工材料的现场管理,要求所有施工材料要由专人进行持续不间断的管理,包括:施工材料在进场第一时间内进行登记造册;根据施工材料的不同存放要求,分类存放;对材料周转和使用情况及时登记,包括过程中进场验收、检验、检测、退换货的数量等;定期进行施工材料盘点,保证施工材料所用数量无误。

相关依据

1.《建筑法》

第 59 条 建筑施工企业必须按照工程设计要求、施工技术标准和合同的约定,对建筑材料、建筑构配件和设备进行检验,不合格的不得使用。

2.《建设工程质量管理条例》

第 14 条 按照合同约定,由建设单位采购建筑材料、建筑构配件和设备的,建设单位应当保证建筑材料、建筑构配件和设备符合设计文件和合同要求。建设单位不得明示或者暗示施工单位使用不合格的建筑材料、建筑构配件和设备。

第29条 施工单位必须按照工程设计要求、施工技术标准和合同约定，对建筑材料、建筑构配件、设备和商品混凝土进行检验，检验应当有书面记录和专人签字；未经检验或者检验不合格的，不得使用。

第31条 施工人员对涉及结构安全的试块、试件以及有关材料，应当在建设单位或者工程监理单位监督下现场取样，并送具有相应资质等级的质量检测单位进行检测。

3.《民法典》

第621条 当事人约定检验期限的，买受人应当在检验期限内将标的物的数量或者质量不符合约定的情形通知出卖人。买受人怠于通知的，视为标的物的数量或者质量符合约定。

当事人没有约定检验期限的，买受人应当在发现或者应当发现标的物的数量或者质量不符合约定的合理期限内通知出卖人。买受人在合理期限内未通知或者自收到标的物之日起二年内未通知出卖人的，视为标的物的数量或者质量符合约定；但是，对标的物有质量保证期的，适用质量保证期，不适用该二年的规定。

出卖人知道或者应当知道提供的标的物不符合约定的，买受人不受前两款规定的通知时间的限制。

四、质量缺陷

根据《房屋建筑工程质量保修办法》第3条第2款规定，质量缺陷是指房屋建筑工程的质量不符合工程建设强制性标准以及合同的约定。本段所讨论的质量缺陷，是指建设工程的质量不符合建设强制性标准以及施工合同的约定。按程度可将质量缺陷分为严重缺陷和一般缺陷。严重缺陷，是指对结构构件的受力性能或安装使用性能有决定性影响的缺陷；一般缺陷，是指对结构构件的受力性能或安装使用性能不具有决定性影响的缺陷。

风 险 提 示

由于质量缺陷发生时，建设单位往往认为施工质量责任的主体是施工单位，并且建设单位在竣工结算时，通常会扣留一定比例的结算款作为质量保证金。因此，建设单位并不会积极证明质量缺陷由哪方造成，而是直接要求施工单位承担质量缺陷责任，要求施工单位进行修复并且赔偿由此造成的损失。一旦施工单位提出异议，建设单位即以扣除质量保证金为要挟，强制施工单位承担质量缺陷责任。

质量缺陷最大的风险即质量缺陷责任的界定。当质量缺陷责任界定不清时，由于质量缺陷的修复必然产生费用，并且可能同时还需要承担其他违约责任和赔偿，而这些费用应当由质量缺陷的责任方承担。因此，施工单位应当高度重视质量缺陷责任的界定。

化解措施

施工单位应当积极应对质量缺陷责任界定带来的风险。首先，应避免建设单位把不属于施工单位的质量缺陷责任归咎于己方；其次，应避免建设单位把多方原因造成的质量缺陷责任仅仅归于施工单位一方。施工单位应在工程项目全过程的各个阶段，加强风险管理，积极地应对后期缺陷责任界定不清引起的质量缺陷责任。施工单位可以参照图 3 -2 进一步明确质量缺陷责任的界定和责任分担。

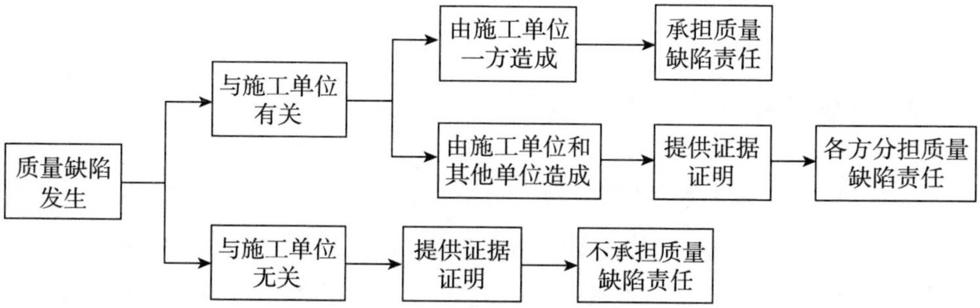

图 3 -2　施工单位处理质量缺陷流程

为了避免承担质量缺陷责任，施工单位在施工过程中，应做到以下三点：

1. 在合同签订阶段，约定质量争议鉴定机构。为避免后期可能出现的施工单位在质量缺陷责任证明过程中处于被动和尴尬境地，在合同签订阶段，施工单位可以与建设单位在合同中约定出现质量争议时的缺陷责任认定的方法。

可以在合同条款中明确约定，当出现质量缺陷问题，双方无法就质量缺陷作出界定和责任划分时，建设单位将质量缺陷问题交由项目所在地有资质的工程质量鉴定机构进行鉴定，由鉴定机构出具鉴定结论明确是否为工程质量缺陷，并明确该质量缺陷由哪方造成。同时，明确约定质量缺陷鉴定费用的承担，即由建设单位预交，待鉴定结果出具后，由责任方承担。

2. 在施工过程中，重视对工程质量资料的制作和保管。在整个施工过程中，施工单位应当增强证据意识，强化工程质量资料的制作和保管。施工单位要按照标准和规范制作工程质量资料。对于施工过程中建设单位提供的施工图纸、设计变更单、变更核定单、实施记录（包括竣工时设计变更在竣工图上标注说明）、施工材料的验收单、施工材料的检验记录、施工材料的检测报告、隐蔽工程的验收记录、取样的现场记录、工程竣工验收报告等有关工程质量的原始资料，要严格按规范制作，并且保证齐全完好。一旦产生质量争议，施工单位才能有证据提交给法院，掌握主动权。

3. 在质量缺陷发生时，积极举证责任不在己方。对于缺陷责任界定不清带来的风险，施工单位应该证明质量缺陷不是自身造成的或者证明不是由自己一方造成的。首先，施工单位可以提供施工图纸、工程竣工验收报告等有利证据，证明施工单位按图施工，不存在任何违约行为；其次，施工单位可以提交一些建设单位或者业主使用工程不当的证据，从而证明质量缺陷与建设单位或者业主的使用不当有关；最后，施工单位可以收集一些证据证明是第三方或是不可抗力造成质量缺陷。通过以上方式，证明质量缺陷的责任方不在施工单位或者至少不全在施工单位。

相关依据

《房屋建筑工程质量保修办法》

第3条　本办法所称房屋建筑工程质量保修，是指对房屋建筑工程竣工验收后在保修期限内出现的质量缺陷，予以修复。

本办法所称质量缺陷，是指房屋建筑工程的质量不符合工程建设强制性标准以及合同的约定。

第八节 工期管理

工期作为合同的关键性、实质性内容，是整个项目建设周期的主线。在履约过程中，受政治、经济、不可抗力等因素的影响，工期偏离原定施工计划，给承发包双方带来重大影响，特别是如发生材料费上涨、劳务费用增加、资金成本增加等而给承包人带来极大风险。大多数索赔及结算争议均与工期有直接关系。也就是说，工期直接关系到承发包双方建设成本的高低，也是影响工程结算时限、决定结算难易程度的重要因素之一。

对承包方而言，应当重点关注招投标文件、中标合同、总承包合同等合同文件中关于违约责任、停工权利等与工期有关的事宜，在发生与工期相关的事件时第一时间固定书面证据，确保工期可控的同时成本受控。

一、开工日期的认定

开工日期为正式开始施工的日期，有别于承包人进场做临时设施搭建、围挡施工等在正式施工前的施工准备工作的时间。一般来说，承包人应当先进场做施工准备，待具备开工条件时才正式施工，正式施工的时间即为开工日期，承包人应当严格区分二者。

风 险 提 示

根据《建设工程施工合同(示范文本)》(GF－2017－0201)"通用合同条款"第1.1.4.1目约定，开工日期包括计划开工日期和实际开工日期。计划开工日期是指合同协议书约定的开工日期；实际开工日期是指监理人按照开工通知约定发出的符合法律规定的开工通知中载明的开工日期。

在实践中，开工时间的认定有以下五种情形：一是施工许可证上载明的开工日期；二是施工合同约定的开工日期；三是开工通知、开工令载明的开工日期；四是开工报告上审批确定的开工日期；五是承包人实际开工日期。当实际开工日期与上述四种开工日期不一致时，应当如何认定开工日期？这对于发包人、承包人而言都是需要认真考量的问题。在实践中，主要从以下几个方面进行考量：

1. 以开工通知、开工令载明日期作为“开工日期”。在履约过程中通常会出现，承包人一味追求满足发包人要求的施工进度，忽略了对发包人书面指令、开工通知、开工令等书面履约资料的管理，在发包人、监理人无任何书面指令、通知的情况下进场施工，甚至是在发包人未按照招标文件履行必要的施工条件、未取得施工许可证等不具备施工条件的情况下即开始施工；或者虽然已经开始施工，但是因政府部门责令停工、因未完成“三通一平”影响部分施工等导致项目整体施工进度计划、施工工序的安排较投标时的考虑有较大变化，从而影响整个工期的情况。在此种情况下，开工日期的确定对承包人、发包人而言都显得格外重要。

根据《建设工程施工合同司法解释（一）》第 8 条第 1 项的规定，承包人实际开工时间与合同约定开工日期不一致的，应按照发包人、监理的开工通知、开工令载明的日期作为开工时间。开工通知、开工令下发时尚不具备开工条件的，即便发包人、监理已发出开工通知、开工令，也应当以具备开工条件的时间作为开工日期；若系承包人原因，在开工通知、开工令下发后未按照计划施工，承包人应当承担工期延误违约责任。

2. 以具备开工条件的实际进场时间作为“开工日期”。在实践中存在，承包人实际开工时间不明确，或者实际开工时间与合同约定开工时间或开工通知、开工令载明时间不一致，则以承包人开工报告申请开工时间作为开工日期的情形。在项目具备开工条件后，承包人通常会向发包人出具内容为现场已具备施工条件，申请在某年某月某日正式开工的开工报告。开工报告由发包人、监理单位联签后，发包人或监理单位向承包人出具具体的开工通知或开工令，此种情况下应以明确记载在开工通知或开工令中的日期作为正式开工日期，即这一天为施工日历天的起始天。更有甚者，会出现在发包人未按照合同约定完成“三通一平”或发包人提供的水电接口、施工大门数量不符合合同约定等不具备开工条件影响项目生产的情况时，即向发包人申请项目已具备开工条件、申请开工的“开工报告”。[1]

---

[1] 参见山东省济宁市中级人民法院民事判决书，(2021)鲁 08 民终 3693 号。

发包人、监理单位发出开工通知、开工令时，施工
包人完成的“三通一平”尚未完成，未领取施工许可证
尚不具备施工条件的，开工时间应当以具备开工条件
3. 综合考虑施工许可证载明的时间等作为“开工
在，发包人、监理单位未出具开工通知、开工令等能
件，因未取得施工许可证未开展实际施工作业，待发
包人旋即正式开工，实际开工日期与合同约定开工日
工许可证记载时间都不一致的情况。

《建筑法》《建筑工程施工许可管理办法》对取得
于行政管理强制性措施，并非法律效力性强制性规定
政管理层面是否符合开工条件，并非解决开工日期的
工许可证上都载明了开工日期，也并非所有载明的开
得之后的日期。在实践中，施工许可证上未载明开竣
许可证下发前的日期、载明的开工日期为合同约定开
根据《建设工程施工合同司法解释（一）》第8条第3
结合约定、证照载明时间、实际开工时间进行综合判
期。根据《建筑工程施工许可管理办法》第3条第1
工许可证的建筑工程未取得施工许可证的，一律不得
并非认定开工日期的必要条件，因此不能仅凭施工许
结合施工许可证载明的开工日期、开工报告申请的开
日期等综合判定开工时间。

化解措施

1. 开工时间应当具体而明确。鉴于施工周期长
等影响工期的不确定性因素较多，承发包双方应当就
正式进行项目建设的开工日期作出明确的界定，在施
留存好确认工期起始点的书面资料。

在延期事由发生时，承包人应第一时间要求发
书面签字确认，在留存资料时还应注意与发包人、监
工时间、实际进场时间等时间关系的前后一致性及

承包合同签订之后，经常出现发包人未及时办理施工许可证等情况，致使承包人不能按照合同约定的时间进场施工，承包人面临较大的工期违约风险。在此情形下，发包人利用其强势地位刻意压低甚至剥夺承包人向其索赔的权利，致使承包人不得不自行承担工期延误带来的风险，甚至还要向发包人、分包单位或材料商进行赔偿。

在合同约定的开工日和承包人实际进场施工日，承包人均应向发包人签发正式的工程联系单，说明约定开工日、实际开工日、未按时开工原因、主责单位、导致的损失等，及时履行催告义务。同时，在施工日志、监理日志、监理例会会议纪要中作出记录，并确保施工日志、监理日志、监理例会会议纪要都写明具体的现场人材机进场情况。以上几个记录应一致，避免出现矛盾。

出现发包人无法进场施工的情形后，承包人项目管理人员应立即调整施工进度计划和招标采购计划，并及时做好分包单位进场安排和材料进场通知，避免损失扩大。对于不能及时开工导致的损失，承包人项目管理人员要保留好相关的依据和材料，及时进行工期签证或在合同约定的期限内进行工期索赔。

4. 履约资料应记载明确且前后一致。开工日期作为整个工期的起算点，应特别注意其应与施工日志、监理日志、监理例会会议纪要载明的时间相一致，特别是在监理例会会议纪要中，应当写明承包人进场做施工准备时间、承包人开工时间、承包人人材机进场情况等，为后续工期索赔做好准备。

相关依据

1.《建设工程施工合同司法解释（一）》

第8条 当事人对建设工程开工日期有争议的，人民法院应当分别按照以下情形予以认定：

（一）开工日期为发包人或者监理人发出的开工通知载明的开工日期；开工通知发出后，尚不具备开工条件的，以开工条件具备的时间为开工日期；因承包人原因导致开工时间推迟的，以开工通知载明的时间为开工日期。

（二）承包人经发包人同意已经实际进场施工的，以实际进场施工时间为开工日期。

（三）发包人或者监理人未发出开工通知，亦无相关证据证明实际开工日期的，应当综合考虑开工报告、合同、施工许可证、竣工验收报告或者竣工验收备

案表等载明的时间,并结合是否具备开工条件的事实,认定开工日期。

2.《建筑工程施工许可管理办法》

第3条　本办法规定应当申请领取施工许可证的建筑工程未取得施工许可证的,一律不得开工。

任何单位和个人不得将应当申请领取施工许可证的工程项目分解为若干限额以下的工程项目,规避申请领取施工许可证。

二、竣工日期的认定

由于建设工程具有特殊性,工程往往不能在约定的竣工时间完成,造成实际竣工日期与合同竣工日期不一致,常由此引发争议。竣工日期也是承包人工期索赔、发包人工期反索赔的重要时间依据。承包合同一般对于竣工日期有明确的约定,是发包人证明工期延期与否的最简单、直接的证明依据。

风 险 提 示

《建设工程施工合同(示范文本)》(GF－2017－0201)“通用合同条款”第1.1.4.2目约定:“竣工日期:包括计划竣工日期和实际竣工日期。计划竣工日期是指合同协议书约定的竣工日期;实际竣工日期按照第13.2.3项(竣工日期)的约定确定。”

在实践中,竣工时间的认定有以下四种情形:一是建设工程竣工验收合格之日;二是实际竣工之日;三是未经竣工验收发包人提前使用之日;四是竣工报告载明之日。当实际竣工日期与上述日期不一致时,应当如何认定实际竣工日期?实践中从以下几个方面进行考量:

1.以竣工验收合格之日作为“竣工日期”。承包人格外重视竣工验收日期,其对承包人而言有三个重要意义:一是建设工程竣工验收合格之日既是认定工程质量合格与否的重要节点;二是判定承包人工期是否违约的重要依据;三是关乎质量保证金返还起算点。

因竣工验收是由建设单位组织地质勘查单位、设计单位、施工单位、监理单位共五方对承包人是否按图施工、施工质量是否合格等进行的全面检验,是对承包人建设工程质量结果的检验。建设工程经五方验收合格时间为竣工日期。

但在实践中竣工验收单上往往只有盖章并未签署日期,对承包人而言短期内可以进行竣工验收时间的举证;但长期而言,随着时间的流逝、人员的变更,加上履约资料数量多、杂,保管难度较大,丢失的可能性也就越大,竣工日期的举证难度也就更大。竣工验收后,因结算争议可能会引发对工期的鉴定问题,工程竣工日期将作为一个重要的时间节点来判定双方工期责任。同时,因质量保证金的返还可能会引发争议,竣工验收合格之日将作为承包人主张的基础时间节点。

2. 以提交竣工验收报告之日作为"竣工日期"。根据《建设工程施工合同(示范文本)》(GF -2017 -0201)"通用合同条款"第 13. 2. 2. 1 目的规定,"承包人向监理人报送竣工验收申请报告,监理人应在收到竣工验收申请报告后 14 天内完成审查并报送发包人。监理人审查后认为尚不具备验收条件的,应通知承包人在竣工验收前承包人还需完成的工作内容,承包人应在完成监理人通知的全部工作内容后,再次提交竣工验收申请报告"。承包人已提交竣工验收报告而发包人拖延验收的,则以承包人提交验收报告之日为竣工日期。

3. 以提前使用之日作为"竣工日期"。实践中存在发包人未经竣工验收,擅自使用建设工程的情况,根据《建设工程施工合同司法解释(一)》第 9 条第 3 项的规定,视为建设工程质量合格,以发包人转移占有建设工程之日为竣工日期。根据《建设工程施工合同(示范文本)》(GF -2017 -0201)"通用合同条款"第 13. 2. 2. 5 目的规定:"工程未经验收或验收不合格,发包人擅自使用的,应在转移占有工程后 7 天内向承包人颁发工程接收证书;发包人无正当理由逾期不颁发工程接收证书的,自转移占有后第 15 天起视为已颁发工程接收证书。"在施工过程中,发包人擅自使用工程的,承包人应注意留存建筑物转移占有使用的证据,以作为竣工验收合格的证明。[①]

化解措施

1. 竣工验收时间应具体明确。工程竣工验收后,承发包双方的结算争议主要围绕施工过程中没有完善的合同外变更、签证、索赔,而这些争议往往都与工期息息相关,很有可能需要进行造价鉴定,而在造价鉴定前又极有可能需要进

---

① 参见上海市第二中级人民法院民事判决书,(2021)沪 02 民终 2655 号。

行工期鉴定,因此开工日期、竣工日期的确定就极为重要。办理竣工验收加盖印章的承包人人员应当在用印章的同时,在各方留存的验收单上都写明具体时间。

在实践中,竣工前承包人为了满足施工进度的要求,可能不重视履约过程资料的收集与完善;或在履约过程中,发包人下发口头指令后不愿完善纸质正式签证,不愿签认签证、索赔事实及价格等,要求承包人在结算中一并主张。承包人在发包人指令不全的情况下进行施工,过程中面临签证索赔事实未确认、价格未审批、竣工结算资料不齐全等情况,竣工验收前若不加以补充完善,竣工验收后再完善资料就难上加难,承包人面临较大的潜亏风险。但受发包人资信变化等因素的影响,竣工验收后可能由于发生人员变更、发包人内部价格控制等事项,发包人不愿补签合同外变更、签证、索赔,导致承包人面临巨大亏损。承包人为了完善过程履约资料,以各种理由拖延竣工验收,导致工程竣工验收滞后、工期延长。上述拖延竣工验收并不是合法事由,不能阻却承包人工期延误的责任,承包人还可能面临被诉竣工验收和工期延误的风险。因此建议承包人应当在竣工验收前完善履约签证、索赔的签认,不要盲目以拖延验收作为谈判筹码;同时,在竣工后立即上报结算资料,在工程价款优先受偿权丧失前收回工程款。

根据《建设工程施工合同(示范文本)》(GF－2017－0201)"通用合同条款"第1.1.4.5目规定:"保修期:是指承包人按照合同约定对工程承担保修责任的期限,从工程竣工验收合格之日起计算。"五方验收的时间同时也是承包人保修期的起算点,承包人应要求各方在验收单上写明具体的年、月、日,避免出现由于日期模糊不清无法确认质量保证金到期时间、无法准确计算逾期利息的情况。若经竣工验收不合格,承包方则应按合同约定标准或有关工程质量技术规范进行整改,发包人有权要求承包人在合理期限内无偿修理或者返工、改建,承包人对建设工程进行修复后,重新验收合格之日作为实际竣工日期,同样应当写明具体验收时间。

2. 发包人未及时组织验收的,承包人应及时发函并详尽记录。实践中由于项目未取得施工许可证无法办理竣工验收、发包人规划变更未报审、发包人另行发包的专业单位履约能力不足迟迟不满足验收条件等情形,导致发包人无法组织验收或不愿组织验收,在此情况下承包人应在每一种情形发生时、发生后向发包人发出工程联系函说明具体事由和己方诉求，以此作为履约的重要证据。

如承包人自建部分施工完成后，因发包人自行发包工程或指定分包工程原因导致承包人收尾工作无法完成，并无法进行竣工验收，承包人应当在自建工程施工完毕当日即刻向发包人、监理单位发出阐明自建部分工程内容已经施工完毕的事实，并进行工作面的移交、办理移交确认单，要求发包人、监理、分包单位在移交确认单上签字确认（确认事实和施工质量），以及要求发包人督促自行发包分包单位、指定分包单位尽快完成施工内容，并在施工完毕后及时通知承包人进行收尾工作，避免系非承包人原因导致承包人承担延期竣工验收的责任。

由于发包人未办理完成施工许可证等情形导致工程无法完成竣工验收的，承包人应及时向发包人提交竣工验收报告，并同步留存发包人应当组织竣工验收时间的书面材料，注意记录承包人提交验收报告的时间、发包人给予答复的时间以及发包人未组织竣工验收的时间。承包人满足竣工验收条件时，应及时向发包人提交竣工验收报告及竣工验收资料，同时应注意留存发包人签收竣工验收申请及竣工验收资料的证据。如监理例会会议纪要、工程联系函等，每月上报看护费用，并向发包人明确主张工程质量保修期应当从竣工验收之日起计算。

3. 提前使用时间应明确。实践中存在项目未经竣工验收但发包人及已购房屋的小业主、小发包人已提前进入装修等情况，承包人应要求发包人出具书面接收记录、明确工程质量保修期自提前使用之日起开始计算的书面资料，发包人拒绝提供的，承包人可收集发包人提前使用工程的竣工、开业相关新闻、航拍图及视频，特别是地产类建设工程，必要时可采用公证形式确认现场提前交付使用情况。

相关依据

1.《建设工程施工合同司法解释（一）》

第9条 当事人对建设工程实际竣工日期有争议的，人民法院应当分别按照以下情形予以认定：

（一）建设工程经竣工验收合格的，以竣工验收合格之日为竣工日期；

（二）承包人已经提交竣工验收报告，发包人拖延验收的，以承包人提交验收报告之日为竣工日期；

(三)建设工程未经竣工验收，发包人擅自使用的，以转移占有建设工程之日为竣工日期。

2.《建设工程质量管理条例》

第16条 建设单位收到建设工程竣工报告后，应当组织设计、施工、工程监理等有关单位进行竣工验收。

建设工程竣工验收应当具备下列条件：

(一)完成建设工程设计和合同约定的各项内容；

(二)有完整的技术档案和施工管理资料；

(三)有工程使用的主要建筑材料、建筑构配件和设备的进场试验报告；

(四)有勘察、设计、施工、工程监理等单位分别签署的质量合格文件；

(五)有施工单位签署的工程保修书。

建设工程经验收合格的，方可交付使用。

第40条 在正常使用条件下，建设工程的最低保修期限为：

(一)基础设施工程、房屋建筑的地基基础工程和主体结构工程，为设计文件规定的该工程的合理使用年限；

(二)屋面防水工程、有防水要求的卫生间、房间和外墙面的防渗漏，为5年；

(三)供热与供冷系统，为2个采暖期、供冷期；

(四)电气管线、给排水管道、设备安装和装修工程，为2年。

其他项目的保修期限由发包方与承包方约定。

建设工程的保修期，自竣工验收合格之日起计算。

三、停工的法律风险

在项目建设中，能够完全按照合同约定的开、竣工时间履行，特别是按照约定的竣工时间完成建设工程竣工验收的少之又少。大多数工程会在施工过程中因政府部门有关环保、重大活动事项等的停工管制和疫情、恶劣天气等不可抗力因素导致短暂停工。更有甚者，因发包人资金问题导致项目长期停工，承包人将面临巨大的工期延误风险。

风险提示

1. 政府部门责令停工风险。建设工程中的停工分为主动型停工和被动型停工。顾名思义，主动型为承包人基于各方原因主动进行的停工，被动型停工为因缺少施工“四证”被政府部门责令停工、被发包人要求停工等。根据《建筑法》《城乡规划法》《城市房地产管理法》《企业信息公示暂行条例》等法律、行政法规规定，项目工程未取得建设工程规划许可证，或者未按照建设工程规划许可证的规定进行建设的，由县级以上城乡规划主管部门责令停止建设，承包人面临因停工而导致成本增加的风险。

2. 承包人滥用停工权的法律风险。在总承包合同履约过程中，不可避免地会出现发包人未按期支付工程款、未及时办理签证索赔事实及价格、拖延审批施工方案、未按期提供施工图纸等情况，一些承包人会以发包人未按期支付工程款，承包人无法垫付分包商、供应商工程款，导致劳动力组织不力、供应商停供等影响工期的情况，甚至是停工，作为谈判筹码或者逼迫发包人妥协。

3. 承包人未及时停工的法律风险。实践中可能存在发包人有未及时支付工程款、预付款，未办理施工许可证，未提供合规图纸等违约行为，但承包人未及时采取停工措施，一味垫资施工、无证施工、无合规图纸施工等，在承包人进行大量投入后，发包人仍未履行大量义务时才采取停工措施的情况，此时因承发包双方未及时纠偏导致费用投入加大，分包商分供商停工、讨薪、停供导致工期延期，面临承发包双方的索赔风险。

4. 项目停、缓建风险。总承包合同签订后，系非承包人原因导致工程未开工，或虽开工但系非承包人原因停工，应发包人、监理要求停工，又或者虽未停工但施工进度严重缓慢，再或者承包人主动停工，上述几种情况为施工过程中常见的停、缓建现象。

在项目施工过程中一旦出现停、缓建现象，必然会导致工期延长，造成成本增加，若恰巧遇到材料价格上涨还涉及调整风险问题等。

化解措施

1. 充分研读合同。停工是承包人保障权益的重要手段，但承包人应理性、审慎行使停工权，具体而言可遵循以下步骤：

(1)承包人项目管理人员必须了解总承包合同是否赋予了承包人在特定情形下停工的权利,避免擅自停工导致承担违约责任,甚至会触发发包人解除合同的条件,并由承包人承担合同解除的违约责任。因此承包人在停工前应尽量取得发包人对已完工程量、合同外签证、索赔等的确认,或至少先取得监理的确认。

(2)在符合停工条件的基础上,应对停工的利弊进行综合分析,包括承包人以停工为筹码能够换取的利益,停工是否导致工期延误,是否可向发包人主张停工期间窝工、赶工费用等。

(3)停工后,承包人应及时通知相关分包单位、机械租赁单位或材料商并对现场人材机进行梳理,采取有效措施将停工损失降至最低。同时每月应向发包人上报当月已完成的工程量,包括人材机费用等。

具体为,承包人在行使停工权利时,应充分研读合同,此类停工是否属于总承包合同中约定的承包人可以停工事项或工期顺延理由;或总承包合同是否明确约定在任何情况下承包人均没有停工的权利,擅自停工工期不予顺延。

实践中可能存在承包人在作出停工或缓慢施工的决定时,不依据合同条款,仅针对现阶段履约目的是否达成的情形,如此这般滥用停工权将可能导致工期违约、丧失信誉、停窝工费用增加等风险。与此同时,承包人也有可能因停工而引发分包单位、机械租赁单位或材料商的费用索赔,给承包人带来不可估量的损失。

2.必要情况下及时停工。擅自停工对于承包人而言将面临较重的举证责任和较大的费用损失。面对复杂的市场环境,承包人应当严格调查发包人资信情况,一旦发现发包人项目公司或集团公司存在信誉风险、资信风险等风险,或在履约过程中频繁更换现场管理人员,现场管理人员无决定权,事由、金额均要经过发包人集团公司的审批确认等项目公司权限缩小,履约过程中承包人不愿签认事实、逃避履约责任等情况发生的,承包人应当准确判断,迅速决策是否应当停工,必要时办理退场手续并提前终止合同,在退场前及时与发包人沟通,进行已完工程量确认、争议事项的处理,在退场前办理完成结算,并在签署退场协议时明确停工开始时间、停工期间工期顺延、工程款支付方式、工程款支付时间、工程款逾期支付违约金及利息等条件。

切记不可在发包人未按期支付工程款时未告知发包人就盲目停工;在发包

人支付部分款项后，未就停工期间工期、费用协商完毕，发包人仅支付少许工程款后即复工，但复工后又反复停工。非但没有达到停工谈判的效果，反而造成工期延误，承包人需要向发包人承担工期延误违约责任。

在实践中，承包人会以发包人工程款支付不到位为由擅自停工，以此催促发包人履行付款义务，在工程能够正常履行结算的情形下，承包人可与发包人就延期付款部分利息及延误的工期进行协商；但在诉讼阶段，承包人因发包人未及时支付工程款擅自停工，特别是总承包合同已明确承包人不得擅自停工的，承包人将面临承担工期延误违约责任的风险。

3. 停、缓建项目及时止损。在履约过程中，应实时关注监控建设单位履约情况，强化对建设单位的风险识别与应对，密切关注建设单位资信及社会舆情等情况。当建设单位履约不及时时，应迅速做出反应，风险萌出前即向决策层反映项目困境，避免盲目施工或无效停工，及时退场止损。退场前应与发包人沟通，争取协商一致并签订退场协议、办理结算，做好施工成品保护与交接、明确保修期起算点等工作，完成风险交割。退场协议应充分考虑逾期付款导致的诉讼回款风险问题，设定优势条款，从源头上化解风险。

承包人应把履约资料当作案件证据来管控，严格落实重大事项策划审批、联动销项制度，定期组织召开专项推进会，对项目成本、工程欠款、工期索赔等焦点问题多次论证。同时应做到"事事有文书、件件有回应"，勤发文、善发文，将发文当作"记笔记"，开工前期就与发包人充分沟通，不能因怕得罪发包人而对履约过程发文产生排斥心理，最终在索赔、结算或发生争议事项时无证据资料，导致潜亏风险。

坚持谋划在前、启动在后。万事俱备，方可速战速决。发现风险因素时，承包人应主动调查，综合设定多种风险处理方案，积极调查发包人资产，防止发包人转移资产或申请破产导致债权无法回收，确保起诉案件推进有实效，力促回款。

相关依据

《建设工程质量管理条例》

第10条第1款 建设工程发包单位，不得迫使承包方以低于成本的价格竞标，不得任意压缩合理工期。

四、工期延误责任承担

就工期延误举证责任而言，发包人仅就合同约定的工期提供举证责任，针对延期部分的延期事由、延期天数、是否在合同约定的时限内提出、是否由合同约定的有签字权限的发包人人员签字确认的举证责任就在于承包人，承包人需具有较强的履约资料管理意识，非己方工期延期事由发生后，立即留存工期延期证据资料，并按照约定发出索赔意向，避免承担工期延误不利后果。

风 险 提 示

1. 承包人承担工期延误不利后果。无论是《建设工程施工合同（示范文本）》（GF－2017－0201）还是发包人与承包人自行草拟签订的总承包合同，均会约定计划开工日期、计划竣工日期、总施工日历天数，或总承包合同中虽未约定计划开、竣工日期，但明确了施工总日历天数，以及具体开工日期以发包人或监理单位通知为准。履约时，承包人应当按照合同约定的开工日期、总日历天数列明施工计划确保如期竣工，在约定的竣工日期完成施工内容。在工期延误事件中，发包人仅需要提供施工合同便可初步证明承包人没有按照约定履行合同，存在工期违约；而承包人应当提供有关实际开工时间的证明资料，以避免因合同工期延误而要承担逾期责任，故承包人负有较重的举证责任。

在实践中，发包人违反《建设工程质量管理条例》《建筑安装工程工期定额》的规定压缩合理工期，又在总承包合同中约定严格的工期处罚条款、较高比例的工期违约金，对罚款金额未设定上限，承包人若按照工期要求完工，则势必要大量赶工，投入大量人材机费用，增加承包人成本风险，若不赶工则可能造成工期延误要承担高额的工期延误违约金，甚至可能出现发包人解除合同的情形，承包人要承担合同解除违约责任。

2. 指定分包单位工期延误的法律风险。在履约实践中，项目分为土建部分、安装部分及暂估价部分，通常总承包合同中的暂估价部分施工内容由发包人单独招标或与承包人联合招标，或要求承包人招标，即虽暂估价工程施工内容在总承包合同范围内，但发包人通过自行选定分包单位，并与专业分包单位直接签订合同，即发包人“单独发包”，发包人、承包人专业分包单位共同签订合同，或承包人与专业分包单位签订合同三种形式，最终由承包人与分包人在发包人确认的工程价款基础上进行结算，这就是所谓的“指定分包”。在履约过程中，因承包人并非对此等专业分包单位进行绝对管理，承包人通常仅能有效控制自建部分施工的工期、质量、成本等；但在指定分包工程施工时，经常出现系指定分包单位致使工期延误的情形。主要表现在：

(1)发包人未及时确定指定分包单位，或指定分包单位未按时进场施工；

(2)施工交叉作业多，组织协调工作量大；

(3)指定分包工程验收不及时，导致工程整体竣工验收滞后；

(4)指定分包单位履约能力不足，未能有效组织劳动力进行施工。

3. 未按照合同约定办理工期延期手续的法律风险。在承包合同中，一般会对签证、索赔等作出严格的流程及权限约定，承包人应当严格按照合同约定主张，但在履约过程中往往出现承包人出于维护与发包人良好关系的考虑，不提出签证、索赔的主张，而是在结算过程中一并主张；或发包人在履约过程中不愿进行工期延期事件的确认，以在结算中进行处理为说辞，拒不解决工期延期签认。

在结算过程中，往往会出现发包人人员变更、权限变化、上级集团对承包项目资金的管控等情形，导致已经延误的工期延期事实无人确认，延期费用主张得不到确认，更有甚者可能还会面临发包人对工期的反索赔风险。

化解措施

1. 在施工合同中约定施工相关手续由发包人负责办理。《建设工程质量管理条例》虽规定施工许可证等施工手续由发包人负责办理，但根据合同意思自治原则，若总承包合同约定由承包人负责办理施工许可证，合同条款有效，意味着除能够证明施工许可证未办理系发包人原因导致，否则因施工许可证的办理义务在承包人合同范围内，且发包人办理施工许可证仅为行政法规，非法律层面的严格规定，承包人将面临因施工许可证未及时办理，引发延期开工导致工期延误的违约责任等。因此承包人在总承包合同谈判阶段，应积极争取发包人未妥善办理前期手续时向发包人索赔的权利，并在合同中明确约定发包人应准备的前期手续、具体开工时间以及在发布开工指令前做好各项准备工作。同时，要特别强调非承包人原因导致的开工迟延和工期延误，承包人不承担责任。

2. 对指定分包单位实行严格管理。根据《建筑工程施工发包与承包违法行为认定查处管理办法》第6条的规定，建设单位将一个单位工程的施工分解成若干部分发包给不同的施工总承包或专业承包单位的认定为违法发包。在实践中，为了配合发包人满足合规性问题，且在建筑业营业税改增值税后，对发包人指定分包的招标、合同签订、工程款支付、发票开具等均有严格要求，指定分包合同正在由“三方合同”向“两方合同”转变，即从原发包人、承包人、指定分包单位签订三方合同，向承包人与指定分包单位签订两方合同转变。工程款支付形式通常也是由承包人向指定分包单位支付、由指定分包单位向承包人开具工程款发票，以满足“合同流、发票流、现金流”“三流一致”的要求。若三者不一致，发包人将被认定为“违法发包”或“支解发包”，将因违反“三流一致”而不能抵扣进项税；承包人也将因其仅与指定分包单位签署合同，但无实际经营业务及未缴纳税款而面临税务稽查风险。

因此，在实践中要证明承包人与指定分包单位之间的关系是“指定分包关系”而非“总承包关系”难上加难。一旦被认定为总分包关系，则指定分包单位需与承包人共同就施工工期、质量、安全等向发包人承担连带责任，而非指定分包法律关系中的施工质量过错责任。

指定分包工程延期，将导致整体工期滞后的工程延期风险，因此承包人在指定分包合同中应明确系指定分包单位原因导致工期延误给承包人造成损失的违约责任条款。当系指定分包单位的原因造成工期延误时，应及时向发包人和指定分包单位发函，明确指定分包延期事实、要求总体工期顺延，同时收集系指定分包单位造成工期延误的证据资料。一旦系指定分包单位原因致使承包人向发包人承担工期延误责任的，承包人可以及时向指定分包单位追偿及索赔。

3. 工期处罚设定上限。为了避免承担高额的逾期竣工违约金，承包人除了强化履约管控、严控施工进度、避免出现工期因承包人自身原因延误外，还应当在总承包合同谈判阶段就违约金上限作出约定。

在施工过程中，应重点关注工期延误原因的证据收集。由于非承包人原因导致可能出现工期顺延的情况时，承包人应及时按照合同约定的程序、时限向发包人提出顺延工期的书面申请。同时收集相关证据，包括但不限于图纸、变更、新闻报道、现场照片、气象部门发布的预警、事后财产损失结果公示等。

鉴于少有发包人提供支付担保，且存在延期支付工程进度款的普遍情况，承包人应当结合发包人延期付款的情况，从施工成本投入与现金流等角度，印证延期付款与工期延误的因果关系，从而避免承担高额工期违约金。

4. 及时确认工期延期事实。根据《建设工程施工合同司法解释(一)》第10条的规定，当事人约定顺延工期应当经发包人或者监理人签证等方式确认，若发包人在履约过程中不愿进行工期索赔的处理，可要求发包人对工期延期事实进行确认，或要求监理单位对工期延期事实进行确认。对于报送发包人、监理单位的相关签证、索赔资料，应当注意下列情况，以便在发包人拒绝签认工期延期情况时，能够作为已经进行工期延期签证、索赔的报送，但发包人未予处理的证据资料进行主张。主要包括：

(1) 以当面送达方式递交的，应要求发包人、监理单位进行签收，并写明签收时间。同时应当注意发包人、监理单位签收人是否为合同约定的签收人，是否为发包人、监理单位的员工，是否为惯常签署资料的发包人、监理单位人员等签收人的权限问题。

(2) 以邮寄方式送达的，承包人应以合同约定或者发包人往来函件、会议纪要等形式书面认可的通信地址为准。中国邮政特快专递封面应当写明能够显示文件主要内容的详细名称，应写明具体邮寄日期，妥善保管邮寄底单中寄件人留存页，并跟踪邮件送达情况，截图、打印收件人签收情况的记录。退回件不得丢弃、拆件，应与邮寄底单、跟踪记录共同保管。

(3) 采用电子邮件形式送达的，应以合同约定或者发包人以其他形式认可的电子邮箱通信地址为准，必须全面、准确填写电子邮箱名称、电子邮件主要内容，电子邮件附件名称应当写明能够显示文件主要内容的名称，并应确保附件的有效期，避免在将电子邮件作为证据时邮件附件因过期无法打开。

相关依据

1.《建设工程施工合同司法解释(一)》

第10条 当事人约定顺延工期应当经发包人或者监理人签证等方式确认，承包人虽未取得工期顺延的确认，但能够证明在合同约定的期限内向发包人或者监理人申请过工期顺延且顺延事由符合合同约定，承包人以此为由主张工期顺延的，人民法院应予支持。

当事人约定承包人未在约定期限内提出工期顺延申请视为工期不顺延的，

按照约定处理，但发包人在约定期限后同意工期顺延或者承包人提出合理抗辩的除外。

2.《建筑工程施工发包与承包违法行为认定查处管理办法》

第5条　本办法所称违法发包，是指建设单位将工程发包给个人或不具有相应资质的单位、肢解发包、违反法定程序发包及其他违反法律法规规定发包的行为。

第6条　存在下列情形之一的，属于违法发包：

（一）建设单位将工程发包给个人的；

（二）建设单位将工程发包给不具有相应资质的单位的；

（三）依法应当招标未招标或未按照法定招标程序发包的；

（四）建设单位设置不合理的招标投标条件，限制、排斥潜在投标人或者投标人的；

（五）建设单位将一个单位工程的施工分解成若干部分发包给不同的施工总承包或专业承包单位的。

3.《建设工程质量管理条例》

第10条　建设工程发包单位，不得迫使承包方以低于成本的价格竞标，不得任意压缩合理工期。

建设单位不得明示或者暗示设计单位或者施工单位违反工程建设强制性标准，降低建设工程质量。

第13条　建设单位在开工前，应当按照国家有关规定办理工程质量监督手续，工程质量监督手续可以与施工许可证或者开工报告合并办理。

第56条　违反本条例规定，建设单位有下列行为之一的，责令改正，处20万元以上50万元以下的罚款：

（一）迫使承包方以低于成本的价格竞标的；

（二）任意压缩合理工期的；

（三）明示或者暗示设计单位或者施工单位违反工程建设强制性标准，降低工程质量的；

（四）施工图设计文件未经审查或者审查不合格，擅自施工的；

（五）建设项目必须实行工程监理而未实行工程监理的；

（六）未按照国家规定办理工程质量监督手续的；

（七）明示或者暗示施工单位使用不合格的建筑材料、建筑构配件和设备的；

（八）未按照国家规定将竣工验收报告、有关认可文件或者准许使用文件报送备案的。

第九节　索　　赔

承包人与发包人作为建设工程施工合同的当事人，每一方都有通过索赔维护自己合法利益的权利。在工程合同履行过程中，承包人可以依据合同和法律、法规、政策，针对工期、费用等向发包人进行索赔，发包人也可以依据合同向承包人进行工期、质量的索赔或反索赔。

根据《建设工程工程量清单计价规范》（GB 50500－2013）第2.0.23条的规定，工程索赔就是在工程合同履行过程中，合同当事人一方因不能归责于己方的事由遭受损失，按合同约定或法律法规规定承担责任，从而向对方提出补偿的要求。索赔可能发生在工程建设的各个阶段，既包括施工期间的索赔，也包括完工或解除合同后通过诉讼、仲裁进行索赔。但实践中以施工阶段的索赔更为多发。根据目的的不同，建设工程索赔一般包括要求工期延长、要求价格补偿两种情况。本节主要对工期延误索赔和价格索赔进行阐述。

一、工期延误索赔

施工过程中不可避免地会出现工期延误的情况。在此种情况下，就举证责任而言，发包人仅就合同约定的工期提供举证责任，针对延期部分的延期事由、延期天数，是否在合同约定的时限内提出，是否由合同约定的有签字权限的发包人人员签字确认的举证责任就在于承包人。如何主张工期延期的同时避免发包人对工期延误的反索赔，是整个项目履约过程中承包人应当高度注意的风险点。

风险提示

1. 工期延误原因未明确。承包人的工期索赔包括工期延期天数索赔及工期延误影响的费用索赔。在实践中,非承包人原因导致的工期延误通常包括以下几种:一是发包人原因;二是无法预见的不良地质条件;三是极端恶劣天气;四是不可抗力事件;五是政府行为等。而在实际施工过程中,承包人担心提出索赔会影响其与发包人的关系,故往往在工期延误事件发生后未及时向发包人发出工程联系函、未在监理例会中进行明确表述、未向发包人发出索赔意向等,或者是仅以口头方式向发包人提出索赔而未进行书面形式的落实工作,将索赔工作寄希望于结算时的谈判。殊不知,建设工程周期长、人员变动大,若在过程中未及时处理,等到工程结算时往往会因发包人人员变更、集团对发包人项目公司的权限变化导致发包人现场人员不能补签,或超过合同约定的索赔时限发包人不愿补签,出现承包人预期高、发包人预期低的结算困局。

2. 未及时主张工期顺延。根据《建设工程施工合同(示范文本)》(GF-2017-0201)“通用合同条款”第19.1.1项规定,承包人应在知道或应当知道索赔事件发生后28天内,向监理人递交索赔意向通知书,并说明发生索赔事件的事由;承包人未在前述28天内发出索赔意向通知书的,丧失要求追加付款和(或)延长工期的权利。在实践中,即便承发包双方没有使用示范文本,总承包合同也会对索赔时限、索赔流程进行明确约定,但承包人往往忽略合同条款,导致工期未能顺延和索赔。

化解措施

1. 及时确认工期延误事实。发生非承包人原因导致的工期延误事件后,承包人应当尽可能在事件发生当日发出工程联系函,延期事件为连续的时间段的,在事件最后时间向发包人发函,告知工期延误事件发生的事由、工期延误的情况,并附相关证明材料,告知发包人将尽快上报索赔报告。同时尽快取得发包人、监理单位对工程延期的事实及费用的确认,或至少先取得监理单位对工程延期事实的确认。

2. 按照合同约定及时进行工程延期索赔。承包人应严格按照合同约定在规定时限内发出索赔报告,并注意书面索赔报告应要求发包人进行签收确认;

若无法在短期内提供索赔报告，应按照合同约定先向监理单位发出索赔意向，并在约定时限内完成索赔报告报送。

3. 梳理工期延误事件。承包人应在履约过程中格外注意，发包人原因导致的工期延误。在发生下列影响工期的事件后，承包人应立即向发包人、监理人发函，并尽量在监理例会会议纪要、施工日志中载明非承包人原因导致的工期延期情况，做好摄影、摄像记录，工程延期事件发生后立即梳理履约资料并上报工期顺延主张：(1)设计出图延误，设计变更；(2)场地/工作面移交、施工条件延误；(3)基础资料、许可等手续延误；(4)发包人提供的测量基准点、基准线延误；(5)未能在计划开工之日起7天内下达开工令；(6)发包人未能按合同约定日期支付进度款；(7)超过24小时的停水、停电；(8)其他情形。

4. 及时进行工程延期事件复盘。在进行工期梳理、复盘时，应先就原开工时间、竣工时间、各关键节点、施工计划与实际开工日期、按照原工期天数的计划竣工时间，找到每个节点延期的天数及导致工期延误的具体事件、各事件导致的具体延误天数，以此就工期情况进行拆解，查找分析承包人原因导致的工期延误、因法律法规规章规定等变化影响工期的证据，做实工程延期索赔证据支撑(见图3-3)。

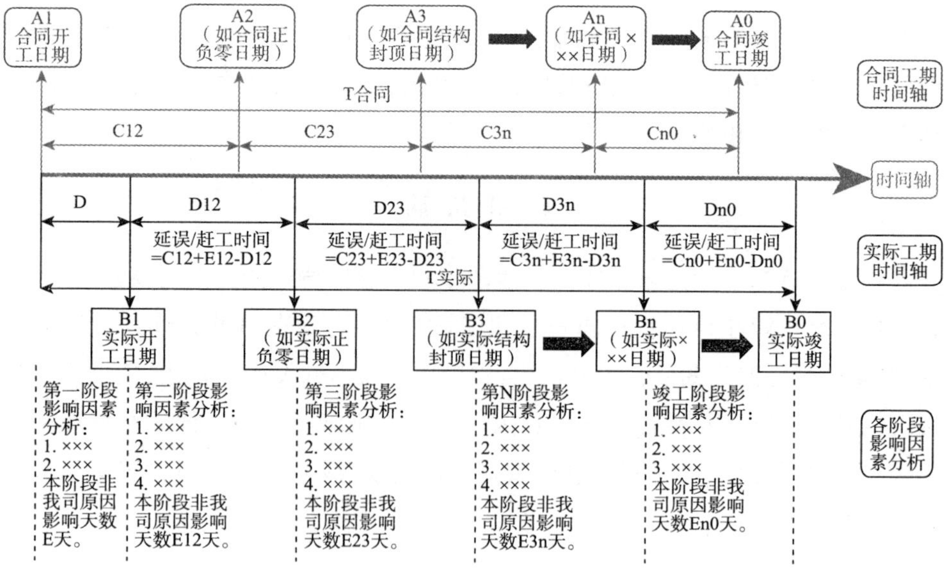

图3-3 工期复盘鱼骨图

在无法预见的不良地质条件方面，可从投标时现场勘察无法直接发现的、地质勘察报告中未探明的或与实际情况不符、对现场施工造成影响的不良地质条件角度出发进行梳理。

在极端恶劣天气方面，合同中明确约定何为恶劣天气，何种程度构成极端恶劣天气，若未达到合同约定的条件，可就当年官方气象报告中载明的台风、高温、降水等情况与往年同期情况进行对比分析，找出导致承包人无法预测、无法承担的因恶劣天气工程延期的事由、因天气变化政府部门下发的相关文件等，作为工程延期的证据资料。

在政府行为方面，主要为大型会议停工、大气管控停工、临时活动停工、特殊事件停工等政府部门的相关发文。

相关依据

1.《建设工程质量管理条例》

第11条　施工图设计文件审查的具体办法，由国务院建设行政主管部门、国务院其他有关部门制定。

施工图设计文件未经审查批准的，不得使用。

2.《建设工程施工合同司法解释(一)》

第2条　招标人和中标人另行签订的建设工程施工合同约定的工程范围、建设工期、工程质量、工程价款等实质性内容，与中标合同不一致，一方当事人请求按照中标合同确定权利义务的，人民法院应予支持。

招标人和中标人在中标合同之外就明显高于市场价格购买承建房产、无偿建设住房配套设施、让利、向建设单位捐赠财物等另行签订合同，变相降低工程价款，一方当事人以该合同背离中标合同实质性内容为由请求确认无效的，人民法院应予支持。

第10条　当事人约定顺延工期应当经发包人或者监理人签证等方式确认，承包人虽未取得工期顺延的确认，但能够证明在合同约定的期限内向发包人或者监理人申请过工期顺延且顺延事由符合合同约定，承包人以此为由主张工期顺延的，人民法院应予支持。

当事人约定承包人未在约定期限内提出工期顺延申请视为工期不顺延的，

按照约定处理，但发包人在约定期限后同意工期顺延或者承包人提出合理抗辩的除外。

第11条 建设工程竣工前，当事人对工程质量发生争议，工程质量经鉴定合格的，鉴定期间为顺延工期期间。

第22条 当事人签订的建设工程施工合同与招标文件、投标文件、中标通知书载明的工程范围、建设工期、工程质量、工程价款不一致，一方当事人请求将招标文件、投标文件、中标通知书作为结算工程价款的依据的，人民法院应予支持。

二、费用索赔

根据《建设工程工程量清单计价规范》（GB 50500－2013）及《民法典》对索赔的相关规定，一切非承包人的原因造成的工期延长及费用增加，承包人均可进行价格索赔。承包人索赔的情形主要包括发包人违约、第三方原因、工程变更、不利物质条件、不可抗力和重大情势变更等，索赔费用主要包括人员窝工、机械租赁、措施费、管理费用、延期期间人材机涨价费用等。

风险提示

承包人项目部由项目经理牵头，项目各部门不仅要重视施工生产及履约，更加要注重协同进行“成本”管控。

1. 索赔主张无依据的风险。实践中往往存在施工人员收集证据不及时、不能妥善保管证据材料，造成证据链不完整、证据的证明力不强导致索赔失败的情况。当风险和不确定事件发生导致损失产生时，承包人若不能及时与发包人进行确认，在结算时可能会出现发包人不予认可延期事实，工期延误及费用均由承包人承担的不利后果。

2. 超过期限未主张索赔的风险。根据《建设工程施工合同（示范文本）》（GF－2017－0201）第19.1款的规定，承包人应在知道或应当知道索赔事件发生后28天内，向监理人递交索赔意向通知书，并说明发生索赔事件的事由；承包人未在前述28天内发出索赔意向通知书的，丧失要求追加付款和（或）延长工期的权利。索赔方如不严格遵守索赔时效的相关规定，逾期提出索赔要求，可能导致索赔不能的不利后果。在实际施工过程中，发包人往往占据明显的优势地位，当索赔事项发生时，发包人可能拒绝签收索赔文件、搁置处理索赔确认或签收索赔文件后不作答复等，导致承包人未能在索赔事件发生后及时完成索赔确认。

3. 索赔不充分的风险。承包人除按照合同约定及时主张索赔外，还应就索赔事件进行分析和策划，要勇于突破合同约定进行费用主张。

化解措施

1. 及时收集索赔资料。在索赔事件发生后，承包人应严格按照合同约定在规定时限内提出索赔意向提交监理人，并按照约定在规定时限内提交经济损失的索赔报告及有关资料。若索赔事项为具有持续影响的事项，索赔事件持续进行时，承包人应当以合理时间间隔阶段性地持续向监理人递交延续索赔通知。当持续性索赔事件终了后，承包人需向工程师提供索赔的有关资料和最终索赔报告，此时，报告和资料的提交不得晚于索赔事件终了后的28天。

在项目履约过程中，必须注意应以事件和文件为依据，辨别、记录可能发生或已经发生的事件对工期、施工费用的影响，做到“事事留痕迹”，全面地考虑可能导致索赔事项发生的因素，并固定书面证据，为日后可能发生的索赔事项积累材料。

2. 根据具体情况充分索赔。以工期费用索赔为例，当影响工期的事件发生后，承包人除了按照合同约定主张赔偿外，对于工期延误时间过长的，还应当考虑在非承包人原因导致的工期延误或停工期间，是否可以突破合同约定向发包人主张费用。即便合同未约定人材机费用调差或只约定部分调差，但随着市场行情的变化，人材机费用可能出现涨幅，原合同条件对承包人来说显失公平，承包人应当突破合同约定主张费用，以减少损失。

3. 提高管理人员按程序索赔的意识。项目管理人员必须意识到及时准确地通知和提供合理的证明材料对索赔成功的重要性，不能因发包人拒绝签收就放弃或搁置索赔材料报送，即使发包人不予签认索赔事宜，也应收集可以证明其已向发包人主张索赔事宜的电子邮件、签收记录、聊天记录等材料。

4.注意索赔材料的规范性。常见的索赔材料的缺陷包括需要盖章的材料未盖章、印章种类不满足约定(如合同约定需承包人公章时仅加盖了承包人项目章)、无法证实签收人身份或签收人不具备授权权限等。在履约过程中,承包人应当认真研读合同,明确索赔流程与人员签字权限,若合同未就发包人管理人员权限进行约定,承包人也应留存好与发包人管理人员聊天记录、邮件记录等截图,并尽可能掌握发包人管理人员的真实姓名与劳动关系情况,收集该人员参加的监理例会、发包人组织的相关会议的会议纪要或签到表签字情况的证明材料,避免发生因发包人管理人员不签署真实名字或其与发包人无劳动关系导致签字无效和索赔不成功的情况。

相关依据

1.《民法典》

第803条 发包人未按照约定的时间和要求提供原材料、设备、场地、资金、技术资料的,承包人可以顺延工程日期,并有权请求赔偿停工、窝工等损失。

第804条 因发包人的原因致使工程中途停建、缓建的,发包人应当采取措施弥补或者减少损失,赔偿承包人因此造成的停工、窝工、倒运、机械设备调迁、材料和构件积压等损失和实际费用。

2.《建设工程施工合同司法解释(一)》

第19条 当事人对建设工程的计价标准或者计价方法有约定的,按照约定结算工程价款。

因设计变更导致建设工程的工程量或者质量标准发生变化,当事人对该部分工程价款不能协商一致的,可以参照签订建设工程施工合同时当地建设行政主管部门发布的计价方法或者计价标准结算工程价款。

建设工程施工合同有效,但建设工程经竣工验收不合格的,依照民法典第五百七十七条规定处理。

第十节　变更、签证、甩项

一、变更

根据《建设工程施工合同(示范文本)》(GF－2017－0201)通用条款第10.1款的规定,工程变更包括:(1)增加或减少合同中任何工作,或追加额外的工作;(2)取消合同中任何工作,但转由他人实施的工作除外;(3)改变合同中任何工作的质量标准或其他特性;(4)改变工程的基线、标高、位置和尺寸;(5)改变工程的时间安排或实施顺序。由此可知,工程变更包括工程量变更、工期变更、质量变更等。工程变更有利有弊,目前建设工程市场竞争激烈,利润极低,施工单位投标往往会采用不平衡报价方法,即部分工程亏损,部分工程盈利,只要盈利部分大于亏损部分即可。若进行工程变更,建设单位将原属于施工单位的盈利部分移除或增加施工单位亏损部分,施工单位就会亏损,项目可能因为亏损问题陷入停滞。在实践中,工程变更往往指工程量的增加或减少,而工程量的增加或减少会影响质量要求和总体工期。

风险提示

1. 违法建筑风险。根据《城乡规划法》的规定,设计变更超过建设工程规划许可证的规定,要求限期改正,若不能改正,予以拆除。部分设计变更如果超过范围,违反建设规划,违反规划的建筑物会被认定为违法建筑。若建筑物成为违法建筑,则可能面临停工、整改风险,工期也相应延后。若承包人按照发包人要求已经将该部分工程建设完成,在发包人不予支付的情况下,又因为是违法建筑而无法获得充分的法律救济。

2. 现金流风险。在实践中,部分合同的付款约定为“进度款每月支付”,但不包含签证、变更、索赔费用。若在工程施工过程中发生变更、签证索赔等情况,该部分费用待工程竣工后结算时一同支付。若承包人在签订合同时未考虑后期可能出现的工程变更、索赔而同意该条款,而在后期的工程施工过程中,出现大规模的工程变更,如设计方案更改,增加某部分工程时,承包人将陷入被动境地,原本为工程施工所考虑的资金计划无法适用,无法高效施工。对于增加或减少工程,因为各个合同中计价方式的不同或者无相应费用可供参考,发、承包人可能对某项的市场价格认识存在分歧无法达成一致,以致增加或减少的价款数额始终无法确定。

3. 亏损风险。工程变更不仅包括工程量的增加,也涉及工程量的减少。因为整体工程中各部分的利润不同,如精装修、水电、绿化利润较高,基坑围护、桩基等利润较低,承包人在报价时是以承接总体工程做利润额预估。若后续发包人将承包人范围内利润额较高的安装、装饰工程移出,交由另一分包人施工,或要求承包人增加某报价亏损的部分的施工。按照通常的合同约定,由于是固定单价合同,就新增的工程量采取相同或类似的单价而不会调整合同某项的单价,该部分的工程量越多,承包人可能亏损越多;减少工程量也是同理。

4. 工期风险。在实践中,因为发包人和承包人地位不同,对于发包人的指令,即使存在法律瑕疵,承包人一般也不会不予执行。根据建设工程实务中常见的合同约定,出现工程变更时,发包人将指令单传达至监理人,由监理人向承包人发出增加某项工程的指令,但往往该项指令不会对所有相关事宜予以明确。比如对于某项装修工程,发包人通常会写明于某部分将原方案改为该方案,或者由原 3 项改为现 5 项,而对于工期和费用问题不予解释。由于工程作出了变更,相应的工期在一般情况下是予以变更的,但该工期的具体合理时间如何确定并无法律的明确规定,有赖于双方当事人的协商。因此若承包人响应发包人要求,将发包人要求的工程先行施工,后期发包人不认可承包人提出的工期变更方案,发承包双方对该问题持续存在争议,承包人的工期风险无法闭合,若超出双方签订的建设工程施工合同工程,承包人可能还要面临发包人的费用索赔风险。

5. 程序风险。在紧急情况下,发包人当时无法签署纸质变更指令单,现场人员会以口头方式下达指令。在施工过程中,承包人一般不会考虑口头指令和书面指令的区别,为配合发包人,会先执行口头指令,后续再对该部分工程进行商谈。而部分发包人在现场指令下发后就口头指令不予承认或是发出指令的发包人人员并非发包人派驻项目现场具有该项授权的员工,此时承包人就会落入被动境地,工程已经先行施工却无法得到发包人的确认。还有一种情况是承包人的合理化建议。如某项工程原设计采用某项技术方案，在施工过程中，承包人发现使用另一方案更为合理，对质量不会有影响且可缩减工期。但承包人报送发包人后，发包人未明确同意可按本方案施工，承包人按照该方案进行施工，后续发包人表示反对，承包人就面临拆除重做且要承担工期延误和费用的损失。

6. 质量风险。对于涉及创奖的工程，承包人在承接工程时会对本工程进行整体分析从而确定创奖概率和工程创奖的施工要点。但在增加或减少工程量的情况下，某些工程的增加可能引起创奖费用的增加，某些工程被移除，不由承包人直接招用分包单位或由发包人直接管理，承包人无法发挥自身优势，按照原计划对工程进行创奖策划。在拆分过程中，若发包人将承包人原自有工程改为发包人指定分包工程，但仍处于承包人管理下，对内看来，该部分工程已转由其他单位实施。但在工程竣工验收和后期的维修保养过程中，若该指定分包单位怠于履行职责，则承包人还需先对该部分进行维修，从而造成额外的成本；若出现质量问题，发包人可能扣减质量保证金并要求承包人承担其他责任。

化解措施

1. 仔细审核图纸。发包人要求变更的，承包人应当对图纸予以仔细审核，首先确认该设计变更是否涉及法律规定的施工规划变更。如在商品房开发领域，存在发包人要求加盖楼层改变楼层的结构等情形的，承包人应主动向发包人发出书面文件要求对该变更送政府审批，并重新出具有效蓝图。发包人不予送审的，承包人要据理力争，要求发包人履行法定程序。在发包人履行相关程序并将有效蓝图发送至承包人后，承包人再行施工。对于该类工程，为确保后续不产生争议，发、承包人可就增加工程、价款、工期等事宜签订补充协议，明确双方权利义务，待协议签署后再施工。

2. 考察发包人情况。涉及大规模变更（不变更规划或规划已经合法程序调整）时，承包人应先考察发包人的情况，同时要做好后续考虑。若接受该变更资金压力是否可控，在确保发包人有相应的建设资金的情况下再予以接受。若发包人已办理支付担保，则要求发包人就该工程增加支付担保额度，确保发包人能够向承包人给付工程款，也可要求发包人母公司对其担保，其中上市公司担保的要注意是否符合法律规定的公示要求。对于变更工程量较大的情况，可以和发包人谈判，争取将变更价款纳入进度款，而非在最终结算时支付，在谈判时可以说明承包人资金压力，若纳入进度款可保证施工进度和施工质量，以此取得发包人同意。对于双方谈判的内容，承包人应主动进行会议记录，可邀请监理人参加，并就会议纪要签字，随后将谈判成果以补充协议方式固化。对于可能亏损的项目，如发包人要将部分工程移出总承包范围单独招标的，承包人要向发包人展示以往业绩和目前施工现状，请求发包人不予调整工程范围，并告知调整工程范围可能引起的费用和工期风险，借此保留高利润部分的工程。若发包人要求增加工程，承包人可以向发包人发函表示当时报价未考虑该可能，充分利用合同和政府指导性意见与发包人谈判。

3. 完善书面指令。发包人发出指令时，必须要求发包人向承包人出具纸质的由发包人授权代表签发的书面指令单。对于非授权人或者因情况紧急未能发出书面指令单而以口头方式下发的，在紧急情况过后，要向发包人发函请求确认，下发书面的指令单，确保资料闭合，避免后期对于该部分产生争议。在变更时，若涉及图纸会审等情况，各方要对图纸进行会审，就会审达成的意见在图纸会审中明确，并确保资料的真实性、完整性。对于非发包人、承包人原因造成的变更，如政府部门下发要求，某类工程必须采用某种等级的材料，如混凝土必须采用 C35 以上规格等约定，承包人应将政府要求向发包人提出，由发包人向承包人发出变更要求，承包人可凭借该变更要求向发包人请求价款支付。

不同的发包人可能会有不同的变更程序。如政府或国有企业可能存在层层报送审批的情况，房地产开发企业会在合同中写明具体的程序和时间。承包人报送变更或发包人下发变更指令，都要按照合同约定的程序操作，对于不符合程序的指令可予以提出并记录在案，避免后期发生争议。在每次变更后，相关会谈记录、会议纪要、纸质指令单、政府文件等，都要按照要求在规定的时间内归档保存，作为后期请求款项的依据。

承包人收到发包人的变更要求后，可向发包人发函，报送拟订的增加的工程工期和额外增加的费用，请求发包人审批。对于发包人的建议部分，应按发包人要求修改或者向发包人作出解释说明。对于增加工程量的，承包人可先固定顺延工期，在过程中可上报费用预算，若合同内已明确按进度款支付，有相应的报送时间的，要按照合同约定的方式和时间报送，并附带相关的支撑依据，从发包人角度考虑,做实、做细工程变更资料。

相关依据

《城乡规划法》

第64条 未取得建设工程规划许可证或者未按照建设工程规划许可证的规定进行建设的,由县级以上地方人民政府城乡规划主管部门责令停止建设;尚可采取改正措施消除对规划实施的影响的,限期改正,处建设工程造价百分之五以上百分之十以下的罚款;无法采取改正措施消除影响的,限期拆除,不能拆除的,没收实物或者违法收入,可以并处建设工程造价百分之十以下的罚款。

二、签证

工程签证,是指工程承包人与发包人的法定代表人及其授权代表等,在施工及结算过程中对确认工程量、增加合同价款、支付各种费用、顺延竣工日期、承担违约责任、赔偿损失等内容达成的一致意见的补充协议。[①] 工程签证实质上也是工程变更的一种,但工程变更更多的是发包人原因而引起的工程量的增减。在双方未能以协议的方式签订时,可通过工程签证单的方式就工期、价格调整、工程量达成一致意见。在签署工程签证时,承包人应注意以下问题:(1)签证主体必须是施工单位与建设单位双方当事人。(2)双方当事人必须对行使签证权利的人员进行必要的授权,缺乏授权的人员签署的签证单不能发生签证的效力。一般来讲,签证人员最好是合同中约定的双方项目负责人员。(3)签证的内容必须涉及工期顺延和(或)费用的变化、工程量变化等方面。(4)签证双方必须就工期顺延和(或)费用的变化等内容协商一致,通常表述为双方一致同意、发包人同意、发包人批准等。如果发包人签署意见为"情况属实",这并非真正意义上的签证,能否增加费用或顺延竣工日期尚需要结合合同约定以及其他证据材料予以综合认定。[②]

---

① 参见卢灿品、洪玉兰:《浅析建设工程签证与索赔》,载《法制博览》2017年第3期。转引自周吉高:《建设工程专项法律实务》,法律出版社2008年版,第169页。

② 参见秦德平:《建设工程施工合同审理审查实务》,人民法院出版社2019年版,第120页。

工程签证就主体而言可分为两大类,即总包签证和分包签证。向发包人报送的总包签证,是承包人化解风险、提高利润的重要手段。分包签证则是分包单位因现场施工事宜而付出额外成本向承包人主张价款的常见方式。如现场材料二次倒运、零星点工等。因为建设工程周期长,产生的工程签证数量多,事项各异。若不及时进行分类整理,签证所反映的事项已无法准确回溯,容易产生争议。需要特别注意的是,经过签认的工程签证单具有法律效力。因此在建设工程施工中,要有专人负责工程签证。因为技术签证不仅影响工程的实际价款且过于专业,此处不予讨论。以下结合实践对工程签证的风险进行归纳,并提出有针对性的化解措施。

风险提示

1.签证内容风险。签证单实质上是简易的协议,签证内容即为合同内容。根据《民法典》合同编要约承诺部分的规定,签证内容应当具体明确,若非具体明确则不能达到订立合同的效果;签证内容不具体明确,后续因为双方对签证内容理解不一致极易引起争议。部分事项可能因为各类原因更改,原签证单内容被取消或修改,此时签证单填写内容也随之改变;部分工程可能存在修改签证单内容的情况,若后续双方发生争议,对于修订部分,双方都无法证明,最终签证价款也无法确定。在实践中,签证单使用往往被泛化,工期、价格调整都以签证单的形式落实,虽然签证单作为协议确认工程内容,但工程签证单并非正式协议,容易产生问题。

2.签证程序风险。建设工程施工合同发包人与承包人会对签证形式进行约定,部分发包人会以附件签证管理办法的形式约定签证单的格式和审批流程。若承包人不熟悉该部分内容,未按附件签证管理办法报送签证,发包人可能会引用合同条款和附件追究责任,拒绝承包人的签证要求。对于分包签证,承包人可能没有建立相关的签证管理制度,没有规定具体的签证报送规则,若分包方拖延报送签证,该指令事件又无书面记录,也难以确认发包人是否同意签证。

3.签证人风险。一般而言,分包签证由分包人发起,交由承包人项目部签署。承包人签证人可能未到现场查看,无法获知具体的情况,对该情况无法作出认定,通过查看上一手的签证人意见或查看书面的签证内容,如上一手签证人同意或仅查看书面签证内容后即写明“情况属实，同意签证内容”，若实际情况并不符合签证内容，经过承包人签批完成后的签证单具有法律效力，若无切实证据证明签证内容符合实际内容，在进行诉讼或仲裁时，承包人就会因为无相反证据被迫支付不存在的工程内容所对应的款项。承包人项目部还会存在部分情况，具备授权的签证人当时不在施工现场或后续未能及时抵达，存在由未授权人员代为签署的情况，若沟通不畅，可能存在因为理解失误允许本不应该的签证的情况。同理，承包人向监理人和发包人报送签证时，也可能存在由发包人或监理人无授权委托人签署的情况，最终监理人、发包人是否同意签证事项即会成为争议事项。

4. 签证时限风险。现场签证没有在合同中写明，某分包人为配合其他分包人或者接受承包人要求额外做出的签证。该种指令可能并非构成永久工程的增加，比如要求某分包人进行二次材料搬运，对非分包人施工区域进行保洁。这种往往只是一种行为，若时间过长，可能各方已无法回忆起具体的工作内容，双方当事人各执一词，真假难辨。

5. 签证原因风险。向发包人报送的工程签证，可能出于多种原因，并非完全是发包人或承包人的原因，或者在分包签证过程中由于其他分包未能或无法完成某事项由其他分包人进行某项施工，这种情况就存在原因的确认问题。尤其是在非永久工程中，如上所述，后期无法记清具体原因，影响了签证价款的确认。

化解措施

1. 落实分包签证管理制度。承包人应当建立具体的分包签证管理制度并落实至项目部。对于新开项目，由专人统一宣贯，并选定具体的签证人；对于项目部新进管理人员，再次对其宣贯并发放分包签证管理的文件。在每次新分包单位进场时，承包人也应组织宣贯会，交底分包人的承包范围，避免项目现场人员误签证，造成经济损失。承包人在确定具体的签证人和签证流程后要以工作联系单等书面方式发送至各分包单位，并向分包单位授权委托人的电子邮箱和即时通信软件发送，并要求分包人现场代表（授权委托人）签署“我已知晓承包人签证管理要求，并将按照该要求执行”的知情同意书。

2. 完善内部签证流程。承包人要严格把控内部签证流程和签证人权利，具有签证权利的人员必须掌握分包合同的内容尤其是承包范围。对包含在合同范围内的签证，向分包人释明合同约定，拒绝签认。承包人要设立合理的签证流程，将最终签证确认权上移至承包人上级管理部门，不应仅由承包人项目部予以确认。在签订分包合同时，要将签证部分作为专章，并特别说明签证的具体程序和承包人的签证单格式。经分包人签认合同时签证部分要求即约束分包人。在分包进场后，承包人要专门对分包人宣贯承包人的签证管理办理以及项目的具体签证程序，未经签证人审批不视为承包人审核同意，并由承包人撰写会议纪要交由各分包单位签字确认。同时，承包人也要对分包人发函，再次明确承包人的签证规定，要求分包人按照要求上报签证单。

3. 严格控制签证数量和金额。承包人要严格控制签证数量和金额，在前期的招投标和合同签订过程中明确分包人的承包范围，并列明分包人的权利义务，将分包签证的内容纳入分包合同，从而确定合同总价，不再另行签证。对于必须要签证的情况，承包人要一事一签证。对于某个事项的发生，承包人必须前往见证；对于已经包含在合同范围内的，向分包人解释并不再签证；对于未涵盖在合同范围内的，要求分包人将时间、地点、原因和具体行为列明并要求分包人附影像资料，作为支撑依据佐证分包签证的事项。对于非承包人原因引起的额外成本而确实在合同范围外的，承包人应当与事项引起相关方协商，将该部分额外成本在其他分包单位的工程款中扣减，并要求其确认该事实。承包人要对签证的数额进行限定，若数额过高，则签证单不再适用，而要由各相关方进行协商，将协商内容纳入补充协议。对于非承包人原因引起的增项，要由相关方签订多方协议，固化事项原因和金额。对于施工过程中发生的签证，承包人要与分包人约定该部分内容并非与同期工程款一同支付，尽可能延后支付时间，确保承包人的过程现金流。

4. 承包人要保存签证资料。承包人在签证完成后要建立签证台账，做好签证原因分析，减少后续的工作量。对于签证原件，承包人要派专人保存，不轻易使用和外借。

三、甩项

甩项是部分工程通过验收先行交付使用。未通过验收的部分工程甩下，等到符合条件时再验收。存在甩项的工程的最终验收时间以甩项工程的验收时间为准。一般而言,甩项施工是因为发包人急于使用工程而要求将部分工程暂时不予施工,待后续选择合适时间后再行施工。建设工程施工合同一般约定的计价方式为固定单价或固定总价,合同的价格是固定的。对于甩项施工而言,发包人对工程进行了甩项实质上改变了合同的工期、价款、承包范围,对于甩项施工的部分双方后续也可能产生争议。因此对于甩项施工工程,发、承包人都要予以重视,甩项协议应完整、准确,具有可执行性,避免后期因为约定不清引起争议。甩项由于减少了承包人的工程量,降低了利润,且对于后续甩项工程的施工又不确定,因此要准确把控甩项工程的相关风险,将其控制在合理的范围内。

风险提示

1. 资金风险。部分发包人在工程建设初期未充分考虑建设工程资金预算,后期因为发包人资金缺口而请求将部分工程暂时不予施工,后续选择合适时机再行施工。对于发包人而言,其目的是在不影响项目整体概况的情况下尽早使用工程,因此承包范围和价款支付会有较大的变动。在发包人资金不足以支付后续工程的情况下,发包人可能会与第三方达成合意,将债务的承担义务转移,由第三方负责后续甩项工程的建设单位管理义务。关于债务承担的情况,承包人对于第三人的资金、人员均不了解,承包人是否能够足额收回工程款存在一定的风险;对于具体价款的清算,发包人、承包人、第三人可能存在争议,影响工程的进展。

2. 承包范围风险。工程甩项是将部分工程甩出,但在建设工程实务中各分项工程利润不同,如因为发包人资金不足,将装饰装修和机电安装部分暂时取消,或者在房地产开发项目中仅建造部分住宅楼后将最后一至二栋住宅楼暂时停工。在某些情况下,发包人与承包人未就甩项工程订立甩项协议,如承包人因为部分材料不足或者远超市场价格对部分工程未施工,将除实质甩项工程外的工程报送竣工验收,后续各方竣工验收时均予以盖章签字,认可承包人的方案。过了一段时间后,承包人完成甩项工程并将甩项工程再次报送竣工验收。此时在五方验收的过程中,产生争议,报送的部分竣工材料不全,对承包人是否完成甩项工程难以确定。

3. 质量保修风险。部分工程甩项施工后交付发包人使用,但部分工程仍处于未完工状态,此时承包人对于该部分的工程仍具有质量保修义务。若部分工程已经过竣工验收并投入使用,质量保修责任开始计算。若在使用中发生问题,承包人仍要对此承担质量保修责任并予以修复。且在甩项后,若甩项工程并非由承包人施工,而是由第三方施工,出现相关质量问题时不能判定责任方,承包人退场完成竣工验收后仍然可能要承担质量保修责任,增加承包人成本。

4. 甩项价款和工期风险。工程甩项后,承包人应发包人要求可能在短时间内继续施工,也有可能在后续数年内未予完工。就甩项部分工程如何计价,是以原建设工程施工合同计价还是发承包双方单独就甩项工程订立施工合同,按照市场价格重新定价;对于未被甩项的工程应如何计价,是按照工程比例直接划分价格比例,还是按照工程所在地的定额价格组价重新定价。甩项后工程量减少,工期也会随之改变,该部分工期须发、承包人另行协商,是以甩项协议明确除甩项外的工期和甩项工程的暂定开工日期,还是发承包双方签订补充协议,将工期提前,确定新完工日期。在后续实际施工后,若符合提前的工期要求即视为承包人按照合同约定完成工程施工。

化解措施

1. 明确甩项原因。对于发包人甩项的,承包人应当在发包人提出甩项要求后及时利用多种方法查明发包人是否资金不足。如发包人是上市公司的,可查询交易所公告;发包人是非上市公司的,可查询上下游公司的收付款情况,明确发包人甩项的原因。若发包人无资金风险,承包人可与发包人组织会议展开甩项谈判,双方在会议中确定甩项原因、甩项范围、除甩项工程的工程价格、因甩项对工期作出的变更。承包人应尽可能将与发包人的谈判成果落实至书面文件,如双方签字盖章的会议纪要、工程联系单、甩项相关的补充协议,并由专人保管。

2. 沟通工期变更。在双方明确甩项工程后,承包人可先与发包人沟通工期变更的补充协议,确定是否变更原工期。若发包人要求甩项的同时加快除甩项部分的进度,承包人要把握该谈判时机,向发包人请求额外工程款的支付,请求变更进度款和竣工结算工程款的支付方式。在工程(除甩项)竣工验收前,承包人可提前向发包人发函。例如,因发包人某原因将部分工程甩项留待后期施工,因该工程暂时移除,请求更改原合同计价方式。

3. 做实过程工期资料支撑。在除甩项外的工程竣工验收期间,双方要依据甩项工程的承包范围评判对承包人的影响,争取更改不利于承包人的计价条件或请求发包人给予承包人部分款项的补偿。该部分竣工时,按要求会同发包人对除甩项外的工程进行竣工验收,明确工程范围、工期、工程质量等关键要素,将竣工验收的资料做实,确保工程(除甩项部分)已按要求完成竣工验收。对于工程(未甩项部分),要明确该部分竣工时间、质量保修期开始计算时间和质量责任问题。在该部分结算时,双方要以协议形式明确该部分的承包范围、结算金额和相应的结算部分明细。

4. 签订甩项协议。在工程竣工验收并完成结算后,承包人应与发包人签订甩项协议。甩项协议应当明确以下内容:(1)甩项原因:是否为发包人原因,是否急于使用工程,具体的甩项原因,规避日后承包人的风险。(2)甩项范围:该部分可以文字进行描述,如某地块某工程,如以工程量清单计量可在甩项协议后附甩项工程的工程量清单表格;如以图纸计量,可附工程图纸。(3)甩项工程价款:发、承包人可先暂估甩项工程的工程价格,后期甩项工程施工时可根据暂估价格和其他因素另行签订甩项工程施工合同。(4)工程质量:承包人在甩项协议中再次明确除甩项工程外的其他工程已完成竣工验收并交由发包人使用,没有质量问题。在其他工程竣工验收的文件规定的竣工验收时间起算,至缺陷责任期满后返还扣留的保修金,避免甩项后发包人追究承包人的质量问题和扣留质量保修金。(5)甩项工程施工单位:发、承包人应明确甩项工程属于原工程的施工范围,并未取消,因此为承包人的施工范围,由承包人继续施工;若交由非承包人的第三人,发包人应承担违约责任。(6)工程计价方式及付款:工程计价方式原则上可采用原合同的计价方式和原合同约定的进度款支付方式,但鉴于甩项工程的开工日期不确定,因此可以留有开口,如甩项工程开工时市场价格发生变动超过一定范围,承包人具有调价的权利。

5. 重视文件起草和管理。承包人在响应发包人要求对总体工程进行甩项时,相关文件的草拟和管理是重要环节。工程甩项既涉及工期的调整,也涉及工程承包范围和工程价款的调整,直接影响承包人的利润,增加了承包人的风险。若发包人无特殊事项,承包人可以向发包人建议增加赶工费用,从而增加承包人利润。发包人在存在紧急事项不得不甩项时,承包人也应和发包人组织会议,确定价款、承包范围、工期、质量等重要问题。在来往发函中要体现出配合发包人工作进行甩项准备,同时附带实质性内容。

第十一节　分 包 管 理

工程分包是工程建设行业不可或缺的环节。承包人在承接工程后,通常会进行各种对外分包,包括专业分包、劳务分包等。一方面,工程分包可以弥补承包人在资源配置、施工能力、设备等方面的不足;另一方面,也为承包人在施工经验和工程资质等方面提供一定的支持。与此同时,分包人作为工程施工的直接执行单位,往往与工程总体的施工质量、安全等有密切的关系,对项目的实施效果和风险也有重要影响。然而,近年来随着建筑业的快速发展,建筑企业违规、市场竞争秩序混乱等现象层出不穷,转包、挂靠、违法分包等问题凸显。针对以上情况,本节将对分包管理过程中承包人所面临的主要风险类型进行分析总结,并有针对性地提出合同法律风险防范的相应措施。

一、转包

转包,是指承包人承包工程后,不履行合同约定的责任和义务,将其承包的全部工程或者将其承包的全部工程支解后以分包的名义分别转给其他单位或个人施工的行为。转包表现为直接转包和支解转包。

对于如何认定转包行为,《建筑工程施工发包与承包违法行为认定查处管理办法》第 8 条作出了详尽规定,将转包行为具体分为以下情形:

1. 承包单位将其承包的全部工程转给其他单位(包括母公司承接建筑工程后将所承接工程交由具有独立法人资格的子公司施工的情形)或个人施工的。

2. 承包单位将其承包的全部工程支解以后,以分包的名义分别转给其他单位或个人施工的。

3. 施工总承包单位或专业承包单位未派驻项目负责人、技术负责人、质量管理负责人、安全管理负责人等主要管理人员,或派驻的项目负责人、技术负责人、质量管理负责人、安全管理负责人中一人及以上与施工单位没有订立劳动合同且没有建立劳动工资和社会养老保险关系,或派驻的项目负责人未对该工程的施工活动进行组织管理，又不能进行合理解释并提供相应证明的。

4. 合同约定由承包单位负责采购的主要建筑材料、构配件及工程设备或租赁的施工机械设备，由其他单位或个人采购、租赁，或施工单位不能提供有关采购、租赁合同及发票等证明，又不能进行合理解释并提供相应证明的。

5. 专业作业承包人承包的范围是承包单位承包的全部工程，专业作业承包人计取的是除上缴给承包单位“管理费”之外的全部工程价款的。

6. 承包单位通过采取合作、联营、个人承包等形式或名义，直接或变相将其承包的全部工程转给其他单位或个人施工的。

7. 专业工程的发包单位不是该工程的施工总承包或专业施工企业的，但建设单位依约作为发包单位的除外。

8. 专业作业的发包单位不是该工程承包单位的。

9. 施工合同主体之间没有工程款收付关系，或者承包单位收到款项后又将款项转拨给其他单位和个人，又不能进行合理解释并提供材料证明的。

两个以上的单位组成联合体承包工程，在联合体分工协议中约定或者在项目实际实施过程中，联合体一方不进行施工也未对施工活动进行组织管理的，并且向联合体其他方收取管理费或者其他类似费用的，视为联合体一方将承包的工程转包给联合体其他方。

风险提示

1. 转包合同无效风险。就实质而言，转包是承包人擅自变更项目施工人的行为。根据《民法典》第791条、《建筑法》第28条、《建设工程施工合同司法解释(一)》第1条的规定并结合相关裁判案例，承包人与转承包人之间的转包合同无效。此时，若转承包人已完成案涉工程施工并交付，承包人应向转承包人支付相应工程款。另外，在承包人应当支付工程款而未能支付的情况下，转承包人请求承包人支付自工程交付使用之日起的工程款利息的，法院应当予以支持。

2. 工程质量责任风险。发包人选择承包人并与其签订建设工程施工合同，往往建立在对承包人工作能力全面考察的基础上，并通过招投标等一系列严格程序，择优选定中标单位。若承包人只是收取固定费用，不参与工程管理，极易造成工程质量问题。根据《民法典》《建筑法》等相关法律规定，因转包工程不符合规定的质量标准造成的损失，承包人仍应就建设工程的质量对发包人承担连带赔偿责任。

3. 行政处罚风险。法律对转包行为作出了否定性评价，对存在转包行为的主体也规定了相应的处罚措施。根据《建筑法》第 67 条和《建设工程质量管理条例》第 62、73 条的规定，承包人将承包的工程转包的，责令改正，没收违法所得，并处以罚款，可以责令停业整顿，降低资质等级；情节严重的，吊销资质证书。

除此之外，根据《建筑工程施工发包与承包违法行为认定查处管理办法》第 15 条第 6 项的规定，对认定有转包等违法行为的承包人，可依法限制其参加工程投标活动、承揽新的工程项目，并对其企业资质是否满足资质标准条件进行核查，对达不到资质标准要求的限期整改，整改后仍达不到要求的，资质审批机关撤回其资质证书。第 17 条规定："县级以上人民政府住房和城乡建设主管部门应将查处的违法发包、转包、违法分包、挂靠等违法行为和处罚结果记入相关单位或个人信用档案，同时向社会公示，并逐级上报至住房和城乡建设部，在全国建筑市场监管公共服务平台公示。"

化解措施

1. 自主施工，不做"甩手掌柜"。承包人承接项目后，必须严格按照合同约定履行相应责任和义务，自行组织完成约定的施工内容，在施工过程中需以自身名义签订项目各类协议，确保签约主体与中标工程承包人一致。对于联合体中标的项目，联合体各方均应参与项目签约、履约全过程，禁止联合体一方不进行施工也未对施工活动进行组织管理，只向其他方收取管理费或者其他类似费用的行为。

2. 自行管理，组建"管理团队"。承包人应当在施工现场设立项目管理机构并派驻包括项目负责人、技术负责人、质量管理负责人、安全管理负责人等实际管理人员，对工程的施工活动进行组织管理，并与实际管理人员签订劳动合同，建立劳动工资和社会养老保险关系。若签订的劳动合同为"以完成一定工作内容为期限"，但实际工作的项目、岗位与合同约定不一致的，需在调岗后及时签订岗位与合同相一致的劳动合同。杜绝劳务派遣人员、外聘人员等非自有员工作为项目主要负责人，并严禁其在项目重要施工资料上以项目主要管理人员名义签字，或代为签署施工合同、分包合同及签发函件等履行主要管理人员职权的行为。

3. 自行采购，严格“依约行事”。承包人应按合同约定自行采购主要建筑材料、构配件及工程设备等。若基于成本因素或区位因素考虑，确需委托其他单位或个人采购材料、设备，尤其是采购进口材料、设备的，应签订委托协议，证明其他单位或个人采购材料、设备系受其委托，并不负责具体施工事宜。

4. 收付合规，确保“三流一致”。承包人应与发包人和分包人分别建立工程款收付关系，如可在与发包人签订合同时约定：“本工程的所有工程款都必须以转账的方式转入承包人的指定账户，否则视为款项未支付或者支付无效。”承包人在收到发包人支付的工程款后，应按照分包人提交已完工程量清单，审核已完工程量后，按照合同约定向分包人支付相应款项，严禁将款项直接或扣除管理费后转给其他单位或个人。承包人付款前，应要求分包人按照付款金额开具符合要求的增值税专用发票，否则应该拒绝付款，确保项目收付款主体、发票主体与中标工程承包单位的“三流一致”。

5. 资质审查，避免“误入歧途”。采取合作、联营形式的，合作、联营各方除需以自身身份或联合体身份参与施工外，还需要具有实施该工程的资质；采取内部承包形式的，项目管理机构以及现场主要管理人员应与承包人建立劳动合同、工资、社会养老保险关系等，否则可能被认定为转包。基于此，承包人在选择合作方、联营方时，需严格审查其资质问题，确保合作方、联营方符合法律法规和工程项目要求的资质条件。

相关依据

1.《民法典》

第791条　发包人可以与总承包人订立建设工程合同，也可以分别与勘察人、设计人、施工人订立勘察、设计、施工承包合同。发包人不得将应当由一个施工企业完成的建设工程支解成若干部分发包给数个承包人。

总承包人或者勘察、设计、施工承包人经发包人同意，可以将自己承包的部分工作交由第三人完成。第三人就其完成的工作成果与总承包人或者勘察、设计、施工承包人向发包人承担连带责任。承包人不得将其承包的全部建设工程转包给第三人或者将其承包的全部建设工程支解以后以分包的名义分别转包给第三人。

禁止承包人将工程分包给不具备相应资质条件的单位。禁止分包单位将其承包的工程再分包。建设工程主体结构的施工必须由承包人自行完成。

2.《招标投标法》

第48条第1款 中标人应当按照合同约定履行义务,完成中标项目。中标人不得向他人转让中标项目,也不得将中标项目肢解后分别向他人转让。

第58条 中标人将中标项目转让给他人的,将中标项目肢解后分别转让给他人的,违反本法规定将中标项目的部分主体、关键性工作分包给他人的,或者分包人再次分包的,转让、分包无效……

3.《建筑法》

第28条 禁止承包单位将其承包的全部建筑工程转包给他人,禁止承包单位将其承包的全部建筑工程肢解以后以分包的名义分别转包给他人。

第67条 承包单位将承包的工程转包的,或者违反本法规定进行分包的,责令改正,没收违法所得,并处罚款,可以责令停业整顿,降低资质等级;情节严重的,吊销资质证书。

承包单位有前款规定的违法行为的,对因转包工程或者违法分包的工程不符合规定的质量标准造成的损失,与接受转包或者分包的单位承担连带赔偿责任。

4.《建设工程质量管理条例》

第25条 施工单位应当依法取得相应等级的资质证书,并在其资质等级许可的范围内承揽工程。

禁止施工单位超越本单位资质等级许可的业务范围或者以其他施工单位的名义承揽工程。禁止施工单位允许其他单位或者个人以本单位的名义承揽工程。

施工单位不得转包或者违法分包工程。

第62条 违反本条例规定,承包单位将承包的工程转包或者违法分包的,责令改正,没收违法所得,对勘察、设计单位处合同约定的勘察费、设计费25%以上50%以下的罚款;对施工单位处工程合同价款0.5%以上1%以下的罚款;可以责令停业整顿,降低资质等级;情节严重的,吊销资质证书。

工程监理单位转让工程监理业务的,责令改正,没收违法所得,处合同约定的监理酬金25%以上50%以下的罚款;可以责令停业整顿,降低资质等级;情节严重的,吊销资质证书。

5.《建筑工程施工发包与承包违法行为认定查处管理办法》

第7条 本办法所称转包,是指承包单位承包工程后,不履行合同约定的责任和义务,将其承包的全部工程或者将其承包的全部工程肢解后以分包的名义分别转给其他单位或个人施工的行为。

第8条 存在下列情形之一的,应当认定为转包,但有证据证明属于挂靠或者其他违法行为的除外:

(一)承包单位将其承包的全部工程转给其他单位(包括母公司承接建筑工程后将所承接工程交由具有独立法人资格的子公司施工的情形)或个人施工的;

(二)承包单位将其承包的全部工程肢解以后,以分包的名义分别转给其他单位或个人施工的;

(三)施工总承包单位或专业承包单位未派驻项目负责人、技术负责人、质量管理负责人、安全管理负责人等主要管理人员,或派驻的项目负责人、技术负责人、质量管理负责人、安全管理负责人中一人及以上与施工单位没有订立劳动合同且没有建立劳动工资和社会养老保险关系,或派驻的项目负责人未对该工程的施工活动进行组织管理,又不能进行合理解释并提供相应证明的;

(四)合同约定由承包单位负责采购的主要建筑材料、构配件及工程设备或租赁的施工机械设备,由其他单位或个人采购、租赁,或施工单位不能提供有关采购、租赁合同及发票等证明,又不能进行合理解释并提供相应证明的;

(五)专业作业承包人承包的范围是承包单位承包的全部工程,专业作业承包人计取的是除上缴给承包单位"管理费"之外的全部工程价款的;

(六)承包单位通过采取合作、联营、个人承包等形式或名义,直接或变相将其承包的全部工程转给其他单位或个人施工的;

(七)专业工程的发包单位不是该工程的施工总承包或专业承包单位的,但建设单位依约作为发包单位的除外;

(八)专业作业的发包单位不是该工程承包单位的;

(九)施工合同主体之间没有工程款收付关系,或者承包单位收到款项后又将款项转拨给其他单位和个人,又不能进行合理解释并提供材料证明的。

两个以上的单位组成联合体承包工程,在联合体分工协议中约定或者在项目实际实施过程中,联合体一方不进行施工也未对施工活动进行组织管理的,并且向联合体其他方收取管理费或者其他类似费用的,视为联合体一方将承包的工程转包给联合体其他方。

二、挂靠

挂靠,是指不具备资质的单位或个人以其他有资质的施工单位的名义承揽工程的行为。其中,承揽工程包括参与投标、订立合同、办理有关施工手续、从事施工等活动。在实践中,挂靠行为具体表现为:没有建筑施工资质的企业或个人以其他建筑施工企业的名义、资质等级低的建筑施工企业以资质等级高的建筑施工企业名义承揽工程的行为,或者有资质的建筑施工企业通过名义上的联营、合作、内部承包等其他违法方式允许他人以本企业的名义承揽工程的行为。

挂靠与转包在表现形式上较为接近,根据《建筑工程施工发包与承包违法行为认定查处管理办法》第10条第3项的规定,属于第8条第1款第3~9项规定的转包情形,在有证据证明的情况下也可能属于挂靠。在实践中,转包与挂靠关系主要应从实际施工人是否参与投标和合同订立等缔约磋商阶段的活动进行判断。转包是承包人承接工程后将工程的权利义务概括转让给实际施工人,转包中的实际施工人一般不参与招投标和订立总承包合同,其承接工程的意愿一般是在建设工程施工合同签订后。而挂靠是承包人出借资质给实际施工人,挂靠中的实际施工人在投标和合同订立阶段一般就已参与进来。因此,判断一个行为属于转包还是挂靠,一般应结合招投标保证金的缴纳主体和资金来源、实际施工人是否以施工企业的委托代理人身份签订合同、实际施工人是否与发包人就合同事宜进行磋商等多种因素进行综合考量。

风 险 提 示

1. 合同无效风险。挂靠实际上是自然人或企业利用企业法人的独立人格和资质获得自身难以取得的交易信用,以规避国家法律、政策对其业务、税收等方面的限制和监管,这种行为是对合法社会关系或者社会秩序的背离。《建筑法》第 26 条规定:“承包建筑工程的单位应当持有依法取得的资质证书,并在其资质等级许可的业务范围内承揽工程。禁止建筑施工企业超越本企业资质等级许可的业务范围或者以任何形式用其他建筑施工企业的名义承揽工程。禁止建筑施工企业以任何形式允许其他单位或者个人使用本企业的资质证书、营业执照,以本企业的名义承揽工程。”根据《建设工程施工合同司法解释(一)》第 1 条第 1 款第 2 项的规定,“没有资质的实际施工人借用有资质的建筑施工企业名义的”,建设工程施工合同无效。

2. 工程质量和安全责任风险。《建设工程施工合同司法解释(一)》第 7 条规定:“缺乏资质的单位或者个人借用有资质的建筑施工企业名义签订建设工程施工合同,发包人请求出借方与借用方对建设工程质量不合格等因出借资质造成的损失承担连带赔偿责任的,人民法院应予支持。”在实践中,由于挂靠人缺乏承包资质或建设资质,很容易出现工程质量问题。一般来讲,只要损失是由出借资质造成的,发包人就有权请求借用资质的单位或者个人与出借资质的建筑施工企业承担连带责任。《江苏省高级人民法院关于审理建设工程施工合同纠纷案件若干问题的解答》第 21 问对该问题给予明确答复:“挂靠人以被挂靠人名义订立建设工程施工合同,发包人要求挂靠人与被挂靠人就工程质量承担连带责任的,应予支持。”

另外,根据《建设工程安全生产管理条例》第 24 条第 1、3 款的规定,建设工程实行施工总承包的,由总承包单位对施工现场的安全生产负总责。总承包单位和分包单位对分包工程的安全生产承担连带责任。挂靠人不具有相关资质或资质较低,组织施工能力较差,建筑工程技术水平低等,无疑增加了安全事故发生的概率。

3. 民事连带责任风险。根据合同相对性原则,在合同双方当事人产生债权债务的情况下,债权人有权向债务人要求支付其所欠债务。在司法实践中,通常表现为挂靠人欠付材料供应商工程材料款、农民工工资、对外借款、对外担保等情形。根据《北京市高级人民法院关于审理建设工程施工合同纠纷案件若干疑难问题的解答》《江苏省高级人民法院关于审理建设工程施工合同纠纷案件若干问题的解答》等观点,此时承包人对外需承担连带责任。

4. 行政处罚风险。根据《建筑法》第 66 条的规定,建筑施工企业转让、出借资质证书或者以其他方式允许他人以本企业的名义承揽工程的,责令改正,没收违法所得，并处罚款，可以责令停业整顿，降低资质等级；情节严重的，吊销资质证书。一旦被查处，承包人可能面临行政处罚和缴纳管理费的双重风险，甚至可能要承担刑事处罚。

化解措施

1. 坚决自行管理，自主施工。承包人承接工程后，必须严格按照合同约定自行组织完成施工内容，自行对项目进行管理，并自行负责采购项目施工过程中所需的主要建筑材料、构配件及工程设备或租赁的施工机械设备，杜绝出租、出借资质给其他单位使用而仅收取管理费的行为。

2. 取得发包人同意并保留相关证据。发包人签订合同时就明知挂靠事实的，尽管签订建设工程施工合同的还是被挂靠人，但实质上挂靠人已和发包人建立事实上的合同关系，挂靠人有权向发包人直接主张权利。在此种情形下，承包人应保留发包人同意、知道挂靠施工的证据，如发生纠纷，发包人明知挂靠施工应承担相应责任，可减轻承包人责任。

3. 加强分包管理。对于自有分包、分供单位挂靠行为，需综合运用各类信息系统和已有数据，开展梳理排查工作，重点结合企业工商登记信息，核查名义出资和实际出资等相关线索和信息，从人员劳动关系、财务资金流合规、签约与招标采购主体一致性等方面加强管控，建立长效管控机制，确保项目全面合规。

相关依据

1.《建筑法》

第26条 承包建筑工程的单位应当持有依法取得的资质证书，并在其资质等级许可的业务范围内承揽工程。

禁止建筑施工企业超越本企业资质等级许可的业务范围或者以任何形式用其他建筑施工企业的名义承揽工程。禁止建筑施工企业以任何形式允许其他单位或者个人使用本企业的资质证书、营业执照，以本企业的名义承揽工程。

第66条 建筑施工企业转让、出借资质证书或者以其他方式允许他人以本企业的名义承揽工程的，责令改正，没收违法所得，并处罚款，可以责令停业整顿，降低资质等级；情节严重的，吊销资质证书。对因该项承揽工程不符合规定的质量标准造成的损失，建筑施工企业与使用本企业名义的单位或者个人承担连带赔偿责任。

2.《建筑工程施工发包与承包违法行为认定查处管理办法》

第9条　本办法所称挂靠，是指单位或个人以其他有资质的施工单位的名义承揽工程的行为。

前款所称承揽工程，包括参与投标、订立合同、办理有关施工手续、从事施工等活动。

第10条　存在下列情形之一的，属于挂靠：

（一）没有资质的单位或个人借用其他施工单位的资质承揽工程的；

（二）有资质的施工单位相互借用资质承揽工程的，包括资质等级低的借用资质等级高的，资质等级高的借用资质等级低的，相同资质等级相互借用的；

（三）本办法第八条第一款第（三）至（九）项规定的情形，有证据证明属于挂靠的。

三、内部承包

内部承包是建筑企业普遍采取的一种经营模式，而并非一个标准的法律术语，其是指承包人与内部生产职能部门、分支机构或职工之间就特定业务及相关经营所达成的有关权利义务的安排。在司法实践中，在不违反《民法典》第144、146、153、154条有关合同无效的规定的情形下，法院一般认为内部承包合同有效。内部承包合同具有以下特征：

首先，内部承包合同的发包人为承包人，实际施工企业为承包人下属分支机构或在册的项目经理等本企业职工，两者之间存在管理和被管理的隶属关系。

其次，承包人对外承担施工合同的权利义务。内部承包中承包人承担工程施工过程及质量管理责任，在资金、技术、设备、人力等方面对内部施工企业予以支持。

最后，内部施工企业在承包人统一管理和监督下独立核算、自负盈亏。

（一）内部承包的合法性分析

北京市、四川省、浙江省等多地高级人民法院在其发布的关于审理建设工程施工合同纠纷案件的系列解答中,对当事人以内部施工企业无施工资质为由,主张该内部承包合同无效的,不予支持。原因在于,内部承包仅是承包人的一种内部经营方式,法律和行政法规并未对此予以禁止,且承包人仍参与工程施工过程并对工程质量进行管理;同时,对外承担建设工程施工合同权利义务的主体仍为承包人。

(二)内部承包与转包、违法分包、挂靠的界限

由上述可知,法律并不禁止合法的内部承包。但在实践中,往往以内部承包为名,行挂靠或者转包之实。在大多数挂靠和部分转包中,虽然内部承包企业与承包人都会签订《内部承包合同》,但这类"以包代管"的最后施工企业,通常以低价揽活,难以维持工程成本,最后只能偷工减料从而引发质量事故、工伤以及农民工讨薪事件。因此在实践中,需要注意区分内部承包与转包、违法分包、挂靠等行为。

内部承包与转包、违法分包的区别主要表现在:内部承包要求内部施工企业必须是承包人的下属职能部门、分支机构或者职工个人;承包人对工程项目技术、资金、质量、安全等方面加以实质性的管理和监督并对内部施工企业进行统一财务管理。而在转包或违法分包下,转承包人、违法分包人与承包人不存在行政管理隶属关系,转承包人、违法分包人的经营是自我管理、自我经营、自负盈亏。

内部承包与挂靠的区别主要表现为:(1)在项目和人员上,内部承包中的施工企业是承包人的内部成员;而挂靠中挂靠人与承包人之间不存在隶属关系,只是挂靠人不具备建设工程资质或者资质等级较低。(2)内部承包的承包人对建设工程所需资金、材料、技术等需提供支持与管理,而挂靠项目工程的设备、项目人员的组建、资金的筹集均由挂靠人独立完成,承包人在建设工程施工中不履行管理职责。

风险提示

1. 内部承包责任边界不清风险。在内部承包模式下,往往由内部施工企业组建项目部负责工程的实施,承包人与内部施工企业的责任界面的切分直接与工程实施的全流程相关联,一方面涵盖工程项目实施的各个环节,包括项目承

接、分包、采购、施工、质量、安全、竣工验收、结算等;另一方面也贯穿项目管理的全方位,包括印章管理、合同管理、人员管理、财务管理、成本管理等环节。同时,因所涉主体众多、关系复杂,在实践中,承包人与内部施工企业的权责划分不清晰,极易因内部施工企业履约不当,导致发包人等第三方与承包人产生争议。

2. 承担连带责任的风险。内部承包关系为承包人内部的法律关系。根据合同的相对性,承包人与内部施工企业签订的内部承包合同与发包人等第三方无关,一旦出现质量安全问题,或者出现内部承包企业拖欠工人工资、对外向银行贷款等情形,产生的相关责任往往由承包人承担。法院在处理此类纠纷时,对于表见代理的认定十分宽泛,往往只要加盖有项目部技术专用章或有内部施工企业相关负责人的签字就认定构成表见代理,从而要求承包人承担付款义务。

化解措施

1. 源头把控,强化企业内部管理。内部施工企业可为承包人的分支机构或在册职工,如为分支机构,需根据相关部门要求取得合法经营证照;如为企业内部员工,需与内部施工企业签订书面劳动合同明确劳动关系,并按规定为员工缴纳社会养老保险、发放工资。与此同时,还要对内部施工企业的资质等进行严格审查,确保内部施工企业符合法律法规和工程项目要求的资质条件,定期对内部施工企业的劳动合同进行检查,并按时支付工资,办理社会养老保险,确保与内部施工企业之间建立合法有效的劳动关系,从源头上加强对内部施工企业的选择和管理。

2. 主动参与,加强施工过程管理。内部承包要求承包人对项目实行有效的管理,承包人作出内部承包安排的,仍应成立项目部并派驻管理人员进行项目管理,并在资金、技术、设备、人力等方面提供相应支持,而不能通过约定“包工包料包费用”等包干方式将全部合同义务转让给内部承包人,防止因其疏于管理被认定为挂靠、转包的风险。

3. 谨慎授权,明确约定授权范围。内部施工企业代表承包人开展工作,在实际的工程实施层面,拥有广泛权限。为避免内部施工企业滥用权利,承包人可事先以书面形式明确内部施工企业的职权范围,并以适当方式予以公示告知第三方,严禁出具空白的或授权不明的授权委托书、任命书等授权性文件。

4. 多措并举,加强企业印章管理。在实践中,内部施工企业私刻印章、滥用职权的情形屡见不鲜,导致承包人的风险敞口较大。通常承包人可授予内部承包的项目部使用技术联系章,用于项目施工技术层面的沟通,并明确其他事项的用章均须向承包人申请。对于需要授权使用印章的,限缩印章使用范围,规范项目部印章的刻制内容,如在项目部印章下弧刻制"仅作联系、制作资料之用,不得用于任何其他用途"或"用于订立经济合同、担保无效"等字样。

四、违法分包

违法分包,是指承包人承包工程后违反法律法规或者施工合同中关于工程分包的约定,把单位工程或者分部分项工程分包给其他单位或个人施工的行为。

根据《建筑工程施工发包与承包违法行为认定查处管理办法》第 12 条的规定,违法分包包括:(1)承包单位将其承包的工程分包给个人的;(2)施工总承包单位或专业承包单位将工程分包给不具备相应资质单位的;(3)施工总承包单位将施工总承包合同范围内工程主体结构的施工分包给其他单位的,钢结构工程除外;(4)专业分包单位将其承包的专业工程中非劳务作业部分再分包的;(5)专业作业承包人将其承包的劳务再分包的;(6)专业作业承包人除计取劳务作业费用外,还计取主要建筑材料款和大中型施工机械设备、主要周转材料费用的。

风 险 提 示

1. 违法分包合同无效风险。对于承包人与违法分包人之间的建设工程分包合同的效力,相关法律和司法判例已明确其无效。《建设工程施工合同司法解释(一)》第 1 条第 2 款规定:"承包人因转包、违法分包建设工程与他人签订的建设工程施工合同,应当依据民法典第一百五十三条第一款及第七百九十一条第二款、第三款的规定,认定无效。"

2. 工程质量和安全责任风险。在违法分包中,因分包人不具备相应资质、技术水平良莠不齐、施工能力不足、安全培训不到位等,容易出现工程质量瑕疵或安全事故风险，但基于承包人与发包人合同约定及相关法律规定，质量保证责任和安全事故责任往往由承包人承担。

3. 农民工工资支付责任风险。2020 年 5 月 1 日施行的《保障农民工工资支付条例》对农民工工资的支付保障提出了更严格的要求，对承包人的监督责任也提出了更高的要求。承包人违法分包的，一旦分包单位欠付农民工工资无力偿还或不愿偿还，承包人将面临被法院判决连带支付农民工工资的风险。

4. 行政处罚风险。根据《建筑法》第 67 条、《建设工程质量管理条例》第 62 条及《建筑工程施工发包与承包违法行为认定查处管理办法》第 15 条的规定，县级以上人民政府住房和城乡建设主管部门可对施工单位进行相应的行政处罚，具体包括责令改正、没收违法所得、罚款、责令停业整顿、降低资质等级、吊销资质证书等。

化解措施

1. 严格审查分包资质。依法合规开展分包招投标管理工作，杜绝将工程分包给不具有资质的单位或个人的行为，对可自行分包的单项工程或劳务工程应选择具备相应专业资质和劳务资质的分包单位；对标的额较大或非必须公开招标的分包工程尽量采取招投标方式或竞争性磋商方式，全面核实分包单位的资质、资信及履约能力等。

2. 制定合格分包商名录。承包人要在综合考虑分包人财务、体系认证、诚信行为及技术力量、设备配置、业绩经验、管理素质等因素的基础上，制定合格分包商名录，并制定合格分包商进入和退出机制。

3. 加大分包管控力度。一是主动排查项目履约过程中的不合规事项，敦促分包人合法合规经营，严禁“二次分包”“扩大劳务分包”等行为，一经发现及时报告，密切监控，促其改正，避免受分包人的违法行为牵连涉诉。二是做好工程项目合同策划，慎重使用专业分包方式组织施工，合理组织和筹划劳务作业、材料采购及设备租赁等环节，杜绝劳务分包“专业化”。三是完善履约资料。妥善管理项目全生命周期的技术、工程、安全、商务、财务等资料，确保在发生纠纷时能够做到有理有据。

4. 保障农民工工资支付。承包人应当按照有关规定开设农民工工资专用账户，专项用于支付该工程建设项目农民工工资。建立严格的资金支付审批制度，严格把控进度款的支付以符合法律的规定及合同的约定。同时，承包人要切实履行好农民工工资支付的监督义务，否则将承担一定的法律责任。

相关依据

1.《民法典》

第791条第3款 禁止承包人将工程分包给不具备相应资质条件的单位。禁止分包单位将其承包的工程再分包。建设工程主体结构的施工必须由承包人自行完成。

2.《建筑法》

第67条 承包单位将承包的工程转包的，或者违反本法规定进行分包的，责令改正，没收违法所得，并处罚款，可以责令停业整顿，降低资质等级；情节严重的，吊销资质证书。

承包单位有前款规定的违法行为的，对因转包工程或者违法分包的工程不符合规定的质量标准造成的损失，与接受转包或者分包的单位承担连带赔偿责任。

3.《建设工程质量管理条例》

第25条 施工单位应当依法取得相应等级的资质证书，并在其资质等级许可的范围内承揽工程。

禁止施工单位超越本单位资质等级许可的业务范围或者以其他施工单位的名义承揽工程。禁止施工单位允许其他单位或者个人以本单位的名义承揽工程。

施工单位不得转包或者违法分包工程。

第62条 违反本条例规定，承包单位将承包的工程转包或者违法分包的，责令改正，没收违法所得，对勘察、设计单位处合同约定的勘察费、设计费25%以上50%以下的罚款；对施工单位处工程合同价款0.5%以上1%以下的罚款；可以责令停业整顿，降低资质等级；情节严重的，吊销资质证书。

工程监理单位转让工程监理业务的，责令改正，没收违法所得，处合同约定的监理酬金25%以上50%以下的罚款；可以责令停业整顿，降低资质等级；情节严重的，吊销资质证书。

4.《建筑工程施工发包与承包违法行为认定查处管理办法》

第11条 本办法所称违法分包，是指承包单位承包工程后违反法律法规规定,把单位工程或分部分项工程分包给其他单位或个人施工的行为。

第12条　存在下列情形之一的,属于违法分包:

(一)承包单位将其承包的工程分包给个人的;

(二)施工总承包单位或专业承包单位将工程分包给不具备相应资质单位的;

(三)施工总承包单位将施工总承包合同范围内工程主体结构的施工分包给其他单位的,钢结构工程除外;

(四)专业分包单位将其承包的专业工程中非劳务作业部分再分包的;

(五)专业作业承包人将其承包的劳务再分包的;

(六)专业作业承包人除计取劳务作业费用外,还计取主要建筑材料款和大中型施工机械设备、主要周转材料费用的。

五、指定分包

长久以来,指定分包作为一项被FIDIC合同条件所接受的规则,无论是在理论上还是在实践中均存在合理性。我国法律层面上对指定分包并无明确的禁止性规定,仅在《房屋建筑和市政基础设施工程施工分包管理办法》《工程建设项目施工招标投标办法》等文件中提及"禁止建设单位指定分包"。但在司法实践中,指定分包合同一般不会被认定为无效。

指定分包人通常采用如下操作模式:指定分包工程的招投标工作由业主负责,指定分包人中标后,发包人要求其与承包人签订两方或三方合同,工程款由业主直接支付或经由承包人支付给指定分包人。

风险提示

1. 承担工程款支付责任风险。在实践中,承包人为降低自身付款风险,往往在指定分包合同中约定"背靠背"条款,即由业主支付相应款项后,承包人再向指定分包人支付分包工程款。尽管如此,承包人仍然承担支付工程款的责任,法院往往根据合同相对性原则,支持指定分包人要求承包人承担付款义务的诉求。

2. 管理权难以有效行使风险。《建设工程工程量清单计价规范》(GB 50500 -

2013)第9.9.4条规定:“发包人在招标工程量清单中给定暂估价的专业工程,依法必须招标的,应当由发承包双方依法组织招标选择专业分包人,并接受有管辖权的建设工程招标投标管理机构的监督,还应符合下列要求:1.除合同另有约定外,承包人不参加投标的专业工程发包招标,应由承包人作为招标人,但拟订的招标文件、评标工作、评标结果应报送发包人批准……”可以看出,在指定分包中,承包人往往不具有实质的决定权,实践中也往往由于发包人和指定分包人之间的特殊关系,承包人的管理权和监督权难以得到有效行使。

3.承担质量缺陷责任风险。《建设工程施工合同司法解释(一)》第13条规定:“发包人具有下列情形之一,造成建设工程质量缺陷,应当承担过错责任:……(三)直接指定分包人分包专业工程。承包人有过错的,也应当承担相应的过错责任。承包人有过错的,也应该承担相应的过错责任。”根据该规定,一旦指定分包导致工程质量缺陷,除发包人应当承担过错责任外,承包人基于其管理义务,除非充分举证证明已尽职尽责地履行了作为总承包单位的项目管理职责,否则也应承担相应责任。

4.承担工期延误责任风险。在实践中,承包人拥有对施工现场的完全占有权,负责整个施工现场的管理与协调。但基于指定分包人与发包人的特殊关系,承包人对其管控力有限,经常出现管而不听的现象。例如,按时进场难、进度控制难等,由此导致施工进度延误甚至停工。一方面,基于发包人与承包人在总承包合同中明确约定的承包人具有审查分包方的安全生产资格、审批施工方案、协调工序安排以及其他方面的监督、指导和检查工作的义务;另一方面,基于承包人收取的部分总包服务费,根据等价有偿原则,法院通常认为承包人需对指定分包部分工程延误承担一定的责任。

化解措施

1.积极参与指定分包单位的选择。承包人应当加强与发包人的沟通,利用自身专业优势赢得发包人的信任和认可,参与指定分包人的选择工作,仔细审核指定分包人的履约能力、专业资质等,确保项目顺利开展。在发现指定分包人不具备足够的履约能力,或者拒绝履行分包合同中约定的相关义务,承包人应及时向发包人说明情况,要求发包人更换指定分包人或更换分包模式,必要时可行使对指定分包人的反对权。

2. 合同中有关责任划分的约定明确。承包人在与发包人签订总承包合同时，应明确发包人指定分包范围及责任划分，明确发包人或者指定分包人原因导致的工期延误、质量问题等责任承担主体；在与指定分包人签订合同时，设置相当的违约条款，善于运用“背靠背”条款，明确约定向分包人付款的前提是其已获得发包人的支付，否则承包人有权拒绝付款。

3. 夯实业主指定资料收集。鉴于指定分包的高风险特性，承包人在项目管理过程中应妥善保管相关的文件。例如，发包人与指定分包人之间的往来函件、签证单、会议纪要等原件，发包人向承包人发出的指令单、工程联系单等，为日后涉诉提供关键支撑。

4. 加强项目施工的过程管理。一是强化对工期的有效管控，进场前要求指定分包人提交分包进度计划，并在施工过程中督促指定分包人按照计划时间节点完成各项任务，并实施现场考核；若指定分包人出现工期延误，应积极向发包人发函请求解决，同时积极收集必要的资料，做好相关工期及费用的测算。二是强化质量管理，对于现场发现的质量问题应及时向指定分包人及发包人发函要求整改，保留函件原件及对方签收凭证，并指定专人跟踪整改落实情况，防止指定管理失效状况的发生，保障总工程顺利完成。

相关依据

1.《建筑法》

第 25 条　按照合同约定，建筑材料、建筑构配件和设备由工程承包单位采购的，发包单位不得指定承包单位购入用于工程的建筑材料、建筑构配件和设备或者指定生产厂、供应商。

2.《建设工程施工合同司法解释(一)》

第 13 条　发包人具有下列情形之一，造成建设工程质量缺陷，应当承担过错责任：

(一)提供的设计有缺陷；

(二)提供或者指定购买的建筑材料、建筑构配件、设备不符合强制性标准；

(三)直接指定分包人分包专业工程。

承包人有过错的，也应当承担相应的过错责任。

3.《工程建设项目施工招标投标办法》

第66条 招标人不得直接指定分包人。

4.《房屋建筑和市政基础设施工程施工分包管理办法》

第7条 建设单位不得直接指定分包工程承包人。任何单位和个人不得对依法实施的分包活动进行干预。

5.《建设工程工程量清单计价规范》(GB 50500－2013)

第9.9.4条 发包人在招标工程量清单中给定暂估价的专业工程,依法必须招标的,应当由发承包双方依法组织招标选择专业分包人,并接受有管辖权的建设工程招标投标管理机构的监督,还应符合下列要求:

1.除合同另有约定外,承包人不参加投标的专业工程发包招标,应由承包人作为招标人,但拟定的招标文件、评标工作、评标结果应报送发包人批准。与组织招标工作有关的费用应当被认为已经包括在承包人的签约合同价(投标总报价)中。

2.承包人参加投标的专业工程发包招标,应由发包人作为招标人,与组织招标工作有关的费用由发包人承担。同等条件下,应优先选择承包人中标。

3.应以专业工程发包中标价为依据取代专业工程暂估价,调整合同价款。

第十二节 劳务管理

单个建设工程具有多个分项工程,为保证施工进度,施工现场中各家专业和劳务分包单位共同施工。分包单位下属劳务工人来源杂,法律意识不强,加之各分包单位管理水平参差不齐,劳务管理不到位,如未签劳动合同、雇用临时工、未购买社会养老保险、未按时发放工资等情况时有发生,这在施工过程中极易引起劳动纠纷。

2016年1月17日,国务院办公厅发布《关于全面治理拖欠农民工工资问题的意见》,首开中央政府对农民工工资进行专项治理的先河。2020年5月1日,由国务院制定的《保障农民工工资支付条例》生效,确立了农民工工资支付制度,强制施工企业执行。2021年7月7日,人力资源社会保障部、国家发改委、财政部等十部门联合印发《工程建设领域农民工工资专用账户管理暂行办法》，明确有关工资专用账户的具体规定。近几年，中央政府密集发文，禁止未签劳动合同的农民工进入施工现场，工资由银行从监管账户直接打入农民工个人银行账户，且要求施工总承包单位承担垫付责任。以上规定加重了施工总承包单位的责任和义务，对企业劳务管理提出了更高的要求。本节将从农民工劳动关系、工资支付两个方面的风险点展开分析。

一、劳动关系

劳动关系，是指在运用劳动能力、实现劳动的过程中，劳动者与用人单位之间存在的一种社会关系。劳动关系有如下特征：(1)用人单位与劳动者存在一定的隶属和人身依附关系；(2)劳动者利用用人单位的资金和生产资料完成工作；(3)签订劳动合同；(4)一般有固定的工作时间和工作任务。根据《保障农民工工资支付条例》第 28 条第 1 款的规定，施工总承包单位或者分包单位应当依法与所招用的农民工订立劳动合同并进行用工实名登记，未订立劳动合同并进行用工实名登记的人员，不得进入项目现场施工。在实际施工中，因为大型建筑企业多为国有企业，受工资总额等要求的限制，将农民工作为自有员工签订劳动合同在目前仍不现实，因而大多数情况下是由分包单位与农民工签订劳动合同。

风险提示

1. 未签劳动合同进场风险。首先，从法律规范来看，《保障农民工工资支付条例》第 28 条以及《工程建设领域农民工工资专用账户管理暂行办法》第 16 条均要求施工总承包单位及分包单位落实农民工实名制工作，对农民工进行实名登记并建立台账。若未按照要求落实实名制管理，人力资源和社会保障部门、住房和城乡建设部门将对其处以罚款，责令停工。其次，从未签劳动合同进场这一客观现象来看，临时工现象普遍存在于工程建设中。尤其是在赶工过程中，专业、劳务分包单位无可调配的劳务人员时，往往会临时招募农民工赶工，若遇政府部门检查则可能面临处罚风险。最后，从监管角度来看，工程所在地人力资源和社会保障部门常采取现场检查或开具调查询问通知书的方式要求当地劳动监察大队配合检查资料，若出现资料不齐备的情况，施工总承包单位可能被认定为未按要求进行劳务管理。

2.工伤风险。人力资源和社会保障部、住建部、国家安全生产监督管理总局、中华全国总工会四部门发布的《关于进一步做好建筑业工伤保险工作的意见》第8条规定："落实工伤保险先行支付政策。未参加工伤保险的建设项目，职工发生工伤事故，依法由职工所在用人单位支付工伤保险待遇，施工总承包单位、建设单位承担连带责任。"若分包单位没有为下属的农民工参保或农民工自身不愿参保，在实际发生工伤事故时，农民工无法根据《工伤保险条例》的规定被认定为工伤从而请求工伤保险待遇。因施工总承包单位为现场总管理单位，在发生工伤事件后，存在极大风险替分包单位垫付工人的工伤保险待遇费用，未签劳动合同人员还会因无法判断所属分包单位而将施工总承包单位作为被申请人，从而引起不必要的法律争议。

3.资料缺失风险。工人流动性强是建筑行业的一大特征。不少施工企业通过工程承包人或班组长招用民工，且以包代管，对招用人员不履行相应的管理职责，不掌握施工现场人员数量、基本情况、进出时间、出勤和工资情况，劳动用工资料混乱、各项管理资料丢失成为常态，从而引发一系列纠纷，不仅给施工总承包单位增加管理成本，且不利于保障农民工的各项合法权益。

4.安全生产风险。《安全生产法》第28条第1款规定："生产经营单位应当对从业人员进行安全生产教育和培训，保证从业人员具备必要的安全生产知识，熟悉有关的安全生产规章制度和安全操作规程，掌握本岗位的安全操作技能，了解事故应急处理措施，知悉自身在安全生产方面的权利和义务。未经安全生产教育和培训合格的从业人员，不得上岗作业。"因为施工总承包单位是施工现场的总管理单位，若分包单位在农民工入场前未对其进行安全教育，或者农民工未认真贯彻安全事宜，出现违规操作引起事故发生，无论是否签署劳动合同，伤亡农民工及家属往往会请求施工总承包单位承担赔偿责任。同时，若未落实农民工安全问题，政府也会视情况派出工作组入场调查，影响项目整体施工。

化解措施

1.设置专职劳务管理人员。施工总承包单位应设置独立的劳务办公室，隶属项目生产部门,配置专职劳务管理人员,专项负责处理分包单位劳务用工事宜。项目劳务办公室与项目所在地的人力资源和社会保障部门应建立长效对接机制,及时响应省、市、区人力资源和社会保障部门的要求,落实整改,切实反馈。劳务专管员应在分包单位入场前与分包单位劳务专管员完成对接,制作台账,并收集分包单位的劳动合同,明确未签订劳动合同不允许入场施工。在遇到抢工等特殊情况确需招录临时工人时,应要求用工人员签订承诺书,明确工资发放责任人,高度关注临时用工情况,避免可能存在的薪金纠纷和人身损害事故。

2. 加强劳务分包管控。首先,要规范分包单位进场,确保分包单位符合国家管控标准,且分包单位必须携带有效施工合同进场,避免因分包单位进场不规范,导致在施工过程中出现劳资纠纷事件。总承包单位可在分包合同中约定分包单位对所招用工人的工资支付负直接责任,不得以工程款未到位等为由克扣或拖欠农民工工资,不得以任何理由扣押或者变相扣押用于支付农民工工资的银行账户所绑定的农民工本人社会保障卡或者银行卡,不得把合同应收账款等经营风险转嫁给劳务工人。其次,坚持工伤事件事前预防、事中管理和事后处理相结合,在签订合同时要求分包单位缴纳一定数额的履约保证金作为履约过程风险处理费用,并对进场的农民工进行安全生产教育培训,增强农民工安全意识;一旦发生工人受伤事件,应第一时间予以紧急处置并报告附近医疗单位及时送医,并协助分包单位做好后续处理,帮助工人维护自身合法权益。最后,总承包单位应做好对分包单位班组的考核,建立分包单位及班组长的诚信档案,淘汰不合格分包单位及班组,确保与管理有序、技术水平过硬、诚信施工的分包队伍持久合作,是顺利履约的关键。

3. 确保劳务资料齐全。按照法律法规要求,严格落实农民工劳动用工实名制,且工人用工年限符合当地政府主管部门要求;依法与招用的农民工签订劳动合同,并在合同中约定工资支付标准、支付时间、支付方式等内容且严格履行;要求分包单位建立职工花名册并办理劳动备案,建立含现场用工、考勤计量、进出场登记、工资支付情况等用工管理台账,建立含用人单位名称、支付周期、支付日期、支付对象姓名、身份证号码、联系方式、工作时间、应发工资项目及数额、代扣、代缴、扣除项目和数额、实发工资数额、银行代发工资凭证或者农民工签字等内容的农民工工资支付台账;并要求分包单位向总承包管理单位提供详细的工人花名册、劳动合同原件、考勤表、工资支付台账、用工管理台账、清单等与劳务管理有关的相关资料，及时更新上述资料并保存至工程完工且工资全部结清后至少3年。

4. 做好劳务工人管控。要求工人进场前先行签订劳动合同并进行岗前培训、三级安全教育等，特殊工种持证率必须达到100%，一般工种持证率不得低于60%，并严格按照项目安全管理要求施工。要求分包进场的劳务工人必须是熟练的技术工，且在进场前应持有暂住证、身份证、务工证、健康证、体检报告等证件及资料，杜绝未成年人、残疾人及超龄人员（男性年满55周岁、女性年满50周岁）作为现场作业人员进入施工现场，要求分包单位按照法律和地方性法规规定为工人缴纳社会保险，并将社会保障费缴纳凭证上报总承包单位留存。

相关依据

1.《保障农民工工资支付条例》

第28条第1款 施工总承包单位或者分包单位应当依法与所招用的农民工订立劳动合同并进行用工实名登记，具备条件的行业应当通过相应的管理服务信息平台进行用工实名登记、管理。未与施工总承包单位或者分包单位订立劳动合同并进行用工实名登记的人员，不得进入项目现场施工。

2.《工程建设领域农民工工资专用账户管理暂行办法》

第16条 总包单位或者分包单位应当按照相关行业工程建设主管部门的要求开展农民工实名制管理工作，依法与所招用的农民工订立劳动合同并进行用工实名登记。总包单位和分包单位对农民工实名制基本信息进行采集、核实、更新，建立实名制管理台账。工程建设项目应结合行业特点配备农民工实名制管理所必需的软硬件设施设备。

未与总包单位或者分包单位订立劳动合同并进行用工实名登记的人员，不得进入项目现场施工。

3. 人力资源和社会保障部、住建部、国家安全生产监督管理总局、中华全国总工会发布的《关于进一步做好建筑业工伤保险工作的意见》

第8条 落实工伤保险先行支付政策。未参加工伤保险的建设项目，职工发生工伤事故，依法由职工所在用人单位支付工伤保险待遇，施工总承包单位、建设单位承担连带责任；用人单位和承担连带责任的施工总承包单位、建设单位不支付的，由工伤保险基金先行支付，用人单位和承担连带责任的施工总承包单位、建设单位应当偿还；不偿还的，由社会保险经办机构依法追偿。

4.《安全生产法》

第28条第1款 生产经营单位应当对从业人员进行安全生产教育和培训，保证从业人员具备必要的安全生产知识，熟悉有关的安全生产规章制度和安全操作规程，掌握本岗位的安全操作技能，了解事故应急处理措施，知悉自身在安全生产方面的权利和义务。未经安全生产教育和培训合格的从业人员，不得上岗作业。

二、农民工工资支付

根据《保障农民工工资支付条例》第30条第1～2款规定，分包单位对所招用农民工的实名制管理和工资支付负直接责任。施工总承包单位对分包单位劳动用工和工资发放等情况进行监督。《保障农民工工资支付条例》第26条第1款规定，施工总承包单位应当按照有关规定开设农民工工资专用账户，专项用于支付该工程建设项目农民工工资。根据《保障农民工工资支付条例》第30条的要求，目前施工总承包单位对农民工工资支付负总责，发生未能支付农民工工资的情况施工总承包单位承担垫付责任。

风 险 提 示

1. 垫付工资风险。《保障农民工工资支付条例》第30条第3、4款规定："分包单位拖欠农民工工资的，由施工总承包单位先行清偿，再依法进行追偿。工程建设项目转包，拖欠农民工工资的，由施工总承包单位先行清偿，再依法进行追偿。"根据上述规定，施工总承包单位虽然未与农民工直接订立劳动合同，但承担着极大的工资保障责任，在出现分包单位无法支付人工费的情况下需要向现场农民工先行支付，后续再向分包单位进行追偿。在实践中，若分包单位无法支付农民工工资，其本身的财务状况必然非常差，此时的追偿权除在法律上为施工总承包单位保留债权外，并无充分的保障，而且可能面临超付的风险。

2. 无法支付风险。根据《保障农民工工资支付条例》第26条第1款的规定，施工总承包单位设立农民工工资专用账户，现场工人人工费由该农民工工资专用账户划入为本项目提供劳动的农民工本人账户中。根据《保障农民工工资支付条例》第24条第2款规定，人工费用的拨付周期不得超1个月。若依照该规定，农民工工资不能再像以往一样发放，如每月发放生活费，春节前发放其余款项。目前《保障农民工工资支付条例》要求采用施工总承包单位工资代发制度，而施工总承包单位代发农民工的资金取决于发包人，若发包人资金不足无法支付或资金审批流程原因无法支付，施工总承包单位必然无法支付农民工工资。

3. 工资不实风险。根据《保障农民工工资支付条例》第28条第2款规定，施工总承包单位应当在工程项目部配备劳资专管员，对分包单位劳动用工实施监督管理，掌握施工现场用工、考勤、工资支付等情况，审核分包单位编制的农民工工资支付表。部分分包单位，尤其是人工费比重较大的劳务分包单位，因为提高利润降低农民工工资水平，告知施工总承包单位的现场施工的农民工的工资不实，实际工资较低，对于差额其通过现金支付等其他方式补偿农民工。

4. 发放不到位风险。分包单位为了避免因专用账户发放农民工工资使企业本身的现金流受到影响，会在集体办理银行卡并亲自签收后要求下属班组长收集下属农民工的工资卡，统一归集于分包单位负责人手中，仍按照以往的方法，每月发放一定的生活费，在年底或春节前等少数几个节点发放剩余工资。分包单位也可能将一部分农民工替换为自身的亲戚朋友，将部分农民工工资的款项汇入与其有利益关系的非农民工本人账户中。

5. 账户保全风险。建设工程领域牵扯各类上下游单位多，常因工程进度款争议、结算争议、质量问题等原因进入诉讼程序。与施工总承包单位存在纠纷的分包单位，为确保争议款项得到支付，往往会在提起诉讼申请的同时提起诉前财产保全或在诉讼过程中请求法院冻结施工总承包单位的账户。因《民事诉讼法》未对财产保全作出明确的限制性规定，原告方分包单位的财产保全申请多会被法院认可从而查封施工总承包单位的账户。在账户被查封后，施工总承包单位代发农民工工资将会受到影响，因无法发放工资而引发新的争议。

6. 现金流风险。建设工程的标的额高，动辄几十亿元，且工程款并非当期全款支付，如市场上常见的按照每月工程量已审核产值的70%支付，支付周期往往在30日以上。《保障农民工工资支付条例》未对人工费比例作出具体规定，由地方政府自行规定，往往是按工程进度款的20%拨付。如福建省住建厅、福建省人力资源和社会保障厅、中国人民银行福州中心支行印发的《福建省建筑工人实名制管理实施细则(试行)》第16条第2款规定,人工费总额应按照施工承包合同约定的比例或总承包企业提供的人工费用数额确定。房屋建筑工程不得低于施工合同总价的20%,市政基础设施工程不得低于施工合同总价的17%,装配式建筑项目人工费比例可适当降低。若建设单位和施工总承包单位之间的建设工程施工合同约定的进度款支付比例低,工程所在地政府部门要求的人工费拨付比例高,则项目可能出现负现金流情况,严重情形下可能影响工程的正常施工。

化解措施

1. 选择合格的分包单位。根据目前的诉讼案件分析,农民工工资欠付案件往往是因为分包单位未能按时发放农民工工资,农民工投诉无门,只得将施工总承包单位作为共同被告或被申请人。因此施工总承包单位应当制作合格分包商名录,每年定期更新,依据分包单位履约情况、诉讼仲裁情况及资信情况甄选优秀分包商,在招投标活动中优先选择优秀分包商;同时建立分包商"黑名单",将多次恶意发起诉讼仲裁,消极履约的分包商纳入"黑名单",限制或禁止其作为分包商。

工程中标后准备进场前,施工总承包单位应按照预期进度制作招标计划,并对分包商进行考察,查阅其以往工程的人工费支付情况,确保分包商具备一定的垫资能力,可以支付农民工工资。施工总承包单位应在招标时附上投标承诺书范本,要求投标人承诺按照《保障农民工工资支付条例》的要求配备专门的劳资管理员,收集整理农民工工资材料并报送施工总承包单位,并承诺支付农民工工资,不因任何原因拖欠农民工工资,若因拖欠工资而引起诉讼或仲裁由其解决,与施工总承包单位无关。

2. 重视农民工工资支付。针对农民工工资问题,国务院已多次发文,要求政府部门和建设工程相关企业履行自身职责做好农民工工资支付工作,施工总承包单位应当高度重视人工费拨付工作。首先,在合同签订阶段,施工总承包单位应与建设单位谈判就人工费单独列支、一月一拨付、不得拖欠农民工工资等协商一致,纳入合同条款,并设置相应违约罚则,从合同层面确保建设单位依法依规拨付人工费。在可行的情况下,借助《保障农民工工资支付条例》第24

条第1款规定,与建设单位协商,由建设单位以保险或银行保函形式向施工总承包单位提供工程款支付担保,在建设单位长期不拨付人工费的情况下,由施工总承包单位主张支付担保。其次,在履约过程中,施工总承包单位报请工程款时应将人工费单独列支,附随相应用工台账、工作记录等要求的文件报送建设单位,要求建设单位对人工费一月一拨付,在建设单位不理会的情况下以联系单等形式向建设单位发出书面通知。若建设单位仍然不予理会,施工总承包单位可提请工程所在地的人力资源和社会保障部门、住房与城乡建设部门进行调解,以行政手段要求建设单位履行法定义务。最后,施工总承包单位要加强同工程所在地的政府部门的沟通,对于建设单位方未能及时拨付工程款的情况予以反映,确保自身行为合法合规。

3. 严控工资资料。工程立项后,项目部应立即组建劳务办公室专门负责农民工事宜,根据工程规模配备专职劳务管理员,管理员隶属项目生产部。对于进场施工的分包单位,要求其与农民工签订劳动合同并将原件或复印件留存施工总承包单位。施工总承包单位应为入场农民工办理如指纹、虹膜、面部识别等生物识别方式进行考勤,将其与劳动合同、身份证一同放置,作为农民工实名制信息,确保进场施工人员为已签署劳动合同人员。项目部在与分包单位签署建设工程分包合同时,在合同正文应就农民工部分单列,除注明施工和安全外,明确招用农民工的要求,如年龄、劳动能力,使用农民工工资专用账户发放工资,由施工总承包单位在施工现场门口设置生物识别考勤机等,在附件中加入委托工资支付协议作为合同的一部分,将工资代发以合同条款的方式明确纳入合同。对于分包单位上报的劳动合同,劳务管理员要对合同中的工资等重要条款予以核实,农民工工资不低于工程所在地最低工资标准,对于特殊作业工种要参照工程所在地市场。针对农民工工资不符合市场价的情况,要求分包单位作出合理解释。分包单位上报劳动合同后,在有必要的情况下,劳务管理员可以要求分包单位签订承诺书,明确分包单位向施工总承包单位提供的信息是真实的,最大限度减轻施工总承包单位的责任。

4. 固化工资清单。在发放工资前,施工总承包单位的劳务管理员要根据各分包单位的劳动合同制作工资清单,明确分包单位的农民工人数、工种、工资标准并要求签订劳动合同的农民工签字并画押。在具备相应条件的情况下,施工总承包单位可对该过程全程录像作为证据表明施工总承包单位已尽最大可能核实入场施工的农民工工资。发放工资后，施工总承包单位的劳务管理员应牵头对农民工工资发放情况予以核实，制作农民工工资发放台账，要求农民工对是否已发放予以确认，如果予以确认，则要求已收到工资的农民工签名确认。对于非长期合作的分包单位，可要求其下属的农民工均签署已收到工资的承诺书，如“本人为某项目的某某，于某年某月某日收到某月的工资，发放数额准确，对此无异议”，并要求现场签名。为防止出现代签现象，施工总承包单位的劳务管理员可以进驻工人生活区设立办公室，监督工资台账的签字过程。

5. 力避账户保全。2020 年 12 月 25 日，最高人民法院、人力资源和社会保障部、中国银行业保险监督管理委员会下发的《关于做好防止农民工工资专用账户资金和工资保证金被查封、冻结或者划拨有关工作的通知》正式生效。根据该通知第 2 条规定，人民法院在查封、冻结或者划拨相关单位银行账户资金时，应当严格审查账户类型，除法律另有专门规定外，不得因支付为本项目提供劳动的农民工工资之外的事项查封、冻结或者划拨两类账户资金。签订建设工程合同后，施工总承包单位要按照人力资源和社会保障部、国家发改委、财政部等十部门发布的《工程建设领域农民工工资专用账户管理暂行办法》第 9 条及工程所在地省市的要求在合同签订后 30 日内完成专用账户的开立，并与建设单位、监管银行协商签订三方资金监管协议。为使该账户与其他账户区分，在开立过程中备注该账户为某公司或某项目的农民工工资专用账户。若农民工工资专用账户因诉讼等法律事件被法院查封，应当按照《最高人民法院、人力资源和社会保障部、中国银行业保险监督管理委员会关于做好防止农民工工资专用账户资金和工资保证金被查封、冻结或者划拨有关工作的通知》第 5 条的规定，立即以电话方式与作出查封决定的法院沟通，请求对该账户予以解封或以查封其他账户替代。在电话沟通无果后，施工总承包单位可依据上述条款的规定向作出该决定的法院提出书面异议，请求法院停止查封该账户，以便解封农民工工资专用账户。同时，在农民工工资专用账户被查封期间，施工总承包单位应立即向工程所在地人力资源和社会保障部门及住房和城乡建设部门上报，请求其给予帮助和指导，做好该种情况下的农民工工资发放工作。

6. 明确工资费用。《保障农民工工资支付条例》明确规定将当期已完工程款的部分转入农民工专用账户，但对具体比例并未予以明确，以上文所述福建省住建厅、福建省人力资源和社会保障厅、中国人民银行福州中心支行印发的

《福建省建筑工人实名制管理实施细则(试行)》为例,其规定房屋建筑类项目的人工费比例为20%。但该细则效力位阶为政府规范性文件,并非法律法规的强制性规定,不属于必须遵守的法律规范。在签订有关拨付比例的文件时,可根据施工进度计划中人工占比向政府及发包人表明,就目前的工程进度人工费比例不适宜,请求给予调整。例如,可与发包人约定设置一定的限额,若未达该限额,则按照政府指导文件要求拨付相应比例的工程款;若专用账户的资金充裕且已超出该限额,则适当降低拨付比例,便于施工总承包单位根据自身的施工计划安排工程资金。

相关依据

1.《保障农民工工资支付条例》

第24条 建设单位应当向施工单位提供工程款支付担保。

建设单位与施工总承包单位依法订立书面工程施工合同,应当约定工程款计量周期、工程款进度结算办法以及人工费用拨付周期,并按照保障农民工工资按时足额支付的要求约定人工费用。人工费用拨付周期不得超过1个月。

建设单位与施工总承包单位应当将工程施工合同保存备查。

第26条 施工总承包单位应当按照有关规定开设农民工工资专用账户,专项用于支付该工程建设项目农民工工资。

开设、使用农民工工资专用账户有关资料应当由施工总承包单位妥善保存备查。

第28条 施工总承包单位或者分包单位应当依法与所招用的农民工订立劳动合同并进行用工实名登记,具备条件的行业应当通过相应的管理服务信息平台进行用工实名登记、管理。未与施工总承包单位或者分包单位订立劳动合同并进行用工实名登记的人员,不得进入项目现场施工。

施工总承包单位应当在工程项目部配备劳资专管员,对分包单位劳动用工实施监督管理,掌握施工现场用工、考勤、工资支付等情况,审核分包单位编制的农民工工资支付表,分包单位应当予以配合。

施工总承包单位、分包单位应当建立用工管理台账,并保存至工程完工且工资全部结清后至少3年。

第30条 分包单位对所招用农民工的实名制管理和工资支付负直接

责任。

施工总承包单位对分包单位劳动用工和工资发放等情况进行监督。

分包单位拖欠农民工工资的,由施工总承包单位先行清偿,再依法进行追偿。

工程建设项目转包,拖欠农民工工资的,由施工总承包单位先行清偿,再依法进行追偿。

第31条　工程建设领域推行分包单位农民工工资委托施工总承包单位代发制度。

分包单位应当按月考核农民工工作量并编制工资支付表,经农民工本人签字确认后,与当月工程进度等情况一并交施工总承包单位。

施工总承包单位根据分包单位编制的工资支付表,通过农民工工资专用账户直接将工资支付到农民工本人的银行账户,并向分包单位提供代发工资凭证。

用于支付农民工工资的银行账户所绑定的农民工本人社会保障卡或者银行卡,用人单位或者其他人员不得以任何理由扣押或者变相扣押。

2.《福建省建筑工人实名制管理实施细则(试行)的通知》

第16条　建筑工人工资实行分账管理制度。总承包企业应在工程项目所在地自行选择商业银行开设工资专户,同一企业在一个设区市可设立一个工资专户,在工资专户下按项目分账簿进行资金管理。

人工费总额应按照施工承包合同约定的比例或总承包企业提供人工费用数额确定。房屋建筑工程不得低于施工合同总价的20%,市政基础设施工程不得低于17%,装配式建筑项目人工费比例可适当降低。

3.《工程建设领域农民工工资专用账户管理暂行办法》

第9条　工程完工、总包单位或者开户银行发生变更需要撤销专用账户的,总包单位将本工程建设项目无拖欠农民工工资情况公示30日,并向项目所在地人力资源社会保障行政部门、相关行业工程建设主管部门出具无拖欠农民工工资承诺书。

开户银行依据专用账户监管部门通知取消账户特殊标识,按程序办理专用账户撤销手续,专用账户余额归总包单位所有。总包单位或者开户银行发生变更,撤销账户后可按照第六条规定开立新的专用账户。

4. 最高人民法院、人力资源社会保障部、中国银行业保险监督管理委员会发布的《关于做好防止农民工工资专用账户资金和工资保证金被查封、冻结或者划拨有关工作的通知》

二、人民法院在查封、冻结或者划拨相关单位银行账户资金时,应当严格审查账户类型,除法律另有专门规定外,不得因支付为本项目提供劳动的农民工工资之外的原因查封、冻结或者划拨两类账户资金。

五、当事人、利害关系人(包含两类账户监管部门)认为人民法院查封、冻结或者划拨行为违法的,银行业金融机构认为人民法院要求其协助执行行为违法的,均可依法向人民法院提出异议,人民法院应当依法处理。两类账户监管部门提出异议的,异议审查期间不得查封、冻结或者划拨两类账户金。

第十三节　工程验收

工程验收,是指工程质量在承包人自查合格的基础上,由工程质量验收责任方按照相关标准及法律法规,组织对检验批、分项、分部、单位工程及隐蔽工程的质量进行抽样检验,对技术文件进行审核,以书面形式对特定工程的质量是否达到合格标准进行检验并作出确认的行为。在工程建设实务中,根据施工进度、验收内容和责任方的不同,可将工程验收分为分部分项验收、隐蔽工程验收、专项验收、综合验收、竣工验收等一系列具体验收形式。

《民法典》第799条规定:“建设工程竣工后,发包人应当根据施工图纸及说明书、国家颁发的施工验收规范和质量检验标准及时进行验收。验收合格的,发包人应当按照约定支付价款,并接收该建设工程。建设工程竣工经验收合格后,方可交付使用;未经验收或者验收不合格的,不得交付使用。”可见,工程验收以一系列具体验收形式贯穿工程建设全过程,其既是对已完工程质量的检验,也是后续工程款支付的前置性条件。工程验收的相关风险是建设工程履约阶段风险中必不可少的重要环节,本节将对履约阶段工程验收的相关风险展开具体分析,并提出相应化解措施。

风险提示

1. 约定验收标准低于强制性标准的，约定无效。根据《标准化法实施条例》第2条第4项规定，对建设工程的勘察、设计、施工、验收的技术要求和方法，应当制定标准。《标准化法》第2条第3款规定："强制性标准必须执行。国家鼓励采用推荐性标准。"《民法典》第153条第1款规定："违反法律、行政法规的强制性规定的民事法律行为无效。但是，该强制性规定不导致该民事法律行为无效的除外。"国家强制性标准为当然的效力性强制性规定，当发包人、承包人双方就分项工程验收标准的约定比国家强制性标准更低时，该约定因违反效力性强制性规定而无效。

2. 发包人不组织竣工验收或者恶意拖延竣工验收。发包人为拖延支付工程款，常常不及时组织竣工验收或者恶意拖延验收。由于组织竣工验收是发包人所享有的排他的权利，承包人无法自行组织竣工验收或以发包人名义组织竣工验收，而竣工验收合格是承包人主张工程价款的前提条件，发包人拖延竣工验收进程往往会导致承包人的收款权益受损。

3. 竣工验收过程中发现质量问题。根据《建设工程质量管理条例》第32条规定，承包人对出现质量问题或者竣工验收不合格的工程，应当负责返修并承担相应违约责任。据此，一旦建设工程经竣工验收不合格或经整改后仍不合格的，承包人不仅无权主张发包人支付工程款，还有可能被要求赔偿发包人因竣工验收不合格所造成的经济损失，因质量缺陷对承包人过程履约存在较高风险。

4. 不满足竣工验收条件即申请竣工验收。部分承包人不能正确地认识竣工验收条件的法律意义，误认为全部竣工验收条件仅包含完成竣工验收的内容。根据《建设工程质量管理条例》第16条规定，竣工验收时，承包人除需完成规定工程内容外，还需提供完整的技术档案和施工管理资料、工程保修协议书等。竣工验收材料不完备不仅可能导致验收延误，对承包人的尾款回收产生影响；还会对承包人竣工日期的认定产生影响，导致承包人承担逾期竣工责任。

5. 工程尚未通过竣工验收，就已移交发包人使用。在建设工程实务中，存在某些发包人为了提前获得投资效益，不顾法律的强制性规定，未经竣工验收即要求承包人交付并使用工程的情形，不仅客观上存在一定的安全隐患，依《建设工程质量管理条例》第58条规定,还有可能因未通过竣工验收就交付使用被处工程合同价款2% ~4%的罚款并被要求依法承担赔偿责任。

化解措施

1. 注意审查验收标准条款,确保约定标准符合国家强制性标准要求。在合同评审阶段,发包人、承包人应充分了解国家强制性标准,并且在合同中明确目标工程的分项验收标准应符合国家强制性标准要求。落实质量交底,熟悉验收标准。项目管理人员应树立质量管理意识,要了解并熟悉相关国家标准、地方标准,在施工前应做好技术质量交底,以便在施工作业中发现潜在的质量问题。

2. 合同签订阶段高度重视验收相关条款风险。签署施工总承包合同时,承包人可与发包人协商,在合同专用条款部分增加有关工程验收条款。例如,在承包人提交竣工验收报告后,在约定期限内发包人既不组织验收也不提出异议的,视为工程竣工验收合格。虽然工程未经竣工验收,不得交付发包人使用,但是承包人与发包人之间存在合同关系,承包人据此享有工程款追索权,只要合同明确约定此种情况视为验收合格,承包人便可以要求进行建设工程竣工结算并支付工程款,这有助于维护承包人合法权益。

3. 严控履约过程中的工程质量风险。针对工程存在质量风险的情况,在签署施工合同阶段,发包人就需要充分考虑各种主客观因素,包括施工技术、施工工艺水平等非承包人原因,避免因具有过错而承担由于发包人设计缺陷等原因导致的工程质量缺陷责任;同时,在施工企业内部,需要建立一套科学的工程质量管理体系和责任问责体系。在施工过程中,重视施工现场管理,建立规范的质量考评制度和整改制度,从源头上控制质量风险。

4. 注意做好资料记录和留存工作。项目管理人员和技术人员在自检时,应随时做好质量验收记录,确保自检部分的验收记录完整;针对已通过竣工验收部分,及时在监理例会、相关会议纪要中将结论固化,切实维护承包人的相应权益。针对发包人拖延结算的情况,承包人可以在完成合同范围内工程的前提下,编制完整的竣工验收申请报告,并及时送达完整的竣工验收资料,保留好送达凭证;书面发函催促发包人尽快开展验收工作,并说明其拖延验收所需承担的不利后果:在承包人提交竣工验收报告后,发包人仍拖延验收的,承包人有权主张其提交竣工验收报告之日为竣工日期。

5. 积极沟通应对工程验收及移交相关问题。根据《建设工程质量管理条例》第 16 条及《建设工程施工合同司法解释(一)》第 9 条第 3 项和第 14 条规定,工程竣工验收合格后,方可交付使用;未经竣工验收或者竣工验收不合格的,不得交付使用。若未经竣工验收或竣工验收未通过,发包人要求移交工程的,承包人有权拒绝。若发包人强行使用的,视为对工程质量合格的认可,承包人可以就此事项向发包人书面发文,告知其强行使用的法律后果,由此产生的问题等应由发包人承担责任。

6. 确保已完工程质量合格。需要注意的是,针对未经竣工验收、未交付相关竣工资料是否可以对抗承包人要求付款的主张,法院裁判观点认为,工程未经验收而发包人提前使用导致工程被视为验收合格的,即视为承包人在法律上已按照合同要求向发包人提供了符合合同约定的建筑物。在这种情况下,发包人不得主张承包人提供竣工验收资料作为其付款的前置条件。发包人再以质量问题为由主张相关权利的,人民法院通常不予支持;但是,若是建设工程主体结构等施工内容部分存在质量缺陷的,承包人仍需承担相关质量责任。

相关依据

1.《建设工程施工合同司法解释(一)》

第 9 条 当事人对建设工程实际竣工日期有争议的,人民法院应当分别按照以下情形予以认定:

(一)建设工程经竣工验收合格的,以竣工验收合格之日为竣工日期;

(二)承包人已经提交竣工验收报告,发包人拖延验收的,以承包人提交验收报告之日为竣工日期;

(三)建设工程未经竣工验收,发包人擅自使用的,以转移占有建设工程之日为竣工日期。

第 14 条 建设工程未经竣工验收,发包人擅自使用后,又以使用部分质量不符合约定为由主张权利的,人民法院不予支持;但是承包人应当在建设工程的合理使用寿命内对地基基础工程和主体结构质量承担民事责任。

第 17 条 有下列情形之一,承包人请求发包人返还工程质量保证金的,人民法院应予支持:

(一)当事人约定的工程质量保证金返还期限届满;

(二)当事人未约定工程质量保证金返还期限的,自建设工程通过竣工验收之日起满二年;

(三)因发包人原因建设工程未按约定期限进行竣工验收的,自承包人提交工程竣工验收报告九十日后当事人约定的工程质量保证金返还期限届满;当事人未约定工程质量保证金返还期限的,自承包人提交工程竣工验收报告九十日后起满二年。

发包人返还工程质量保证金后,不影响承包人根据合同约定或者法律规定履行工程保修义务。

2.《建设工程质量管理条例》

第16条 建设单位收到建设工程竣工报告后,应当组织设计、施工、工程监理等有关单位进行竣工验收。

建设工程竣工验收应当具备下列条件:

(一)完成建设工程设计和合同约定的各项内容;

(二)有完整的技术档案和施工管理资料;

(三)有工程使用的主要建筑材料、建筑构配件和设备的进场试验报告;

(四)有勘察、设计、施工、工程监理等单位分别签署的质量合格文件;

(五)有施工单位签署的工程保修书。

建设工程经验收合格的,方可交付使用。

第32条 施工单位对施工中出现质量问题的建设工程或者竣工验收不合格的建设工程,应当负责返修。

第58条 违反本条例规定,建设单位有下列行为之一的,责令改正,处工程合同价款2%以上4%以下的罚款;造成损失的,依法承担赔偿责任:

(一)未组织竣工验收,擅自交付使用的;

(二)验收不合格,擅自交付使用的;

(三)对不合格的建设工程按照合格工程验收的。

3.《民法典》

第797条 建设工程竣工后,发包人应当根据施工图纸及说明书、国家颁发的施工验收规范和质量检验标准及时进行验收。验收合格的,发包人应当按照约定支付价款,并接收该建设工程。

建设工程竣工经验收合格后,方可交付使用;未经验收或者验收不合格的,不得交付使用。

4.《建筑法》

第61条　交付竣工验收的建筑工程,必须符合规定的建筑工程质量标准,有完整的工程技术经济资料和经签署的工程保修书,并具备国家规定的其他竣工条件。

建筑工程竣工经验收合格后,方可交付使用;未经验收或者验收不合格的,不得交付使用。

5.《房屋建筑和市政基础设施工程竣工验收备案管理办法》

第4条　建设单位应当自工程竣工验收合格之日起15日内,依照本办法规定,向工程所在地的县级以上地方人民政府建设主管部门(以下简称备案机关)备案。

第十四节　合同解除

合同解除,是指合同成立后,在未履行或未完全履行前,经合同当事人协议或当具备某种法定、约定的解除事由时,依法解除合同效力的法律行为。合同成立后,对当事人具有法律约束力,当事人一方不得擅自解除合同;但在合同履行过程中,往往会出现当事人需要解除合同的情形,对此法律赋予了合同当事人解除合同的权利。

建设工程合同作为《民法典》专章规定的一种基本合同类型,其解除不仅对合同当事人的利益有重大影响,对社会及国家也会产生一定的影响。由于建设工程合同的履约行为是承包人将劳务及建筑材料物化到建设工程的过程,因此建设工程合同的解除往往要比其他类型合同的解除更为复杂,对于合同当事人的权利义务确认和责任处理需更为谨慎。无论合同解除能否成立,解除合同后的违约责任、损失计算、建筑物处置等事实认定和法律适用问题,均不能简单、粗暴地照搬其他合同的解除的处理方式。

一、合同解除情形

根据我国法律规定,合同的解除可分为协议解除、约定解除和法定解除。协议解除需合同当事人达成一致,遵循当事人的合意从而解除合同;约定解除需合同当事人约定合同解除的事由,在约定解除事由发生时,由解除权人行使解除权从而达到合同解除的目的。关于约定解除,《九民纪要》第47条规定,在合同约定解除条件成就时,法院要通过审查违约方的违约程度是否显著轻微,是否影响守约方合同目的实现,并根据诚实信用原则,确定合同应否解除。因此建设工程合同约定解除必须既要满足合同约定解除条件,也要满足违约方的违约程度明显超出显著轻微且已影响守约方合同目的的正常实现;由于协议解除及约定解除往往都是依据当事人的意愿,在此就不再赘述。在实践中,建设工程合同当事人产生纠纷更多是运用法定解除事由维护自身权益,因此本节将重点论述建设工程合同的法定解除。

法定解除主要针对合同履行过程中,由于某些特定情形导致合同无法履行,或者如果继续履行将会对一方当事人的合法权益造成严重损害的情形,法律专门规定了解除条件。常见的建设工程合同法定解除原因包括一般法定解除事由、特殊法定解除事由以及建设工程合同专有的合同解除事由。其中,建设工程合同解除事由系《民法典》颁布后的新增法条,《民法典》第806条对建设工程合同解除的特殊问题和合同解除的法律后果作了规定,分别从因承包人转包、违法分包赋予发包人合同解除权,因发包人不履行协助义务情形赋予承包人合同解除权,对合同解除相关后果予以规定。虽然仅有简单的三款规定,但内容涵盖广、解释空间大,使建设工程领域的诸多实践操作行为有章可循、有法可依。

(一)一般法定解除

法定解除,是指合同成立后未履行或者未履行完毕前,当事人在法律规定的解除事由出现时,通过行使法定的解除权而使合同效力归于消灭的行为。法定解除的事由由法律直接规定,在该情况发生时,具有解除权的当事人通过行使解除权,即可主张解除合同,无须征得对方当事人的同意。《民法典》第563

条第 1 款规定的法定解除事由如下：

(1)因不可抗力致使不能实现合同目的；

(2)在履行期限届满前,当事人一方明确表示或者以自己的行为表明不履行主要债务；

(3)当事人一方迟延履行主要债务,经催告后在合理期限内仍未履行；

(4)当事人一方迟延履行债务或者有其他违约行为致使不能实现合同目的；

(5)法律规定的其他情形。

就建设工程合同而言,一般法定解除事由往往是由于合同当事人未完成合同约定的义务或构成根本违约导致合同目的无法实现。针对不可抗力事件,必须要达到致使合同目的不能实现的程度时,当事人才享有法定解除权。如果不可抗力事件只是导致合同部分不能履行或暂时的履行障碍,则可通过变更合同予以解决;如果因不可抗力造成给付迟延,则应适用上述第 1 款第 3 项和第 4 项的情形解除合同;本条规定的第三种关于给付迟延经催告后仍未履行的情形及第四种给付迟延和其他违约行为致不能实现合同目的情形均是根据违约行为和所侵害的合同利益不同而作出的周延性分类,这两种情形都可能导致合同目的不能实现,进而作为合同法定解除的事由。除上述四种法定解除情形外,实践中往往还存在其他致使合同解除的情形,因此《民法典》第 563 条还专门设置了兜底条款,弥补司法实践过程中立法的不周延性及社会情势的变迁。

(二)特殊法定解除

1. 不安抗辩权行使引发的合同解除

根据《民法典》第 528 条规定,在合同先履行的一方行使不安抗辩权中止履行后,对方在合理期限内未恢复履行能力且未提供适当担保的,视为以自己的行为表明不履行主要债务,中止履行的一方可以解除合同并可以请求对方承担违约责任。

不安抗辩权行使的前提要件是《民法典》第 527 条规定的债务人丧失履行能力的四种具体情形:“应当先履行债务的当事人,有确切证据证明对方有下列情形之一的,可以中止履行:(一)经营状况严重恶化;(二)转移财产、抽逃资金,以逃避债务;(三)丧失商业信誉;(四)有丧失或者可能丧失履行债务能力的其他情形。当事人没有确切证据中止履行的,应当承担违约责任。”该条文与一般法定解除中第二种预期违约情形相衔接。如果先履行债务的当事人已证明合同相对方通过行为表明将不再履行义务,则可以通过行使不安抗辩权要求对方承担违约责任并解除合同;如果先履行债务的当事人掌握的证据仅表明对方只是有可能丧失履行能力,那么还是需要根据一般法定解除中的预期违约情形规定,在要求对方提供担保无果后,再行使法定解除权解除合同。

2. 情势变更引发的合同解除

《民法典》第 533 条规定的情事变更发生以后,受不利影响的当事人可以与对方重新协商;在合理期限内协商不成的,可以请求人民法院或者仲裁机构变更或者解除合同。与一般法定解除权的不同之处在于,当事人须向法院或仲裁机构请求解除合同,即必须通过司法方式行使解除权。因为情事变更本身就与要求合同当事人守信相对立,且对于守信条件是否发生变化的认定较为复杂,须有司法机关介入才能保证公正性、客观性、合理性。也就是说,如果在合同履行过程中,发生当事人在订立合同时无法预见的、不属于商业风险的重大变化,继续履行合同对于一方当事人明显不公平,双方协商解除合同未达成一致的,当事人可以请求人民法院或者仲裁机构变更或者解除合同。

(三)建设工程合同的法定解除情形

1. 发包人的法定解除权

(1)承包人将建设工程转包、违法分包的。

承包人将建设工程转包、违法分包的,该转包、违法分包行为已经说明其自身不履行承包合同的义务,违背了发包人与承包人缔约合同的初衷。《民法典》第 806 条第 1 款第 1 句明确规定:“承包人将建设工程转包、违法分包的,发包人可以解除合同。”其实无论是《民法典》《建筑法》等法律,还是《建设工程质量管理条例》等行政法规均禁止承包人的转包行为,而本条所述的违法分包主要是指已经签订建设工程合同的承包人再行分包的行为,不包括总承包单位的违法支解分包。

虽然《民法典》第 806 条规定了承包人转包、违法分包时发包人享有解除权,但是发包人是否行使该解除权,应由发包人选择。对此,发包人有权在解除合同和要求承包人继续履行之间作出选择,以确保自己合法权益的实现。发包人请求继续履行的,则承包人应继续履行合同,改正转包、违法分包行为,确保合同目的的实现。

(2)承包人违约行为导致合同目的无法实现。

第一,承包人迟延履行,经催告后仍未履行。在一般情况下,迟延履行不会造成合同目的不能实现的后果,也不能产生解除的法律后果。但是,如果一方当事人迟延履行的是主要合同义务,经另一方催告后,迟延履行的一方在催告后的合理期限内仍未履行的,则对方可以解除合同。在建设工程施工合同履行过程中,承包人应当按照合同约定,做好开工前的准备工作,并及时施工,以确保建设工程能够在合同约定期限之内完工,这是承包人应该履行的义务。但如果承包人在开工日期届至后,经发包人催告后仍迟迟未开工,导致建设工程存在无法按照合同约定期限完工的风险,发包人可以解除合同。①

第二,因承包人施工质量不合格致使不能实现合同目的。《民法典》第 801 条规定:"因施工人的原因致使建设工程质量不符合约定的,发包人有权请求施工人在合理期限内无偿修理或者返工、改建。经过修理或者返工、改建后,造成逾期交付的,施工人应当承担违约责任。"因此,如果承包人承建的建设工程质量不符合约定,且在整改完成后或多次整改后,仍未达到约定的建设工程质量标准时,发包人可请求解除合同。

第三,违反承包人容忍义务。《民法典》第 797 条规定:"发包人在不妨碍承包人正常作业的情况下,可以随时对作业进度、质量进行检查。"可见法律赋予发包人建设工程检查权,便于发包人督促承包人改正施工中的问题,及时进行修理或者返工,保证工程质量。但是如果承包人对于发包人的必要监督、检查消极应对,不积极配合,甚至阻挠发包人对建设工程进行检查、监督,直接影响合同目的顺利实现和建设工程质量的,此时发包人可以请求解除合同。

(3)发包人有权解除合同的其他情形。

《民法典》第 563 条还规定了当事人一方行使法定解除权的兜底条款。对于建设工程合同的履行而言,需要根据实际履行情况加以判断。如在建设工程

---

① 参见沈友耀、薛恒:《违约方合同解除规则探讨——基于〈民法典合同编(草案)〉视角》,载《安徽农业大学学报(社会科学版)》2020 年第 2 期。

合同履行过程中,承包人违背发包人意愿,偷工减料,未经发包人同意更改施工图纸等,对履约造成重大影响,发包人可行使合同解除权。

2. 承包人的法定解除权

(1)发包人提供的主要建筑材料、建筑构配件和设备不符合强制性标准的。

根据《民法典》第806条第2款规定,发包人提供的主要建筑材料、建筑构配件和设备不符合强制性标准,致使承包人无法施工,经催告后在合理期限内仍未履行相应义务的,承包人可以解除合同。该条赋予承包人解除合同权利的条件主要有三个:一是发包人提供的主要建筑材料、建筑构配件和设备不符合强制性标准;二是由于发包人提供的主要建筑材料、建筑构配件和设备不符合强制性标准导致承包人无法施工;三是承包人就此对发包人进行催告,但发包人在经承包人催告后在合理期限内仍未履行相应义务的。

对于强制性标准,一般理解为国家强制性标准或地方强制性标准。如果合同约定的标准高于国家强制性标准或地方强制性标准,以合同约定为准;如果合同约定的标准低于国家强制性标准或地方强制性标准,则以国家强制性标准或地方强制性标准为准。由于建筑构配件和设备不符合强制性标准,可能在工程建设过程中导致工程质量不合格,或者导致承包人自身的人身、财产受到损害,致使合同目的无法实现,因此承包人有权请求发包人更换,发包人经催告后不更换的,则承包人有权解除合同。

(2)发包人不履行协助义务的。

根据《民法典》第806条第2款规定,发包人不履行协助义务,致使承包人无法施工,经催告后在合理期限内仍未履行相应义务的,承包人可以解除合同。虽然该条未列举说明发包人应履行的协助义务有哪些,但就建设工程而言,发包人最主要的义务是支付工程款。除支付工程款外,其他需由发包人履行,以保障建设工程顺利实施的义务,就是发包人的协助义务,主要包含以下几类:一是取得建设工程相关行政许可的义务,如办理法律规定由其办理的许可、批准或备案,包括但不限于建设用地规划许可证、建设工程规划许可证、国有土地使用权证、建设工程施工许可证、施工所需临时用水、临时用电、中断道路交通、临时占用土地等许可和批准;二是为承包人提供充足的施工条件,如按照合同约定提供施工图纸、原材料、设备、场地、资金、技术资料等;三是及时对隐蔽工程和中间工程进行验收,保障承包人继续施工;四是因发包人原因发生设计变更进而造成工程量变更,需要发包人或发包人委托的监理单位出具签证的义务;五是需发包人及时消除影响工程中途停建、缓建原因的义务;六是法律规定或合同约定其他需发包人履行的义务。①

《民法典》规定的发包人协助义务,相较于之前的法律规定,最大的突破是发包人的协助义务不再仅局限于合同约定,还包括法律规定等。如果发包人不履行协助义务,导致承包人无法施工或者无法继续施工,则构成发包人违约,该违约行为在经承包人催告后仍未履行的,承包人有权依据合同约定和法律规定解除合同。

风险提示

1. 合同解除条件未成就。由于建设工程合同标的额较大,合同当事人为保障自己利益不受损,往往在解除合同条件未成就时,就向对方发出解除合同通知。由于使对方有所防备或无法得到司法机构的认可,从而未达到合同解除的目的。因此,当事人解除合同应符合法律规定或约定的条件,在合同解除权成就的情况下,在除斥期间内行使解除权。若当事人解除权条件未成就,其发出的解除通知不发生解除合同的效力。

因工程存在部分质量问题,某建筑工程发包人以承包人怠于履行合同约定的质量保障义务为由要求解除工程建设合同,承包人认为案涉工程已经发包人验收通过,不应解除合同,故诉至法院。法院认为由于案涉工程已进行审计验收,且发包人也认可已整体验收,故发包人在验收通过后再发函给承包人要求解除合同,不符合行使合同解除权的条件,不发生解除合同的效力。②

某装饰装修工程的发包人因房屋渗水,认为工程质量不合格,要求行使法定解除权解除《工程施工合同》;而承包人认为案涉房屋是否存在质量问题应通过司法鉴定确定,也愿意对质量问题进行维修整改。而发包人已经开始使用案涉房屋并以多种借口拒绝承包人到现场处理渗水问题,因此承包人不同意解除合同。本案二审法院认为,发包人行使法定解除权的请求是否应当得到支持,

---

① 参见江必新主编:《中华人民共和国民法典适用与实务讲座》(下册),人民法院出版社2020年版,第663页。

② 参见湖北省荆门市中级人民法院民事判决书,(2020)鄂08民终403号。

需要考察的是是否符合法律规定的当事人可以解除合同的情形，一方面，根据当事人共同确认的事实，《工程施工合同》绝大部分的施工内容已完成，只有部分软装未完成，即承包人主要的合同债务已经履行完毕；另一方面，发包人陈述存在渗水质量问题，但现有证据尚不足以证明该质量问题已经达到法定的"不能实现合同目的"的严重程度，法院对发包人解除合同的诉请不予支持，其要求返还工程款的主张亦不能成立。①

2. 未完成行使解除权的前置催告。《民法典》虽然扩大了发包人的协助义务，但并未放宽行使解除权的前置条件，承包人主张行使合同解除权，仍需先行催告并经过合理期限才可主张解除合同；此外，法律在一般法定解除情形中也明确规定，一方迟延履行主要债务，必须在经催告后合理期限内仍未履行，另一方才有权解除合同。

在某建设工程施工合同纠纷中，因工程停工，发包人、承包人诉至法院。经法院查明，案涉工程合同约定发包人负责气浮进水、出水排水管，但发包人一直未使气浮处于停止运行状态，该行为的确使承包人无法施工，且发包人未配合施工显然已经超出了合理的停工期限，经承包人催告仍未同意履行配合义务。根据2004年《最高人民法院关于审理建设工程施工合同纠纷案件适用法律问题的解释》（已废止）的规定，发包人不履行合同约定的协助义务，致使承包人无法施工，且在催告的合理期限内仍未履行相应义务，承包人请求解除建设工程施工合同的，应予支持。故法院判决案涉合同自判决生效之日起解除。② 在本案中，正是因为承包人已经履行了催告程序，才能够在发包人未履行发包人义务的情形下顺利解除合同，避免后续损失。

3. 确保合同目的已无法实现。在司法实践中，即使约定解除条件成就，若非违约致使合同目的无法达成，则仍有可能导致合同无法解除，《九民纪要》第47条明确了约定解除的前提："合同约定的解除条件成就时，守约方以此为由请求解除合同的，人民法院应当审查违约方的违约程度是否显著轻微，是否影响守约方合同目的的实现，根据诚实信用原则，确定合同应否解除。违约方的违约程度显著轻微，不影响守约方合同目的的实现，守约方请求解除合同的，人民法

① 参见四川省成都市中级人民法院民事判决书，（2019）川01民终20129号。

② 参见浙江省绍兴市柯桥区人民法院民事判决书，（2015）绍柯民初字第2285号。

院不予支持；反之，则依法予以支持。”该条表明，从诚实信用原则的角度出发，即使约定解除条件已经成就，如果违约方的违约程度显著轻微、没有影响守约方事先约定的合同目的的实现，法院不应支持守约方解除合同的请求。

某建设工程承包人因发包人未按合同约定将工程款支付至承包人账户，而是直接支付至实际施工人账户，认为发包人存在欠付工程款的违约事实，且经催告后仍拒不履行，导致合同目的不能实现，构成合同法定解除条件，从而要求解除合同。但最高人民法院裁定认为，尽管发包人在工程款支付过程中存在违约行为，但本案实际施工人已实际履行了承包人与发包人签订的《建设工程施工合同》，在收到发包人拨付的工程款后已将该款项用于案涉工程建设。由于案涉工程已接近竣工验收，不存在合同目的不能实现的情形，承包人以发包人违约导致合同目的不能实现为由主张解除合同，不能成立。故最高人民法院裁定不予解除合同，原因在于合同目的仍能够实现。①

在另一起建设施工合同纠纷中，发包人要求解除合同的理由为承包人明确告知无法组织配置名单中的人员进驻施工场地，构成违约，且承包人已以行为表明不再履行合同义务。法院综合考察双方合同目的和主要合同义务，结合承包人在发包人下发开工令前已进场施工，以及发包人下发开工令后同月即向承包人发出解除合同通知书，合同约定的考勤周期尚未届满等情况，认为承包人违约程度显著轻微，并不影响发包人合同目的的实现，发包人通知承包人解除合同不能发生合同解除的法律后果，合同无法解除。②

化解措施

1. 做好解除过程资料留存工作。建设工程施工合同解除并不是合同各方权利义务的自然终结。合同解除后，各方虽不再继续履行合同约定义务，但根据履行情况和合同性质，发包人和施工人有权请求恢复原状或者采取其他补救措施，并有权请求赔偿损失，且非违约方有权追究违约方的违约责任。因此，解除人行使解除权时，需做好过程资料留存，如联系函、催告函、对方不履行合同义务的证据材料等，确保能够为行使解除权、后期索要工程款及其他费用提供

---

① 参见最高人民法院民事裁定书，(2019)最高法民申1443号。

② 参见山东省泰安市中级人民法院民事判决书，(2021)鲁09民终163号。

有力支撑。

2. 合同解除与主张损失并行。合同解除和违约损失赔偿都是合同违约的救济方式，二者可以同时适用。尤其是在建设工程案件中，双方可先就合同解除达成共识，然后同步解决违约和损失赔偿问题，或者以支付工程款作为解除合同的谈判条件之一，避免后续在司法程序中形成双方完全对立情形，导致成本损失进一步扩大。

3. 解除合同的请求应清晰、准确。通过提起诉讼或者申请仲裁的方式主张解除合同的，诉讼请求或者仲裁请求应直接、明确地表达为"××与××于×年×月×日签订的《××合同》(编号为：×××)解除"，便于人民法院或仲裁机构正确识别当事人的诉讼请求。

4. 将解除合同作为最后救济手段。合同解除虽然是最终解决纠纷的方式之一，但往往也会带来重大负面影响，如影响发包人建设进度、承包人整体经营和生产计划以及资金流等。故对于建设工程合同而言，发包人、承包人应秉承促进合同履行的理念，积极纠正合同履行中的违约行为，求同存异以促进合同履行。解除人行使合同解除权时需明白，解除合同和违约损失求偿等维权方式仅能做到填平损失，促进合同履行和实现违约救济才是最好的结果。

相关依据

《民法典》

第527条 应当先履行债务的当事人，有确切证据证明对方有下列情形之一的，可以中止履行：

(一)经营状况严重恶化；

(二)转移财产、抽逃资金，以逃避债务；

(三)丧失商业信誉；

(四)有丧失或者可能丧失履行债务能力的其他情形。

当事人没有确切证据中止履行的，应当承担违约责任。

第528条 当事人依据前条规定中止履行的，应当及时通知对方。对方提供适当担保的，应当恢复履行。中止履行后，对方在合理期限内未恢复履行能力且未提供适当担保的，视为以自己的行为表明不履行主要债务，中止履行的一方可以解除合同并可以请求对方承担违约责任。

第533条 合同成立后，合同的基础条件发生了当事人在订立合同时无法预见的、不属于商业风险的重大变化，继续履行合同对于当事人一方明显不公平的，受不利影响的当事人可以与对方重新协商；在合理期限内协商不成的，当事人可以请求人民法院或者仲裁机构变更或者解除合同。

人民法院或者仲裁机构应当结合案件的实际情况，根据公平原则变更或者解除合同。

第563条 有下列情形之一的，当事人可以解除合同：

（一）因不可抗力致使不能实现合同目的；

（二）在履行期限届满前，当事人一方明确表示或者以自己的行为表明不履行主要债务；

（三）当事人一方迟延履行主要债务，经催告后在合理期限内仍未履行；

（四）当事人一方迟延履行债务或者有其他违约行为致使不能实现合同目的；

（五）法律规定的其他情形。

以持续履行的债务为内容的不定期合同，当事人可以随时解除合同，但是应当在合理期限之前通知对方。

第806条 承包人将建设工程转包、违法分包的，发包人可以解除合同。

发包人提供的主要建筑材料、建筑构配件和设备不符合强制性标准或者不履行协助义务，致使承包人无法施工，经催告后在合理期限内仍未履行相应义务的，承包人可以解除合同。

合同解除后，已经完成的建设工程质量合格的，发包人应当按照约定支付相应的工程价款；已经完成的建设工程质量不合格的，参照本法第七百九十三条的规定处理。

二、解除程序

合同解除是依权利人的单方意思表示产生法律关系变动的效果。根据《民法典》第565条规定，合同当事人可以通过通知方式解除合同，也可以直接提起诉讼或者仲裁的方式解除合同。当事人同样也可以通过达成合意来解除合同，合同解除权的行使方式主要有以下四种。

（一）通知解除

根据《民法典》第565条第1款规定，当事人主张解除合同的应当通知对方，合同自通知到达对方时解除。这是最基础的合同解除行使方式，但同时法条也规定了通知解除的前提条件：通知载明合同相对方在一定期限内不履行债务的，合同自通知的期限届满时解除。该内容系对解除权行使“附条件和期限”的特殊规定，即应履行合同义务的一方不履行债务，以通知载明的时间作为行使解除权法律行为生效的条件和期限。也就是当事人在解除合同时，先向合同相对方发出解除通知，但此时并未直接解除合同，而是设定了一个宽限期，如果应履行合同义务的一方在这个期间内仍不履行，合同则自动解除。这相当于给解除权的行使附加了条件，即当事人虽已发出解除通知，但只有等到相对人在宽限期内仍未履行债务的时候，才真正发生合同解除的后果。①

同时，《民法典》规定“对方对解除合同有异议的，任何一方当事人均可以请求人民法院或者仲裁机构确认解除行为的效力”，即针对合同解除行为，解除权人和被解除权人均享有异议权。根据《民法典》第580条规定，人民法院或者仲裁机构可以根据当事人的请求终止合同权利义务关系，但是不影响违约责任的承担。这说明通知解除合同不是为了惩罚合同违约方，而是为了将合同双方从合同目的已经落空的合同关系中解放出来，从而消灭已经死亡的合同关系。此外，需要注意的是此处司法机构并非确认合同解除，而是确认“合同解除行为”，即解除是否为行使权利、解除的意思表示是否生效。合同解除权的行使与惩罚违约方之间并不具有因果关系，违约方应该通过违约责任解决赔偿及惩罚的问题，法定解除权可归双方享有，但违约方行使合同解除权要受到一定的限制。

根据《民法典》第566条第2款规定，合同因违约解除的，解除权人可以请求违约方承担违约责任，但是当事人另有约定的除外。合同解除的损失赔偿请求权，是因合同解除之前的违约行为而产生的，并非因合同解除才产生，损失赔偿的对象是因违约行为而产生的损失。合同解除与损失赔偿都是违约救济措施。因而在合同解除与违约损失赔偿可以并存的情况下，人民法院判决解除合

① 参见李慧娟：《浅析〈民法典〉关于建设工程合同解除制度的司法适用》，载《建筑时报》2020年12月3日，第3版。

同的，违约方本应当承担的违约责任不能因解除合同而减少或者免除，应包括合同正常履行时，当事人可以获得的缔约费用、履约准备费用等必要交易成本以及合同履行后可以获得的利益。

（二）司法解除

《民法典》第565条第2款规定："当事人一方未通知对方，直接以提起诉讼或者申请仲裁的方式依法主张解除合同，人民法院或者仲裁机构确认该主张的，合同自起诉状副本或者仲裁申请书副本送达对方时解除。"该条文明确了起诉状和仲裁申请书副本的送达可以作为行使解除权的方式。解除的时点是起诉状或申请书送达对方时。该条文明确了送达法律文书副本可以作为解除权的行使方式，且合同自送达之时解除。行使解除权的实质是解除权人向合同相对人作出解除合同的意思表示，主张解除合同的起诉书或仲裁申请书，自然包含了解除合同的意思，副本完成送达时，解除合同的意思表示即已到达对方。

（三）约定解除

约定解除权，即当事人在合同未履行或未完全履行之前，在合同中以合同条款的形式约定以未来发生的某种情况作为解除事由，并以此为由赋予合同一方或者双方解除权。在约定的解除事由出现时，享有解除权的一方通过行使解除权摆脱原有合同关系的束缚。解除权人行使解除权可通过通知、提起诉讼或者申请仲裁等方式。需注意的是，根据《九民纪要》第47条规定，合同约定的解除条件成就时，守约方以此为由请求解除合同的，人民法院应当审查违约方的违约程度是否显著轻微、是否影响守约方合同目的实现，根据诚实信用原则，确定是否解除合同。违约方的违约程度显著轻微，不影响守约方合同目的的实现，守约方请求解除合同的，人民法院不予支持；反之，则依法予以支持。基于合同立法的"促进交易"核心价值，纪要中的该规定限缩了当事人的合同自由。因此，即使当事人在合同中对合同解除事由作出了明确约定，且解除事由已经实际发生，能否依约定解除合同仍需据实考量。①

① 参见江必新主编：《中华人民共和国民法典适用与实务讲座》（下册），人民法院出版社2020年版，第675页。

在司法实践中,约定解除必须符合法律规定,如出现下列情形,即使满足合同约定解除条件,也不一定会发生合同解除的后果:一是合同中“任何一方违约给对方造成损失的,另一方有权解除合同”的约定,属于约定不明,守约方不能行使约定解除权;二是合同对当事人设定有多项义务,但在违约条款中仅约定一方违约、对方即可解除合同的,属于对解除条件约定不明;三是守约方在因对方违约享有约定合同解除权后又自愿弃权的,不得再行主张新的约定解除权;四是合同约定的解除条件成就后,解除权人仍要求对方继续履行合同则视为放弃解除权;五是因轻微违约行为解除合同将致双方利益严重失衡时,人民法院可限制约定合同解除权的行使。

(四)协议解除

协议解除实为当事人双方合意“以第二次之契约终止原有之契约”,其行使不以解除权发生为必要,本质上属于债的消灭,因此协议解除即合同双方当事人通过达成新的合意终止原有合同。

风险提示

1. 需在一年的除斥期间内行使解除权。合同解除权属于形成权,有一定的行使期限限制,期限过后该权利消灭,以促使权利人及时行使自己的权利,维护法律关系的稳定。如果合同解除权的行使没有合理期限,完全由解除权人自由选择,将导致解除权人长期怠于行使,使双方法律关系长期处于不确定状态,从而影响交易安全,这违背了合同法维护社会经济秩序及鼓励交易的原则和立法目的。《民法典》第564条第2款规定:“法律没有规定或者当事人没有约定解除权行使期限,自解除权人知道或者应当知道解除事由之日起一年内不行使,或者经对方催告后在合理期限内不行使的,该权利消灭。”该条款明确了解除权行使的期限为一年,起算点为自知道或者应当知道解除事由之日。因此,合同当事人如需行使解除权,在知道或者应当知道解除事由之日起一年内,或经对方催告后在合理期限内应尽快行使,避免丧失解除权。

在某国有林场棚户改造小区供电设施工程中,承包人履行合同义务后,发包人未按期支付工程款,承包人将发包人诉至法院。发包人也以承包人未履行施工义务为由,进行反诉。法院在查清案涉工程事实后认为,法律没有规定或者当事人没有约定解除权行使期限,自解除权人知道或者应当知道解除事由之日起一年内不行使,或者经对方催告后在合理期限内不行使的,该权利消灭。由于案涉合同没有约定解除权,而双方签订的协议早已在2015年就履行完毕,发包人事隔七年后提出解除合同不符合法律规定,遂法院对该项主张不予支持。[①]

2. 解除事宜尽量形成书面文件。承包人往往在履约过程中,将关注点更多地集中在工程建设方面,忽略了书面文件的重要性,在历经多次协商谈判,发包人终于答应解除协议结算工程款时,却因为未形成纸质版的会议纪要或解除协议书等相关文件,致使在双方诉至法庭时,发包人根本不承认达成过解除合意,功亏一篑。

在某建设工程设计合同纠纷案中,发包人主张承包人已同意解除合同,且扣除其交付的合同定金,而承包人认为自己已经按照《建设工程设计合同》约定完成相关义务,承包人与发包人之间签订的《建设工程设计合同》从未解除,所谓"早已解约"只是发包人的一面之词,并无实质性证据。法院认为,案件的争议点为案涉《建设工程设计合同》是否已经解除的问题。依据法律规定,合同的解除可以由双方协商,也可以在出现法律规定的情形时解除,既可以约定解除也可以法定解除。发包人主张案涉《建设工程设计合同》已经口头解除,但未提供双方协商解除的证据,仅以从未主张返还200,000元定金为由,主张案涉《建设工程设计合同》已经口头解除无事实依据和法律依据,依法不予采信。[②]

3. 确保解除合同的意思表示已到达合同相对方。解除合同的时间节点以"通知到达对方"为实质要件,注重通知内容的明确性以及"到达对方"的有效性,通知内容应直接、明确地表达解除合同或者附条件和期限解除合同的意思表示。合同当事人欲主张解除合同的,无论是以告知函、通知、声明、联系函还是其他形式发出的,其核心目的就是解除合同,故应当简明扼要、直接明确地表达出解除合同的意思表示,以使对方清晰明了、毫无歧义地知晓主张合同解除方的通知目的。如果主张合同解除方基于双方的合作关系或其他原因,欲给予对方一定的履行债务的宽限期的,须在通知中载明在一定期限内履行债务的全部或者部分或者应达到的程度,否则合同自动解除的内容。例如,可约定"望贵

① 参见湖南省张家界市永定区人民法院民事判决书,(2021)湘0802民初117号。

② 参见新疆维吾尔自治区哈密市中级人民法院民事判决书,(2021)新22民终90号。

公司/您于收悉本通知起十日内履行全部合同义务;若未按时足额履行,届时合同自行解除”或者“望贵公司/您于收悉本通知起十日内向我方支付应付款项的80%,合同方可继续履行;若未按时足额履行,届时合同自行解除”等条款。

4. 总承包合同中仅约定发包人享有解除权。在实践中,承包人为了承揽建设工程,常作出较大的让步,发包人基于其强势地位往往将自身风险全部或部分转移给承包人。例如,在建设工程合同中仅约定发包人享有解除权的情形,并限制承包人的解除权,要求承包人在发包人未支付工程款或发包人原因导致的延误等情形下均不得停工或解除合同,对承包人行使解除权形成约束。

化解措施

1. 应在除斥期间内积极行使解除权。在司法实践中,很多建筑工程项目因发包人资金链断裂导致承包人停工成为烂尾工程,而发包人因无资金支付更不会积极主张结算,使双方合同权利义务长久处于不稳定状态。此时,承包人往往会采取观望态度,直至发现发包人有可供执行财产时,才起诉主张解除合同,要求结算付款。此时施工现场已物是人非,工作人员离职,施工资料缺失或记录不完整,除斥期间已过,合同解除的难度大大增加。因此,承包人在工程无法继续施工后,应当在一年内主张解除合同,要求结算付款,避免丧失合同解除权。

2. 解除事由出现后应及时行使解除权。出现合同约定解除情形并不必然产生合同解除的效力。只有当合同约定的解除事由出现时,享有合同解除权的一方按照法定或约定方式行使解除权,才能够产生合同解除的法律后果;如此时合同解除权人不行使解除权,该合同仍然有效。在审视合同违约条款时,尤其要注意违约程度和是否影响合同目的实现,综合考虑鼓励交易和诚实信用原则对合同履行与解除的影响。建议在建设工程合同中不仅要约定解除权行使条款,而且要清晰地约定可造成根本违约的解除事由,这样才能避免当事人对合同解除权是否成就产生争议。①

3. 行使解除权前需确保合同有效。在合同成立但未生效的情形下,亦有解除权适用余地。根据《民法典》第502条第2款的规定,对于因未办理法律规定

① 参见王利明:《民法典合同编通则中的重大疑难问题研究》,载《云南社会科学》2020年第1期。

的批准手续而未生效的合同，其已具备合同的有效要件并非无效合同，一方因另一方不履行报批义务，可以请求解除合同。

4. 约定解除权时最大限度争取自身利益。如建设工程合同约定发包人享有任意解除权，承包人应以有违公平原则据理力争，因为法律赋予合同当事人以解除权的同时，也强调解除方应当承担相应的损害赔偿责任，这不仅仅是遵循权利义务对立统一的基本法理，更是出于公平原则对当事人的法治保障。若发包人滥用解除权，并约定免除或减轻其自身的赔偿责任，应视为对《民法典》第 566 条的违反，承包人可要求发包人以法律规定为基础订立合同。

5. 明确送达地址，并留存送达证据。为避免在合同履行过程中出现意外因素影响解除通知的有效送达，建议在签订合同时，根据《关于进一步推进案件繁简分流优化司法资源配置的若干意见》第 3 条的规定，在合同中专门约定合同履行过程中各类通知、协议等文件的送达以及就合同发生纠纷时司法机关相关法律文书、文件的送达的条款，以确保解除通知能够以合法有效的方式送达对方当事人。如确未约定前述送达条款的，应当根据《民事诉讼法》及相关司法解释关于住所地、电子送达的规定确定送达地址。以邮寄方式送达的，建议在快递单上注明“某某与某某签订的《××合同》的解除通知”，并及时收回、保存邮寄单原件，以免对方当事人拒收邮件后称对函件内容不知情而影响解除通知的有效送达；以直接送达或者邮寄方式送达的，建议留存照片、视频等送达证明材料；如有条件采取公证方式送达的，建议采用公证送达。

6. 如有必要可采用司法送达的方式解除合同。《民法典》第 565 条第 2 款规定：“当事人一方未通知对方，直接以提起诉讼或者申请仲裁的方式依法主张解除合同，人民法院或者仲裁机构确认该主张的，合同自起诉状副本或者仲裁申请书副本送达对方时解除。”该条文明确了起诉和申请仲裁可以作为行使解除权的方式，合同解除的时间点为起诉状副本或仲裁申请书送达对方时；确定了当事人既可以通知解除也可以通过诉讼或仲裁解除，将载有解除请求的起诉状或仲裁申请书送达对方，所起到的也是通知效果。行使解除权的实质是解除权人向合同相对人作出解除合同的意思表示，主张解除合同的起诉书或仲裁申请书，自然包含了解除合同的意思，副本完成送达时，解除合同的意思表示即已到达对方。在司法实践中，虽然当事人往往在穷尽救济手段后才会采用诉讼、仲裁方式解除合同，但采取诉讼、仲裁方式行使解除权会更加确定和稳妥。

相关依据

1.《民法典》

第564条 法律规定或者当事人约定解除权行使期限，期限届满当事人不行使的，该权利消灭。

法律没有规定或者当事人没有约定解除权行使期限，自解除权人知道或者应当知道解除事由之日起一年内不行使，或者经对方催告后在合理期限内不行使的，该权利消灭。

第565条 当事人一方依法主张解除合同的，应当通知对方。合同自通知到达对方时解除；通知载明债务人在一定期限内不履行债务则合同自动解除，债务人在该期限内未履行债务的，合同自通知载明的期限届满时解除。对方对解除合同有异议的，任何一方当事人均可以请求人民法院或者仲裁机构确认解除行为的效力。

当事人一方未通知对方，直接以提起诉讼或者申请仲裁的方式依法主张解除合同，人民法院或者仲裁机构确认该主张的，合同自起诉状副本或者仲裁申请书副本送达对方时解除。

2.《九民纪要》

第47条 合同约定的解除条件成就时，守约方以此为由请求解除合同的，人民法院应当审查违约方的违约程度是否显著轻微，是否影响守约方合同目的实现，根据诚实信用原则，确定合同应否解除。违约方的违约程度显著轻微，不影响守约方合同目的的实现，守约方请求解除合同的，人民法院不予支持；反之，则依法予以支持。

3.《关于进一步推进案件繁简分流优化司法资源配置的若干意见》

第3条 完善送达程序与送达方式。当事人在纠纷发生之前约定送达地址的，人民法院可以将该地址作为送达诉讼文书的确认地址。当事人起诉或者答辩时应当依照规定填写送达地址确认书。积极运用电子方式送达；当事人同意电子送达的，应当提供并确认传真号、电子信箱、微信号等电子送达地址。充分利用中国审判流程信息公开网，建立全国法院统一的电子送达平台。完善国家邮政机构以法院专递方式进行送达。

三、合同解除的法律后果

《民法典》第 566 条规定:“合同解除后,尚未履行的,终止履行;已经履行的,根据履行情况和合同性质,当事人可以请求恢复原状或者采取其他补救措施,并有权请求赔偿损失。”而《民法典》第 806 条第 3 款针对建设工程合同解除的后果作出了特殊规定:“合同解除后,已经完成的建设工程质量合格的,发包人应当按照约定支付相应的工程价款;已经完成的建设工程质量不合格的,参照本法第七百九十三条的规定处理。”上述两条规定系一般和特殊的关系,在特殊规定没有作出规范的情况下,则应补充适用一般规定。因此,建设工程合同解除一般将产生如下法律后果。

(一)终止履行

根据《民法典》第 566 条的规定,合同解除后,尚未履行的,终止履行。因此,合同解除首先产生终止履行的法律后果。

(二)支付工程款

《民法典》第 566 条还规定合同解除后已经履行的,根据履行情况和合同性质,当事人可以请求恢复原状或者采取其他补救措施,并有权要求赔偿损失。第 806 条第 3 款则规定建设工程合同解除后,已经完成的建设工程质量合格的,发包人应当按照约定支付相应的工程价款;已经完成的建设工程质量不合格的,参照《民法典》第 793 条规定处理。因此,结合上述两条规定,对于建设工程合同解除的工程款支付,有以下几点要求:

1. 以质量合格为支付工程款的前提。对于已经完成部分的工程,如果质量合格,发包人应当支付相应的工程价款。如果工程质量不合格,但经过修复后得到补正履行,并通过工程质量验收,发包人仍应支付相应的工程价款。在建设工程合同解除的情况下,建设工程往往并未经过竣工验收,由此并不存在竣工验收的情形。对此,应以地基基础工程验收和中间验收合格以及监理在监理过程中所出具的工程合格的监理意见为基础,推定所施工的部分工程合格。在此情况下,发包人如果主张该工程不合格,则应提供证据推翻上述地基基础工程验收、中间验收以及监理出具的合格意见等结论。

2. 建设工程合同应从解除之日起发生效力，对于已经履行的部分不发生追溯和恢复原状的效力。由于建设工程的特点，恢复原状会造成极大的资源浪费，只能采取其他补救措施。《民法典》第806条第2款规定了建设工程合同解除的处理原则，即“已经完成的建设工程质量合格的，发包人应当按照约定支付相应的工程价款”。因此建设工程合同的解除权，仅仅发生向未来解除的后果，对于之前已经履行的部分，则按照合同约定处理。

3. 支付相应的工程款。建设工程合同解除后，应根据承包人已经完成的工程量支付工程款。工程款的具体计算方式，根据《民法典》第806条第3款的规定，按照合同约定支付。这里的“按照合同约定”应理解为按照合同约定的工程款计算方式支付。例如，合同约定为固定单价的，则应以实际完成的工程量乘以约定的固定单价来计算承包人应得的工程款。在约定固定总价的情况下，则可以将该固定总价除以约定所施工工程总工程量得出综合单价，然后再以该综合单价乘以相应的工程量，得出承包人应得的工程款；也可以折算所施工的工程量占总工程量的比例，再乘以合同的固定总价，得出已经施工部分对应的工程款。①

（三）赔偿损失

虽然《民法典》第806条并未规定合同解除的损害赔偿责任，但是根据《民法典》第566条的规定，则还需要根据过错程度赔偿对方因为解除合同造成的损失。例如，因一方违约导致对方行使解除权的，违约方应当赔偿给对方造成的损失。关于损失的计算，有约定的按照约定。约定的违约金少于实际损失的，违约方还应赔偿实际损失与违约金之间的差额部分。关于损失的计算，没有约定的，损失赔偿额应相当于因违约造成的损失，包括合同履行后可以获得的利益，但不得超过违反合同一方订立合同时预见到或者应当预见到的因违反合同可能造成的损失。

---

① 参见王康：《论民法典合同编的合同解除效力规则》，载《山东科技大学学报（社会科学版）》2020年第4期。

风 险 提 示

1. 合同解除后的建设工程优先受偿权。合同解除后，承包人仍享有建设工程优先受偿权，且行使建设工程优先受偿权的起算日期应为合同解除之日。因此合同解除后，承包人应及时在合理期限内行使建设工程优先受偿权，避免权力丧失。

最高人民法院认为，合同解除后，承包人对于案涉工程仍应享有优先受偿权。因为虽然建设工程合同已经解除，但由于建设工程施工合同具有一定的特殊性，承包人的劳动与建筑材料已经物化到建筑工程中，因此，从建设工程优先受偿权保护施工人的立法本意出发，合同解除后，承包人对于案涉工程仍应享有优先受偿权。①

根据《破产法》第 18 条规定，建设工程施工合同视为解除的，承包人行使优先受偿权的起始期限为合同解除之日。在某别除权纠纷案中，安徽省高级人民法院认为，双方当事人虽约定了工程竣工时间，但案涉工程因发包人未能按合同约定支付工程款导致停工。现没有证据证明工程停工后至法院受理破产申请前，双方签订的建设工程施工合同已经解除或终止履行，也没有证据证明在法院受理破产申请后，破产管理人决定继续履行合同。根据《破产法》第 18 条的规定，案涉建设工程施工合同在法院受理破产申请后已实际解除，本案建设工程无法正常竣工。因发包人的原因，合同解除或终止履行时已经超出合同约定的竣工日期，承包人行使优先受偿权的期限自合同解除之日起计算。发包人要求按合同约定的竣工日期起算优先受偿权行使时间的主张，缺乏依据，对此不予采信。②

2. 合同解除后质量保证金的返还。由于质量保证金条款依赖于双方当事人的约定，因此如果双方当事人对合同解除后是否预留质量保证金没有特别约定，则在认定发包人应付工程款时，不可直接适用原合同中关于质量保证金的条款，原条款仅在特定情形下有适用余地。

---

① 参见最高人民法院民事判决书，(2012)民一终字第 19 号。

② 参见通州建总集团有限公司与安徽天宇化工有限公司别除权纠纷案，最高人民法院第 15 批指导案例 73 号(2016 年)。

《民法典》第 566 条规定："合同解除后，尚未履行的，终止履行；已经履行的，根据履行情况和合同性质，当事人可以请求恢复原状或者采取其他补救措施，并有权要求赔偿损失。"该条文明确合同解除后尚未履行的条款应当终止履行。质量保证金条款分为已完工部分质量保证金和未完工部分质量保证金。对于已完工部分的质量保证金条款，《民法典》第 806 条第 3 款规定："合同解除后，已经完成的建设工程质量合格的，发包人应当按照约定支付相应的工程价款……"因此质量保证金本质上是由发包人与承包人在建设工程施工合同中约定从应付的工程价款中预留，用以保证承包人在缺陷责任期内对建设工程出现的缺陷进行维修的资金，属于工程款的一部分。已完工部分质量保证金是指已经履行的施工合同义务部分，即已经施工完毕部分的质量保证金，属于合同履行部分，对于已完工部分质量保证金的扣留和返还均应按照合同约定执行。而对于未完工部分质量保证金条款，则无须再履行。

在一起建设工程施工合同纠纷中，某建筑公司主张合同解除后，包括质量保证金条款在内的合同条款已经无须也无法继续履行，工程质量保修期是以工程竣工之日为计算起点，但案涉工程已经无法继续建设，工程竣工日期无法确定。因此，质量保证金条款实际上无法继续履行。而发包人则认为因工程未完工，不应支付承包人质量保证金。最终经最高人民法院审理认为，虽然合同中约定"工程竣工验收合格满二年后的 28 天内，发包人应将剩余的质量保证金返还给承包人"，但这是在工程能够竣工验收合格的正常情形下。在工程停工、合同解除，且对于已完工部分承包人能够证明分项验收合格的情形下，再适用该条约定，认为因工程未经竣工验收，所以质量保证金应予以暂扣的认定，缺乏法律依据。[①] 由于案涉工程停工已超过 2 年，且承包人诉请之一为解除合同，而发包人并未提出证据证明案涉工程存在质量问题以及需要进行质量返修，因此发包人应将质量保证金返还给承包人。

化解措施

1. 确保合同解除后的工程款支付。建设工程合同解除后，在保证已完工程质量合格的前提下，承包人向发包人申请支付工程款时，需注意以下几个方面：

① 参见最高人民法院民事判决书，(2017)最高法民终 252 号。

(1)确认已完工程量的结算方式或对已完工程量的相关计量进行公证。

(2)要求分包单位配合承包人、发包人进行工程验收，对施工界面划分予以确认，对于施工工艺或者工程质量等不能在图纸体现的工程量进行备注。

(3)对尚未确认的变更单、现场签证单、价格确认表、合同协议及补充协议及时确认并妥善保管，并注意对投标保证金、合同外增加的工程量等容易忽略的部分进行计量。

(4)要求现场施工人员有序退出并配合现场移交；对于涉及甲供材的，应做好材料的退还和交接记录。

(5)注意现场物资、特定材料的证据保存。对于现场物资及定制的材料，建议上墙为宜，以便计算及保护，如果可能，建议全部安装完成后再解除合同。

(6)已完工程全部移交前注意对现场的成品如仓库财产的保护，对于办公室贵重物品、施工文件等建议转移他处保管。

2. 突破合同约定的计价方式。发包人单方解除施工合同且未按照约定时间支付相应工程款的行为已构成根本违约，此时在确定已完工程的价款时，除应当综合考虑案件实际履行情况外，还应当特别注重双方当事人的过错和司法判决的价值取向等因素。作为守约方的承包人可以主张突破合同价约定，以有利于己方的原则结算工程价款。

相关依据

《民法典》

第566条　合同解除后，尚未履行的，终止履行；已经履行的，根据履行情况和合同性质，当事人可以请求恢复原状或者采取其他补救措施，并有权请求赔偿损失。

合同因违约解除的，解除权人可以请求违约方承担违约责任，但是当事人另有约定的除外。

主合同解除后，担保人对债务人应当承担的民事责任仍应当承担担保责任，但是担保合同另有约定的除外。

第567条　合同的权利义务关系终止，不影响合同中结算和清理条款的效力。

Chapter 04 第四章

结算阶段风险管理

第一节 过程结算

根据《建设工程价款结算暂行办法》的规定，建设工程价款结算是指“对建设工程的发承包合同价款进行约定和依据合同约定进行工程预付款、工程进度款、工程竣工价款结算的活动”。而《建设工程工程量清单计价规范》(GB 50500－2013)对工程结算的定义是：“发承包双方根据合同约定，对合同工程在实施中、终止时、已完工后进行的合同价款计算、调整和确认。包括期中结算、终止结算、竣工结算。”从上述规定可以看出，工程结算并不局限于竣工结算，还包含过程结算，即在工程实施过程中，按照时间或者工程形象进度进行阶段性的结算。鉴于建筑产品价值大、生产周期长的特点，过程结算可以缩短竣工结算时间，提高工程结算质量，能够有效解决结算难的问题，因此在实践中得到了越来越多的运用。早在2014年，《住房和城乡建设部关于进一步推进工程造价管理改革的指导意见》就已提出“推行过程结算，简化竣工结算”；2020年年初，国务院召开常务会议，会议明确提出在工程建设领域全面推行过程结算；2020年7月，住建部发布《工程造价改革工作方案》，要求全面推行施工过程价款结算和支付；2020年9月，住建部发布《关于落实建设单位工程质量首要责任的通知》,通知再次提出推行施工过程结算,指出“建设合同应约定施工过程结算周期、工程进度款结算办法等内容。分部工程验收通过时原则上应同步完成工程款结算,不得以设计变更、工程洽商等理由变相拖延结算”。随后,各省陆续出台了相关实施或指导意见,如《浙江省关于在房屋建筑和市政基础设施工程中推行施工过程结算的实施意见》《河南省关于实施工程施工过程结算的指导意见》等。“过程结算”文件梳理见表4－1。本节将针对过程结算的相关法律风险点展开分析。

表4－1　“过程结算”文件梳理

序号	文件名称	文件编号	发布时间	相关内容
1	住房和城乡建设部关于进一步推进工程造价管理改革的指导意见	建标〔2014〕142号	2014.09.30	完善建设工程价款结算办法,转变结算方式,推行过程结算,简化竣工结算。建筑工程在交付竣工验收时,必须具备完整的技术经济资料,鼓励将竣工结算书作为竣工验收备案的文件,引导工程竣工结算按约定及时办理,遏制工程款拖欠。创新工程造价纠纷调解机制,鼓励联合行业协会成立专家委员会进行造价纠纷专业调解
2	国务院办公厅关于全面治理拖欠农民工工资问题的意见	国办发〔2016〕1号	2016.01.17	(十六)规范工程款支付和结算行为。全面推行施工过程结算,建设单位应按合同约定的计量周期或工程进度结算并支付工程款。工程竣工验收后,对建设单位未完成竣工结算或未按合同支付工程款且未明确剩余工程款支付计划的,探索建立建设项目抵押偿付制度,有效解决拖欠工程款问题。对长期拖欠工程款结算或拖欠工程款的建设单位,有关部门不得批准其新项目开工建设
3	住房和城乡建设部关于加强和改善工程造价监管的意见	建标〔2017〕209号	2017.09.14	四、强化工程价款结算纠纷调解,营造竞争有序的市场环境 (一)规范工程价款结算。强化合同对工程价款的约定与调整,推行工程价款施工过程结算制度,规范工程预付款、工程进度款支付。研究建立工程价款结算文件备案与产权登记联动的信息共享机制。鼓励采取工程款支付担保等手段,约束建设单位履约行为,确保工程价款支付

续表

序号	文件名称	文件编号	发布时间	相关内容
4	山西省住房和城乡建设厅、山西省发展和改革委员会、山西省财政厅关于在房屋建筑和市政基础设施工程中推行施工过程结算的通知	晋建标字〔2019〕57 号	2019. 03. 22	推行施工过程结算是建筑业结算方式的重大转变,是实现工程造价动态控制,有效解决“结算难”、缩短竣工结算时间的有效措施,是优化市场环境、实现建筑业高质量发展的重要保障
5	广东省住房和城乡建设厅关于房屋建筑和市政基础设施工程施工过程结算的若干指导意见	粤建市〔2019〕116 号	2019. 06. 13	为加强房屋建筑和市政基础设施工程(以下简称房屋市政工程)造价行为监管,完善工程结算管理,有效解决拖欠工程款和拖欠农民工工资问题,优化市场环境,促进建筑业持续健康发展,根据《中华人民共和国合同法》、《中华人民共和国建筑法》、《中华人民共和国招标投标法》、《广东省建设工程造价管理规定》、《国务院办公厅关于促进建筑业持续健康发展的意见》(国办发〔2017〕19 号)、《国务院办公厅关于全面治理拖欠农民工工资问题的意见》(国办发〔2016〕1 号)等有关规定和要求,结合我省实际,现就我省房屋市政工程中推行施工过程结算提出如下指导意见
6	海南省住房和城乡建设厅关于在建筑领域推行施工过程结算的通知	琼建管函〔2019〕501 号	2019. 11. 05	为规范建设工程造价计价行为,缩短竣工结算时间,促进行业高质量发展,有效遏制因拖欠工程款导致拖欠农民工工资问题,根据《国务院办公厅关于全面治理拖欠农民工工资问题的意见》(国办发〔2016〕1 号)、《海南省人民政府办公厅关于促进建筑业持续健康发展的实施意见》(琼府办〔2018〕32 号)等相关要求,决定在我省建筑工程领域推行施工过程结算

续表

序号	文件名称	文件编号	发布时间	相关内容
7	四川省住房和城乡建设厅关于房屋建筑和市政基础设施工程推行施工过程结算的通知	川建行规〔2020〕1号	2020.01.22	为贯彻落实《建筑工程施工发包与承包计价管理办法》(住房城乡建设部令第16号)和《四川省人民政府办公厅关于推动四川建筑业高质量发展的实施意见》(川办发〔2019〕54号)有关要求,进一步规范房屋建筑和市政基础设施工程造价计价和工程款支付行为,维护建筑市场秩序,推动建筑业高质量发展。现就房屋建筑和市政基础设施工程推行施工过程结算通知如下
8	浙江省住房和城乡建设厅、浙江省发展和改革委员会、浙江省财政厅关于在房屋建筑和市政基础设施工程中推行施工过程结算的实施意见	浙建〔2020〕5号	2020.05.15	为贯彻落实中央"六稳""六保"和省委省政府"稳企业防风险"要求,进一步加强房屋建筑和市政基础设施工程结算管理,有效解决"结算难"的问题,从源头防治拖欠工程款和农民工工资,优化建筑市场环境,根据《保障农民工工资支付条例》(国务院令第724号)、《浙江省建设工程造价管理办法》(省政府令第378号)和《国务院办公厅关于促进建筑业持续健康发展的意见》(国办发〔2017〕19号)、《浙江省人民政府办公厅关于全面治理拖欠农民工工资问题的实施意见》(浙政办发〔2017〕34号)等规定,现就我省房屋建筑和市政基础设施工程中全面推行施工过程结算提出如下实施意见,请认真贯彻执行
9	甘肃省住房和城乡建设厅、甘肃省发展和改革委员会、甘肃省财政厅关于在房屋建筑和市政基础设施工程中推行施工过程结算的实施意见	甘建价〔2020〕214号	2020.06.08	为贯彻落实中央"六稳""六保"和省委、省政府"六保"工作要求,进一步加强房屋建筑和市政基础设施工程结算管理,有效解决工程结算久拖不结的现象,从源头防治拖欠工程款、农民工工资以及对民营企业和中小企业的欠款,优化建筑市场环境,根据《保障农民工工资支付条例》(国令第724号)、《国务院办公厅关于全面治理拖欠农民工工资问题的意见》(国办发〔2016〕1号)、《国务院办公厅关于促进建筑业持续健康发展的意见》(国办发〔2017〕19号)、《国务院办公厅关于转发国务院减轻企业负担部际联席会议清理拖欠民营企业中小企业账款工作方案的通知》(国办发明电〔2018〕14号)、《甘肃省建筑市场管理条例》和《甘肃省建设工程造价管理条例》等规定,现就我省房屋建筑和市政基础设施工程中推行施工过程结算提出如下实施意见,请遵照执行

续表

序号	文件名称	文件编号	发布时间	相关内容
10	河南省住房和城乡建设厅关于实施工程施工过程结算的指导意见	豫建行规〔2020〕4 号	2020. 07. 16	为加强和规范工程施工价款结算工作，提高工程造价全过程管理服务质量，根据《中华人民共和国合同法》《中华人民共和国建筑法》《中华人民共和国招标投标法》《保障农民工工资支付条例》《建设工程价款结算暂行办法》等法律法规和政策要求，现提出如下意见，请遵照执行
11	住房和城乡建设部办公厅关于印发《工程造价改革工作方案》的通知	建办标〔2020〕38 号	2020. 07. 24	二、主要任务 （五）严格施工合同履约管理。加强工程施工合同履约和价款支付监管，引导发承包双方严格按照合同约定开展工程款支付和结算，全面推行施工过程价款结算和支付，探索工程造价纠纷的多元化解决途径和方法，进一步规范建筑市场秩序，防止工程建设领域腐败和农民工工资拖欠
12	福建省房屋建筑和市政基础设施工程施工过程结算办法（试行）	闽建〔2020〕5 号	2020. 08. 04	为贯彻落实《国务院办公厅关于全面治理拖欠农民工工资问题的意见》（国办发〔2016〕1 号）要求，从源头减少工程款纠纷，有效破解工程款拖欠问题，缩短竣工结算时间，促进建筑业持续健康发展，根据我省实际情况，制定了《福建省房屋建筑和市政基础设施工程施工过程结算办法（试行）》
13	住房和城乡建设部关于落实建设单位工程质量首要责任的通知	建质规〔2020〕9 号	2020. 09. 11	二、准确把握落实建设单位工程质量首要责任内涵要求 （三）推行施工过程结算。建设单位应有满足施工所需的资金安排，并向施工单位提供工程款支付担保。建设合同应约定施工过程结算周期、工程进度款结算办法等内容。分部工程验收通过时原则上应同步完成工程款结算，不得以设计变更、工程洽商等理由变相拖延结算。政府投资工程应当按照国家有关规定确保资金按时支付到位，不得以未完成审计作为延期工程款结算的理由

续表

序号	文件名称	文件编号	发布时间	相关内容
14	江西省住房和城乡建设厅关于印发《在房屋建筑和市政基础设施工程中推行施工过程结算的实施意见》的通知	赣建字〔2020〕9号	2020. 12. 08	为加强对全省房屋建筑和市政基础设施工程造价和计价行为监督，完善工程结算过程管理，有效解决拖欠工程款和拖欠农民工工资问题，优化营商环境，促进建筑业持续健康发展，根据《中华人民共和国民法典》、《保障农民工工资支付条例》（国务院令第724号）、《国务院办公厅关于促进建筑业持续健康发展的意见》（国办发〔2017〕19号）、《江西省人民政府办公厅关于促进建筑业转型升级高质量发展的意见》（赣府厅发〔2020〕34号）、《住房和城乡建设部办公厅关于印发工程造价改革工作方案的通知》（建办标〔2020〕38号）等有关规定和要求，决定在我省房屋建筑和市政基础设施工程建设中全面推行施工过程结算。现结合我省实际，提出如下实施意见
15	吉林省住房和城乡建设厅关于在房屋建筑和市政基础设施工程中推行施工过程结算的实施意见	吉建造〔2021〕5号	2021. 03. 16	为深入贯彻落实国务院决策部署，按照住房城乡建设部和省政府文件精神要求，为解决工程结算难题，建立防止拖欠工程款和农民工工资长效机制，深化建筑市场管理改革，促进建筑业高质量发展，根据《国务院办公厅关于全面治理拖欠农民工工资问题的意见》（国办发〔2016〕1号）、《住房和城乡建设部关于加强和改善工程造价监管的意见》（建标〔2017〕209号），结合我省实际，现就在房屋建筑和市政基础设施工程中全面推行施工过程结算提出如下实施意见

一、过程结算与进度计量的区别

过程结算的定义在上文已有阐述。而在工程实践中，一般会约定承包人按月或者形象进度节点报送当前已完工程量报告，经发包人审核后作为进度款支付的依据，该过程一般被称为“进度计量”。

所谓进度计量，就是发承包双方根据合同约定，对承包人施工过程中完成合同工程的数量进行的计算和确认。具体来说，就是双方根据设计图纸、技术规范以及施工合同约定的计量方式和计算方法，对承包人已经完成的工程实体数量进行测量与计算，并以物理计量单位或者自然计量单位进行标识、确认的过程。招标工程量清单所列的数量，通常是根据设计图纸计算的数量，是对合同工程的估计工程量。在工程施工过程中，通常由于某些情况导致承包人实际完成工程量与工程量清单所列工程量不一致。例如，招标工程量清单缺项或项目特征描述与实际不符、工程变更、现场实际条件的变化、现场签证、暂估价中的专业工程分包。因此，在工程进度款支付前，必须对承包人履行合同义务所完成的实际工程进行准确的计量。

风险提示

过程结算和进度计量产生的成果一般都是发承包双方对工程价款的确认，两者具有高度相似性。因此，实践中如对过程结算的认识不足，而将过程结算完全按照进度计量的方式以及标准进行，可能导致过程结算结果以及效力存在不足。因此，需要认清两者的区别。

1. 两者的法律效力不同。过程结算作为工程结算的一种形式，其法律效力等同于竣工结算，即过程结算文件经发承包双方签署认可后，作为竣工结算文件的组成部分，竣工后不再重复审核。在诉讼中，各方当事人也不得就已结算部分申请造价鉴定。而进度计量的结论往往是临时性和暂估的，实践中也常会发生承包人超产值报量的情形。因此，进度计量仅能作为进度款支付的依据，不具有工程结算的效力。

2. 两者的范围不同。过程结算是对该结算周期（时间或进度节点）内完成的全部工程内容（包括现场签证、工程变更、索赔等）开展工程价款计算、调整、确认及支付等的过程。而传统的进度计量往往不包含现场签证、工程变更、索赔的计量，而是待竣工结算时再进行计量。

3. 两者的前提条件不同。过程结算作为竣工结算的内涵外延，其前提必须是已完成工程质量合格，而进度计量并没有此要求。

对施工企业而言，需要注意过程结算和进度计量的不同内涵，并采取措施，避免过程结算被认定为进度计量，进而否认其工程结算的法律效力。

化解措施

1. 以合同约定为基础。在承包合同中明确过程结算的节点以及期限；同时，在合同中明确过程结算文件经发承包双方签署认可后，作为竣工结算文件的组成部分，竣工后不再重复审核。

2. 以结算标准严要求。承包人提交过程结算申请，应按照竣工结算资料的同等要求和形式开展，文件名称必须写明"结算书"或者"结算单"，内容需注明结算的范围以及未处理的争议项，避免漏报。

3. 以专业技能为依托。过程结算对于发承包双方都提出了更高的要求，承包人的相关从业人员必须具有较高的专业技术技能，能够对过程结算文件的准确性和时效性负责，也须进一步完善索赔、资料等项目管理制度，在制度层面为过程结算打好基础。

相关依据

1.《建设工程价款结算暂行办法》

第3条　本办法所称建设工程价款结算（以下简称"工程价款结算"），是指对建设工程的发承包合同价款进行约定和依据合同约定进行工程预付款、工程进度款、工程竣工价款结算的活动。

2.《建设工程工程量清单计价规范》（GB 50500－2013）

第2.0.44条　工程结算：发承包双方根据合同约定，对合同工程在实施中、终止时、已完工后进行的合同价款计算、调整和确认。包括期中结算、终止结算、竣工结算。

3.《住房和城乡建设部关于进一步推进工程造价管理改革的指导意见》第二部分

第(7)项　完善建设工程价款结算办法，转变结算方式，推行过程结算，简化竣工结算。建筑工程在交付竣工验收时，必须具备完整的技术经济资料，鼓励将竣工结算书作为竣工验收备案的文件，引导工程竣工结算按约定及时办理，遏制工程款拖欠。创新工程造价纠纷调解机制，鼓励联合行业协会成立专家委员会进行造价纠纷专业调解。

4.《住房和城乡建设部关于落实建设单位工程质量首要责任的通知》第二部分

第(3)项 推行施工过程结算。建设单位应有满足施工所需的资金安排,并向施工单位提供工程款支付担保。建设合同应约定施工过程结算周期、工程进度款结算办法等内容。分部工程验收通过时原则上应同步完成工程款结算,不得以设计变更、工程洽商等理由变相拖延结算。政府投资工程应当按照国家有关规定确保资金按时支付到位,不得以未完成审计作为延期工程款结算的理由。

5.《浙江省关于在房屋建筑和市政基础设施工程中推行施工过程结算的实施意见》

第1条 施工过程结算也称施工分段结算,是指发承包双方在建设工程施工过程中,不改变现行工程进度款支付方式,把工程竣工结算分解到施工合同约定的形象节点之中,分段对质量合格的已完成工程进行价款结算的活动。

二、过程结算推进中的困难

过程结算贯穿于工程实施的各个环节。与目前重视事后结算审查的方式不同,过程结算要求将进度款的结算与支付固化。过程结算是完善工程全过程造价咨询服务的有效载体,是项目过程管理在造价上的集中体现。由于现阶段过程结算相关法规政策尚不健全,实践中也缺乏对过程结算的深入研究、探讨,过程结算在实际操作中还存在多种问题。

风 险 提 示

1. 具体操作无章可循。尽管相关部门出台了相应的政策依据,但就具体操作没有作出规定,如过程结算的节点是按时间、形象进度还是按工程量,是否将质量验收作为过程结算的前提条件? 两者如何衔接? 过程结算完成后变更部分以及质量保证金的支付比例等,都是需要进一步明确的问题。

2. 环节多,时间紧,审核人才匮乏。相关工程管理人员多为工程施工技术人员,对相关工程量清单的计量、索赔、变更、合同管理缺乏深入了解,过程结算涉及相关法规、造价、合同管理等各方面,人才短缺制约过程结算的顺利实施。

3. 过程结算推广难、认知慢。在传统的结算模式中,现场签证审核、过程变更资料的汇总整理、工程量的计量、索赔费用的确认、竣工图纸的绘制等,基本都在竣工结算时开展。无论是建设单位、施工单位还是政府工程监管单位,对工程结算的理解大部分局限在工程完工后,针对施工单位的结算申请进行审核。过程结算的接受程度有待提高,导致过程结算推广难、认知慢。

化解措施

1. 完善过程结算相关具体操作规范及流程。虽然部分省市出台了相关的通知或指导意见,但过程结算涉及环节较多,施工企业在项目合同中应明确约定结算周期、完成内容及价款的计算、调整、确认及支付等活动。过程结算文件一经发承包双方认可,就应作为结算的组成部分,不应重复审核。同时建议政府相关部门出台过程结算具体操作规程,为发承包双方过程结算提供指导和依据。

2. 提高工程管理人员的相关业务知识。项目结算涉及专业多、领域广,需要复合型的人才,包括施工技术、合同管理、造价控制、工程管理等方面。为了项目的顺利实施,施工企业必须提高工程管理人员的相关业务知识。

3. 重视项目管理,确保过程结算质量。过程结算必须与项目管理结合,同时项目施工组织设计与工程造价有密切关系。故施工企业须重视施工组织设计的编制与管理,重视工程技术资料,确保变更和现场签证等引起价款调整事项办理的规范性、完整性、真实性和准确性。

第二节 竣工结算

工程竣工结算,是指承发包双方按照合同约定全部完成所承包的工程,经验收质量合格,并符合合同要求之后,双方就工程总的造价金额进行确认并结算。建设工程竣工结算既是核定工程造价的依据,也是核定新增固定资产的依据,涉及发包人与承包人双方的重大经济利益。在工程竣工结算实践中,合同双方管理观念淡薄、施工过程中的不规范行为等原因,导致普遍存在结算难的问题,其中不乏诉诸法院者。如何把握竣工结算过程的法律风险点,维护施工企业核心利益,是本节需要解决的问题。

一、结算报告

根据《建设工程施工合同(示范文本)》(GF－2017－0201)“通用合同条款”第14.1款竣工结算申请规定,除专用合同条款另有约定外,承包人应在工程竣工验收合格后28天内向发包人和监理人提交竣工结算申请单,并提交完整的结算资料,有关竣工结算申请单的资料清单和份数等要求由合同当事人在专用合同条款中约定。除专用合同条款另有约定外,竣工结算申请单应包括以下内容:(1)竣工结算合同价格。(2)发包人已支付承包人的款项。(3)应扣留的质量保证金。已缴纳履约保证金的或提供其他工程质量担保方式的除外。(4)发包人应支付给承包人的合同价款。

在实践中,项目完工且完成五方验收后,承包方会按照建设工程施工合同的约定以结算报告、结算申请单等书面形式向发包人报送结算申请,一般包括工程概况、审核依据、审核程序、审核流程并附最终审核价款的定案表以及工程全过程的价款明细。在上报工程结算报告后,结算活动并未终结,最终要以结算协议确定工程价款。工程结算报告是承包人依据合同约定向发包人报送的,也属于结算资料的一部分。工程结算协议为终局性的法律文件,具有法律效果,发承包双方签订结算协议结算活动即结束,缺陷责任期满回收质量保证金为最终结清。

风险提示

结算报告是承包人为完成工程结算获得工程结算价款的一种方式,法律对其并未有具体的规定,但鉴于结算报告中的价款组成明细和最终金额对后续实质的结算存在较大影响,因此对于结算报告的编制、提交、过程跟踪都要予以关注。

1.报告编制。结算报告以请求发包人确认承包人的工程结算价款为主要目的,因此确定工程结算价款的组成为首要工作。如以固定单价的计价方式为例,按照《建设工程施工合同(示范文本)》(GF－2017－0201)的约定,竣工结

算价 = 调整后合同价 ± 设计变更洽商 ± 现场签证 ± 暂估价 ± 工程索赔 ± 奖罚费用 ± 价格调整。但在 EPC 工程合同中往往采用固定总价的模式，对于人材机的价格波动不予调整，签约合同价即为固定总价。若承包人在结算报告中计取工程量漏项或者计算错误，未按照合同约定编制结算报告可能就会对后续结算价款的编制产生不利影响。

2. 提交及跟踪。结算报告作为承包人向发包人申请结算价款的一部分，建设工程施工合同往往会就其提交程序和时限提出特殊要求。如《建设工程施工合同（示范文本）》（GF－2017－0201）“专用合同条款”第 14.1 款约定了竣工结算申请承包人提交竣工结算申请单的期限和竣工结算申请单应包括的内容：将结算申请单的时限列为发承包人自行协商事项，对于该时限，承包人应当予以重视，因建设工程的合同额不同、复杂程度各异，提交时限若未予合理考量，可能引起经济损失。建设工程施工合同发包人和承包人为合同的两方当事人，工程结算报告一般约定在竣工验收后由承包人于一定时限内直接交由发包人，但对于政府投资项目等特殊项目，因为政府财政审计需要，需要由承包人报送发包人，发包人交由第三方审计审核，其后交由政府财政评审部门进行财政评审，经过重重审核后，发包人方才同意承包人递交的结算报告并办理结算手续。该类政府投资项目往往审核方多，审核程序繁杂，承包人若不及时跟进相关方流程，可能出现未落实发包人或审核方审核事项的情况，也可能因为未及时提出异议而被作为默示行为直接被确认。

3. 结算资料。结算报告本身仅包含最终价款及价款明细，施工总承包单位报送结算报告时同时附随结算资料。若结算资料不充分、不真实，结算报告就丧失了真实性基础，发包人及其他审核单位会予以退回。对于大型项目，因其合同标的额高，最终结算材料复杂，若多次退回，会拖延结算时间，结算后工程款的支付也将同步延后，影响承包人的现金流。

化解措施

1. 强化报告编制。施工企业将最终竣工结算工作细化于履约过程中。合同签订后施工企业项目部商务工程师主导针对合同计价方式、付款方式、工程变更、签证、索赔、结算条款向项目部成员交底，尤其对日后结算可能要涉及的增加合同价款的签证单、工程联系单、业主指令、政府通知等文件予以分档保管，设立专门保管人，在工程施工过程中将资料分类保管，便于在工程竣工验收后提高最终结算的效率。

2. 严守时限，专人跟踪。《建设工程施工合同（示范文本）》（GF－2017－0201）“通用合同条款”第14.1款规定：“除专用合同条款另有约定外，承包人应在工程竣工验收合格后28天内向发包人和监理人提交竣工结算申请单，并提交完整的结算资料，有关竣工结算申请单的资料清单和份数等要求由合同当事人在专用合同条款中约定。”根据该条款，施工总承包单位提交结算报告等结算资料的时限为竣工验收后28天内。该期限并非固定天数，在签订合同时，要综合合同额、技术难度、资料等因素确定结算报告等结算资料的报送时间，以免因时限不足导致无法按规定报送以致后续造成经济损失。

在工程结算期间，施工总承包单位项目管理人员尤其是商务人员应当认真研读合同结算条款，依据合同结算条款请求监理单位、发包人按规定时限予以审批。《建设工程施工合同（示范文本）》（GF－2017－0201）“通用合同条款”第14.2.1项规定：“除专用合同条款另有约定外，监理人应在收到竣工结算申请单后14天内完成核查并报送发包人。发包人应在收到监理人提交的经审核的竣工结算申请单后14天内完成审批，并由监理人向承包人签发经发包人签认的竣工付款证书。”根据上述条款的规定，施工总承包单位先将结算报告报送至监理单位，再由监理单位报送至发包人，监理单位和发包人的审核时间均为14天，若监理单位或发包人未能于该时限内提出异议，按照默示条款即视为认可。但在实践中，发包人往往会在专用条款中删除该条款，以达到不约定结算审核时限的目的，或者将发包人的结算审核时限明确为收到结算报告及结算资料的12个月内。因该竣工结算审核时限并非法律法规的强制性规定，发包人设置12个月甚至更长的结算审核时限也是合法合规的。

鉴于合同对工程结算报告提交、审核时限、异议时限均有一定的要求，在履约过程中未能请求发包人更改时限的情况下，施工总承包单位在结算过程中应当指派专人负责结算报告的编制和时限统计工作，对于发包人和监理单位提出的意见按合同约定的时限提交，对于有争议的部分及时向发包人、监理单位提出异议，尤其是在合同存在默示条款的情况下，对意见和争议部分均要按照时限回复，闭合风险。

3. 谨慎结算，固化价款。建设工程结算协议为《民法典》所述无名合同，具备合同的一般属性，即双方的一致意思表示，签订结算协议后可理解为发承包双方就建设工程重新订立以价款为主要内容的协议。就结算协议效力而言，以终局为原则，以非终局为例外。结算协议系项目工程经竣工验收后关于合同价款实际履行的最终依据，且系发承包双方合意的产物，结算协议包含相应工程所涉的合同价款、调整后的合同价款、索赔金额等内容，即该协议囊括了除承包人保修义务以外的其他一切价款结算事宜，具有终局性、概括性特点。[①] 但在结算时，因一方重大失误和遗漏，导致最终结算数额错误，在有相应证据能够证明的前提下，人民法院应查明客观事实，据实查明工程相应价款，最终维护法律的正义性、客观性、公平性。

鉴于此，承包人在进行工程结算时应当谨慎，不可为快速完成结算放弃合法合理的利益，寄希望于后期完成结算再行谈判是不可行的。结算报告及结算资料虽然不能直接决定最终结算价款，但因为建设工程结算活动的特殊性，非合同清单及图纸内容的额外工程需要证明效力强大的证据支撑。施工总承包单位在满足上述报告编制的要点（将结算纳入项目管理日常工作）外，还应当注意合同中的结算审减条款，如发包人可能在审减条款部分明确审减额超过5%即考核施工总承包单位，对其不予计量，更严重的可能在承包人违约责任专章设立因结算审减误差而导致的违约处罚。在可行的情况下，施工总承包单位应当调查业主以往的结算惯例，就结算审核过程中常见的结算材料缺漏补足。若该项目为财政审核项目，施工总承包单位提前同政府或政府平台公司沟通，明确财政审批和第三方造价咨询的审核标准，降低最终结算的审减率。

发承包双方完成大部分的结算工作，并已敲定最终的结算数额时，所施工项目满足利润要求或完成扭转亏损目标的，应尽快签订结算协议，以书面文件的方式将工程结算总价款固化。一旦后续发生争议，在已完成结算的情况下，双方的债权债务已确定，仅需要就工程款的支付进行主张即可。

---

① 参见祁世刚、王子诺：《发承包双方达成有效的结算协议后，一方能否继续主张工期延误、窝工损失及违约金等》，载微信公众号"甘肃正天合律师事务所"2020年8月26日，https://mp.weixin.qq.com/s/7_l5C1VBPpqgoXv3J3Lbhg。

相关依据

1.《建设工程价款结算暂行办法》

第14条第1~4项 工程完工后,双方应按照约定的合同价款及合同价款调整内容以及索赔事项,进行工程竣工结算。

(一)工程竣工结算方式

工程竣工结算分为单位工程竣工结算、单项工程竣工结算和建设项目竣工总结算。

(二)工程竣工结算编审

1.单位工程竣工结算由承包人编制,发包人审查;实行总承包的工程,由具体承包人编制,在总包人审查的基础上,发包人审查。

2.单项工程竣工结算或建设项目竣工总结算由总(承)包人编制,发包人可直接进行审查,也可以委托具有相应资质的工程造价咨询机构进行审查。政府投资项目,由同级财政部门审查。单项工程竣工结算或建设项目竣工总结算经发、承包人签字盖章后有效。

承包人应在合同约定期限内完成项目竣工结算编制工作,未在规定期限内完成的并且提不出正当理由延期的,责任自负。

(三)工程竣工结算审查期限

单项工程竣工后,承包人应在提交竣工验收报告的同时,向发包人递交竣工结算报告及完整的结算资料,发包人应按以下规定时限进行核对(审查)并提出审查意见。

序号	工程竣工结算报告金额	审查时间
1	500万元以下	从接到竣工结算报告和完整的竣工结算资料之日起20天
2	500万元~2000万元	从接到竣工结算报告和完整的竣工结算资料之日起30天
3	2000万元~5000万元	从接到竣工结算报告和完整的竣工结算资料之日起45天
4	5000万元以上	从接到竣工结算报告和完整的竣工结算资料之日起60天

建设项目竣工总结算在最后一个单项工程竣工结算审查确认后15天内汇总,送发包人后30天内审查完成。

第 21 条　工程竣工后，发、承包双方应及时办清工程竣工结算，否则，工程不得交付使用，有关部门不予办理权属登记。

2.《建设工程施工合同司法解释(一)》

第 29 条　当事人在诉讼前已经对建设工程价款结算达成协议，诉讼中一方当事人申请对工程造价进行鉴定的，人民法院不予准许。

二、结算迟延

如上文所述，发包人与施工总承包单位，施工总承包单位与分包单位、分供单位在合同中一般会明确结算资料的递交时限和结算的审核完成时限。通过合同约定的方式明确各方时间节点，利于各方顺利完成工程结算工作。但在实践中，总承包工程、分项工程未能按照合同约定结算期间完成结算乃至于工程已竣工长期未结算情形较为常见。为梳理结算迟延，将结合实际工作经验将该部分分为发包人拖延结算和分包分供商拖延结算两部分。

风险提示

根据《房屋建筑和市政基础设施工程竣工验收规定》第 3 条第 2 款的规定，县级以上地方人民政府建设主管部门负责本行政区域内工程竣工验收的监督管理，具体工作可以委托所属的工程质量监督机构实施。其第 4 条规定工程竣工验收由发包人负责组织实施。《建筑法》第 61 条第 2 款规定："建筑工程竣工经验收合格后，方可交付使用；未经验收或者验收不合格的，不得交付使用。"工程经竣工验收且已向住房和城乡建设部门办理备案之后，发包人与承包人办理工程移交手续。办理完移交手续，发包人即可占有该工程。而在工程竣工移交发包人后，发包人实际占有工程，承包人不再具有主动权，发包人易在该阶段拖延结算。除发包人易在工程结算阶段拖延外，在实践中，合同关系的分供单位之间也存在拖延结算的情形。

1. 发包人拒绝或拖延签收承包人提交的结算报告。工程竣工验收后，因发包人已实际占有该工程，其对签收并审核承包人的竣工结算报告有时并不积极，如果发包人代表拒绝签认承包人报送的结算报告或转由无授权的发包人的普通管理人员签收，则导致结算核对工作无法有序推进，结算工作无限期延长，合同约定的付款条件不能成就。

2. 发包人拉长结算时限。发包人虽已签收承包人报送的结算报告，但长期未指定造价审核人员，或该造价审核人员未与承包人联系，抑或该造价审核人员不具有相应授权范围；或者发包人常常以其内部流程为借口，如发包人项目部审核并非最终价款，需层报至公司总部成本部由其进行再次审核，并交由发包人高层审核，经审核后方才结束流程。政府投资项目的发包人虽然是独立的法人单位，但根据国务院及地方政府的规定，发包人一般无法独立认定结算报告，而是经过地方政府财政审批后确定结算总金额。政府财政审核部分下文专门论述。

3. 现金流风险。发包人与承包人签署的建设工程施工合同中工程完工或工程竣工验收节点与工程最终结算节点的工程款支付比例差距高。如某项目合同约定工程完工后30日内支付至审核金额的80%，结算完成30日内付款至结算额的95%。另一项目合同约定竣工验收合格后支付比例为已完工程量的70%，结算完成支付至结算金额的97%，竣工到结算完成尾款比例高达27%。发包人与承包人双方未完成结算，但承包人对下游分包分供商的付款节点大多在整体工程结算前，根据合同相对性要求，即使在发包人未向承包人支付结算款项的情况下，只要承包人的下游分包分供商付款条件成就，承包人依然要依据合同约定的付款条件向下游分包分供商付款。

4. 分包分供单位拖延结算。《建筑法》第29条第1款规定："建筑工程总承包单位可以将承包工程中的部分工程发包给具有相应资质条件的分包单位；但是，除总承包合同中约定的分包外，必须经建设单位认可。施工总承包的，建筑工程主体结构的施工必须由总承包单位自行完成。"根据该款规定，除主体结构等必须由承包人自行完成外，其余分项工程可对外分包。在建设工程实务中，建设工程的体量大，往往涉及多个单项工程，包括土方、桩基、机电、门窗、暖通、钢结构等。因此，承包人往往会将部分分项工程分包，因承包人在竣工验收后向发包人报送结算时须明确结算总价，若分包人未能在整体工程竣工验收时与承包人就分包内容的结算价款达成一致，迟延与承包人结算，将使该部分工程量存在不确定性，从而影响最终结算。除承包人自行分包外，发包人往往会在合同内设定暂估价工程，暂估价工程原则由发承包双方依法共同招标，最终选定中标分包人，但因暂估价工程招标由发包人主导，因此该类分包人往往由发包人确定，后续与承包人的配合不够。若发包人指定分包与承包人在履约过程中发生纠纷,后续工程完工时指定分包人极易因为罚款、签证、付款等事宜方面不配合承包人结算工作。

化解措施

1. 严守结算时限要求。《建设工程施工合同司法解释(一)》第21条规定:“当事人约定,发包人收到竣工结算文件后,在约定期限内不予答复,视为认可竣工结算文件的,按照约定处理。承包人请求按照竣工结算文件结算工程价款的,人民法院应予支持。”若发包人与承包人在合同签订阶段已经在结算审核条款中明确约定了发包人的结算审核期限,承包人按照与发包人订立的建设工程施工合同及施工过程中涉及结算审核的补充协议的约定及时向发包人提交竣工结算报告,并设立专人对接发包人造价审核人员。对于发包人未能按合同约定的要求向承包人反馈意见的,承包人在该时间节点以书面形式向发包人发出书面的工程联系单。联系单要重点强调以下几个方面:(1)建设工程施工合同及履约过程中涉及结算内容的补充协议的签订时间;(2)竣工备案时间;(3)结算报告报送时间及内容;(4)合同关于结算时限的约定;(5)发包人实际结算审核时间;(6)承包人配合情况。

承包人应该及时跟踪发包人的审核时限和发包人发出的审核意见。对于发包人未能按合同要求完成结算审核的情况,承包人应当准备相应台账记录发包人是否超出审核时限及到期、超期时间。发、承包人之间关于结算的收发函件,包括工程联系单、会议纪要等书面文件,应由承包人的专门人员将原件归档至专门结算文件夹并将原件扫描存入电脑,便于日后分析结算责任。

2. 固化结算证据。目前在建设工程领域中,发包人地位普遍高于承包人,因此在工程履约及结算过程中,发包人常借助其强势地位拖延承包人。因此承包人要借助自身优势,如在办理竣工备案、移交工程前,承包人向发包人提出更改合同条件,确认工程签证、索赔等要求并告知发包人该条件为承包人合理要求,对于发包人同意的相关要求,要尽快以建设工程施工合同中约定更改合同条件的方式确认,如承包人请求发包人与其签订书面的补充协议。在完成竣工验收后,承包人按要求和规定时限向发包人报送结算报告。在发包人不予回复时,承包人可借助建设工程施工合同中的默示条款主张权利,若承包人向发包人以书面方式请求确认,在规定时间内发包人未予回复,则视为发包人已确认。

因此,在结算过程中,承包人可定时向发包人发送工程联系单请求确认价款,并注明若发包人不予回复,承包人有权认为发包人认可按照承包人报送的结算值作为项目价款的最终结算值。

对于合同中明确表示无默示条款或发、承包人互相收发文件但均不予认可,无法就结算金额达成一致的情况,承包人可向发包人建议组织结算会议,以定分止争。召开会议时,承包人应向发包人提议制作会议纪要,并由双方参会人员签名,从而固化双方会谈成果。若发包人同意在会议纪要上签字,也可作为双方结算过程的证明文件。会议纪要时间、地点、内容要准确,要确保发包人参会人员为签署建设工程施工合同时明确的授权人,具有结算权利。同时,签名应为参会人员本人签署,不可由他人代签。采用代签方式极有可能引发额外争议。

《最高人民法院关于民事诉讼证据的若干规定》第 14 条规定:"电子数据包括下列信息、电子文件:(一)网页、博客、微博客等网络平台发布的信息;(二)手机短信、电子邮件、即时通信、通讯群组等网络应用服务的通信信息;(三)用户注册信息、身份认证信息、电子交易记录、通信记录、登录日志等信息;(四)文档、图片、音频、视频、数字证书、计算机程序等电子文件;(五)其他以数字化形式存储、处理、传输的能够证明案件事实的信息。"

根据以上规定,电子邮件、即时通信记录、电子照片、短信均可作为电子证据使用,具有法律上的证明效力。因此,若发包人始终拒收承包人向其发出的联系单,承包人可采用现场拍照或向发包人代表发送电子邮件、短信的方式作为双方沟通的证据。

3. 求同存异,部分确认。在实践中,发承包双方未达成结算协议的主要原因是对工程计量、签证、索赔等价款的异议。发承包双方可就结算部分内容先行达成一致意见,就争议方式再行谈判,也可对部分内容予以确认。如某工程计价方式为固定单价,除合同约定的价格调整、变更、签证等内容外不予调整,现工程已完工并已向住房和城乡建设部门备案完毕。工程施工期间未发生设计变更,也未满足合同中的调价条款,无人材机价格调整,但在施工过程中发包人以工程联系单的形式向承包人下发指令,后续承包人以签证单的形式向发包人发出签证申请(合同中未要求签证必须当月审批完后予以计量),后续发包人与承包人就签证内容和签证金额产生争议,未能在履约过程中达成一致意见。就该种情形,发承包双方可以根据无争议的事实明确该部分金额,对其先行结算,签订协议。对于后续争议,发包人与承包人在协议中列明争议项和争议金额,后期双方可仅就协议约定的争议进行谈判,以避免后续争议项无法固定。

4. 巧借发包人,化解争议。承包人中标后,会根据拟订的施工计划订立招标计划,由分包单位一同建造工程,承包人负责管理各分公司单位的施工。对于工程中利润率可能较高的项目,发包人多以单独分包的方式将其从整体工程中划出,但纳入承包人的管理范围,由承包人对该分包予以管理,后期亦由承包人配合进行结算。后期承包人与指定分包单位出现结算争议时,可向发包人请求要求其对指定分包单位予以管控,要求指定分包单位配合承包人对该分项工程予以审核结算,若不予配合,视为认可承包人的初审金额。

相关依据

1.《建筑法》

第29条　建筑工程总承包单位可以将承包工程中的部分工程发包给具有相应资质条件的分包单位;但是,除总承包合同中约定的分包外,必须经建设单位认可。施工总承包的,建筑工程主体结构的施工必须由总承包单位自行完成。

建筑工程总承包单位按照总承包合同的约定对建设单位负责;分包单位按照分包合同的约定对总承包单位负责。总承包单位和分包单位就分包工程对建设单位承担连带责任。

禁止总承包单位将工程分包给不具备相应资质条件的单位。禁止分包单位将其承包的工程再分包。

第61条　交付竣工验收的建筑工程,必须符合规定的建筑工程质量标准,有完整的工程技术经济资料和经签署的工程保修书,并具备国家规定的其他竣工条件。

建筑工程竣工经验收合格后,方可交付使用;未经验收或者验收不合格的,不得交付使用。

2.《房屋建筑和市政基础设施工程竣工验收规定》

第3条　国务院住房和城乡建设主管部门负责全国工程竣工验收的监督管理。

县级以上地方人民政府建设主管部门负责本行政区域内工程竣工验收的监督管理,具体工作可以委托所属的工程质量监督机构实施。

第4条　工程竣工验收由建设单位负责组织实施。

3.《建设工程施工合同司法解释(一)》

第21条 当事人约定,发包人收到竣工结算文件后,在约定期限内不予答复,视为认可竣工结算文件的,按照约定处理。承包人请求按照竣工结算文件结算工程价款的,人民法院应予支持。

4.《最高人民法院关于民事诉讼证据的若干规定》

第14条 电子数据包括下列信息、电子文件:

(一)网页、博客、微博客等网络平台发布的信息;

(二)手机短信、电子邮件、即时通信、通讯群组等网络应用服务的通信信息;

(三)用户注册信息、身份认证信息、电子交易记录、通信记录、登录日志等信息;

(四)文档、图片、音频、视频、数字证书、计算机程序等电子文件;

(五)其他以数字化形式存储、处理、传输的能够证明案件事实的信息。

三、政府审计

工程建设行业是我国的重点行业,也是政府投资的重点领域。政府投资建设项目是政府为弥补民营企业因为利润不足消极建设城乡公共服务和基础设施所作的补充,多为城市公共建筑和基础设施项目。近年来,因为地产类项目利润低、回款久,工程建设企业逐渐将业务领域扩展至政府投资项目。但政府投资项目不同于民营地产类项目,因其发包人为行政机关,资金来源为财政资金,因此工程付款与结算需经由政府审计部门审批,因而该类项目的相关资金流转较为复杂。以下将从政府审计相关法律条文及实践出发,对政府审计予以分析。

审计署发布的《政府投资项目审计规定》第5条规定:“审计机关对政府重点投资项目以及涉及公共利益和民生的城市基础设施、保障性住房、学校、医院等工程,应当有重点地对其建设和管理情况实施跟踪审计。”因此发包人为避免出现审计问题,在建设工程施工合同中明确本工程最终结算结果以政府审计部门的意见为准。政府审计条款纳入建设工程施工合同的本意是控制政府概算,防止有权政府官员滥用权力,进行权钱交易,提高政府投资项目概算,导致政府财政入不敷出。但目前现状是管理项目政府官员或国有企业领导层为避免审计引起的问题，将政府审计条款纳入全部的政府投资项目的建设工程施工合同中，将政府审计结果作为结算以及过程付款的依据，对于一些非重大项目无须将审计结果作为最终依据的也予以严格把控，从而拖慢了工程结算的节奏，实属不便。

风险提示

1. 超概风险。根据《政府投资条例》第 12 条的规定，经投资主管部门或者其他有关部门核定的投资概算是控制政府投资项目总投资的依据。初步设计提出的投资概算超过经批准的可行性研究报告提出的投资估算 10% 的，项目单位应当向投资主管部门或者其他有关部门报告，投资主管部门或者其他有关部门可以要求项目单位重新报送可行性研究报告。不同于民营企业，政府投资项目存在一定的概算目标，若在投资估算批准后因为后续的设计或后续施工导致超出原概算目标，由于严格的审批要求往往难以调整概算，从而引起项目僵局。

2. 现金流风险。建设工程行业属于高负债行业，现金流是施工单位的生命线。但若在建设工程施工合同中约定以政府审计结果作为结算及付款依据，施工单位在过程收款及最终结算期间会面临极大的资金压力。如某合同约定过程付款由施工单位上报监理单位，监理单位复核后上报发包人，发包人交由第三方审计单位予以审核后再由发包人复核，发包人复核后上报政府财政评审中心，由政府财政评审中心出具最终审核意见，发包人根据该意见向施工单位支付款项。在该审核过程中，财政评审中心是最终审核机关，由于无法确定最终的审核时限，期间施工单位可能面临分包单位和分供单位的付款压力，且《保障农民工工资支付条例》第 12、13 条规定在一定周期内向农民工拨付工资。

化解措施

1. 政府投资项目在符合特定情形下可以调整概算。根据《政府投资条例》第 23 条第 2 款的规定，政府投资项目在因国家政策调整、价格上涨、地质条件发生重大变化等原因确需增加投资概算的情况下，可以超越已审批的概算。基于上述规定，承包人可以项目履约期间市场变动已满足建设工程施工合同的调差条件，施工过程中发生新的地质条件变化请求发包人予以价格调整。此处应注意的是，根据《政府投资条例》第 12 条的规定，若初步设计概算超出经批准的可行性研究报告提出的投资估算的10%,要重新报批工程可行性报告。以公路工程为例,影响公路工程概算调整的主要为工程设计变更、材料价格上涨、征地拆迁标准变化、追加资金不及时引起的索赔。对于公路工程而言,存在多种调整概算时机,如概算批复后、施工图预算批复以前、项目履约过程中、项目交工后竣工验收前。其中在项目交工竣工验收前采用概算加增加费用的情况为宜。在工程已经完工的情况下,工程成本已经得到了确定,在此情况下施工单位可将施工过程中的材料价格变动和相应的变更指令、签证作为变更价款的依据向发包人提交,告知发包人项目最终成本,请求调整概算。[①] 政府项目财政资金具有确定性,在施工过程中调整概算难度高。在承接政府投资项目时,应当严格按照预算要求投标,在施工过程中做好设计优化和施工优化,提高材料周转率,减少资源浪费,降低能耗,进行限额施工,做好全过程精益管控。

2. 提前谋划结算事宜,加速推进结算进展。关于结算时间的要求,财政部发布的《基本建设财务规则》第28条规定:"项目建设单位应当严格按照合同约定和工程价款结算程序支付工程款。竣工价款结算一般应当在项目竣工验收后2个月内完成,大型项目一般不得超过3个月。"根据该规定,竣工价款结算最长应于项目竣工验收后3个月内完成,但本规定的层级仅为财政部部门规章,且其条文描述存有协商余地,如"一般不得超过3个月"。在实践中,政府投资项目大多以《建设工程施工合同(示范文本)》(GF-2017-0201)为范本,在专用合同条款部分纳入政府审计条款,如"政府投资或以政府投资为主的建设项目纳入审计项目计划的,发包人和承包人均负有配合、接受审计机关审计的义务,竣工结算应当依据审计结论,办清竣工结算和竣工付款的时间按相关规定执行"。根据上述条款的规定,施工单位具有配合审计的责任,该责任无终止约定,在极端情况下,若审计单位因为各种原因始终无法出具审计意见,在建设工程施工合同约定以审计意见为最终结算意见的情况下,承包人已丧失占有工程,无相应的抗衡力量,在民法体系中也无具体法律层级的条文赋予承包人抗辩权,极易陷入僵局。因此,在面对该类建设工程时,承包人可以提前向工程所在地审计机关请求获取其建设工程的审计文件和具体流程,在工程竣工至结算

---

① 参见黄丽娜:《浅谈公路工程调整概算编制思路》,载微信公众号"中国华西设计一分公司"2021年7月6日,https://mp.weixin.qq.com/s/zLVOkKLxsAxOkr8odCyTFw。

期间提前准备审计所需资料，确保审计材料的完整性和真实性。若项目为地区重大项目，可建立高层沟通机制，调整合同付款条件，如将竣工验收节点提高至竣工验收节点的90%以上，降低竣工验收后的尾款数额，减轻现金流风险。在对外付款层面，施工单位可与分包单位协商最晚付款时限，延长对下游的付款期间，对尾款采取分期支付的方式以有效降低负现金流风险。

3.建设工程施工合同未以政府部门财政审核意见为最终审批意见的，施工单位可请求发包人先就双方已完工无争议的工程量予以确认，先认量后谈价，在后续按量计算的价款结论与审计结论相差过大产生争议时，可以作为证据向法院提交。

4.政府投资项目以政府审计为最终计价结论，主要是因为政府内部对于审计的要求以防止最终工程价款远超预定概算，增加财政支出为目的。施工单位可以换位思考，从发包人（政府方）的视角考量，在双方争论不下时引入独立的第三方争议评审小组，由争议评审小组就双方争议进行调解，争取达成一致，最后由争议评审小组主导，发包人与施工单位签署会议纪要或相应的协议。

综上所述，在存在政府审计条款的政府投资类项目中，施工单位要加强项目过程基础管理工作，树立“开工开始便是结算开始”的理念，提升履约能力，积极倡导项目过程结算，为项目最终结算快速完成做好准备。

相关依据

1.《政府投资项目审计规定》

第5条　审计机关对政府重点投资项目以及涉及公共利益和民生的城市基础设施、保障性住房、学校、医院等工程，应当有重点地对其建设和管理情况实施跟踪审计。

2.《政府投资条例》

第12条　经投资主管部门或者其他有关部门核定的投资概算是控制政府投资项目总投资的依据。

初步设计提出的投资概算超过经批准的可行性研究报告提出的投资估算10%的，项目单位应当向投资主管部门或者其他有关部门报告，投资主管部门或者其他有关部门可以要求项目单位重新报送可行性研究报告。

第23条　政府投资项目建设投资原则上不得超过经核定的投资概算。

因国家政策调整、价格上涨、地质条件发生重大变化等原因确需增加投资概算的，项目单位应当提出调整方案及资金来源，按照规定的程序报原初步设计审批部门或者投资概算核定部门核定；涉及预算调整或者调剂的，依照有关预算的法律、行政法规和国家有关规定办理。

3.《基本建设财务规则》

第28条 项目建设单位应当严格按照合同约定和工程价款结算程序支付工程款。竣工价款结算一般应当在项目竣工验收后2个月内完成，大型项目一般不得超过3个月。

4.《保障农民工工资支付条例》

第12条 用人单位应当按照与农民工书面约定或者依法制定的规章制度规定的工资支付周期和具体支付日期足额支付工资。

第13条 实行月、周、日、小时工资制的，按照月、周、日、小时为周期支付工资；实行计件工资制的，工资支付周期由双方依法约定。

四、发包人内部结算流程

根据《建设工程施工合同（示范文本）》（GF－2017－0201）“通用合同条款”第14.2款的规定，承包人应该将竣工结算申请单报送监理人，由监理人在14日内审核，监理人在审核无误后报送发包人，由发包人在14日内完成审核。由此可知，范本限制了发包人、监理人的结算时间，对于加快结算流程具有重要意义。但本条款规定的时限为发包人审核时限并非最终付款时限。以例说明，如承包人于×年×月×日完成竣工验收，工程合格，且发包人已将该工程报送住房和城乡建设部门备案。此时承包人可在该时点后准备报送结算资料，假设该工程为小型住宅工程，整体结算造价与合同额相差不多，在3个月内已准备完毕结算资料，并按《建设工程施工合同（示范文本）》（GF－2017－0201）的“通用合同条款”第14.1款（合同采用范本专用条款又写明按照通用条款条件）报送监理人，此时监理人在14日作出审核意见，将该材料退回承包人处，后续监理人可重复该操作直至监理人认为审核无误报送发包人。待报送至发包人处后，发包人也可因文件要求出现错误予以退回，按照合同规定，对发包人和监理人并无修改次数限制，且对修改无明确要求，发包人和监理人可以以格式错误等细微原因将文件退回而又不违反合同约定。

如上文所提及的政府审计,政府、事业单位、国有企业、国内私营企业、外资企业均有各自的内部审核要求。以房地产开发企业为例,其进行某项房地产开发时,往往会设立项目公司,由母公司向项目公司注资以该项目的名义进行前期手续的办理和房地产项目的开发。大型的全国性房地产开发企业还有全国各个大区的区域公司和城市公司,如某地地产开发项目由项目公司管理,该项目公司归属城市公司管理,而城市公司隶属于大区公司,大区公司则隶属于母公司。发包人内部的机构设置导致其在审核工程价款时就具有多层次审批流程,行业惯例将发包人现场代表及其团队所作审批称为“一审”,将后续审批称为“二审”。但发包人内部的审批流程为发包人自行制定的,法律除对政府投资项目有相关规定外,并未明文规定房屋建筑或基础设施下项目的审批流程。

“一审”“二审”等审批流程在实践中极为常见,但因建设工程实务性强、专业性高,对其在法学学理层面进行的讨论较少,主要集中在实务中裁判案例的说理部分。

在(2019)京 0112 民初 29965 号民事判决书中,北京市通州区人民法院认为,发包人与承包人以住建部发布的建设工程施工合同为基准,签订施工合同且签字盖章,合同有效。施工合同约定发包人的结算审核期限为 28 日,在期限内若不回复则视为发包人认可承包人报送的结算价款,该条款不违反法律法规的强制性规定,因而有效。在本案审理过程中,发包人提出本工程除须第三方造价审核机构审核外,另须发包人内部流程但并未在合同中约定,发包人亦未举证证明承包人对此要求表示认可,因此发包人所述其最终结算须内部流程审批通过无合同依据,最终金额应当按照承包人同意的第三方造价审核机构审核的金额。①

其他法院也有相近的观点。在(2019)津 0119 民初 2344 号民事判决书中,天津市蓟州区人民法院认为,案涉工程合同虽然存在倒签,有一定的瑕疵,但倒签合同已经双方认可且双方已签字盖章,应视为合同有效,其中的结算条款亦对发包人和承包人具有约束力。在审判过程中,发包人阐述其未在第三方审价报告中加盖印章,应视为不予认可,且最终结算价款须内部流程审批。经确认,

① 参见北京市通州区人民法院民事判决书,(2019)京 0112 民初 29965 号。

在第三方审计报告中，发包人确实未加盖印章但其亦未明确表示反对，按照对合同结算条款的一般理解，若发包人未明确反对即视为认同，且其还需内部审批流程未在合同中明确，因此结算金额已确定，发包人应当按此金额支付工程款。[①]

通过上述案例可知，法院对发包人长期以内部流程未完不予或拖延结算工程款，会从有利于承包人的层面考量。上述案例中的工程已完成竣工且已经发包人委托的第三方造价审核机构并已出具审价结论，可根据该审价结论作出工程款认定。因此，承包人在处于合同劣势下配合发包人内部流程结算的，结算并不一定当然无效。

风险提示

1. 建设工程施工合同签订期间，发包人与承包人就最终结算程序予以约定，约定最终结算价款由发包人交由第三方造价审核机构先行审价，待第三方造价审核机构审核后报送发包人，由发包人进行内部评审程序，待发包人内部评审流程结束后，由发包人领导层签认，签认后为最终的确认价款。若建设工程施工合同中明确约定了该程序，根据意思自治原则，在不违反强制性法律法规的前提下，该类发包人的内部流程纳入合同并非无效，在实践中也往往如此。

2. 工程结算协议不仅包括合同所附清单和图纸的工程量，还有索赔、签证、变更等过程增加金额。因此，若发包人内部流程漫长，该类增加金额会处于不确定状态，后续若承包人急于签订结算协议或先就无争议部分先行签订协议，可能会因为文字表述失误造成增加金额遗漏，造成计量确权率偏低。承包人与发包人就工程尚未达成结算协议，一方面，影响承包人的结算节点完成从而无法及时收回尾款；另一方面，承包人要承担向分包单位、分供单位支付工程款的压力。虽然承包人常会在分包合同中约定“背靠背”条款，但在实践中该条款为当事人对于付款时间的约定。如在发包人向承包人支付了工程价款的情况下，承包人在收到该笔款项后向分包人支付相应款项。以目前的判例来看，“背靠背”条款所取得的时间利益是法院所支持的，但合理时间应该为建设工程施工合同正常履行时发包人付款时间，若发包人以其内部流程繁杂拒绝向承包人支

① 参见天津市蓟州区人民法院民事判决书，(2019)津0119民初2344号。

付工程款,承保人未采取强力手段导致付款条件未成就可能被视为付款条件成就。① 相对于分包单位和分供单位,承包人为施工单位垫资施工,资金流紧张,若由于发包人内部结算审核流程导致不予支付,分包单位和分供单位极易针对施工单位提起诉讼或申请仲裁。在目前依法治国的大环境下,施工单位可能因为存在诉讼问题被降低信用分,对其后续承接工程不利。

化解措施

1. 承包人在工程履约中熟读建设工程施工合同内容,熟悉合同中的工程款报送内容和相应的附件,并就合同内容制作合同交底文本;增强项目部管理人员留存资料意识,夯实结算基础。承包人应主动与发包人进行沟通,以完美履约助条件变更,争取使发包人将原先的无时限规定为有时限,或者请求发包人明确工程款结算的程序和各个节点的审核时间,并以工程联系单的形式确认,后续将工程联系单内容转化为补充协议,可请求发包人注明大致时限,若日后发生结算时限争议可就该类书面文件主张审核时限要求,这可在一定程度上加快发包人审核进程。在最终结算阶段,承包人报送结算资料时可向发包人发函确认资料的完整性,如"承包人已按合同约定及发包人指令完成以下材料的准备,请求发包人予以确认"。若发包人回文确认,则承包人可以继续按准备材料报送,若材料缺项也可在流程开始前予以补充。

2. 在竣工验收至工程结算期间,按照建设工程惯例,常约定为10%以上的尾款。因该部分尾款过高,易导致承包人资金流不足,若须缓解承包人资金压力,可从提高节点付款比例、加快审核流程入手。对于竣工验收节点比例过低的工程,在竣工验收前可请求承包人提高竣工验收节点的付款比例。如原竣工验收节点付款比例未按竣工验收时实际已完工程量的75%支付,可借助国家政策文件的规定要求提高竣工验收节点的付款比例。对于施工过程中已与发包人进行沟通,最终结算内部流程过长的情况,可从国家规范性文件入手,化工程竣工后一次性结算为履约过程中的分阶段结算,将后期的结算工程款减轻划分到各个阶段。以福建省为例,依照《福建省房屋建筑和市政基础设施工程施工

---

① 参见项平:《建工分包合同"背靠背"条款法律分析》,载微信公众号"高杉LEGAL"2020年5月5日,https://mp.weixin.qq.com/s/nOsmSEi3GPjhoP377qZCxg。

过程结算办法(试行)》的规定,施工工期一年以上的工程项目原则采用施工过程结算,且过程中经发、承包人双方签字认可的文件作为竣工结算文件的组成部分,在后期不再进行审核。且施工过程结算文件包括保函变更、签证、价款调整协议等。根据有关施工过程结算文件的规定,承包人可在施工过程中即办理部分结算资料,有利于缩短最终的结算审核时间,也避免了因为发承包人之间的争议项影响结算审核进度。按照文件要求,政府投资项目要带头践行施工过程结算。因此对于已开工或未开工的有政府资金投入的项目,承包人可根据各地的施工过程结算文件与发包人协商,请求以补充协议的方式更改合同条款。

3. 在竣工结算阶段,承包人可与分包、分供单位协商等待发包人的最终结算,组成利益共同体向发包人施压。承包人可将自身资金压力以书面工程联系单形式送达发包人,并在联系单中阐明自身因资金流转困难难以应对下游分包、分供单位,可能引起社会纠纷,以引起发包人的重视。但承包人为后续工程的合作以及解决分包、分供单位的实际困难,不能将风险全部转移给下游分包、分供单位,可以设定一定的时限,若超出该时限,则承包人先与分包、分供单位完成相应结算,并与之签订结算协议,在资金紧张的情况下可以与分包、分供单位协商分期付款。

在竣工结算阶段,双方长期僵持不下,通过协商和解方式无法解决争端时,承包人可通过诉讼手段解决。在预备诉讼前,承包人可视情况向发包人发出公函或律师函催告发包人履行发包人义务,发包人应尽快回应承包人关切请求。在发包人不予回复或消极应对的情况下,若有发包人已委托第三方造价审核机构进行审价并出具结论意见,承包人可根据该一审金额向工程所在地法院提起诉讼,诉请发包人在已完成审价报告的情况下推进其内部结算进程。对于发包人已过合理时间的情形(如已过合同约定的缺陷责任期),承包人可以不符合公平原则向法院提起诉讼,对于发包人短时间内无法完成审价的部分,可向法院申请造价鉴定,以造价鉴定意见作为参考意见。

五、造价鉴定

根据《建设工程造价鉴定规范》(GB/T 51262 -2017)及《建筑法》的规定,工程造价鉴定为鉴定机构接受人民法院或仲裁机构委托,在诉讼或仲裁案件中,运用科学技术和专业知识,对工程造价争议中涉及的专门性问题进行鉴别、判断并提供鉴定意见的活动。所谓鉴定意见,是指具备资格的鉴定人对民事案件中出现的专门性问题,通过鉴别和判断后作出的书面意见,如常见的笔迹鉴定、工伤鉴定。

鉴定意见并非如书证可以直接反映事件的状况,其申请、质证、认定均具有相当的复杂性。若存在具备真实性、关联性、合法性的其他书证、物证、电子证据等证据类型,可证明应证明的事实,尽可能不采用鉴定意见。在建设工程诉讼或仲裁中,建设工程造价鉴定是确认工程价款的最后手段。因为建设工程具有专业性和复杂性,其工程造价由多种因素决定,双方当事人对于罚款、过程指令和签证、技术优化都可能存在争议,若采用建设工程造价鉴定确定工程价款,其鉴定结论与实际成本存在一定的差距。

一般而言,建设工程造价鉴定由当事人自主申请,特殊情况下由法院依据职权启动。在实践中,一般是承包人由于工程价款结算阶段始终与发包人存在异议,无法协商达成一致意见,为避免工程价款问题久拖不决,而向法院提起诉讼。但因为建设工程的标的额大、专业性强,而法官作为法律工作者无法就工程造价问题予以专业性评价,于是对于建设工程价款争议在前期调解无效后委托第三方造价鉴定机构予以鉴定,以鉴定机构提供的鉴定意见为重要的审判参考,从而产生"以鉴定代替实质审判"的效果。

风 险 提 示

1. 鉴定期限长。承包人将发包人诉至法院的主要原因即为发包人与承包人未能就建设工程价款达成一致或因流程等原因始终未能推进已竣工工程完成结算,希望通过法院定分止争,尽快结束工程结算工作,完成建设工程价款的确认。根据《司法鉴定程序通则》第 28 条规定,司法鉴定的最长时限为 60 日。理论而言,若将建设工程结算价款争议提交司法鉴定,可迅速得出专业鉴定意见,从而作为诉讼的支撑依据。但在实践中,因为工程建设鉴定涉及繁杂的过程资料,包括招标文件、投标文件、建设工程施工合同、双方工程联系单、会议纪要、图纸会审记录等各类文件,且在鉴定过程中极有可能存在补充材料的情况,如在鉴定索赔金额时,往往会要求承包人提供基础资料。建设工程提交鉴定时,往往不仅单纯鉴定其工程造价,还需要进行质量鉴定以明确是否符合合同约定标准，进行工期鉴定以明确是否存在工期延误。因而，在实践中极少有鉴定机构在60日内提出鉴定意见，建设工程超期已是正常现象。承包人本意是节省时间以司法途径确认最终工程价款，但在现实中因为建设工程造价鉴定的期限极长，反而拖延了最终工程价款的确认时间。

2. 诉讼成本高。建设工程施工合同纠纷属于典型的财产类案件，根据《诉讼费用交纳办法》第13条规定，诉讼费用按标的额阶梯收款，如超过2000万元的部分，按照0.5%交纳。鉴于建设工程的造价高、标的额大，即使按照0.5%交纳诉讼费也是一项沉重的经济成本。建设工程施工合同司法鉴定同书证、物证等司法鉴定不同，书证、物证等司法鉴定有省级行政部门的指导性价格，如《福建省物价局、福建省司法厅关于进一步规范司法鉴定收费项目和收费标准的通告》明确劳动能力鉴定费用为800元，护理依赖程度评定鉴定费用为800元。但检索福建省司法鉴定收费标准发现，目前福建地区尚无统一的建设工程造价鉴定收费标准，因此鉴定费用根据具体的鉴定要求而有所不同。申请建设工程造价鉴定的多为承包人，承包人因发包人借结算未完成拖延付款导致其资金短缺而被迫提起诉讼，但在诉讼中要按标的额交纳高额的诉讼费用且为明确涉争工程的具体价款往往需要申请对涉争工程予以造价鉴定，承包人的处境会更加困难。

3. 举证困难。根据《民事诉讼法》第64条规定，当事人对自己提出的主张，有责任提供证据。建设工程施工合同纠纷不是法定的举证责任倒置的案由，因此承包人需要提供证据支撑其诉请；且在造价鉴定中，鉴定机构也需要承包人提供支持其诉请的价款的材料。对于承包人而言，因发、承包人的地位原因，承包人证据不充分的情况极其常见。例如，承包人已向发包人报送过程签证单，但发包人拒绝签收。又如，发包人向承包人口头下发指令，要求承包人对某围栏拆除按新要求建造新的栏杆，后续承包人向发包人发出工程联系单请求确认时，发包人拒绝确认。整个建设工程往往跨越数年，经手人众多、资料复杂，一次性向鉴定单位提供所有资料不现实，往往需要补充提交。且已经出具的鉴定意见并非有利于承包人，也有可能因为鉴定证据不足无法反映真实成本，不利于承包人诉请的实现。

4. 鉴定意见存疑。目前我国并无制定对建设工程造价鉴定机构的统一规范标准。首先，建设工程鉴定机构并非国家机构，属于市场化主体，不同鉴定机构的专业能力和技术条件不同，委托不同的鉴定机构可能出现差距较大的鉴定意见。其次，建设工程中存在隐蔽工程、损失修复、设备折旧等体现于施工过程中的价款，鉴定机构可能无法鉴定准确成本。工程竣工至提交竣工鉴定申请存在一定的时间间隔，申请人的人员和资料发生变化，申请鉴定时的建设工程不能完全反映竣工时的情况。再次，鉴定程序不规范可能引起对方当事人申请重新鉴定，进行多次鉴定且鉴定意见不同易引起争议。最后，建设工程行业广泛存在"黑白合同"现象，事实上大部分建设工程招标过程流于形式，虚假招标、投标人挂靠等不合法现象普遍存在，故事实上大部分纠纷中涉及的"黑白合同"会被认定为无效合同。针对该类情况，如何选择计价方法和计价标准也是值得商榷的，鉴定机构据以作出鉴定的计价方法和计价标准不同，会对工程价款的计算产生实质性影响，从而降低鉴定意见的可靠性。

化解措施

1. 承包人与发包人应就工程价款先行协商，在双方存在协商余地的情况下以协商方式对涉争的建设工程进行结算。只有承包人与发包人已无协商余地，不采取法律手段无法维护正当利益时方才采用法律手段确认工程价款。在提起诉讼或仲裁之前，承包人可向发包人住所地、实际经营地发出公函（必要时可发律师函），告知发包人因为其长期未能与承包人就某建设工程达成一致意见，无法签订结算协议，工程价款始终不能确定，承包人不得已采取法律手段。若仅是发包人内部流程拖延所致，发包人希望的结算价款与承包人提出的结算报告数额相近，可推动发包人加快结算进度，与承包人继续会商最终协商解决争议。

2. 对于已经提起的诉讼，发承包双方可在诉前阶段接受法院的居中调解，能在诉前调解阶段解决的问题不必进入诉讼过程。根据《诉讼费用交纳办法》第 15 条规定，以调解方式结案或者当事人申请撤诉的，减半交纳案件受理费。若数额不大，争议项不多，可尝试进行诉前调解，减轻诉讼成本，压减诉讼时间。

3. 根据建设工程造价鉴定实践，因建设工程的标的额、质量要求、施工技术、鉴定机构不同，造价鉴定的金额也不同。一般而言，涉争工程的标的额越高，鉴定费也就越高。因此，即使前期发包人以内部流程"一审"、"二审"、其他审级及最终确认流程漫长拖延结算价款,承包人也应当谨慎申请造价鉴定。对于政府投资项目涉及政府财政审计情况的,根据《最高人民法院关于建设工程承包合同案件中双方当事人已确认的工程决算价款与审计部门审计的工程决算价款不一致时如何适用法律问题的电话答复意见》规定,只有在合同明确约定以审计结论作为结算依据或者合同约定不明确、合同约定无效的情况下,才能将审计结论作为判决的依据。承包人可以请求法院是否可与行政审计单位沟通,发函确认没有出具审计结论的原因。如果审计机构不予回复或者因审计机构的原因,没有出具审计结论,则法院启动司法鉴定后,行政审计结论也出来了,此时仍然以法院的司法鉴定为准。[①] 鉴于政府投资项目发包人的特殊性,承包人往往可以采用非法律手段,如向发包人所属政府单位或政府上级单位沟通、投诉的方式。采取非法律手段无法救济时,可向法院提请诉讼,提起造价鉴定。

4. 根据《建设工程施工合同司法解释(一)》第 28、31 条的规定,对于合同中已经明确固定价款结算,双方已经就部分工程款达成一致的情况,司法鉴定不予鉴定。因此承包人在提起工程造价鉴定前应尽可能针对部分诉讼争议小或者无争议事项签订书面协议,将该部分金额予以确认,仅对诉争金额请求鉴定。对于设计、采购、施工总承包工程等约定计价方式为固定总价的工程,承包人可将有关固定总价的争议统一,向法院申请仅就工程变更、签证、索赔款项予以鉴定。对于因为发包人内部流程没有完成结算的情况,承包人也可请求法院以发包人委托的第三方造价审核单位一审的价款为参考进行裁判,而非要予以造价鉴定。

5. 对于必须要进行造价鉴定的情况,承包人应当做好充足的准备,且最好在一审阶段向审理法院提出造价鉴定的请求,避免在二审阶段再向法院提出鉴定请求的情形。承包人可利用其行业优势,向其他施工单位询问工程所在地的鉴定单位的专业能力和可鉴定的范围。在挑选鉴定单位时,若当地鉴定机构不足以承担鉴定,可选择非工程所在地的鉴定单位,如选择总部在一、二线城市的鉴定单位。在申请鉴定前,承包人要对工程资料归类整理,分为合同类、技术类等类别,在提供时便于鉴定人审查。一般需要提供的鉴定材料包括:招标文件、

---

① 参见潘军峰:《建设工程价款结算审判疑难问题研究》,载《法律适用》2019 年第 5 期。

合同文件(含补充协议)、工程技术文件、签证单、价格调整依据文件、竣工报告等各类文件。在初次提交鉴定材料后,若材料不齐备,承包人要在规定的时间进行资料补充。因为建设工程为不动产,进行造价鉴定需要现场勘察,在鉴定人进行现场查勘时,应有双方当事人共同在场,对鉴定人的勘察记录进行审核,若一方当事人对鉴定人的记录存在意见,要书面注明异议,避免日后发生争端。承包人要避免与鉴定人进行直接、单独接触,不可作出影响鉴定人中立和公正的行为,以避免鉴定意见无法成为有效证据。若承包人认为鉴定意见不准确,可向出庭的鉴定人询问,获知鉴定的具体过程。承包人也可按照《最高人民法院关于民事诉讼证据的若干规定》第40条规定请求重新鉴定,原鉴定意见作废。

相关依据

1.《司法鉴定程序通则》

第28条第1~2款 司法鉴定机构应当自司法鉴定委托书生效之日起30个工作日内完成鉴定。

鉴定事项涉及复杂、疑难、特殊技术问题或者鉴定过程需要较长时间的,经本机构负责人批准,完成鉴定的时限可以延长,延长时限一般不得超过30个工作日。鉴定时限延长的,应当及时告知委托人。

2.《诉讼费用交纳办法》

第13条第1款 案件受理费分别按照下列标准交纳:

(一)财产案件根据诉讼请求的金额或者价额,按照下列比例分段累计交纳:

1.不超过1万元的,每件交纳50元;

2.超过1万元至10万元的部分,按照2.5%交纳;

3.超过10万元至20万元的部分,按照2%交纳;

4.超过20万元至50万元的部分,按照1.5%交纳;

5.超过50万元至100万元的部分,按照1%交纳;

6.超过100万元至200万元的部分,按照0.9%交纳;

7.超过200万元至500万元的部分,按照0.8%交纳;

8.超过500万元至1000万元的部分,按照0.7%交纳;

9. 超过1000万元至2000万元的部分,按照0.6%交纳;

10. 超过2000万元的部分,按照0.5%交纳。

第15条 以调解方式结案或者当事人申请撤诉的,减半交纳案件受理费。

3.《建设工程施工合同司法解释(一)》

第28条 当事人约定按照固定价结算工程价款,一方当事人请求对建设工程造价进行鉴定的,人民法院不予支持。

第31条 当事人对部分案件事实有争议的,仅对有争议的事实进行鉴定,但争议事实范围不能确定,或者双方当事人请求对全部事实鉴定的除外。

4.《最高人民法院关于民事诉讼证据的若干规定》

第40条 当事人申请重新鉴定,存在下列情形之一的,人民法院应当准许:

(一)鉴定人不具备相应资格的;

(二)鉴定程序严重违法的;

(三)鉴定意见明显依据不足的;

(四)鉴定意见不能作为证据使用的其他情形。

存在前款第一项至第三项情形的,鉴定人已经收取的鉴定费用应当退还。拒不退还的,依照本规定第八十一条第二款的规定处理。

对鉴定意见的瑕疵,可以通过补正、补充鉴定或者补充质证、重新质证等方法解决的,人民法院不予准许重新鉴定的申请。

重新鉴定的,原鉴定意见不得作为认定案件事实的根据。

5.《最高人民法院关于建设工程承包合同案件中双方当事人已确认的工程决算价款与审计部门审计的工程决算价款不一致时如何适用法律问题的电话答复意见》

你院"关于建设工程承包合同案件中双方当事人已确认的工程决算价款与审计部门审计的工程决算价款不一致时如何适用法律问题的请示"收悉。经研究认为,审计是国家对建设单位的一种行政监督,不影响建设单位与承建单位的合同效力。建设工程承包合同案件应以当事人的约定作为法院判决的依据。只有在合同明确约定以审计结论作为结算依据或者合同约定不明确、合同约定无效的情况下,才能将审计结论作为判决的依据。

6.《民事诉讼法》

第64条　当事人对自己提出的主张,有责任提供证据。

当事人及其诉讼代理人因客观原因不能自行收集的证据,或者人民法院认为审理案件需要的证据,人民法院应当调查收集。

人民法院应当按照法定程序,全面地、客观地审查核实证据。

Chapter 05 第五章

保修阶段风险管理

第一节 保修责任

近年来,工程质量问题频发,施工企业的维修保养费用也日益增高。部分施工企业管理人员对保修责任的理解不够深入透彻,一方面对于保修期限内建设工程出现的质量问题,无条件地承担维修保养责任和费用;另一方面对于保修期届满的建设工程可以"高枕无忧",无须再承担任何责任。就建设工程保修制度的设立目的以及相关现行法律规定而言,上述两方面的观点都较为片面。本节将分析施工企业有关保修责任的疑难点,为施工企业的相关实务操作提供指导。

一、保修期限

根据原建设部《房屋建筑工程质量保修办法》的规定,房屋建筑工程质量保修,是指对房屋建筑工程竣工验收后在保修期限内出现的质量缺陷,予以修复。此处所称质量缺陷,是指房屋建筑工程的质量不符合工程建设强制性标准以及合同的约定。保修期,即房屋建筑工程在保修范围内出现质量缺陷,施工单位应当履行保修义务的期限。《建设工程质量管理条例》第40条第1、2

款规定:“在正常使用条件下,建设工程的最低保修期限为:(一)基础设施工程、房屋建筑的地基基础工程和主体结构工程,为设计文件规定的该工程的合理使用年限;(二)屋面防水工程、有防水要求的卫生间、房间和外墙面的防渗漏,为5年;(三)供热与供冷系统,为2个采暖期、供冷期;(四)电气管线、给排水管道、设备安装和装修工程,为2年。其他项目的保修期限由发包方与承包方约定。”

这里需要注意保修期限与缺陷责任期的区别。我国法律并未对缺陷责任期作出直接明确的定义,仅在《建设工程质量保证金管理办法》这一部门规章中对缺陷责任期进行了描述。根据该办法的规定,缺陷责任期是指承包人按照合同约定承担缺陷修复义务,且发包人预留质量保证金(已缴纳履约保证金的除外)的期限,自工程实际竣工日期起计算,最长不超过24个月。

风 险 提 示

1. 存在保修期限约定无效的风险。建设工程合同中当事人约定的质量保修期限不得低于《建设工程质量管理条例》规定的最低保修期限,否则将存在约定被认定为无效的风险。对此,北京、四川、浙江等地亦作了明确规定。同时,亦有相关判例支持该观点。

如最高人民法院在(2019)最高法民终239号民事判决书中认为,根据《建设工程质量管理条例》第40条的规定,电气管线、给排水管道、设备安装工程和装修工程的最低保修期限为2年。《建设工程质量管理条例》第2条第1款规定:“凡在中华人民共和国境内从事建设工程的新建、扩建、改建等有关活动及实施对建设工程质量监督管理的,必须遵守本条例。”质量保修期限属于行政法规的强制性规定,当事人约定的质量保修期限短于《建设工程质量管理条例》规定的最低保修期限的,应当适用《建设工程质量管理条例》的规定。①

2. 存在质量保证金归还时间过长的风险。建设单位通常将质量保证金的返还与质量保修期挂钩,特别是针对防水、保温工程。相关法律规定保修期为5年,建设单位以此为理由扣留相应质量保证金长达5年甚至5年以上。这就意味着即使工程质量没有问题,承包商最快也得在保修期满后才可以拿到防水以及保温工程部分的质量保证金这一本应属于承包商的工程款,这对承包商来说

---

① 参见最高人民法院民事判决书,(2019)最高法民终239号。

显然有失公平，同时也加重了承包人的资金负担。

3. 存在质量保证金比例过高的风险。《建设工程质量管理条例》未就质量保证金比例作出具体规定，仅《建设工程质量保证金管理办法》这一部门规定明确预留比例不得超过3%。鉴于目前人民法院在审理建设工程合同纠纷时，对《建设工程质量保证金管理办法》仅参照适用，如合同约定的质量保证金比例高于法定比例，对于超出的部分，司法实践中的认定方式存在差异。有法院认为，工程质量保证金为合同总价款5%的约定违反《建设工程质量保证金管理办法》规定，超出的比例应为无效。也有法院认为，《建设工程质量保证金管理办法》作为部门规章，并不享有高于合同约定的效力，对于超出比例的质量保证金，仍予以支持。正是这种不确定性导致发包人不受约束，任意提高质量保证金比例。目前一般将质量保证金约定为合同价款的5%，有的甚至更高。过高的质量保证金导致施工单位苦不堪言。

化解措施

1. 合理约定保修期限及比例。施工企业与发包人约定的质量保修期限不低于《建设工程质量管理条例》规定的最低保修期限。同时，在合同签订及履约过程中，使用“质量保证金”而非“质量保修金”的字眼，并明确质量保证金的留存比例及期限，对于超过法律法规规定期限和比例的，应及时向建设单位指出并予以修改。并且施工企业可争取免除质量保修金的缴纳义务或者缩短质量保修金的返还期限，该等关于质量保修金的约定不影响施工企业对保修义务的承担。

2. 积极争取提早回收质量保修金。质量保修期限与质量保修金返还期限并不需要一致。目前相关法规没有对质量保修金返还期限作出具体的规定，仅在《建设工程质量保证金管理办法》中规定缺陷责任期满后，承包人向发包人申请返还质量保证金。但是一则该管理办法属于部门规章，违反该规定并不具备约定无效的法律后果；二则该管理办法所规范的“质量保证金”与“质量保修金”的含义并不当然一致；三则即使将质量保证金等同于质量保修金，根据《建设工程施工合同司法解释(一)》第17条的规定，当事人有关返还期限的约定效力等级也处于首位。因此，质量保修金返还期限可由发承包双方自由约定，施工企业应积极争取在合同中约定保修金返还时间早于保修截止日期。

当合同对质量保修金返还期限没有约定或者约定不明时，施工企业应当自竣工验收之日起满2年向建设单位主张予以返还。该2年的规定源于《建设工程质量保证金管理办法》第2条第3款规定："缺陷责任期一般为1年，最长不超过2年，由发、承包双方在合同约定。"如果合同约定了返还期限但因建设单位原因未按约定期限进行竣工验收，施工企业可自提交工程竣工验收报告90日加上返还期限后向建设单位主张返还工程质量保证金。该规定来自《建设工程质量保证金管理办法》第8条规定："缺陷责任期从工程通过竣工验收之日起计。由于承包人原因导致工程无法按规定期限进行竣工验收的，缺陷责任期从实际通过竣工验收之日起计。由于发包人原因导致工程无法按规定期限进行竣工验收的，在承包人提交竣工验收报告90天后，工程自动进入缺陷责任期。"

3. 争取采用非现金形式的质量担保。建设单位坚持扣留质量保修金的，承包人应积极与建设单位协商，采取保函或者其他可行的形式进行工程保修担保。

相关依据

1.《建筑法》

第62条　建筑工程实行质量保修制度。

建筑工程的保修范围应当包括地基基础工程、主体结构工程、屋面防水工程和其他土建工程，以及电气管线、上下水管线的安装工程，供热、供冷系统工程等项目；保修的期限应当按照保证建筑物合理寿命年限内正常使用，维护使用者合法权益的原则确定。具体的保修范围和最低保修期限由国务院规定。

2.《建设工程质量管理条例》

第39条　建设工程实行质量保修制度。

建设工程承包单位在向建设单位提交工程竣工验收报告时，应当向建设单位出具质量保修书。质量保修书中应当明确建设工程的保修范围、保修期限和保修责任等。

第40条　在正常使用条件下，建设工程的最低保修期限为：

（一）基础设施工程、房屋建筑的地基基础工程和主体结构工程，为设计文件规定的该工程的合理使用年限；

（二）屋面防水工程、有防水要求的卫生间、房间和外墙面的防渗漏，为5年；

(三)供热与供冷系统,为2个采暖期、供冷期;

(四)电气管线、给排水管道、设备安装和装修工程,为2年。

其他项目的保修期限由发包方与承包方约定。

建设工程的保修期,自竣工验收合格之日起计算。

第41条 建设工程在保修范围和保修期限内发生质量问题的,施工单位应当履行保修义务,并对造成的损失承担赔偿责任。

3.《房屋建筑工程质量保修办法》

第3条 本办法所称房屋建筑工程质量保修,是指对房屋建筑工程竣工验收后在保修期限内出现的质量缺陷,予以修复。

本办法所称质量缺陷,是指房屋建筑工程的质量不符合工程建设强制性标准以及合同的约定。

第4条 房屋建筑工程在保修范围和保修期限内出现质量缺陷,施工单位应当履行保修义务。

4.《建设工程质量保证金管理办法》

第2条 本办法所称建设工程质量保证金(以下简称保证金)是指发包人与承包人在建设工程承包合同中约定,从应付的工程款中预留,用以保证承包人在缺陷责任期内对建设工程出现的缺陷进行维修的资金。

缺陷是指建设工程质量不符合工程建设强制性标准、设计文件,以及承包合同的约定。

缺陷责任期一般为1年,最长不超过2年,由发、承包双方在合同中约定。

第8条 缺陷责任期从工程通过竣工验收之日起计。由于承包人原因导致工程无法按规定期限进行竣工验收的,缺陷责任期从实际通过竣工验收之日起计。由于发包人原因导致工程无法按规定期限进行竣工验收的,在承包人提交竣工验收报告90天后,工程自动进入缺陷责任期。

第10条 缺陷责任期内,承包人认真履行合同约定的责任,到期后,承包人向发包人申请返还保证金。

5.《建设工程施工合同司法解释(一)》

第17条 有下列情形之一,承包人请求发包人返还工程质量保证金的,人民法院应予支持:

(一)当事人约定的工程质量保证金返还期限届满;

（二）当事人未约定工程质量保证金返还期限的，自建设工程通过竣工验收之日起满二年；

（三）因发包人原因建设工程未按约定期限进行竣工验收的，自承包人提交工程竣工验收报告九十日后当事人约定的工程质量保证金返还期限届满；当事人未约定工程质量保证金返还期限的，自承包人提交工程竣工验收报告九十日后起满二年。

发包人返还工程质量保证金后，不影响承包人根据合同约定或者法律规定履行工程保修义务。

6.《浙江省高级人民法院民事审判第一庭关于审理建设工程施工合同纠纷案件若干疑难问题的解答》

第4问　建设工程施工合同中约定的正常使用条件下工程的保修期限低于国家和省规定的最低期限的，该约定应认定无效。

7.《四川省高级人民法院关于审理建设工程施工合同纠纷案件若干疑难问题的解答》

第10条　建设工程施工合同中约定的正常使用条件下工程的保修期限低于国家和省相关行政主管部门规定的最低期限的，该约定应认定无效。

8.《北京市高级人民法院关于审理建设工程施工合同纠纷案件若干疑难问题的解答》第三部分

第31问　建设工程施工合同中约定正常使用条件下工程的保修期限低于法律、行政法规规定的最低期限的，该约定无效。

二、保修起算时间

根据《建设工程质量管理条例》的规定，建设工程的保修期自竣工验收合格之日起计算。但在实践中，合同约定的保修期起算时间并不一定为竣工验收合格之日。房地产项目往往约定保修期自集中交付小业主之日或者该日往后推迟数月起算；部分项目合同约定保修期自移交发包人或发承包双方结算完成之日起算。那么，相关约定是否因违反法律法规强制性规定而无效？笔者认为，应从该条例的立法本意进行分析，该条例旨在规定建设工程在正常使用条件下的法定最低保修期限，如合同约定的保修期起算时间晚于竣工验收合格之日，实际上是延长了保修期，该条例既然允许发承包双方约定质量保证期长于最低保修期限，当然不会禁止上述实质延长保修期的做法。但是如果合同约定的保修期起算时间早于竣工验收合格之日，且保修期限为条例规定的最低保修期限，则属于变相缩短保修期限，该约定应当被认定为无效。

关于《建设工程质量管理条例》第 40 条规定的"竣工验收合格之日"，笔者认为，应当按照其通俗意义来解释，即既可以是整体工程的竣工验收合格日，也可以是群体工程中分块验收的单体工程竣工验收合格日。建设工程未经竣工验收，发包人擅自使用的，转移占有建设工程之日视为"竣工验收合格之日"。

此外，保修期是否适用"中断"制度呢？即如施工企业在质量保修期内对出现瑕疵的部分进行了维修，那么该维修部分的质量保修期是否应当重新起算？关于此问题，相关法律法规并未明确规定，笔者认为，就质量保修期的立法目的而言，是为了确保施工质量符合要求。在此期限内出现的质量缺陷按照技术常理推定由施工造成，而非使用过程中产生的瑕疵，对此应当由施工企业承担保修义务，以弥补施工过程中的缺陷。若施工企业在质量保修期内对产生质量缺陷的部分进行了维修，补足了原施工过程中的不足，维修部分通过验收，说明施工企业的原施工行为经过补正是合格的。如从维修部分验收合格之日起再次重新起算质量保修期，则很难说明该延长部分的质量保修期是用于保障原施工质量，还是用于保障维修质量。维修质量的要求与建筑物的施工质量要求显然是不同的。并且，维修通常是对建筑物原结构部分的补足，强行对维修部分与未维修部分进行划分，实践中可能会非常困难。因此，无论是从合理性还是从可操作性上来说，质量保修期重新起算均无必要。对于质量保修期外施工企业应承担的责任，可借由后文将要论述的瑕疵担保制度来保障。

风险提示

1. 存在施工单位保修义务超过法律规定的风险。对于施工企业而言，无论合同约定推迟质量保修期的起算之日，还是约定如施工企业在质量保修期内对出现瑕疵的部分进行维修，则该维修部分的质量保修期重新起算，均属于变相加重施工企业的法定保修义务，增加了施工企业承担质量责任的风险。

2. 存在保修起算时间不明的风险。即使合同明确了保修期起算时间，实践中也存在起算日期不明的问题。如工程未经竣工验收,业主要求提前移交投入使用。虽然《建设工程施工合同司法解释(一)》规定建设工程未经竣工验收,发包人擅自使用的,以转移占有建设工程之日为竣工日期。但在实践中,建设单位往往不会办理书面移交手续,导致施工单位针对保修期起算日期举证困难。此外,建设单位拖延竣工验收或移交,也存在保修期起算时间不明的问题。

化 解 措 施

1. 明确保修期起算时间。应当按照《建设工程质量管理条例》第40条的规定,明确质量保修期自工程竣工验收合格之日起算。若整体工程分块验收的,还应明确各单体工程质量保修期分别计算。

2. 避免不当延长保修期限。避免在合同中约定如施工企业在质量保修期内对出现瑕疵的部分进行维修,则该维修部分的质量保修期重新起算。

3. 积极化解保修期起算时间不明的风险。如合同约定保修期自竣工验收之日或者移交之日起算,但建设单位拖延竣工验收或者移交的,承包人应提前将相关证据材料固化,如提交竣工验收报告或者移交申请的签收记录、建设单位接管现场的照片等;同时,向建设单位发函明确保修期自承包人提交竣工验收报告或者移交申请之日起算;如建设单位在项目竣工验收前要求提前移交,应要求建设单位办理书面移交手续,建设单位拒绝办理的,可固定现场移交照片等证据,并及时向业主发函。

相 关 依 据

1.《建设工程质量管理条例》

第40条　在正常使用条件下,建设工程的最低保修期限为:

(一)基础设施工程、房屋建筑的地基基础工程和主体结构工程,为设计文件规定的该工程的合理使用年限;

(二)屋面防水工程、有防水要求的卫生间、房间和外墙面的防渗漏,为5年;

(三)供热与供冷系统,为2个采暖期、供冷期;

(四)电气管线、给排水管道、设备安装和装修工程,为2年。

其他项目的保修期限由发包方与承包方约定。

建设工程的保修期,自竣工验收合格之日起计算。

2.《建设工程施工合同司法解释(一)》

第9条 当事人对建设工程实际竣工日期有争议的,人民法院应当分别按照以下情形予以认定:

(一)建设工程经竣工验收合格的,以竣工验收合格之日为竣工日期;

(二)承包人已经提交竣工验收报告,发包人拖延验收的,以承包人提交验收报告之日为竣工日期;

(三)建设工程未经竣工验收,发包人擅自使用的,以转移占有建设工程之日为竣工日期。

三、保修责任

本部分主要讨论保修期内出现的质量问题是否一概应由施工企业承担保修义务?哪些情形下可免除施工企业的保修责任?这一问题关系到工程保修责任的认定依据以及当事人举证责任的分配。我国法律对工程保修责任的归责原则并无明文规定,但笔者认为,施工单位的工程保修责任属于过错责任。主要理由是:首先,与施工阶段相比,在工程保修阶段,除施工阶段的质量缺陷可归责于施工单位的原因之外,对于工程的其他质量缺陷,施工单位已经完全不具备风险管控的能力和条件;其次,由于无过错责任对于责任人较为严苛,其适用仅应基于法律的明确规定,法律未明确规定适用无过错责任的场合,应适用过错责任原则。因此,施工单位的工程保修责任应适用过错责任原则。工程竣工验收后,在使用过程中出现的相关问题,并非全部是由于施工单位的原因。只有施工单位之过错造成的质量缺陷,施工单位方承担保修责任。

风险提示

1.维修不到位的风险。施工单位在保修期内收到维修通知并证实属于施工单位维修范围后,如未及时开展维修、在约定时限内未能维修完毕或者多次维修仍未解决问题,都将可能面临建设单位要求承担合同约定违约责任、建设单位另行聘请第三方维修而由施工单位承担维修费用等风险。同时,也存在部分建设单位以施工单位未履行保修义务为借口恶意侵占施工单位保修金的情形。

2. 不当扩大保修责任的风险。对于质量保修期内出现的质量问题,如施工企业未核实问题产生原因直接进行维修保养,则存在扩大施工企业保修责任的风险。

3. 针对非承包人原因造成的维修保养问题,未及时提出的风险。结合《建设工程施工合同司法解释(一)》以及原建设部《房屋建筑工程质量保修办法》相关规定,以下情形可全部或者部分免除施工企业的保修义务:

(1)发包人提供的设计有缺陷;

(2)发包人提供或者指定购买的建筑材料、建筑构配件、设备不符合强制性标准;

(3)发包人直接指定分包人分包专业工程;

(4)因使用不当或者第三方造成的质量缺陷;

(5)不可抗力造成的质量缺陷。

对于上述第(1)~(3)点,承包人有过错的,也应当承担相应的过错责任。这里所说承包人的过错,一是承包人知道或应当知道工程设计缺陷,没有提出,继续施工的;二是承包人对发包人提供或指定购买的建筑材料、建筑构配件和设备,未进行检验或经检验不合格仍然使用的;三是对发包人提出的违反法律、法规和建筑工程质量安全标准规定,降低工程质量的要求不予拒绝的。

针对上述情形如承包人审查不严格或者碍于各方关系未提出异议,承包人也要承担相应的维修责任。

4. 合同解除后保修责任不明的风险。对于尚未完成竣工验收的单位工程,特别是实际施工工程量距离竣工工程量较大时合同即被解除的情形,除非工程不再续建,后续工程将由其他承包人接续完成。此时理论上由前后两承包人接续完成的单位工程,应由两承包人在各自的合格完工工程范围内分别承担保修义务,但是在实践中,由于两承包人施工交接界面不明、质量问题产生的原因复杂以及可能是双方共同原因导致质量问题产生等情形,从而产生前后两承包人的保修责任无法鉴别的风险。并且在实践中,中途退场的项目往往对于保修事宜未作明确约定,特别是针对与后续施工单位保修范围的划分,导致后期发生维修保养纠纷。

化解措施

1. 施工单位应查明维修责任主体。对于质量保修期内出现的质量问题，施工企业收到发包人维修通知后，应首先查明问题产生原因，对于非自身原因产生的维修问题，应发函告知发包人，要求其承担维修费用，否则施工企业可拒绝进行维修。

如质量问题原因在短时间内无法查明，也应由建设单位首先承担责任，待查明原因后再向其他责任人追偿。主要依据包括：《住房和城乡建设部关于落实建设单位工程质量首要责任的通知》第二部分规定："建设单位是工程质量第一责任人，依法对工程质量承担全面责任。对因工程质量给工程所有权人、使用人或第三方造成的损失，建设单位依法承担赔偿责任，有其他责任人的，可以向其他责任人追偿。"《民法典》第 1253 条规定："建筑物、构筑物或者其他设施及其搁置物、悬挂物发生脱落、坠落造成他人损害，所有人、管理人或者使用人不能证明自己没有过错的，应当承担侵权责任。所有人、管理人或者使用人赔偿后，有其他责任人的，有权向其他责任人追偿。"

2. 固化非承包人原因产生的维修责任。针对工程设计存在缺陷，发包人提供或指定购买的建筑材料、建筑构配件和设备未进行检验或经检验不合格，发包人提出违反法律、法规和建筑工程质量安全标准规定，降低工程质量的要求等情形，承包人应做好审查和验收工作。对审查、验收或者发包人不合理的要求有异议的，应通过书面形式向发包人提出，如发包人拒绝改正，应通过双方协议或者发函等形式表明承包人已尽提醒义务，承包人不再承担相关不利后果。

3. 施工单位应勤勉履行保修义务。避免因不符合合同约定的维修保养程序而承担违约责任。同时，针对实践中部分建设单位以施工单位未履行保修义务为借口恶意侵占施工单位保修金的情形，施工单位应注意维修过程中的证据留存，如双方往来函件、现场维修照片、购房人的维修确认单等，并及时以书面形式向建设单位主张己方已充分履行维修保养责任，不同意建设单位恶意扣款行径。

4. 明确退场项目保修责任。对于中途退场项目，如建设单位与施工单位约定施工单位需承担保修责任的，应注意明确保修范围，避免后续发生纠纷。

相 关 依 据

1.《建筑法》

第62条　建筑工程实行质量保修制度。

建筑工程的保修范围应当包括地基基础工程、主体结构工程、屋面防水工程和其他土建工程,以及电气管线、上下水管线的安装工程,供热、供冷系统工程等项目;保修的期限应当按照保证建筑物合理寿命年限内正常使用,维护使用者合法权益的原则确定。具体的保修范围和最低保修期限由国务院规定。

2.《建设工程施工合同司法解释(一)》

第13条　发包人具有下列情形之一,造成建设工程质量缺陷,应当承担过错责任:

(一)提供的设计有缺陷;

(二)提供或者指定购买的建筑材料、建筑构配件、设备不符合强制性标准;

(三)直接指定分包人分包专业工程。

承包人有过错的,也应当承担相应的过错责任。

3.《房屋建筑工程质量保修办法》

第17条　下列情况不属于本办法规定的保修范围:

(一)因使用不当或者第三方造成的质量缺陷;

(二)不可抗力造成的质量缺陷。

第二节　瑕疵担保责任

保修期内,施工企业按照相关法律规定及合同约定承担保修责任。那么保修期届满后,对于建设工程产生的质量问题,施工企业是否一定不需要承担任何责任?结合相关法律规定及司法实践,笔者认为,保修期届满后,施工企业仍需承担瑕疵担保责任。

瑕疵担保责任,是指有偿合同中的债务人,对其所提出的给付应担保其权利完整和标的物的质量合格。如果债务人违反此种担保义务,则应负瑕疵担保责任(相关法条包括《民法典》第615、617、582条等)。瑕疵担保责任所针对的质量问题一般在标的物交付之前便已经存在,承担责任的形式为修理、重作、更换、退货、减少价款或者报酬等违约责任。

首先,从法律法规的角度分析,《民法典》第801条规定:"因施工人的原因致使建设工程质量不符合约定的,发包人有权请求施工人在合理期限内无偿修理或者返工、改建。经过修理或者返工、改建后,造成逾期交付的,施工人应当承担违约责任。"第802条规定:"因承包人的原因致使建设工程在合理使用期限内造成人身损害和财产损失的,承包人应当承担赔偿责任。"《建筑法》第80条规定:"在建筑物的合理使用寿命内,因建筑工程质量不合格受到损害的,有权向责任者要求赔偿。"上述法律法规规定的施工单位质量责任,并不受保修期限制。

其次,相关司法实践均支持瑕疵担保责任不受保修期限制的观点。北京市高级人民法院在(2020)京民终405号民事裁定书中认为,质量保修期满免除的只是施工人的保修责任,并未免除其应负的其他法律责任。主要理由包括:(1)原《合同法》第281条(《民法典》第801条)规定:"因施工人的原因致使建设工程质量不符合约定的,发包人有权要求施工人在合理期限内无偿修理或者返工、改建……"原《合同法》第282条(《民法典》第802条)规定:"因承包人的原因致使建设工程在合理使用期限内造成人身和财产损害的,承包人应当承担损害赔偿责任。"前述规定设定的施工人质量瑕疵担保责任是一种基本民事责任,非经当事人特别约定或者法律特别规定,并不能被任意限制或免除。(2)国家通过《建设工程质量管理条例》等行政法规、部门规章设立建设工程质量保修制度是"为了加强对建设工程质量的管理,保证建设工程质量,保护人民生命和财产安全"(《建设工程质量管理条例》第1条),而不是为了减轻或者限制施工人的法律责任。(3)建设工程质量保修责任与施工人质量瑕疵担保责任在条件和内容方面存在明显区别:就前者而言,建设工程只要在保修期内出现质量问题,施工人原则上都应承担保修责任,除非其能够证明质量问题系因使用不当所致、由第三方或不可抗力造成(原建设部《房屋建筑工程质量保修办法》第17条);就后者而言,发包人则必须证明出现质量问题系施工人的原因;因此,两种责任相互独立,虽可能竞合,但并不互相排斥。(4)按照第一种观点(保修期届满则承包人不承担任何质量责任),则对《建筑法》第74条"建筑施工企业在施工中偷工减料的,使用不合格的建筑材料、建筑构配件和设备的,或者有其他不按照工程设计图纸或者施工技术标准施工的行为的，责令改正，处以罚款；造成建筑工程质量不符合规定的质量标准的，负责返工、修理，并赔偿因此造成的损失”和第80条“在建筑物的合理使用寿命内，因建筑工程质量不合格受到损害的，有权向责任者要求赔偿”的规定难以作出合理解释，除非该两条设立的责任也都限定在质量保修期内，但这明显不符合条文语义和立法目的。[①] 在(2014)粤高法民申字第2175号、(2019)赣05民终600号、(2017)京02民终9329号、(2019)浙10民终2200号民事裁定书、判决书中，法院所持的观点均为：保修责任应区别于瑕疵担保责任；保修期满，施工单位的保修责任消灭，但仍负有瑕疵担保责任。

风险提示

即使保修期已届满，施工企业仍需承担瑕疵担保责任。也就是说，建设工程交付时存在瑕疵，施工企业仍需承担返工重做、修复、赔偿损失等义务。

工程存在瑕疵可以分为建设工程存在法定瑕疵和存在约定瑕疵。建设工程存在法定瑕疵，是指交付的建设工程存在违反相关法律、行政法规和建设工程技术规范文件规定的瑕疵。即使双方当事人订立的建设工程合同没有对建设工程质量作出任何约定，承包人交付的建设工程也应当符合法律、行政法规和建设工程技术规范文件的要求。建设工程存在约定瑕疵，是指交付的建设工程存在不符合双方建设工程合同约定的瑕疵。双方之约定，不仅包含明示约定，也包含默示的约定。同时，此处的瑕疵，应超过质量通病的范畴，达到质量缺陷的程度。所谓质量通病，是指建设工程中容易发生的、常见的、难以完全避免、影响使用功能和外观质量的缺陷。质量通病的特征包括：(1)质量通病是建设工程中普遍存在、容易反复发生、很难在施工全过程中完全避免的问题，是建设工程质量管理中的顽疾；(2)质量通病产生原因复杂，既有建设参与主体的主观因素，也有自然条件影响、施工工艺无法满足建设要求等客观因素；(3)质量通病难以全部消除或者避免。工程质量缺陷，是指建设工程的质量不符合工程建设强制性标准及合同约定，主要包括：(1)不按照工程设计图纸和施工技术标准施工；(2)使用不合格的建筑材料、构配件和设备；(3)施工过程中偷工减料；

---

① 参见北京市高级人民法院民事裁定书，(2020)京民终405号。

(4)擅自修改业主的设计图纸施工。因此,质量缺陷的危害程度比质量通病大很多,并且质量缺陷可以通过相关措施完全避免。

化解措施

1. 施工企业应加强工程质量管理,确保建设工程符合法律、行政法规和建设工程技术规范文件的要求以及双方合同约定的质量标准。

2. 提前固化质量瑕疵责任。对于非承包人原因造成的质量瑕疵,如设计图纸存在缺陷、发包人供应材料或者指定分包不合格等,承包人应及时向发包人发函沟通,共同采取措施进行补救。对于无法通过采取措施弥补修复的质量缺陷,需通过书面形式固化责任,规避承包人的后续风险。

相关依据

1.《民法典》

第582条 履行不符合约定的,应当按照当事人的约定承担违约责任。对违约责任没有约定或者约定不明确,依据本法第五百一十条的规定仍不能确定的,受损害方根据标的的性质以及损失的大小,可以合理选择请求对方承担修理、重作、更换、退货、减少价款或者报酬等违约责任。

第615条 出卖人应当按照约定的质量要求交付标的物。出卖人提供有关标的物质量说明的,交付的标的物应当符合该说明的质量要求。

第617条 出卖人交付的标的物不符合质量要求的,买受人可以依据本法第五百八十二条至第五百八十四条的规定请求承担违约责任。

第801条 因施工人的原因致使建设工程质量不符合约定的,发包人有权请求施工人在合理期限内无偿修理或者返工、改建。经过修理或者返工、改建后,造成逾期交付的,施工人应当承担违约责任。

第802条 因承包人的原因致使建设工程在合理使用期限内造成人身损害和财产损失的,承包人应当承担赔偿责任。

2.《建筑法》

第80条 在建筑物的合理使用寿命内,因建筑工程质量不合格受到损害的,有权向责任者要求赔偿。

Chapter 06

第六章

侵权行为风险管理

《民法典》第七编对侵权责任作出了规定,明确侵权责任的承担情形,即行为人因自身的过错行为给他人民事权益造成损害的,应当承担相应损害赔偿责任。在工程施工过程中,因过程不规范导致的侵权结果,主要集中在人身损害、财产损失两个方面。下文将从这两个方面出发,对施工过程中存在的各类侵权行为进行分析,并提出化解措施。

第一节　财产损害类责任的承担

《民法典》第 1165 条规定:"行为人因过错侵害他人民事权益造成损害的,应当承担侵权责任。依照法律规定推定行为人有过错的,其不能证明自己没有过错的,应当承担侵权责任。"根据该条规定,若行为人行为与侵害后果之间存在因果关系,则该行为人应当承担相应的侵权损害责任。在实际施工过程中,造成他人财产损失的原因可归结为以下两类:一是在施工过程中未按照规范要求进行施工,导致建筑物质量存在瑕疵,从而造成他人财产损失。二是未依约履行维修保养义务造成他人财产损失。

风险提示

1. 未及时履行维修保养义务造成的侵权。《建设工程施工合同司法解释(一)》第 18 条对建筑物保修期内保修人负有的质量保修义务进行了规定,同时明确若因保修人未及时履行保修义务,导致建筑物损毁或造成人身损害、财产损失的,保修人应当承担赔偿责任。《建设工程质量管理条例》第 41 条也规定了施工单位的质量保修义务,要求施工单位在建设工程保修范围和保修期限内履行保修义务。在实际施工过程中,部分项目在保修期内未对出现的质量问题履行相应保修义务,导致产生损害后果,需承担相应的赔偿责任。例如,A 项目于 2013 年 12 月 20 日竣工验收,在保修期内建筑物出现楼顶漏水、下水管爆裂等情形,法院认为,施工单位在维修保养期内未按照双方约定进行维修保养,导致业主财产损失,根据法律规定需要承担相应的侵权责任。

2. 质量瑕疵引发的侵权。《建筑法》第 60 条对工程竣工阶段及建筑物合理使用期间的质量标准均作出了规定,要求"建筑工程竣工时,屋顶、墙面不得留有渗漏、开裂等质量缺陷;建筑物在合理使用寿命内,必须确保地基基础工程和主体结构的质量"。在建设过程中,工程竣工验收存在质量瑕疵大多是因为施工单位未按照国家、行业相关规范进行施工,导致最终建筑物质量未达标,在此情形下,施工单位需对质量问题造成的损害承担侵权责任。

化解措施

因施工过程不符合规定导致质量瑕疵最终造成他人财产损失的,施工方需要对此承担相应的赔偿责任。为有效规避上述风险,施工方在施工过程中应注意以下两点:

1. 及时履行保修义务。在建设工程实践中,发包人或者使用人发现工程质量问题时,施工方应当尽快确定并进行修补。履行维修保养义务时,应当及时区分业主、施工方各方责任并签订书面材料。

2. 严格按照质量标准施工。例如,在倪氏公司与威建公司建设工程施工合同纠纷案件中,因威建公司未按照设计图纸和施工技术标准施工,导致出现防水底板开裂、隆起等质量问题,给业主倪氏公司造成损害,威建公司最终需对此承担相应的赔偿责任。因此,在施工过程中,施工方应当严格依照法律规定和双方约定的质量标准施工，及时取得业主确认资料，避免后续产生质量瑕疵需承担赔偿责任。

相关依据

1.《建筑法》

第62条　建筑工程实行质量保修制度。

建筑工程的保修范围应当包括地基基础工程、主体结构工程、屋面防水工程和其他土建工程，以及电气管线、上下水管线的安装工程，供热、供冷系统工程等项目；保修的期限应当按照保证建筑物合理寿命年限内正常使用，维护使用者合法权益的原则确定。具体的保修范围和最低保修期限由国务院规定。

2.《建设工程质量管理条例》

第39条　建设工程实行质量保修制度。

建设工程承包单位在向建设单位提交工程竣工验收报告时，应当向建设单位出具质量保修书。质量保修书中应当明确建设工程的保修范围、保修期限和保修责任等。

第41条　建设工程在保修范围和保修期限内发生质量问题的，施工单位应当履行保修义务，并对造成的损失承担赔偿责任。

3.《房屋建筑工程质量保修办法》

第3条　本办法所称房屋建筑工程质量保修，是指对房屋建筑工程竣工验收后在保修期限内出现的质量缺陷，予以修复。

本办法所称质量缺陷，是指房屋建筑工程的质量不符合工程建设强制性标准以及合同的约定。

第4条　房屋建筑工程在保修范围和保修期限内出现质量缺陷，施工单位应当履行保修义务。

4.《民法典》

第1165条　行为人因过错侵害他人民事权益造成损害的，应当承担侵权责任。

依照法律规定推定行为人有过错，其不能证明自己没有过错的，应当承担侵权责任。

第二节　人身损害类责任的承担

建设工程施工过程中的人身损害案件主要有下列三种类型：建筑物倒塌致人损害、悬挂物脱落致人损害及重大安全责任事故。这三类人身损害案件发生的原因可以归结为两方面：一方面是施工方在施工过程中未按照相关标准及规范施工导致建筑物质量瑕疵；另一方面是施工方未按照相关操作规范及要求进行施工导致发生重大安全隐患。下文将从三类侵权责任纠纷出发，讨论不同类型侵权责任纠纷的产生原因及化解措施。

一、建筑物倒塌致人损害

《民法典》第 1252 条第 1 款规定了建筑物倒塌致人损害侵权责任的承担方式，即由建设单位与施工单位承担连带责任，但是建设单位与施工单位能够证明不存在质量缺陷的除外；建设单位、施工单位赔偿后，有其他责任人的，有权向其他责任人追偿。该条款对建筑物倒塌侵权责任的构成要件作了特别规定：第一，必须是建筑物、构筑物或其他设施致他人损害。这里的“他人”不仅包括所有人、使用人，也包括所有人、使用人之外的第三人。第二，必须是由于建筑物、构筑物或其他设施倒塌而造成他人损害的情形，这里主要是指建筑物、构筑物或其他设施的结构性破坏及功能丧失。第三，施工单位能够证明不存在质量缺陷的除外。相较于原《侵权责任法》中的严格责任归责原则，该条款明确了施工单位的免责条件，突出了工程质量的核心地位。因此，有无质量缺陷成为是否需要承担建筑物倒塌侵权责任的关键要素。

风 险 提 示

施工单位需承担建筑物倒塌侵权责任主要存在下列两种情形：一是在事实方面，即确因施工单位的不规范施工行为导致建筑物质量缺陷造成侵权的；二是在因果关系方面，即施工单位无法提供证据证明建筑物倒塌非因质量问题导致的，其将承担相应的侵权赔偿责任。以下将从这两个方面具体说明侵权责任产生的原因。

1. 不规范施工行为导致的侵权责任承担。《建设工程质量管理条例》第28条规定："施工单位必须按照工程设计图纸和施工技术标准施工，不得擅自修改工程设计，不得偷工减料。施工单位在施工过程中发现设计文件和图纸有差错的，应当及时提出意见和建议。"该条对施工单位施工规范作出规定，明确施工过程中产生质量问题的主要原因包括：

(1)不符合国家有关技术标准或行业标准。所谓国家标准，是指国务院标准化行政主管部门制定的在全国范围内适用的统一的技术要求。建筑工程的质量和安全，是整个建筑活动的核心，建筑工程必须符合国家规定的质量标准和安全标准。如果工程不符合国家规定标准，则构成重大建筑质量缺陷，就有可能导致建筑物倒塌。所谓行业标准，是指由国务院有关行业主管部门制定并报国务院标准化行政主管部门备案的没有国家标准而又需要在全国范围内适用的统一的技术要求。不符合行业标准的建筑工程同样构成建筑质量缺陷，也有可能致建筑物倒塌的危险。国家标准、行业标准包括各类建筑工程的勘察、设计、施工、安装、验收等需要协调的事项所制定的标准。只要不符合上述任何一项技术标准，就构成建筑质量缺陷。

例如，河南新正阳公司作为施工单位，在施工过程中存在部分施工过程不符合国家、行业规范的问题，导致房屋存在质量问题，最终因冰雹原因塌方造成租住人死亡。法院认为，房屋倒塌系由质量问题导致的，因此施工单位应当对侵权行为承担损害赔偿责任。

(2)不符合设计文件对质量的要求。按照设计文件施工是建筑施工单位保证工程质量的最基本要求，该文件系设计单位根据国家有关工程设计的标准和规范严格设计的。因此，施工单位必须严格按设计文件施工，在施工中不允许超出偏差值，否则就会影响工程质量。近些年，因为施工过程不符合设计文件要求导致建筑质量缺陷，从而造成建筑物倒塌的事故屡见不鲜。如桥梁建筑中钢筋混凝土抗压强度远远低于设计图纸规定的标准，从而导致桥梁倒塌等。因此建筑工程施工不符合设计文件对质量的要求，构成建筑质量缺陷。

(3)不符合合同约定的质量要求。建筑工程的勘察设计单位、施工单位，除按国家、行业的规定、技术标准承担质量责任外，还应履行合同约定的质量责任。如果工程质量没有达到合同的要求,同样应被视为质量缺陷。需要说明的是,建筑工程不符合合同约定的质量要求,不仅产生违约责任,也产生侵权责任。如果因建筑工程不符合合同约定的质量要求而导致建筑质量缺陷,造成他人人身或财产损害,作为受害人,无论是第三人还是合同另一方当事人均可以提出损害赔偿责任。

2. 因果关系问题导致的侵权责任承担。根据《民法典》相关侵权责任承担条款规定可知,当发生了建筑物、构筑物及其他设施倒塌事故,只要项目的建设单位、施工单位等未能证明自身无过错,均将可能成为损失的最终赔偿方。在司法实践中,多数法院倾向于认为,建筑物倒塌侵权类案件的受害人仅需证明损害结果的发生,且损害结果与被告承建的工程有因果关系即可;至于事故原因如围墙如何坍塌若无法查明,则由被告承担举证不能的不利后果。同时,对于多个被告之间的责任分摊,大量案件按照"倒塌即建设单位、施工单位承担责任"的简单机械的处理模式进行处理,因此,归责主体不当的情况时有发生。例如,因围墙坍塌致害的,法院往往直接认定应该由建设单位、施工单位承担责任,而不会主动审理围墙坍塌是否系实际使用人使用、维护不利等原因导致。

化解措施

规避建筑物倒塌侵权责任,施工单位一方面需严格按照规范要求进行施工,确保不因自身施工行为造成质量问题;另一方面需要夯实施工过程履约资料留存,及时证明建筑物倒塌非建筑物质量问题,从而切断与侵权损害之间的因果关系。

1. 加强施工过程的规范性监管。在施工过程中,为避免因施工质量问题导致的侵权责任承担,施工单位应当加强对施工过程的监管力度,主要包括以下三方面:(1)熟悉图纸,避免盲目施工,同时避免图纸未经会审而仓促施工。(2)按照施工验收规范施工,避免不规范施工行为,如现浇混凝土结构不按规定的位置和方法留设施工缝,不按规定的强度拆除模版,砌体不按组砌形成砌筑等。(3)按照有关操作规程施工。

2. 选择合格建筑材料和构配件。《建设工程施工合同司法解释(一)》第13条规定:"发包人具有下列情形之一,造成建设工程质量缺陷,应当承担过错责任:……(二)提供或者指定购买的建筑材料、建筑构配件、设备不符合强制性标准……承包人有过错的,也应当承担相应的过错责任。”在项目具体施工过程中,部分项目承包人由于质量安全意识淡薄,采购工程所需建筑材料和构配件时,未通过公开招标方式选择具有相应资质的正规厂家所生产的合格产品。这些项目承包人往往选择购买以次充好、质量低劣的产品,均会对建筑物的质量产生不良影响,带来建筑物、构筑物倒塌的风险。

因此,在施工过程中,为避免因建筑材料、建筑构配件、设备不符合强制性规定引发质量问题,施工单位应当依照相关的规定以及强制性标准,通过招投标程序,充分评估材料相关性能,严格依照施工材料的质量要求,选取质量过关的材料构件,从而保证建筑物的整体质量。

3. 加强施工程序的规范。在实际施工过程中,部分项目存在不遵守相关施工程序规范进行施工的情形,如不作调研就拍板定案,无证设计、无图施工,在施工过程中任意修改设计图纸,由此造成建筑质量隐患。

因此在实际施工过程中,施工单位应当严格依照施工程序,从可行性研究论证到按图施工,均严格遵照施工相关规范,减少因流程不规范产生的质量安全隐患。

4. 及时固定履约过程资料。施工单位在施工过程中应当及时保存相关的合规履约资料,证明自身已按照相关规定履行义务,建筑物倒塌非自身过错导致,由此规避责任的承担。在固定履约资料时,施工单位应当着重对以下三方面的资料进行梳理:

(1)证明已依照相关规范施工。施工单位严格依照施工图纸、国家或行业规范施工,在施工过程中应当保留设计变更、验收通过等资料,证明对于防止发生质量问题造成损害已尽到相当程度之注意义务。

(2)证明被侵权人存在过错。被侵权人的过错程度影响侵权人损害赔偿责任的大小,被侵权人的过错是责任人的减责事由。具体到建筑物倒塌致人损害的侵权责任承担上,被侵权人对于建筑物倒塌有重大过失的,法院可以减轻建设单位和施工单位的赔偿责任。因此,在施工过程中,若因被侵权人自身行为导致建筑物倒塌,施工单位应当及时保留证据材料证明侵权人自身行为与建筑物倒塌之间存在因果关系。

(3)证明第三人存在过错。第三人过错也可以作为减轻或者免除施工单位侵权责任的抗辩事由。第三人的范围并不局限于责任人能够预见的范围,责任人预见范围之外的人亦会成为此处的第三人，如非法爆破或不当开挖地基导致建筑物倒塌的人，或者撞坏桥墩致使桥坍塌的轮船所有人等。

(4)证明有不可抗力事由发生。《民法典》对不可抗力作出如下规定："因不可抗力不能履行合同的，根据不可抗力的影响，部分或者全部免除责任，但法律另有规定的除外。"建筑物倒塌造成他人损害有时系自然力的原因所致，构成不可抗力的自然力应当符合以下要件，即主观上不能预见，客观上不能避免、不能克服。因此，对于大风、大雨等恶劣自然天气给建筑物造成损害的，应当及时保存相应的资料。

5. 诉讼时效内及时主动追偿。《民法典》第1252条第1款赋予施工单位向其他责任人追偿的权利，该责任主体主要分为两类：

(1)勘查、设计单位。《建筑法》第56条第1句规定："建筑工程的勘察、设计单位必须对其勘察、设计的质量负责。"《建设工程质量管理条例》第19条第1款也规定了"勘察、设计单位必须按照工程建设强制性标准进行勘察、设计"。据此，因为勘察、设计单位未按照强制性标准进行勘查、设计导致建筑物、构筑物倒塌造成侵权的，施工单位可以在承担相应侵权赔偿责任后向其追偿。

(2)监理单位。《建设工程质量管理条例》第36条规定："工程监理单位……代表建设单位对施工质量实施监理，并对施工质量承担建立责任。"《建筑法》第35条也对工程监理单位的义务作出了规定。因此，因工程监理单位未依照合同约定对质量进行检查造成质量缺陷的，施工方可向工程监理单位追偿。

相关依据

1.《建设工程施工合同司法解释(一)》

第13条 发包人具有下列情形之一，造成建设工程质量缺陷，应当承担过错责任：

(一)提供的设计有缺陷；

(二)提供或者指定购买的建筑材料、建筑构配件、设备不符合强制性标准；

(三)直接指定分包人分包专业工程。

承包人有过错的，也应当承担相应的过错责任。

2.《建设工程质量管理条例》

第19条 勘察、设计单位必须按照工程建设强制性标准进行勘察、设计，并对其勘察、设计的质量负责。

注册建筑师、注册结构工程师等注册执业人员应当在设计文件上签字，对设计文件负责。

第28条 施工单位必须按照工程设计图纸和施工技术标准施工，不得擅自修改工程设计，不得偷工减料。

施工单位在施工过程中发现设计文件和图纸有差错的，应当及时提出意见和建议。

第36条 工程监理单位应当依照法律、法规以及有关技术标准、设计文件和建设工程承包合同，代表建设单位对施工质量实施监理，并对施工质量承担监理责任。

3.《民法典》

第1252条 建筑物、构筑物或者其他设施倒塌、塌陷造成他人损害的，由建设单位与施工单位承担连带责任，但是建设单位与施工单位能够证明不存在质量缺陷的除外。建设单位、施工单位赔偿后，有其他责任人的，有权向其他责任人追偿。

因所有人、管理人、使用人或者第三人的原因，建筑物、构筑物或者其他设施倒塌、塌陷造成他人损害的，由所有人、管理人、使用人或者第三人承担侵权责任。

4.《建筑法》

第35条 工程监理单位不按照委托监理合同的约定履行监理义务，对应当监督检查的项目不检查或者不按照规定检查，给建设单位造成损失的，应当承担相应的赔偿责任。

工程监理单位与承包单位串通，为承包单位谋取非法利益，给建设单位造成损失的，应当与承包单位承担连带赔偿责任。

第56条 建筑工程的勘察、设计单位必须对其勘察、设计的质量负责。勘察、设计文件应当符合有关法律、行政法规的规定和建筑工程质量、安全标准、建筑工程勘察、设计技术规范以及合同的约定。设计文件选用的建筑材料、建筑构配件和设备，应当注明其规格、型号、性能等技术指标，其质量要求必须符合国家规定的标准。

第79条 负责颁发建筑工程施工许可证的部门及其工作人员对不符合施工条件的建筑工程颁发施工许可证的，负责工程质量监督检查或者竣工验收的部门及其工作人员对不合格的建筑工程出具质量合格文件或者按合格工程验收的，由上级机关责令改正，对责任人员给予行政处分；构成犯罪的，依法追究刑事责任；造成损失的，由该部门承担相应的赔偿责任。

二、重大安全责任事故

重大安全责任事故，是指在生产、作业中违反有关安全管理的规定，因而发生重大伤亡事故或者造成其他严重后果的行为。这类事件的发生往往是由于施工方对安全生产不够重视，忽略安全生产规范，疏于采取相关安全防护措施导致的。重大安全生产事故发生后，相关责任单位不仅需要承担侵权赔偿等民事责任，相关责任人还需对此承担刑事责任。重大安全责任事故造成的后果较严重，为规避该类风险，须明确导致重大安全责任事故的原因，从源头出发解决问题。

风险提示

《建设工程安全生产管理条例》第4条、《安全生产法》对施工单位安全生产作出了规范与要求。然而，在实际施工过程中，部分施工单位并未规范施工导致事故发生，主要有：

1. 不规范施工。《建筑法》等法律、法规、司法解释、规章均对挂靠、转包行为作出了规定，在实际施工过程中这类现象普遍存在，这具有一定的现实原因。一方面，建筑市场利润空间大、企业多、竞争压力大，为追求更大的利益，施工方需要承接更多的工程项目，但为了减少成本，催生了挂靠、转包模式。出于对经济利益的追逐，大多企业不愿意投入大量人力、物力和财力进行管理，从而给监管带来诸多难题，也成为监管的“灰色地带”。另一方面，部分企业缺失监管，安排的人员资质参差不齐，部分人员无法达到安全生产工作要求，因此给安全生产带来隐患。如在某项目打桩过程中承包人违法出借资质，借用资质的施工人在施工过程中违反相关操作规范，导致桩机倾倒后砸伤他人，最终法院认定该事故确系施工单位的原因导致的，其对于该事故应当承担侵权责任。

2. 忽视安全保障。一是追求低成本。部分建筑企业为了抢到工程往往不惜低价中标，为了获得更高利润，建筑企业不断降低安全生产方面的投入，加之工人安全生产意识不强，导致安全生产事故不断发生。二是追求工期利益。在施工过程中，部分项目赶工期进度，忽略了工程技术规范要求。

3. 缺乏监督管理。在实际施工过程中，部分项目的安全员未能起到监督的作用，或者部分项目未配有安全员，导致项目的施工过程缺乏规范操作。同时，部分项目安排不具有相关资质的施工人员进行操作，存在较大安全隐患。例如，发包人吴某将某项目发包给无资质证书的某建筑安装工程有限公司进行施工，后该公司安排未取得高处作业操作证的刘某等人在二层顶处铺设钢结构楼层板，并且未采取任何安全措施，刘某在施工过程中不慎坠落死亡。法院认为，吴某的行为虽然没有直接导致事故发生，但其违规发包等行为与事故最终发生存在密不可分的关系，也与本案损害后果的发生存在间接因果关系，因此吴某需对该事故承担相应责任。

4. 疏忽对施工现场环境的观测。部分项目在实际施工过程中，由于工地附近环境较为复杂，如存在有倒塌危险的围墙、山坡等，而项目方在施工过程中未注意施工现场复杂性盲目施工，由此造成安全风险。

化解措施

1. 规范生产，注重安全培训与保障。施工企业应当注意安全生产管理的投入，施工企业应具备 A、B、C 三类安全员，为安全负责。安全负责人应当严格按照相关规范作业，建立动态安全监管体系。严格做好施工人员的三级安全教育。任何环节的施工作业，应先进行安全教育、隐患排查，再进行施工作业。施工作业期间，安全员不得擅离现场。

同时，应当从以下几方面规范生产：一是取得相应行政许可证（如安全生产许可证）再进行生产。二是建立和完善公司安全生产管理制度和操作规程。三是对员工进行上岗前的安全培训，可以采用线上和线下多种方式进行。四是对场地和生产设备进行安全隐患排查，在作业场所设置相应的检测、监控、通风、调温、防火、灭火、防静电等安全设施、设备。五是落实作业时的安全防护措施，最大限度地降低事故发生率。

2. 加强对设备、材料等物品的管理。在安全生产管理中，对物品的管理同样重要。现阶段,很多施工企业对机械设备缺乏保养和维护,造成设备在生产过程中处于非正常工作状态,从而带来了潜在的安全隐患。此外,对相关材料保管和管理不善,尤其是高空作业时,对钢筋和脚手架的管理不善,很容易发生安全事故。

3. 加强现场安全监管和施工技术交底工作。很多建筑工程会遇到复杂多变的施工现场,如地下施工、水下施工、山地施工等。由于企业专业技术欠缺,造成对现场环境预估不足,给企业的安全生产造成了不确定的风险。例如,施工企业对恶劣天气的应急准备不足,遇到暴雨、大风等天气变化时,缺乏相对应的管理预案或者应对措施,也会给安全生产带来巨大的隐患。对危险性较高的分部分项工程应当进行重点管理,加强对危险性较高的分部分项工程施工方案的技术论证,保障施工全过程的安全性,并按要求在施工方案中制定拆模管理控制措施,定期排查重点分部分项工程关键工序管理和技术管理是否存在漏洞。

相关依据

1.《安全生产法》

第22条 生产经营单位的全员安全生产责任制应当明确各岗位的责任人员、责任范围和考核标准等内容。

生产经营单位应当建立相应的机制,加强对全员安全生产责任制落实情况的监督考核,保证全员安全生产责任制的落实。

第23条 生产经营单位应当具备的安全生产条件所必需的资金投入,由生产经营单位的决策机构、主要负责人或者个人经营的投资人予以保证,并对由于安全生产所必需的资金投入不足导致的后果承担责任。

有关生产经营单位应当按照规定提取和使用安全生产费用,专门用于改善安全生产条件。安全生产费用在成本中据实列支。安全生产费用提取、使用和监督管理的具体办法由国务院财政部门会同国务院应急管理部门征求国务院有关部门意见后制定。

第44条第1款 生产经营单位应当教育和督促从业人员严格执行本单位的安全生产规章制度和安全操作规程;并向从业人员如实告知作业场所和工作岗位存在的危险因素、防范措施以及事故应急措施。

第46条 生产经营单位的安全生产管理人员应当根据本单位的生产经营

特点，对安全生产状况进行经常性检查；对检查中发现的安全问题，应当立即处理；不能处理的，应当及时报告本单位有关负责人，有关负责人应当及时处理。检查及处理情况应当如实记录在案。

生产经营单位的安全生产管理人员在检查中发现重大事故隐患，依照前款规定向本单位有关负责人报告，有关负责人不及时处理的，安全生产管理人员可以向主管的负有安全生产监督管理职责的部门报告，接到报告的部门应当依法及时处理。

2.《建设工程安全生产管理条例》

第4条　建设单位、勘查单位、设计单位、施工单位、工程监理单位及其他与建设工程安全生产有关的单位，必须遵守安全生产法律、法规的规定，保证建设工程安全生产，依法承担建设工程安全生产责任。

3.《建筑业企业资质管理规定》

第3条　企业应当按照其拥有的资产、主要人员、已完成的工程业绩和技术装备等条件申请建筑业企业资质，审查合格取得建筑业企业资质证书后，方可在资质许可的范围内从事建筑施工活动。

4.《建筑法》

第7条　建筑工程开工前，建设单位应当按照国家有关规定向工程所在地县级以上人民政府建设行政主管部门申请领取施工许可证；但是，国务院建设行政主管部门确定的限额以下的小型工程除外。

按照国务院规定的权限和程序批准开工报告的建筑工程，不再领取施工许可证。

三、悬挂物坠落导致的侵权

《民法典》第1253条对施工过程中悬挂物掉落砸伤他人的情形，作出了规定，明确若因建筑物、构筑物或者其他设施及其搁置物、悬挂物发生脱落、坠落造成他人损害的，所有人、管理人或者使用人在不能证明自己无过错情况下应当承担侵权责任。但所有人、管理人或者使用人赔偿后，有其他责任人的，有权向其他责任人追偿。该条对施工单位的现场管理提出了要求，要求避免因施工行为导致砸伤他人的损害后果。